濟南文化論叢

（第八辑）

济南社会科学院 编刊

董建霞 主编

山东城市出版传媒集团·济南出版社

图书在版编目（CIP）数据

济南文化论丛. 第八辑 / 董建霞主编 ; 济南社会科学院编刊. —济南 : 济南出版社, 2023.10
ISBN 978－7－5488－5532－3

Ⅰ. ①济… Ⅱ. ①董… ②济… Ⅲ. ①文化史－济南－文集 Ⅳ. ①K295.21－53

中国国家版本馆 CIP 数据核字(2023)第 198355 号

济南文化论丛（第八辑） JINAN WENHUA LUNCONG DIBAJI
董建霞 主编

出 版 人 田俊林
责任编辑 丁洪玉 陈玉凤
封面设计 侯文英 谭 正

出版发行 济南出版社
地 址 山东省济南市二环南路 1 号（250002）
发行热线 0531－86131729
印 刷 济南乾丰云印刷科技有限公司
版 次 2023 年 10 月第 1 版
印 次 2023 年 10 月第 1 次印刷
成品尺寸 185mm × 260mm 16 开
印 张 23.5
字 数 380 千字
定 价 98.00 元

目 录

特 稿

泉水与古城文化

黄河文化

名士文化

文化济南研究

文化软实力研究

北文论坛(选登)

◦**特　稿**

编者按：本文是《尚书》学大师刘起釪生前为济南刘济生先生《尚书》学遗著手稿三种所撰之前言，历数山东《尚书》学的源流正变及刘济生《尚书》学遗著手稿的学术建树。鉴于刘济生先生遗著手稿三种迄今未曾出版，刘起釪先生所撰之前言亦不曾面世，为弘扬学术，表彰前贤，兹将刘起釪先生此文予以刊发（标题为本刊编辑部所拟），以飨读者。

山东《尚书》之学暨济南刘济生《尚书》学遗著手稿三种

刘起釪

这是济南刘济生先生所撰《尚书》学遗著手稿三种，其中《尚书考略》和《古文尚书小笺》是完整的，惟《尚书解诂》一稿则据其家人说原有四十余册，大都散失，现只存第一册《尧典篇》。

山东是中国学术中心的儒家经学的发源地，当然也就是其中重要一经《尚书》之学的发源地。大家都知道，《尚书》分今文、古文、伪古文三个不同本子，先后形成《尚书》学的今文家、古文家及伪古文家三个不同学派。我们先看这三个不同学派的起源。

《史记·儒林列传》："伏生者，济南人也，故为秦博士。孝文帝时，欲求能治《尚书》者，天下无有。乃闻伏生能治，欲召之。是时伏生年九十余，老，不能行，于是乃诏太常使掌故晁错往受之。秦时焚书，伏生壁藏之。其后兵大起，流亡。汉定，伏生求其书，亡数十篇，独得二十九篇，即以教于齐鲁之间。学者由是颇能言《尚书》，诸山东大师无不涉《尚书》以教矣。伏生教济南张生及欧阳生（《汉书·儒林传》说，欧阳，千乘人，在今山东清苑境），欧阳生教千乘兒宽。……自是之后，鲁周霸、孔安国，洛阳贾嘉，颇能言《尚书》事。”伏生所传《尚书》是用秦汉通行文字隶书写的，实共二十八篇。他的上述诸弟子继续传之于千乘欧阳高，鲁国夏侯胜、夏侯建三家，又增加了后得《太誓》而成了二十九篇，皆获立于学官，形成了《尚书》学的欧阳、大夏侯、小夏侯三家。西汉后期出现了先秦古文写的《尚书》后，此隶书写本便被称为今文《尚书》，此三家便被称为今文三家。这就是说，今文学派起源于山东。

又《史记·儒林列传》云：“孔氏有古文《尚书》，而安国以今文读之，因以起其家，逸《书》得十余篇，盖《尚书》滋多于是矣。”《汉书·儒林传》记此事基本相同，而编造了一传授系统，由胶东庸生等传授。而《刘歆传》则说：“鲁恭王坏孔子宅，欲以为宫，而得古文于坏壁之中，逸《礼》有三十九篇，《书》十六篇，天汉之后，安国献之。”这是把孔子家传古文本《尚书》至孔安国以今文读通后上献给皇家秘府之本，以“语增”“艺增”之故，增益为鲁恭王坏孔子宅得壁中本（至《艺文志》《景十三王传》《汉纪·成帝纪》《论衡·佚文篇》等又增加了坏孔子宅闻琴瑟之音惧而止等故事，皆传说分歧产生的，不足信。详见拙撰《尚书学史》）。从此有了孔壁本古文一词，经刘歆请立于学官失败，至王莽当政时获立，以琅邪王璜等为博士，莽败又废了。这就是说，西汉古文学派起源于山东，同今文学派一样，传授者亦山东学者。

这一有逸《书》十六篇的西汉古文本，至东汉传授中绝。《后汉书·杜林传》：“林前于西州得漆书《古文尚书》一卷，常宝爱之，虽遭艰困，握持不离身，出以示宏等（指卫宏、徐巡）曰：‘林流离兵乱，常恐斯经将绝，何意东海（今山东郯城境）卫子、济南徐生复能传之。’”按，杜林所得漆书古文本，即当时传抄的孔氏《古文尚书》本，可是他只得到一卷，大概只一二篇。而他门徒所传“杜林古文”本，却有同于今文的二十九篇，而无逸《书》十六篇，显非西汉孔氏古文，而是杜氏据一卷漆书古文字体改写当时共同传习的今文二十九篇成为古文本。他最初传东海、济南两个名儒，又传同郡扶风马融。而发扬光大此古文本的，是马融弟子集汉代经学大成的山东高密郑玄。而与郑学争雄立异的另一大师又是东海的王肃。这是获得流传于后的东汉古

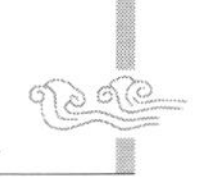

文学派源于曲阜的古文本，而传布昌大此业的无一非山东学者。

然后是伪《古文尚书》。《经典释文·叙录》："江左中兴，元帝时，豫章内史梅赜奏上孔传《古文尚书》。"此本将郑玄所传古文本同于今文的二十八篇（去汉代《太誓》篇）析成三十三篇，伪造了二十五篇（包括重新伪造《泰誓》三篇），就成为伪古文本五十八篇。每篇伪造了孔安国的"传"（即注解），还在全书前面伪造了一篇孔安国的"序"。这是东晋初年出现的袭用了曲阜孔氏本二十八篇并攀附了孔安国之名所编造的伪《古文尚书》。即伪造也要托名于山东。

由此可知，《尚书》的三家今文学，两次古文学，皆出于山东，一次伪古文学也托始于山东。而《尚书》学传衍发展史上作为里程碑的几位大师，如伏生、兒宽、欧阳高、夏侯建、夏侯胜、庸生、王璜、卫宏、徐巡、郑玄、王肃等，无一不是山东人。

伏生所传三家今文学，在两汉都成为官学。古文学虽盛于东汉，而始终不获立学官，王莽时虽一度立学而莽败即废。至三国及西晋始盛郑玄古文学获立学官，魏及西晋并立王肃古文学，西晋尤重王学。东晋南渡后行伪古文，然郑玄古文学仍盛行于北方。当时其经学大师为徐遵明，《北齐书·儒林传》载，徐传授渤海张文敬及李铉、权会，古文经乃得在北朝传布。而东武城（今山东境）人崔浩撰《五经注》（包括《尚书》注）成为北魏官学，一度刻石。至隋代统一经学，采用南学，《尚书》用伪孔本，唐孔颖达即据以撰《正义》，宋代把伪《孔传》和此《正义》合于伪古文经刻为《尚书注疏》流传至今，于是东汉郑玄《古文尚书》之学始不传。

宋代宋学兴，致力于否定汉代今、古文学。然开宋学风气者，为居泰山讲经学的平阳（今新泰境）孙复，居徂徕山讲学的奉符（今泰安）石介，他们和在吴中讲学的胡瑗共三人兴起宋学。他们倡"明体达用"，沿唐啖助、陆淳学风，治经撇开传注，径从经文寻义，"讲说多异先儒"。再经刘敞、王安石等人，而庆历新学风形成，提出了经学的宋学新解。从而据伪古文《大禹谟》为其思想渊源，建立起理学。至南宋纷纷以理学说经，诸《尚书》学家大都是南宋理学家。山东在其时为金代领土，故未参与理学经说。

清代倡复汉学，一遵东汉郑玄古文经学，以及许慎古文字学，而排斥宋学，汉学遂坛有一代，学者辈出。当时自以吴派、皖派及稍后的扬州学派称雄海内，但开清代经学先河的顾炎武，曾盛赞济南张尔岐为“卓然经师”，又推许邹平马骕的《绎史》，马并与阎若璩共同阐寻伪《古文尚书》之伪，而唯信汉古文。所以张、马二人对清代兴复汉郑氏古文学，固与顾炎武同起过先导作用。及汉学既倡，山东学者亦兴起。如乾隆时，有昌乐阎循观撰《尚书读记》，德州梁鸿翥撰《尚书义》及《书经续解》，曲阜孔继涵撰《九经字样疑》，诸城王萦绪撰《书经讲义》，曲阜孔广森撰《经学卮言》，其弟孔广林撰《尚书注》《尚书中侯注》《尚书大传注》等，渐越古文学转向今文学。嘉庆时，有济宁许鸿磐撰《尚书札记》，其《禹贡》之学不在胡渭下。而江苏孙星衍曾官山东，其所著及所辑经学著作多成于此，遂自号其撰作为《岱南阁文稿》，其所辑者为《岱南阁丛书》，而其名著《尚书今古文注疏》实主要由山东文登毕亨（以田）执笔撰成。此时期尚有栖霞郝懿行富于著述，其中有《书说》《周书辑要》二书见称于时。而更在《尚书》学上有名的，则是同邑栖霞牟庭《同文尚书》，专释汉古文二十九篇析成的三十一篇，惟已不拘于清代汉学路数，能空去依傍，大胆提出自己的解释，不过喜沿宋王柏、文及翁，元吴澄治经之习，随意将《尚书》本文作错简移动。其长处则是在每段之后以浅近文言复述一遍，等于当时今译，惟所释出于己意推断者过多。《国朝汉学师承记》说与牟同时到山东之学者尚有赵君曾（字北岚），“治经为《今文尚书》《三礼》《左氏》《春秋》之学，亦山左之翘楚也”。又有胶州王夏，邃于经，赵北岚处有其《释稷》一篇，被誉为“通人”。至嘉庆、道光时，则有安丘王筠，承乾隆时曲阜桂馥所重许慎古文字学，撰述甚多，其中有关于《尚书》的《禹贡正字》一书。

由上可知，这一发源于山东的《尚书》今、古文学，其后继继绳绳，不断有山东《尚书》学者出现。

清代晚期的今文学派，起而走向极端，肆力否定汉古文学。他们不仅以晋代伪古文为伪，而且武断说汉古文皆刘歆伪造，诋之为“新学伪经”（新莽时期伪造的经），而今文诸经则皆孔子讬古编造。无异说刘歆伪造古文经，孔

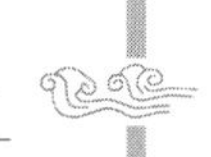

子伪造今文经。这是完全不合事实的，然其说却耸动一时，自然引起古文学者群起反对。其中著者则为余杭章炳麟。

章氏一生治古文经，著书授徒，为古文经学最后一位大师，著述宏富。可惜他的《尚书》学著作只有晚年所撰薄薄两本《古文尚书拾遗定本》及《新出三体石经考》。所幸他谆谆教诲弟子及与弟子书信来往讨论《尚书》，发为宏论，蔚为一时盛业。其弟子中撰有《尚书》著作而为名家者二人：一为承其文字之学的黄侃，撰有《讲尚书通例》等及手批《白文十三经》；一为谨遵古文家法的吴承仕，撰有《尚书》论著多种，其《尚书传王孔异同考》见称于学术界。而弟子中毕承师学亦撰有《尚书》著作然始终未获出版致声闻不彰者也有二人：一为苏州沈廷国，撰有《逸周书集释》，其稿原由顾颉刚先生转交我手，待作校读，数年前从我手取去，交上海古籍出版社，不知已出版否；一为这位济南刘济生，撰有此《尚书考略》《古文尚书小笺》《尚书解诂》，今始经我手送齐鲁书社。

这就如同绝学，刘济生先生显然是山东最后一位《尚书》古文学的学者了。

刘济生先生1915年出生于山东济南，回族人，祖父为清季秀才，由祖籍河北省河间落籍于此。甚钟爱此长孙，于其幼年即按旧学传统亲自授读，其后复入私塾，故早岁即习儒家经籍，并好文学。稍长入济南育英中学，继入省立高中，1934年又转入齐鲁高中。因闻章炳麟太炎先生在苏州设章氏国学讲习会，以自己对儒家经籍及古典文学的爱好，遂请由育英中学介绍，前往苏州受业于章氏门下，亲承启沃，执经问业者两年。而章氏于1936年弃世，遂佐师母章夫人汤国黎氏处理国学讲习会事。抗日军兴后，于1938年随章夫人迁至上海，协助开办太炎文学院，使章氏古文之学不绝。而在此多年内，自己肆力撰写此《尚书》学著作三种初稿。至1945年，太炎文学院绌于经费，值日本投降后，南京开办国史馆，由章夫人荐入该馆入职。1951年该馆改为中国科学院近代史所南京史料整理处，任整理小组长。1964年改为中国第二历史档案馆，任史料编辑部编辑。十年动乱中期，被下放江苏盐城农村长达十年之久，1981年始调返，1990年1月7日逝世于南京，终年75岁。经其夫人检寻其遗稿，原达四十多册的底稿只存此三册，当系毁失于十年动乱中。

这三册遗稿皆其手稿，惜第三册只为《尚书解诂》全书残存的一篇，幸所释《尧典篇》尚为完篇。这三册遗稿在学术上可珍视的几点如下。

1. 保存了太炎先生一些重要的《尚书》说。例如《尚书考略·命名第一》篇中两引章氏之言，其文云："余杭先生曰：若孔子即命之曰《尚书》，何以孔子之后、伏生之前，传、记、子书无言《尚书》者，恐《尚书》非孔子名之，汉人名之耳。"此言甚确，足祛汉以来有人谓《尚书》由孔子所命名之惑。又云："余杭先生有言，《墨子》所引《诗》《书》《礼》《春秋》，多周时太史中秘书。"亦深中肯綮。

又如同稿《篇目第四》篇中引云："余杭先生有言：《周语》有《太誓故》，疑伏生所述即《太誓故》，不得《太誓》，以《太誓故》补之，亦犹《考工记》之补《冬官》矣。"这是为了解决明清对汉代《今文尚书》篇数的争执而提出的。汉代原始资料本载明伏生今文二十八篇，后增汉《太誓》为二十九篇。至明清学者乃纷纷提出异议，或谓二十九篇中无《太誓》，而有《书序》为一篇；或谓非《书序》而是从《顾命》中分出《康王之诰》为一篇；或谓伏生本有《太誓》为二十九篇。但此《太誓》明明为汉代伪造，绝不可能在伏生所传先秦《书》篇中，因此章氏遂提出先秦曾传下《太誓故》，为伏生所述，以期说通此问题。拙撰《尚书学史》中，毕举关于此问题的纷纭诸说，当时未知有章氏此言，今获此足补所叙《尚书》学史之遗。

总之以上诸例，皆章氏《尚书》古文学绝响，赖有刘氏此稿始获以传。

2. 刘氏承传师学，继以精研，能提出有关《尚书》传衍流变的深有所得的见解。如《尚书考略》第一篇中提出《尚书》之称始见于《史记》，第三篇中谓伏生所传本原为古文，至汉时传授门徒乃以今文写读之，此皆合于事理，而又指出汉今文亦有二本，则尤为其卓识，其言云："据《史记》称鲁周霸、孔安国、洛阳贾嘉颇能言《尚书》事。孔、周本鲁申公弟子，其学原不出自伏生。兒宽初受业欧阳生，后又受业于孔安国，正以欧阳生本与孔安国本不同耳。由此观之，即今文亦有二本：一则张生、欧阳生所传伏生本也，

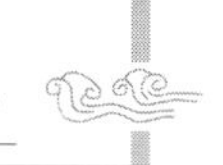

一则孔安国所传申公本也。三家《尚书》皆出兒宽，则已杂糅孔、伏二本，非伏生一家之学矣。”拙撰《尚书学史》曾叙述到这些事实，并在传授表中列明之，但未明确论析为今文不同二本，今刘氏绩学深思观察敏锐，而后能发为此言，拙著《尚书学史》他日如重版，当采入此说。

3. 对《尚书》各篇文字训释尤胜义纷陈，多度越前人之处。刘氏虽全承章氏古文说，但又吸收了现代新知，所以虽然《古文尚书小笺》与《尚书解诂·尧典篇》都为戋戋短稿，而对《尚书》全书中好些重要文义，刘氏都提出自己独具心得的要论。现就其许多胜义略举数例如下：

《尚书解诂·尧典篇》释“曰若稽古”云：“《尔雅》‘曰’训‘于’，‘若’训‘此’，谓于此考古，其语气正犹梵书作‘如是我闻’也。”按，马融释为“尧顺考古道”。郑玄释云：“稽，同也。古，天也。”谓尧同于天。伪《孔传》从马说。这是因为他们要把《尧典》作为尧当时的典谟文告，遂作此妄释。郑玄说尤谬。实际上“曰若”为无义语词。“曰若稽古”为史官追述古事的开头用语。刘氏同样释为开头用语，而解说有据，又比喻同佛经的开头用语，义更显豁。

《古文尚书小笺》释《盘庚》下篇“用降我凶德嘉绩于朕邦”句，这是一非常不好解的文句，过去注疏家及宋儒清儒大都读“凶德”断句，至牟庭、于鬯、孙诒让始以“凶”断句，“德”字连下句。但牟、于书初尢刊本（都至近年始刊行），刘无从见到；孙《尚书骈枝》印数极少，由下文几处文字解释刘书皆未采孙说（如棐字之释），可知刘亦未见到孙书。今此处刘亦云：“按此当以凶字绝句。”与牟、于、孙诸家之说不谋而合，可见刘确自钻研有得。此句上文是“古我先王将多（侈）于前功，适于山”，即光大前人之功。拙撰《盘庚三篇校释译论》中说：“为什么光大前人的功就要适于山以降减我凶，意义很不好懂。疑有误字，无法强行解通。”今观刘氏释云：“《说文》：‘凶，象地交陷其中也’。据《孔疏》引郑康成云：‘祖乙居耿……山川尝圮焉’，盖指言水灾。‘德’，《说文》彳部云‘升也’。是其义。‘降’亦不得如《传》言训‘下’，《春秋·左氏》昭公十三年《传》‘降服而对’，注云‘降服，如今解冠也’。则此‘降’字意当同‘免’。”那就是说，“用降我凶”两句，意为免我居地圮降，升盛业于我们家国。这提出了一种可解得通的解释，成为《尚书》说中可喜的一说。

又释《洪范》“时人斯其辜”。按，此句连上文为“汝弗能使有好于而家，时人斯其辜”，系指用人言。郑玄连下句释为：“无好于汝家之人，虽锡之以爵禄，其动作为汝用恶。”伪《孔传》则释为：“不能使正直之人有好于国家，则是人斯其诈取罪而去。”（按：辜，罪也。）《蔡传》云：“不能使其和好于而家，则是人将陷于罪戾矣。”清儒（如江声、孙星衍等）多承此说，经释“时人”句为罪恶之人。刘氏此稿则释云：“案‘辜’当作‘王事靡盬’之‘盬’。《毛诗·四牡·传》：‘盬，不坚固也。’《春秋·左氏》襄公三十九年《传》注并同。字又作‘楛’，作‘沽’。《荀子·天论》‘楛耕伤稼’。杨倞注：‘楛耕，谓粗不精也。’《周礼》‘功沽上下’，注云：‘功，谓精致上等者。沽，谓粗恶者。’皆不坚固义，此意犹苟且耳。‘时’，古文‘是’字。”这就提出了比古人较通达的解释。因为任用一个官吏，他平庸得不能做出有益的事，只能说他是粗恶下等之才，只要他没有贪赃犯法，都无法说他是“诈取罪”，也不能定他是“罪恶之人”。说他是粗恶下才，应该是合适的。

又释《费誓》“徂兹淮夷徐戎并兴”。按，伪《孔传》释此句为：“今往征此淮浦之夷、徐州之戎并起为寇。”是释“徂兹”为“今往征”。苏轼《书传》云：“徂兹者，犹曰往者。”清儒不少依“往征”之说。孙星衍则云：“鲁公咨告军民……往此费地。”近人曾运乾《尚书正读》释“徂兹”为“往哉”。杨筠如《尚书覈诂》：“徂通作且。……且，此也。是徂、兹二字同义。”刘氏此稿则云：“徂不得如《传》言训往《诗·载芟》“匪且有且”，《毛传》‘且’训‘此’。‘且’‘徂’古通。‘徂兹’，犹今言‘现在’耳。”此释最简洁明快，知此句是说“现在淮夷徐戎同时起来闹事了”，足以扫除过去一切误说。

其阐释精当或清新可喜的例句还不少，读者从原稿中可看到。三部稿子有一共同特点，就是以极简明的字句阐述主要经说。举《古文尚书小笺》来说，对《尚书》全书主要各篇的主要问题，提出了他经过深入研究所得出来的解释，可是总的来看，却仍是戋戋小帙。可知刘氏是把他认为《尚书》中

各篇必须提出新解而又为他钻研确有所得者才著之于书中，因而更感到其所释的特别值得重视。而《尚书解诂》只残存第一篇，其余二十余篇（依通行本为三十三篇）写成四十余册之手稿已告遗失，真可说是《尚书》学中的一个损失。而就《解诂》与《小笺》两稿对观，可察知《解诂》成稿于前，《小笺》则系据《解诂》各篇之自认为精当重要者摘入之，以成《小笺》一稿。则《解诂》一稿虽毁失，犹幸吉光片羽获存于《小笺》中，亦差堪引以为慰了。

这三部手稿原件已送至中国社会科学院文献情报中心珍藏。我们很高兴齐鲁书社重视贵乡邦学术文物，能据原稿复印出版，使这位师承太炎先生笃守古文学而又吸收了新知的山东最后一名《尚书》古文学派学者的幸存遗著得以向学术界提出并将流布久远，真是弥值珍贵的盛事。

1990 年 11 月

（作者系中国社科院原历史研究所研究员）

古历下亭小考

耿　仝

“历下亭”一名，经杜甫的记载才得流传。唐天宝四年（745）夏，杜甫去往临邑看望其弟杜颖，途经济南时与北海郡太守李邕、邑人蹇处士等游宴于历下亭。杜甫作《陪李北海宴历下亭》诗一首，诗为：“东藩驻皂盖，北渚凌青荷（一作‘清河’）。海右（一作‘内’）此亭古，济南名士多。云山已发兴，玉佩仍当歌。修竹不受暑，交流空涌波。蕴真惬所遇，落日将如何。贵贱俱物役，从公难重过。”诗中名句“海右此亭古，济南名士多”，让历下亭成为海内名亭，也使古历下亭的位置成了一个谜题。

今济南大明湖一小岛上有历下亭，乃康熙三十二年（1693）山东按察使喻成龙与山东盐运使李兴祖所建，非唐人所说的古历下亭。杜甫出席宴会的历下亭并不在大明湖中，且至少在唐朝末年就已经废圮，后几经兴废变迁，最初的亭址已无从可考。主流说法认为古历下亭在五龙潭西，即北魏郦道元《水经注》中所提之“客亭”，但这只不过是一种猜测。历下亭在宋代又有迁建，已非唐亭之旧。宋、元历下亭毁后，明代却没有恢复历下亭。对于上述问题，即清代历下亭迁建之前的古历下亭的位置与存毁情况，本文将分别做出讨论。

一、古历下亭的位置推测

称古历下亭在五龙潭西的主要依据，是《水经注》卷八里面的一段话：“其水（指趵突泉北流之水——作者注）北为大明湖（是为古大明湖，在今五

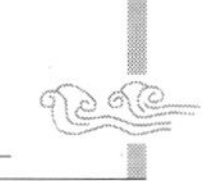

龙潭一带，非言今大明湖水域——作者注），西即大明寺，寺东、北两面侧湖，此水便成净池也。池上有客亭，左右楸桐负日，俯仰目对鱼鸟，水木明瑟，可谓濠梁之性，物我无违。”历下自建城始，西门就一直是交通要道，“客亭”位于城郭外的官路附近，当是迎来送往的官亭。从郦道元记载客亭到唐代杜甫登临历下亭有二百多年，称得上“此亭古”，所以当代学者多认为历下亭在五龙潭西。这一说法只是前人的一种猜测。清乾隆《历城县志》记载：“历下亭不知建于何时，杜诗曰‘海右此亭古’，则不始于唐矣，疑即《水经注》所谓池上客亭也。”清代疑“客亭”就是古历下亭的依据，则来自元代《齐乘》对古北渚亭的推测：“详《水经注》，则大明湖亦源于泺，城西五龙潭侧古有北渚亭，岂池亭遗迹耶?”清乾隆年《历城县志》否认了元代《齐乘》所提出的古北渚亭在城西，但继承并发展了《齐乘》对池上客亭的相关猜测。由此可见，这种观点只是一种猜测，没有任何文献可以支撑“客亭”就是“历下亭”的推论。

对于古历下亭的最初位置，除了古城西关外，大可以做出另一种推测。我们先回到杜甫的那首诗，看一下其中给出的相关信息。

关于诗题中的“历下”，是亭的名字还是一种笼统的说法?很多意见认为这是一概称，亭原本没名字，因亭位于历下故有此称。但杜甫既称“海右此亭古”，焉有无名的道理?“历下”一称约出现于战国时期，唐时济南为齐州，天宝元年（742）曾改称临淄郡。杜甫写这首诗时，济南称临淄郡，以地名概之的可能性不大，故“历下”是亭的名字。亭以地为名，则说明这很可能是一座客舍之类的官亭，是官府所有的。据此，古历下亭应在城外又离城不远。

杜诗“北渚凌青荷”句，“渚”即水中小块陆地，“北渚”则是城北面的水洲或水岸边。唐代所见的济南古城，内有历下古城，外有郭，历下古城北有历水支津、历水陂，郭北有莲子湖，历下古城迤北皆有可能。

再来看“修竹不受暑”句。在汉代以前，泰山、汶阳、齐都等处都是有野生竹林的，但济南地区没有相关记载。东汉末一直到南北朝时期，北方的气候变得很冷，竹子已经不适合在北方生长了。到了隋唐时代，北方的气候变得十分暖和，一直延续到北宋才开始转冷，所以这片小竹林是隋以后从他处引种的。这印证了古历下亭不是路边的野亭，而是一处官方园林里的建筑。

“交流空涌波”一句，既可解读为历水与泺水水系交汇，也可认为是其他水流的交汇。虽无法获取位置信息，但明确了古历下亭所处的位置必定是一处水流相对湍急或水道曲折蜿蜒的地方，而非城西水势平缓的“净池”一带。结合济南古城的变迁状况，古历下亭的位置很可能在历水流杯池附近，即今珍珠泉以北、百花洲一线。

对于流杯池，北魏郦道元《水经注》卷八中“济水二”记载：历“水上承东城历祠下泉，泉源竞发。其水北流，迳历城（即历下古城——作者注）东。又北，引水为流杯池，州僚宾燕，公私多萃其上。”关于历水的源头，唐人魏炎在诗中写道：“窃向池中潜畎来，浇茆溪上平流去。”舜泉之水通过地下渠道流出汇为溪水北去，即为历水，水畔芦苇丛生。历水北流，引水为流杯池，再北则分为两支，一支西北向与泺水支津汇为历水陂，一支东北向出北郭。

历水经由流杯池一带，是中古时期济南有名的聚会场所，乃名胜之处。称此地是名胜，不仅是文人相会的缘故，更与中古时期北方民俗有关。历水畔延续数百年的人文活动，与一个古老的祓祸祈福的节日重三上巳节（上巳，夏历三月的第一个巳日）有关。先秦时期已有水滨祓禊之俗，是日，官民都至水边洗濯。东汉北海人徐干在其《齐都赋》中记录了齐地祓禊的情况：“青阳季月，上除之良，无大无小，祓于水阳。”魏晋以后、宋代以前，春禊成为一个重要的节日，民间多临水祓禊、水滨宴会。在济南，祓禊活动的地点在历水附近，因为历水是古城外、古郭内最大的水系，且为东流之水（古人认为东流水可以去除病患和不祥，是祓禊活动的首选），所以流杯池建在历水附近。

古历下亭在流杯池一带的推论是较为适宜的。流杯池是历史延续下来的一处官私聚会场所，附近有园亭是毋庸置疑的。正因为是延续上百年的聚会之地，这个亭才得以常年维护，方得延续几百年，而不像宋、元异地重建的历下亭那么短寿。正因如此，唐杜甫才称它为“此亭古”，才有历下亭一宴。流杯池附近，至宋时称百花洲，水洲的地理地貌与之相符。就此说来，古历下亭在曲水流觞处的可能性是非常大的。

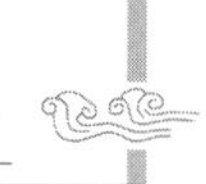

二、宋代历下亭的选址依据

古历下亭在唐朝末年就已经损毁不存了，宋代曾异地复建历下亭，其址大致在大明湖南岸。宋代的历下亭在金代仍是存在的，马定国于阜昌年初游济南时所作《登历下亭有感》诗可证。蒙古灭金后第二年（1235），元好问游济南后作《济南行记》，文中说道：“至济南，辅之与同官权国器，置酒历下亭故基。”元好问所见的历下亭已经毁塌，只有高台尚存。元代于钦在《齐乘》中记载：“历下亭，在府城驿邸内历山台上。面山背湖，实为胜绝。少陵有《陪李北海宴历下亭》诗。”于钦在写《齐乘》时仍可以看到历下亭，说明历下亭在元代又被重建了。

关于宋代历下亭的位置，晁补之在《北渚亭赋》序中说：“（州署）圃多大木，历下亭又其最高处也。”宋代的历下亭位于州署后园内，周围多大木古树，历下亭位于高台之上。元好问则称：“此亭在府宅之后，自周齐以来有之。”即历下亭位于济南府衙的后宅附近，且言明了其始建年代为北齐、北周之际。金代济南府衙的位置，元代于钦在《齐乘》“仁风厅”条载：“旧府治即今宪司前衙也。”这里的“宪司”就是元代的肃政廉访司。《齐乘》又言历下亭在“府城驿邸内历山台上”，依此可见，元代宪司后为驿邸，上推为金代府宅之后，也即宋代齐州官衙内宅后。元代宪司的位置，《齐乘》“宣圣庙”条下曰“宪府东”，故宋代历下亭当在府学文庙西的明代济南贡院附近。

巧合的是，宋元时期历下亭的位置，恰与唐代的李之芳新亭相去不远。“新亭”为唐天宝年间齐州司马李之芳所建，杜甫有《同李太守登历下古城员外新亭》一诗，其诗为：“新亭结构罢，隐见清湖阴。迹籍台观旧，气溟海岳深。圆荷想自昔，遗堞感至今。芳宴此时具，哀丝千古心。主称寿尊客，筵秩宴北林。不阻蓬荜兴，得兼梁甫吟。”北海太守李邕也有一首《登历下古城员外孙新亭》，诗曰：“吾宗固神秀，体物写谋长。形制开古迹，曾冰延乐方。太山雄地理，巨壑眇云庄。高兴汩烦促，永怀清典常。含弘知四大，出入见三光。负郭喜粳稻，安时歌吉祥。”同时期的齐州司马卢象曾作《追凉历下古城西北隅，此地有清泉乔木》，诗中虽未明言地点，但诗题中“历下古城西北隅”及诗中“苍苔虞舜井，乔木古城壕”均说明了其地便是李之芳新亭附近。

新亭的位置，过去多根据杜甫、李邕诗题中的“登历下古城”，认定在历下古城北墙上。这一误解来自“登”字，此“登”是登上亭台之义，而非登上城墙。如卢象诗题“追凉历下古城西北隅”一样，“历下古城”是地名而不是指城墙。新亭当筑在高台之上，所以可“迹籍台观旧”，可“负郭喜粳稻”，可“隐见清湖阴”。而从“新亭”“迹籍台观旧”等语又可以看出，李之芳新建之亭是构筑在其他已毁损的旧亭台基之上的。

杜诗中的“筵秩宴北林”，说明了李之芳新亭在历下古城北侧的使君林。唐《酉阳杂俎》记载：“历城北有使君林，魏正始中，郑公悫三伏之际，每率宾僚避暑于此。”唐代的历下古城很小，内城北墙约在今山东省政府大院南门附近，“北林”即“使君林”。使君林这里的地貌，也与卢象诗中所提的“乔木古城壕”等句相对应。唐新亭建在高台之上，亭易毁，台址不易毁去。宋历下亭周边大木古树乃唐使君林之孑遗，说明此地没有大规模的取土建设，唐代新亭的故基高台有存留到宋代的条件，宋历下亭极有可能是构筑在唐新亭的旧台基上。

北宋历下亭的选址，当有所依据。宋历下亭距《水经注》所载的流杯池不远，在其西北300余步（约一唐里）处。古历下亭位于这附近，复建历下亭的选址并不随意，与古历下亭是有传承关系的。

三、历下亭为何在明代沉寂

历下亭在元代仍是一处景致，如元世祖至元二十一年（1284）王恽在《游华不注记》中称：“迨十有一日，遂自历下亭登舟，乱大明湖，经会波楼下，出水门，入废齐漕渠，所谓小清河者是也。”入明后，历下亭被毁。明天顺七年（1463）任山东按察使的李裕在《游明湖记》里写道：“循南岸至历下、环波、水香三亭，亭瞰湖滨。宋曾子固知齐州重建，今湮圮，基存。”这说明，元历下亭最迟在明天顺年间就已不存在了，只能见到亭的旧基。而这之前，未见有关于历下亭的记载，历下亭极可能在元末就已经毁坏了。

历下亭所在，元代为宪司官署后的府城驿邸。元代山东东西道肃政廉访司所在，明初为山东等处承宣布政使司。元代“宪司后”，也就是明代山东等处承宣布政使司后，即明代济南贡院的位置。嘉靖《山东通志》记载：“贡院在布政司东，洪武初建。”洪武初年建贡院，占用了藩署东面、北面的土地。成化十九年（1483）又扩建举子场，占用了藩署北面的土地，历下亭的台基旧址被圈入贡院。明代贡院的平面是曲尺形，至公堂及堂署都在东侧中轴线上，举子场在贡院之西北，也就是贡士院的后部，即今山东省政府大院内偏北。因贡院的特殊性，除明远楼及周边的瞭楼外，是不允许存在高台建筑的，所以历下亭残存的台基，连同周围的古树都被除去。因历下亭旧址在贡院内，也就一直无法在原址重建。所以明代很少有文人提及历下亭，更没有官方的重建活动。

到了明代中后期，古历下亭的具体位置已经含糊不清。崇祯年间刘敕著《历乘》“历下亭”条下注曰：“今按：驿台俱废，父老相传亭址在今贡院后。”“贡院后”是一个如同街道名称一般的地名，自明代一直到民国，皆有此地名。只是明代“贡院后”要比清代中后期的“贡院后”的位置还要往南一些，清代中期扩建号舍，贡院后的位置越来越向北去，清末的“贡院后”已经近大明湖边了。这里所说“贡院后”的位置，是据“父老相传”而来，所以只是一个大致范围。明代中后期济南人只知历下亭与贡院有关，其位置被民间传闻到贡院以北了。

明代李攀龙在嘉靖年间曾经重建过历下亭。章丘袭勖曾作有《首夏校书历下亭》诗，提到过李攀龙的历下亭。袭勖的生卒年虽然不详，但他曾与李攀龙交好，是同时期人物。《首夏校书历下亭》是袭勖晚年的诗作，可以证实嘉靖朝是存在历下亭的。李攀龙家境贫寒，出仕后又异地为官，所以只有嘉靖三十五年（1556）辞陕西按察司提学副使职归乡之后才有可能重建历下亭，故他的重建活动当不早于1556年。嘉靖《山东通志》“历下亭”条下记载道：“今废，为民居所侵。”这里所说的位置只是一大概范围，具体位置此时已无从考证。《山东通志》成书于嘉靖三十二年（1553），资料采集则早于此间，所以《山东通志》讲述的是李攀龙重建历下亭之前的状况。

李攀龙所建历下亭的位置，并不是宋元旧址，而是在大明湖南岸，这是历下亭的又一次迁建。宋元历下亭的旧址在嘉靖年间就已失迷，只知大致范围在贡院一带，李攀龙是不可能在原址重建历下亭的，只得在附近另建。李攀龙建的历下亭不过是托名，且规模不大，故未被普遍认可，明代人中就只有与他交好的袭勖、余曰德二人提到过。与李攀龙同时期的余曰德在《哭李于鳞四首》曾写道：“泪眼双悬历下亭，白杨萧瑟路冥冥。”李攀龙死于明穆宗隆庆四年（1570），其所建的历下亭在1570年后仍存在过一段时间。李攀龙所建的历下亭存续时间极短，万历初年任历城知县的张鹤鸣在诗中言道：“海内名亭都不见，令人却忆少陵诗。”这说明万历年间，李攀龙的历下亭就已经看不到了。

清顺治年间，施闰章作有《寻历下亭旧址》诗，诗中可知，顺治年间仍不存在历下亭。施闰章于顺治十三年（1656）擢山东提学佥事，顺治十八年（1661）调任江西布政司参议，在济南居官五年，《寻历下亭旧址诗》应作于这五年间。康熙年间李兴祖在《重葺古历亭碑记略》中也说道：“历下亭，故在大明湖之滨，李沧溟曾一修葺，至今又百五十年，复为荒墟。”可见，从明代中期到清早期，一直没有再重建历下亭。

康熙三十二年（1693），山东按察使喻成龙、山东盐运使李兴祖二人“谋同心协，若出一人，李公经其始，喻公赞其成，不征一钱，不劳一民”（清张贞《重建历下亭记》），在大明湖今址，购买乡绅艾氏地产重建历下亭，“癸酉（康熙三十二年）夏，葺古历亭工竣”（李兴祖《蔚蓝轩记略》）。康熙年间复建历下亭时，只知道历下亭旧址在贡院后，那时贡院后这个地理范围很大，已然全是民居，只好在距此不远的岛上复建了历下亭。新建的历下亭由大明湖南岸移至湖中，变为湖中亭，虽其颜额曰“古历亭”，却景观大变，彻底斩断了与宋元历下亭的传承关系。

四、结语

如果把前面讲到的古历下亭、宋元历下亭、明历下亭、清历下亭的位置，按照时间线排列起来，不难发现历下亭历次重建的位置并不是随意找寻空地，其位置变化是有规律的，是在一定范围内一直向西、向北迁移的。而历下亭

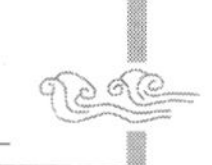

基址迁移的大背景，正是唐宋以来济南老城区不断向北扩展，二者速率是同步的。加之历代侵占历下亭基址的都是官署，是不可逆转的，所以历下亭损毁后很难在原址复建。

一座亭几经兴废迁移，“几番改建名如旧”，延续了一千余年，足可见济南名士文化根基之深厚。

（作者系济南观卷文化公司总经理）

超然楼记

魏代富

粤夫地映昊天之辰①，皦（jiǎo）矣虚危②；文缵（zuǎn）百代之宗③，涣乎奎宿（xiù）④。宋之东坡，筑台超然；⑤元之李泂（jiǒng），藉（jiè）名斯楼。⑥气雄有北⑦，蔚蔚大观；壮压岱岳，郁郁寡俦。于是群贤毕至，睿哲咸遒。小山远眺，听水调于莲舟；⑧留仙僦（jiù）居，对荒庭之闲鸥。⑨惜乎或罹兵燹（xiǎn），或遭回禄⑩，毁圮屡臻，兴废无由。今之所见，著雍困敦之岁⑪，于旧址重建者也。

斯楼似不必登，何也？斯楼之周寰，足以厌饫（yù）其目也。若夫临斯楼也，朝露润日，晨辉沐荷，蜻蛉戏水，锦鳞跳波。曾堤⑫柳肆，镜明湖而婉约；秦祠⑬竹坞，耀丹墀而婀娜。暨乎金乌翮（hé）敛，银兔足跃，霓虹耀而萤光逐，薰风柔而蝉声歇，月色仿佛以弹琴，水纹徙倚若奏歌。于是丽女祈

①《帝王世纪》："天有十二次，日月之所躔也。地有十二分，王侯之所国也。"

②《汉书·地理志下》："齐地，虚、危之分野也。"

③ 李峤《攀龙台碑》："笔削所裁，群贤无措言之地；宪章所缀，百代成不刊之式。斯乃孔宣父之所以正人伦也。"《说文·糸部》："缵，继也。"

④《初学记》卷二一引《孝经援神契》："奎主文章。"

⑤ 苏轼《超然台记》："予弟子由，适在济南，闻而赋之，且名其台曰'超然'，以见余之无所往而不乐者，盖游于物之外也。"

⑥ 崇祯《历城县志》："超然楼，水面亭后，元学士李泂建。"李泂，字溉之。

⑦《诗经·巷伯》："投畀有北。"

⑧ 张可久，号小山。张可久《百字令·湖上和李溉之》："谁隔荷花，听水调、兰棹采莲船去。"

⑨ 蒲松龄，字留仙。蒲松龄《夏客稷门僦居湖楼》："半亩荒庭水四周，旅人终日对闲鸥。"

⑩《左传·昭公十八年》："郊人助祝史除于国北，禳火于玄冥、回禄。"杜预注："回禄，火神。"

⑪ 2008 年为戊子年，戊为著雍，子为困敦。

⑫ 曾堤，曾巩所修。

⑬ 秦琼祠堂。

祈[①]，髦士峨峨[②]。切磋淇奥，绰兮君子；[③] 掩翳（yì）洛水，赧然辅靥（yè）。[④] 乘兴而来，尽兴而归，是不必登楼者也。

斯楼又不得不登，何也？斯楼之周寰，足以厌饫其目，不足以陶铸其心也。若夫登斯楼也，极目骋怀，洗心澄（dèng）尘，观鹊华之烟雨，悟刹那于古今。循松乔以问道，诵老庄之遗文。仲尼发浮海之叹[⑤]，平子写归田之吟[⑥]。寿夭不贰[⑦]，俯仰无痕[⑧]，泰山岂异于秋毫，殇子何羡乎大椿。[⑨] 千头木奴，稼轩有期；[⑩] 百亩青苔，道士何存？[⑪] 尺璧寸阴[⑫]，括万点愁肠，临兹一点即超然；九州八殥（yín）[⑬]，总三分秋月，观之二分在水心。[⑭] 惟登斯楼，方知所求性而非兴，所得神而非身也。

译文

大地对应着天上的星辰，虚危二星非常明亮。文章有着百代的传承，奎宿散发着光芒。宋代的苏东坡，曾在济南筑超然台；元代的李泂，取“超然”二字命名他修建的楼。这座楼气势足以在北方称雄，有着盛大的景象；气势又足以将泰山压下去，它的风采很难被超越。它吸引了很多贤能、聪明的人来到这里，元代的张可久曾在大明湖泛着舟，听着曲，远眺此楼；清代的蒲松龄曾租住在此，在荒芜的庭院欣赏着闲散的鸥鸟。可惜的是，由于战争或火灾的原因，此楼被毁坏了多次，也被重建了多次，就像人生的大起大落是

①《诗经·玄鸟》“来假祁祁”，郑玄注：“祁祁，众多也。”

②《诗经·棫朴》：“奉璋峨峨，髦士攸宜。”毛传：“峨峨，盛壮也。髦，俊也。”

③《诗经·淇奥》：“瞻彼淇奥，绿竹猗猗。有匪君子，如切如磋，如琢如磨。”

④ 曹植《洛神赋》：“翳修袖以延伫。”又曰：“明眸善睐，靥辅承权。”

⑤《论语·公冶长》：“子曰：‘道不行，乘桴浮于海。’”

⑥ 张衡，字平子，有《归田赋》。

⑦ 宋黄裳曰：“贫贱不忧，寿夭不贰。”（《演山先生文集》卷五）

⑧ 王羲之《兰亭集序》：“向之所欣，俯仰之间，已为陈迹。”

⑨《庄子·齐物论》：“天下莫大于秋毫之末，而泰山为小；莫寿于殇子，而彭祖为夭。天地与我并生，而万物与我为一。”此为押韵故，取《逍遥游》大椿以替换彭祖。

⑩ 辛弃疾《水调歌头·舟次扬州和人韵》：“倦游欲去江上，手种橘千头。”

⑪ 刘禹锡《再游玄都观》：“百亩庭中半是苔，桃花净尽菜花开。种桃道士归何处，前度刘郎今又来。”

⑫《淮南子·原道训》：“故圣人不贵尺之璧，而重寸之阴，时间得而易失也。”本指时光短促，应该珍惜，此处只用时光短促之义。

⑬《淮南子·地形训》：“九州之外，乃有八殥。”高诱注：“殥，犹远也。”

⑭ 萨都剌《寄奎章学士济南李溉之》：“天下三分秋月色，二分多在水心亭。”

一种常态，此楼的毁坏和重建也是一种常态。现在看到的超然楼，是2008年在原址上重建的。

来到楼前，似乎不需要一定要登上它，为什么呢？因为超然楼周围的景色已经能满足你对景色的需求。当你来到这座楼前（欣赏着周围的美景），可以看见晶莹的露水仿佛湿润了太阳（每颗露珠中含着一颗太阳），一株株荷花沐浴在清晨的阳光之中，蜻蜓用尾巴点着湖水，鱼儿不时地跃出水面。曾堤两侧委婉而含蓄的杨柳，把大明湖当作镜子在梳妆；秦公祠旁有身姿婀娜的竹子，绿荫洒落在红色的台阶上。等到太阳落下，月亮升起，明湖周围闪烁着霓虹，萤火虫以为是自己的同伴追逐的霓虹的光，温柔的暖风让蝉停止了鸣叫，月光朦胧像是在弹琴，水纹一圈圈像是在唱歌。无论白天还是晚上，都有着众多的美女、贤士来玩。男的在水边交流技艺，心胸宽大，一派君子之风；女的用袖子遮着脸庞，妩媚可怜，一片娇羞之态。每个人都是乘兴而来，然后满足了自己的兴致就回去。既然能通过欣赏楼周围的美景得到满足，就说明来这里不一定必须登上这座楼。

但是这座楼又是必须要登上去的，为什么呢？因为超然楼周围的景色虽然能满足欣赏的需要，却并不能满足陶冶性情的需要。只有登上超然楼，眼睛望向远方，才能敞开自己的胸怀，清洗着心灵，涤净浮世的尘埃（让自己达到空灵的境界）。这时候你眺望着鹊山、华山的烟雨朦胧，才能感悟到古今不过须臾。然后希望沿着赤松子、王子乔的足迹求仙访道，读着老子、庄子留下来的著作去感悟道。你慢慢体会到孔子为什么发出“道不行，乘桴浮于海”的感叹，张衡为什么会写《归田赋》。你又慢慢体会到长寿和短命没有区别，人在世间所经历的终究不会留下痕迹，高大的泰山和细小的秋毫没有区别，早逝的人也并不需要去羡慕八千岁的椿树。辛弃疾在人生失意之后，曾期望归隐田园，种下千棵橘子树；百亩的庭院中已经布满了青苔，当年的道士又在何处呢？在短促的时间内，人生会产生无数的忧愁，但只要登上此楼，无数的忧愁立刻消散；广袤的天下，如果将秋月划分为三份的话，水心亭的秋月将独占二份。只有登上超然楼，才会真正明白人生追求的是陶冶性情，而不是止于满足兴致；也只有登上超然楼，才会使自己的精神愉悦，而不是止于身体的愉悦。

（作者系山东师范大学文学院副教授）

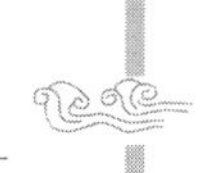

清山东学政署及其泉源流变

张　俭

“风香历下”微信公众号为侯林、侯环二位先生主理，其中有一篇《山东学署泉考》。大作引述丰赡，考证细微，搜遗索隐，颇见功力。读后受益匪浅，启发良多。

侯文引用乾隆三十二年（1767）山东提督学院张若溎《重修四照楼记》“引泉循楼除下，架以石梁，清能鉴而流不竞，濯湘皆于是乎取之”，康熙三十八年（1699）诗人王晦“出门度平桥，流泉通一线”“细引流泉曲绕廊，寒花犹发去年香”，康熙五十五年（1716）山东学政陈沂震的门客、诗人顾我锜“千寻山势高藏郭，百道泉光曲注溪”，乾隆五十八年（1793）山东学政阮元“落日城头晚，东风泉上春”“十丈赤珊瑚，红泉入镜湖”，包括曾署山西布政使的刘大观“一掬泉水寒，去我十年垢”，最后引用今人尹君《济南名泉考》“玉露泉，大明湖路中段路北 179 号钟楼寺院内（省房管公司），尚存‘玉露泉’石碑倒卧于小河边”等内容，认定山东学政署有泉。

应该说，侯文引用的资料除最后一条外，均是 200 至 300 年前的证据，最后一条侯文也不确定能否套用到数百年前。这些均需要从历史地理学的角度考证，比如今天就没有学政署，没有玉露泉，把今天的状况套在 200 或 300 年前学政署的相应位置，来论证数百年前此地有没有泉就没有意义，因为已不属同一时空。如饮虎泉，亦名饮虎池，原来的位置“在趵突泉西邻”，1992 年经七路拓展时，与邻近的几处泉一同被封埋在新命名的泺源大街之下，原饮虎池被移置到路边一隅，与本有的空间位置易动，已不是原本意义上的饮虎泉，且无泉水涌出。

那么，二三百年前山东学政署有泉吗？是什么泉呢？首先，要区分泉水和泉眼两个概念。如果说有泉水即为有泉，侯文所证没有问题，当时的学政署确实有泉水流经；如果说有泉眼方为有泉，仅就侯文列举的数百年前的几篇诗文，尚不能支撑学政署有泉，有值得商榷之处。

一、学政署状貌演变

明末，山东提学道位于大明湖南岸的至道书院，有虚明阁，有齐鲁文衡坊。“提学道后，旧为钟楼寺，成化十三年（1477）建。”“钟楼下有闻韶馆。”清初，沿用提学道署，简称学道，崇祯《历城县志》济南府城图已有其标记，康熙《济南府志》因之。当时，学道署与钟楼是分设的，各自独立。

顺治十三年（1656），施闰章出任山东学政（学道），其《提学道题名记》载：“山东提学道署，在济南府治之北大明湖上。凡天下官署皆南面，而此独北面……地与湖接，水流至阶除，予置石梁，曰濯缨，其上有高楼，名之曰‘四照’，俯瞰郡城内外如指掌。”施闰章《独树轩记》载：“学使者视事堂（在学道署内）之西偏，有轩数楹，高可二寻，广半之……四顾无所有，惟古槐一，树大十围……盖可以荫是轩者，予颜之曰独树。”由此可知，清初的山东学道署有四照楼（四照楼当建于明代）、视事堂、濯缨桥、古槐树，甚至还有两只白鹤等。四照楼的高度或在四层，能俯瞰郡城内外的话，至少不低于城墙。可能是觉得古槐树太孤独，施闰章在学道署内手植了两棵松树，见《怀二松在济南学使署中》诗。

100 多年后，乾隆二十四年（1759），闵鄂元任山东学政，此时山东提学道署已改称山东提督学院署，简称学院，或学使院，亦称学政署。闵鄂元在学政署院内左右建两坊，一曰“邹鲁教育”，一曰“海岱文章。”乾隆三十二年（1767），张若溎接替蒋元益出任山东学政，其《重修四照楼记》记载了学政署的基本状貌：“使院北向，寝室直其南，（四照）楼翼于寝之北……其左（西面）浸澄湖而倒天镜……右（东面）则万瓦鳞比，甍飞檐垂，而市声人影无一接乎耳目。”由此可知，当时的学政署西、北两个方向是大明湖水面，南面是学政大人的住宅（这里或有向南开的便门），学政住宅北邻为四照楼，署

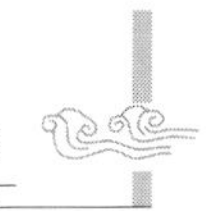

外的东面为闹市和民居，包括其他官署。学政署沿湖而设，不是一个正长方形，略呈西南而东北的形态。张若溎的继任者为芜湖人韦谦恒，其《传经堂诗钞》中记载了山东学政署内的玉玲珑馆和石芝书屋，还有一个坳芥亭，所谓“轩豁窗如画舫停”。

又过20多年，乾隆五十八年（1793）六月，阮元以内阁学士出任山东学政，其《山左学署八咏》出现的新内容不多，但是做了系统化的整理。学政署八景包括：四照楼，这仍是学政署的主体建筑；濯缨桥，“即楼下小石桥也”；小石帆亭，“亭在桥之东北，临水如舫”，此即韦谦恒之谓坳芥亭，已被改名；石芝，“巨石甚透，在楼西之客轩内”；玉玲珑，“巨石，立濯缨桥南，玲珑高丈许，旁有古柏”；海棠泮，“有海棠一株，荫将一亩，南压溪水”；钟楼，“在学署之西南，高台重构，万瓦在望”；积古斋，“即小石帆之后轩”。“（四照）楼面北，前有清溪一道，自西而东，石桥，板桥各一，以通行者。夹岸槐柳蔽日，红栏逶迤，溪中赤鲤径尺，鳞鬣可数……”由此记载可以看出，施闰章时期古槐树尚在，不知哪位学政又增植了柳树和一株巨大的海棠树，原学使署“墙外古柏数株，作老人拱立状”之古柏，由于学政署的扩展，已成为学政署内的部分，且将钟楼划入了学政署。

值得玩味的是，从施闰章开始，一直到阮元的150年间（约1650—1800年），不管是学署八咏还是多少景，浸其事者均没有提到泉名，更没有泉眼的说法。八咏中提到了两块不同的巨石，分别成为两个景致，小石帆亭和小石帆后轩也分别成为两个景致，如果学政署有泉眼，有泉名，身为清朝顶尖文豪的学政大人和他们的门客似乎视而不见、知而不言，这不符合文人的风雅做派，更不像是选择性忽略。如果当时学政署有玉露泉或其他泉眼，自应视为一景，一定会在众多文人的笔端流出，至少不会人人都遗漏，阮元亦应将其列于学署八景或十景之中。初步判断，玉露泉出现的时间较晚。

二、时人不同的记载

查阅民国《续修历城县志》等可知，除侯文所列阮元、刘大观、王晦等人相关学政署泉水的描写外，尚有黄景仁（1749—1783）、翁方纲（1791至

1793 年山东学政)、朱文藻(1735—1806)、封大受(1790 年进士)、谢仟、吴振棫(1792—1871,云贵总督,1828 年任济南知府)、萧培元(1816—1873,1862 年任济南知府,后署山东按察使)等人写的学政署八景,其中也有几篇涉及泉水的诗文。

(一)濯缨桥流泉

朱文藻《濯缨桥》诗曰:

名泉七十二,此水从何分?

平矼鉴人影,冠缨有尘氛,

临流试湔濯,惊散游鱼群。

朱文藻此诗同时见于阮元《小沧浪笔谈》,朱文藻,字映漘,号朗斋,仁和人,自幼酷爱读书,曾与孙星衍、阮元研讨金石,是协助阮元订成《山左金石志》的四个骨干之首。他对濯缨桥下的泉水从何而来未作探寻,但明确表示此水不是学政署自有的泉水,而是来自七十二泉的什么泉。此诗借鉴了曾巩诗意,曾巩认为趵突泉是从几十里外的玉水潜流而来的,其《趵突泉》诗曰:

一派遥从玉水分,暗来都洒历山尘。

滋荣冬茹湿常早,润泽春茶味更真。

刘大观(1753—1834),字正孚,号崧岚,山东临清州邱县人(今属河北),曾任广西天保县、永福县知县,山西河东道,两署山西布政使,侯文引用了刘大观《濯缨桥》诗:

甕甕抗尘容,对人觉颜厚。

一掬泉水寒,去我十年垢。

"一掬泉水"的说法,感觉像是就地溢出,但具体问题需要具体分析,这是刘大观《濯缨桥》诗的内容,在濯缨桥下一掬泉水并不一定说明桥下有泉眼,泉水自西向东流过濯缨桥时,诗人自可一掬泉水,它是流泉(水)无疑。侯文说"连刘大观都知道:濯缨桥下流的不是大明湖水,而是泉水,是刚刚从地底涌出的泉水"。

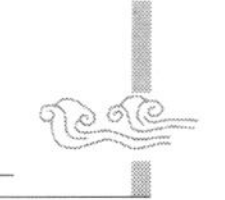

这话恐怕只说对了一半，濯缨桥下流的确实不是大明湖水，但也未必是“刚刚”从地底涌出的泉水，它可能已经从地底下涌出半小时了。我们知道，大明湖是泉水湖，整个湖水都是自西、南两个方向流过来的泉水汇聚而成，道光元年（1821）举人王培荀《乡园忆旧录》曰，“（山东学政）署有流水，潜出院外成溪”。事实上，学政署作为紧邻大明湖南岸的衙门，所有的水最终都会流进湖内。

刘大观还有一首《濯缨桥》诗，侯文未引用。

已复抗尘容，况积胸中垢。

多谢在山泉，可濯亦可漱。

同一位诗人，对濯缨桥下的泉水，还有“在山泉”的说法，这又如何解释呢？“在山泉”不管是从哪里流过来的泉水，十之八九不是指学政署内涌出的，侯文未加引用，应该是不认可“在山泉”是学政署内的泉眼。但这两首诗明显是姊妹篇，写出了对泉水的真情实感，我们不能只见其一，不见其二。刘大观认为濯缨桥下的泉水出自“在山泉”，“在山泉”如果不是实指的话，应为泛指，正如朱文藻不去探究“此水从何分”一样。

翁方纲《池上舫斋今题曰小石帆亭》曰：“疏槛远峰云缕缕，小桥活水月粼粼，石帆可是渔洋偈，听响泉源试问津。”试问津也是不知其所自。所有这些诗作，表现的都是诗人不知晓泉水具体何来，由于济南古城泉（眼）水众多，二三百年前，又没有或无力作条分缕析的分流，当它们汇流到山东学政署时，已根本无法分辨其渊源，这恐怕更为逼近历史的真相。

（二）泉水来西城

乾隆五十四年（1789）山东乡试举人、五十五年（1790）连捷二甲17名进士、德州人封大受也题咏过学政署八景，其《红栏活水》曰：

活水来西城，湾环惬幽赏。

花落聚文鱼，露零散清响。

倘遇采珠人，菱丝织烟网。

封大受，字仲可，号棣塘，“弱冠名噪海右”。登第后候选知县不赴任，家居授徒为业，终生为人授课作文，享年71岁。如果刘大观所说“在山泉”还有些朦胧的话，封大受则明确告诉我们，这道活水（泉水）来自济南西城，而不是学政署内。

八咏中，封大受还有一首《平桥待月》，可以看出系作于其年龄较大（或身体不佳）的时候。

新月犹依山，清光动高树。

杖策步平桥，夜深衣有露。

流水澹无声，怀人对双鹭。

乾隆五十五年（1790）二甲1名进士、江西万载人辛从益1816—1819年出任山东学政。作为同年，封大受或在这个时间段到访过山东学政署。

侯文说学政署内的流泉“是一处发源于四照楼西偏的泉眼”。假设侯说属实，其在学政署内还是学政署外？西偏会不会偏到西城？作者没有明言，就读者而言，这种可能性不能排除。

阮元有位好友马履泰（1753—1829），字叔安，号秋药，浙江仁和人，乾隆四十四年（1779）举人，五十二年（1787）二甲6名进士，比阮元中进士早两年。马履泰曾主讲泺源书院，在刑部任过职，官至太常寺卿。他写有《重五日云台先生（指阮元）招饮，以小疾不赴》诗，阮元以《五日濯缨桥小集，迟马秋药前辈不至，即和原韵》复，起首为：

泺泉涌地出，城里流汗漫。

吾家散衙处，汩汩穿葭薍。

此诗作于1794年或1795年端午节，描绘的是泉水在济南府城到处流淌的情况，而且穿流到阮元家所在的学政署葭薍之下和濯缨桥下，葭同椵，薍指初生的荻。“泺泉”一般指趵突泉，比如明代山东左布政使王宗沐1570年作《上巳日集藩臬长贰流觞泺泉别何宪副》诗，就记录了一次官员们在趵突泉举行的曲水流觞雅集。即使泺泉不是特指趵突泉，也必然不是指学政署内的泉。阮元的“泺泉”更像是泛指济南的泉群，泛指来自城南和城西一带的泉水，其提示的意思与封大受诗相同，可视为第二重证据。上述材料基本可以反证山东学政署在1795年之前没有泉眼。

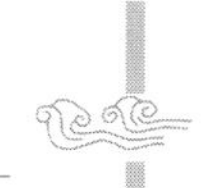

三、玉露泉寻踪

侯文最后一个证据是今人所言，尹君《济南名泉考》载“玉露泉，大明湖路中段路北179号钟楼寺院内（省房管公司），尚存‘玉露泉’石碑倒卧于小河边”。仅此一段话，查阅原书1997年版《济南文史精华》，对石碑有无更多信息没有提及，此泉名不在72泉之列，亦不在《济南泉水志》统计的截止到2011年8月的809处泉之列。再查泉水志“消失（失考）的泉”一节，查到了它的踪影：“玉露泉，位于历下区原大明湖路179号（山东省机械厅）院内。泉池长6.2米，宽4米，深1.2米，为碎石砌成。水向东流，泉边有玉露泉碑记。后被填埋。”泉水志对石碑碑文有无更多信息仍然没有提及，但两者所说显然是同一处泉。那么，玉露泉是何时填埋的？又是何年出现的呢？

查阅出版于1914年叶春墀编的《济南指南》，其第七章“济南食宿”载：“玉露泉在旧学院署内。”如此，则玉露泉民国初期就已存在。再查阅上海《申报》1933年5月28日登载的新闻《鲁建厅疏浚济南名泉》，第五十三条称：“玉露泉，财政厅四照楼北河畔，墙上嵌一石碑，载有玉露泉之名，此泉□一四方池，在四照楼东，现已无遗迹可寻、补遗。”这大约意味着玉露泉至1933年已不存在了。

那么，其起始点会在乾隆至嘉庆时期（1736—1820）吗？玉露泉是否为侯文引述“红泉入镜湖”“百道泉光曲注溪”“细引流泉曲绕廊”“引泉循楼除下”等诗文的泉源呢？侯文认为此泉“是一处发源于四照楼西偏的泉眼”，而《申报》告诉我们，玉露泉在四照楼东，显然不能匹配。

经原史志办朱佩峰先生介绍，我找到当年参加“消失（失考）的泉”一节编写的编辑于文玲女士，她向我提供了山东省地质局水文地质观测站1965年编写的《济南泉水一览表》。该表列有玉露泉，出流情况为“静溢”，流量为“无法测流”，利用情况为“未用”。山东省地质局是1960—1964年进行的观测，当时玉露泉依然存在，且处于静止状态，已有名无实。

经原史志办主任李吉祥先生等辗转找到另一位编辑徐家茂先生，老人家身体硬朗，声音洪亮，20世纪80年代曾对济南的泉水进行过系统的考察，著有《济南泉水考略》，他说当时考察时就没有玉露泉，应该是山东省机械厅建宿舍楼时将玉露泉覆盖了。

为进一步查证，再请教济南考古院的李铭先生，回复说钟楼寺和山东提督学院一带的石碑，2007 年扩建大明湖时，都运到闵子骞墓园存放，可以去那里看看。到闵子骞墓搜寻时，果然找到了玉露泉卧碑。很可惜，这是一块青石，质地不佳，风化严重，只有“玉露泉”三个大字清晰，左边的小字非常模糊，难以辨认。经李铭先生帮助，找到搬运之前玉露泉碑的拓片，但仅能识得部分内容：“省垣济水汇地涌出，故有七十二泉之名，光绪壬寅□四照楼东闲□□□□三尺□□出□甘如醴□□□□□□□□□□□□□尹……（最后部分不多于四个字）。”如此，则此碑立于光绪二十八年（1902），更多的信息无法识别。这个时间段（1902—1905），山东学政为尹铭绶，该石碑的落款有一“尹”字，或指尹铭绶学政。光绪十二年（1886），学政陆润庠曾重修山东学政署号舍，会否导致学政署内的某种变化，不得而知，推测玉露泉的出现不早于光绪年。

四、濯缨泉之谜

在翻阅王贤仪《辙环杂录》时，突然有一个惊人的发现。王贤仪长子王钟霖所著《七十二泉考》曰：“濯缨泉，即濯缨湖，一名灰泉，《志》言在明德庄王宫内，即今抚院西王府池……历下之泉，以此为大。学使署亦有濯缨泉。”王贤仪，字麓樵，浙江山阴（今绍兴）人，生年不详，逝于咸丰五年（1855），他随先人寄居历城，遂以济南为家。据此，山东学政署确实有泉叫濯缨泉，但不称玉露泉。

王钟霖（1816—1878），道光二十四年（1844）举人，主要生活在道光、咸丰、同治朝，光绪四年（1878）去世。他的文章明确说“学使署亦有濯缨泉”。如此，则濯缨泉的出现不会晚于同治年，它会有多早呢？会早到乾隆、嘉庆朝吗？

道光十六年（1836），济南文化和城建史上发生过一件大事，时任济南知府王镇“浚濠疏泉”，主持修整了很多泉脉和沟渠，特别是东、西泺河，并将

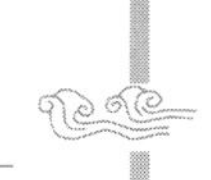

泉名整理记录下来。这在道光《济南府志》中有明确体现，府志系统列举了170多处泉，10多处湾，都标明了相对方位，如“北珍珠泉……今在巡抚署内”“不匮泉，在济东道署内”“惠民泉，在布政司街东”“大比泉，在贡院提调道门内”“雪泉，在藩署名士轩南”，等等。《济南府志》也记载了濯缨泉，但仅说“其在北珍珠泉西”，没有记载学政署内有什么泉。这就怪了，王钟霖明明记载学使署有濯缨泉。是知府大人疏忽大意漏记了吗？答案是否定的。

就在前一年（1835），王镇和历城知县舒化民刚刚系统重修了学政署“大堂和内廨，拓号舍三百三十有六号”“大门二门亦较旧宏峻，凡成大堂五楹、二堂五楹，四照楼之西厅事三楹，又增建一楹，内室五楹，其西又增建一楹，内室后新建之五楹，取内室之旧材为之……”因此，当事人王镇对学政署内情，包括有没有泉眼是十分清楚的。更为重要的是，道光《济南府志》倾注了王镇前后7年的心血，亲自组织人员编写。“（王）镇亲加厘订，不恤人言者也”，这在道光府志王镇序中有详细记载。至少在1840年前，山东学政署内没有濯缨泉、没有玉露泉是无疑的。当时的文人们反复提到濯缨桥，但无人提及濯缨泉就是证明。

王镇，字静斋，号中峰，顺天大兴（今北京）人，乾隆五十七年（1792）举人，在山东辗转为官30多年，对山东和济南的情况非常熟悉。道光四年（1824）任曹县知县，八年（1828）为胶州知州，十年（1830）转济宁直隶州知州，十四年（1834）一月，王镇由泰安知府调任济南知府，后升太常寺少卿，对于济南泉水和城市建设、文化建设所做贡献良多。

王钟霖《七十二泉考》有一段写作说明：“余生于历，就志之所载、见之所及，在历下城内外者，稽旧增新，无俟远搜旁绍，足符七十二泉之数。”他最新记载的一处泉叫长椿泉。“同治十一年（1872）壬申夏，藩署（山东布政使司衙门）头门内西，老椿风折见根，去椿出泉。”时任山东布政使文彬命名曰“长椿泉”。学政署濯缨泉是否也是这样出现的，比如说施闰章年代的老槐树被大风拔出，出泉于濯缨桥旁命名为濯缨泉？不详。

现在可以判定的是，濯缨泉大约出现于1842至1872年这30年间。原因或与王镇主持兴修水利有关，其《挑浚济南护城等河记略》载："三四年来，（大明）湖面溢出岸外，督学署前水深尺余……查省城百余年来无挑河旧案，乃督率官绅，履勘估办，各河挑深自三尺至四五尺不等，然后水由地中，湖面陡落二尺，而东、西泺河各深三尺余寸，得复有利无害之旧。"

这里的重点是"水由地中"，说明地面水沉入地下，自此开始积聚。由于王镇的这一系列工作，历史地理或发生了某种变化，也许在道光末咸丰初，也许在同治八年（1869）学政于建章重修学政署"增添边号"时，方有学政署泉眼。至于学政署濯缨泉是何时消失的，未见记载，乾隆《历城县志》、道光《济南府志》、民国续修《历城县志》均未记载此泉，三志同样也没有记载玉露泉。

问题依然扑朔迷离，不得其解。如果濯缨泉与玉露泉是学政署内的两处泉，真不好判定。但二泉既然同在学政署内，似乎可以并案处理。假设这两处泉是指同一泉眼，玉露泉石碑的竖立或与濯缨泉的更名有关，因为济南已有了一个赫赫有名的濯缨泉（王府池），再有一个同名的濯缨泉容易混淆视听，不如更名为玉露泉，正如阮元（因某种缘故）将坳芥亭易名为小石帆亭。如果真是这样，学政署濯缨泉当是时人临时借用濯缨桥命名，并被王钟霖用心记录下来，其更名的时间或在光绪年尹铭绶任山东学政时。由于王钟霖光绪初年就已去世，或无缘记载到学政署内的濯缨泉更名为玉露泉。

参考文献：

［1］宋法祖：崇祯《历城县志》，崇祯十三年（1640）刻本。

［2］蒋焜：康熙《济南府志》，济南市委党史研究院、济南市地方史志研究院整理，线装书局，2019。

［3］胡德琳：乾隆《历城县志》，乾隆三十八年（1774）刻本。

［4］王赠芳、王镇：道光《济南府志》，济南史志办公室整理，中华书局，2013。

［5］毛承霖：民国《续修历城县志》，山东续修历城志局，1926。

［6］钱实甫编：《清代职官年表》，中华书局，1980。

［7］阮元：《小沧浪笔谈》，济南市委党史研究院、济南市地方史志研究院整理，

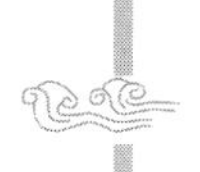

线装书局，2018。

［8］韦谦恒：《传经堂诗钞》，北京刊本，1790。

［9］王培荀：《乡园忆旧录》，中国文联出版社，2012。

［10］刘书龙、李然点校：《笔记游记八种》，中国文史出版社，2017。

［11］叶春墀：《济南指南》，大东日报社，1914。

［12］李吉祥：《济南泉水志》，济南出版社，2013。

［13］山东省地质局水文地质观测站：《济南泉水一览表》，1965。

［14］上海申报馆：《申报》，1872—1949。

［15］济南市政协文史资料委员会：《济南文史精华》，1997。

［16］施闰章：《清代诗文集汇编67》，国家清史编纂委员会编，上海古籍出版社，2010。

（作者系济南文史爱好者）

济南浙闽会馆变迁考

雍 坚

“同是南人，四座高风倾北海；来游东国，两乡旧雨话西湖。”——晚清书法家龚易图所撰的这副名联，对仗工整，韵味无穷，至今被人们津津乐道，并收录于各种版本的楹联书籍之中。

龚易图为福建闽县人，清咸丰九年（1859）进士，曾随丁宝桢、僧格林沁、阎敬铭等人在山东与捻军作战，屡有战功。同治七年（1868），由东昌府知府擢任济南知府。同治九年（1870）擢任登莱青兵备道道员兼东海关监督。龚易图知济南府时捕杀响马、惩处酷吏，颇有政声。清同治十二年（1873），在济南为官经商的浙江、福建籍人士联合出资，在宽厚所街辟地修建浙闽会馆，作为浙江、福建旅鲁同乡会所在地。会馆建成之时，曾在济为官的福建籍官员龚易图应邀为会馆撰写楹联，上述那副传颂至今的名联由此诞生。当年，它就挂于济南府浙闽会馆的大门两侧，曾引得无数文人墨客驻足评品玩味。除了龚易图这副名联外，浙江瑞安人黄体芳（时任山东学政）当年为浙闽会馆所撰的楹联也广为人知。其上联为：此间为岱阴济右第一名区，借别业三楹亦关灵秀；下联是：吾郡距西浙南闽各千余里，对高朋四座大有因缘。

浙闽会馆原位于宽厚所街东首路南，大门朝北，主体建筑居中，由山门、二门、戏台、正厅、大殿等组成。由同治十二年（1873）浙江山阴人陈锦所撰《济南浙闽馆神祠碑记》可知，此馆所祀之神有两位，一是福建人崇祀的天后林默（妈祖），二是浙江人崇祀的吴越国开国国君钱镠。

浙闽会馆主体建筑西侧区域（西院）是逐渐征地购得。同治十二年（1873）浙闽会馆建成之时，西院南端也建起一座官建的金龙四大王祠。此祠又称大王庙，其修建背景是，同治十年（1871）腊月，黄河在山东郓城西南

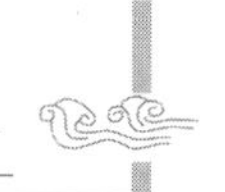

侯家林决口，危及曹、兖、济等十余个州县数百万人口的安危。当时正因病休假的山东巡抚丁宝桢闻讯后，一边在家写信调度，一边向朝廷销假准备带病复职。同治十一年（1872）大年初一，丁宝桢赶到郓城侯家林决口现场查看灾情，制定救灾方案，先充分准备物料，然后于正月二十九日开工，调集周边十余州县数万河工民夫筑堤引流。就在大家奋起筑堤时，一条正在蛰伏的小金蛇被挖了出来。正值春寒料峭，众人纷纷称奇。丁宝桢昭告众人，说这便是河神大王将军显灵来帮助救灾，河工民夫们听后振奋不已。二月二十四日是抗洪工程的预期合龙之日。当决口处越收越小时，坝体突然出现塌方，被急流掏出一个大洞，此时正好有艘沉船被冲到金门口（收口处），冥冥中似有神助，众人赶紧填充物料，顷刻便把决口堵实。为感天佑，事后丁宝桢奏请朝廷，在侯家林决口处附近修建大王庙一座。同年，他还奏请清廷，在黄河经过的省城济南也新建大王庙一座。浙江山阴人陈锦为丁府幕僚，也是浙闽会馆的倡建人之一，或许是由于他从中协调，济南这座大王庙（金龙四大王祠）就选址于浙闽会馆旁边。同治十二年（1873），由陈锦所撰的《丁宝桢奏请创建山东省垣大王庙碑》刻石即立于庙内。

金龙四大王祠（大王庙）建好后，其北侧的“董氏之庐”又被征来修建浮碧轩。浮碧轩本是杭州灵芝寺中的建筑，灵芝寺又是钱镠故苑，因地产灵芝，舍以为寺。以“浮碧轩”命名浙闽会馆正厅旁的建筑，似出自旅济浙江人陈锦的乡土情怀。由陈锦所撰《浮碧轩记》（残拓）约略可知，此浮碧轩最初是山东巡抚丁宝桢征得宅基并加以修建的，作为“乡人醵饮之地”，他还把所收藏的刻石镶嵌在墙壁中供游人玩赏。光绪十二年（1886）丁宝桢去世后，陈锦等人还曾在浮碧轩中暂设丁公祀位，以致追思丁公之情。光绪十四年（1888），济南西关金线泉上建丁公祠，成为祭祀丁宝桢的官定场所。估计浮碧轩丁公祀位取消即在丁公祠建成之后。约在同期，浮碧轩南的金龙四大王祠（大王庙）迁到县东巷山东河防总局（光绪十年设立），而建祠之初所立的《丁宝桢奏请创建山东省垣大王庙碑》原石则留在了旧址。20 世纪 80 年代初文物普查时，重新发现此碑，并将其移至闵子骞墓园。至于金龙四大王祠（大王庙）旧址和浮碧轩之房产何时转入浙闽会馆，未见文献记载，估计在清光绪中期。

济南的会馆原有19处，多属清末所建。在这众多会馆中，浙闽会馆在建筑规格上首屈一指，有房屋84间，建筑面积1053.5平方米。因此，当年，它不仅是旅济浙闽官商聚会治所，有时还是外省人士议事之地。爱国民主人士王湘岑在《关于山东独立的日记》一文中曾记载：“（1911年）旧历九月二十四日，旅东外省人士在浙闽会馆开会，公立山东法正专门学校教员李家祥主席，报告开会宗旨，发起选举代表加入省联合会，经过热烈讨论，赞成者居多数，投票选举李家祥等十人为起草员。”这段文字显示，当年，济南浙闽会馆是一处外省绅商积极响应辛亥革命的聚会之所。

1956年10月，政协济南市委员会地方历史文物组曾编撰《济南市古代建筑调查（初编）》一书。该书记载，浙闽会馆坐落于宽厚所街34号，“原系浙闽旅济人士的公产，现正在移交房管局过程中”。该会馆南北长75步，东西宽45步。当时使用单位是邮电管理局训练班宿舍和食堂。会馆内所存文物包括石狮一对，石碑三通，太湖石五块。另有金冬心（即金农，浙江钱塘人，扬州八怪之一）写“九畹芝兰”石刻一块，姜宸英（浙江慈溪人，与朱彝尊、严绳孙并称“江南三布衣”）写杜诗石刻一块，陈锦写修建记石刻一块（应为《济南浙闽馆神祠碑记》，陈锦《勤余文牍》收录碑文），陈奕禧（浙江海宁人，清早期书法大家）诗句石刻一块，邓石如（安徽怀宁人，清中期书法、篆刻大家）写对联石刻一块。由该书所附的《浙闽会馆略图》可知，这些刻石多置于浮碧轩中。结合前文所述浮碧轩的来由可以推断，它们可能都是丁宝桢旧藏。

综合各种记述可知，自20世纪50年代以来，浙闽会馆先后为邮电管理局训练班（后称省邮电学校）、省第四招待所、济南殡仪馆、济南市图书馆古籍书库（60年代后期）、济南市冶金局（70年代中期）、济南市汽车工业公司贸易中心、济南市汽车改装公司等单位或部门住用。

有文章称，清光绪二年（1876），浙闽会馆进行了一次大的调整和扩建，将庭院布局调整为坐北朝南，新开大门于南马道街上，将宽厚所街大门改为后门。此说恐怕不实，一是清末浙闽会馆南为高耸的城墙，大门正对城墙不

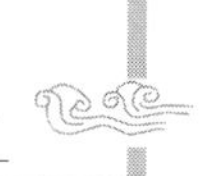

合常理，二是1956年《浙闽会馆略图》显示，当时大门还是北门。比较可信的记载是，1956年，浙闽会馆的正门（北门）因一场意外火灾化为灰烬，此后，会馆北门关闭，改走南门。这个时候，济南府城墙正渐次拆除，出南门后视野开阔、交通便利，因此适时对南门进行了改扩建。

1957年，济南市第一批文物古迹保护单位名录公布，浙闽会馆跻身其中，是78处保护单位中的唯一一处会馆建筑；1979年，浙闽会馆被公布为济南市级文物保护单位，还是同批市保单位中的唯一一处会馆建筑；2000年，浙闽会馆被公布为山东省第一批历史优秀建筑；2015年6月，浙闽会馆被公布为山东省第五批文物保护单位，乃济南会馆建筑中唯一一处省保文物单位。浙闽会馆的门牌号现为黑虎泉西路23号，大门是卷棚顶青瓦屋面的门房，进门后是三柱间硬山屋面大殿，大殿四周和门房均为木隔扇，北墙的木隔扇是活动的，打开后可与北戏楼大厅连为一体，此大厅为南方井庭式木结构，戏楼为五开间六柱进深的广厅建筑，上有木质透雕彩绘，二层上有东西回廊，两侧有楼梯和东西厢房。戏台宽6米，深约4米，共有圆柱50根，柱间有精细的五彩雀替透雕。2003年，笔者现场采访黑虎泉西路21号居民秦老太太（时年77岁）时，她曾介绍道："会馆东侧的黑虎泉西路17、19、21号三处二进院，解放前分属刘家三兄弟，三兄弟的老一辈是浙闽会馆的看门人，这三处院与浙闽会馆是一体的。"

2008年，解放阁及舜井街片区改造项目开始实施拆迁。拆迁后，该片区仅浙闽会馆旧址和宽厚所街55号金家大院被原地予以保留。今济南市级文物保护单位中，共有4处会馆遗存，浙闽会馆是其中保存最为完整者。

（作者系齐鲁晚报文史研究院院长）

白泉历史文化考略

侯　环

说起白泉，一般有两个含义，一是白泉自身，一是作为济南十大泉群之一的白泉泉群。

白泉，位于历城区鲍山街道纸房村北150米处，因泉中多涌出白沙而得名。据记载，白泉古时曾称为“白野河”，又称“白泉河”，其水质优良，水源旺盛。当地村民还将白泉俗称为“百泉”，因其周围有许多的泉，如花泉、冷泉、灰泉、草泉、团泉、张家泉、葫芦头泉等数十泉，形成了一个庞大的泉群，而白泉居其首位。

白泉历史悠久，金《名泉碑》、明《七十二泉诗》、清《七十二泉记》均有收录。白泉又称白沙泉，清乾隆《历城县志》载：“白泉，出纸房庄北，方十亩，中有大泉，间数刻一发，声如隐雷。多涌白沙，故名。”

作为济南七十二名泉之一的白泉，一直以它独特的纯洁、丰沛的审美风采著称于世，可惜的是，白泉与名人的故事不多见，一般人总是感到白泉在历史文化内涵上略有缺憾。

如今这种看法是应该得到匡正了。

最近，笔者从明清有关文献中发现，白泉与明代的前后七子边贡、李攀龙都有深厚的渊源。至清代，著名学者马国翰、陈永修亦有咏唱白泉的诗作，这都是白泉历史上的灿烂篇章，惜乎大多尚不为人知。

了不起的白泉，具有足以骄人的文化底气！

一

明代“前七子”边贡与白泉渊源深厚，他是白泉的知音与常客，他写诗盛赞白泉“石栅啼黄鸟，溪泉拥白沙”的独特美感。

当年，白泉是边贡的常来常往之处，何以故，因为他的好友居住在白泉之侧，且以“白泉”名其号，这人便是明代正德、嘉靖年间大名鼎鼎的济南名士王诏。

王诏（生卒年不详），字孟宣，号白泉。明代济南府历城人。据道光《济南府志卷四十九》，王诏为正德五年（1510）举人。后来，授定州知州，擢开封府同知。

王诏工五言诗，与刘天民齐名。二人同时受到诗坛前辈诗人边贡的激赏，边贡称他俩“两生俱俊杰”。刘天民、王诏二人年龄相仿，边贡年长他们十岁，且文坛成名甚早，刘天民与边贡虽为儿女亲家（刘天民长女嫁边贡第二子边习），但他与王诏和边贡之间，依然是亦师亦友的关系。

边贡有诗《春日卧病寄刘希尹王孟宣》：

我济富山水，人称名士乡。
两生俱俊杰，吾道岂荒凉。
紫禁烟花地，青云翰墨场。
应须得高步，书札报沧浪。

刘希尹，刘天民是也；王孟宣，王诏是也。诗中称济南为山水名城、名士之乡，足见五百年前的济南先贤边贡，对于家乡特点的熟知与真知。值得注意的是“两生俱俊杰，吾道岂荒凉”句，由此看来，边贡不仅将刘天民、王诏作为诗坛俊杰，诗句包含着对两位后生的褒奖和赞美，其实，他也是将二人作为自己诗艺的继承人来看待的。

边贡与王诏交游唱和的诗作甚多，他的好友孟洋有诗曾生动记述他们之间的游宴活动及彼此之关系。如《迟贤亭观边、刘、谷、王四子游泰山回题壁之作》，其中“边、刘、谷、王”，即边贡、刘天民、谷继宗、王诏是也。边贡亦有《迟贤亭有怀白泉王子诏，盖与余同游泰山而余先王子归也》，即记此事也。

以白泉为号的王诏居于白泉之侧，与边贡所居的西园别馆（华泉与华山之间）相近。边贡有《白泉王子居山相近》一诗，他这样写道：

尔能耽野趣，吾亦爱村居。
白屋晴偏好，苍山画不如。
桑麻通雪径，鸡犬接烟墟，
岁晚青藜在，相过且校书。

看来，王诏不唯居白泉之侧且号白泉，而且其所居房屋亦以“白屋”名之，真的是与白泉结下了不解之缘呀！值得注意的是结末“岁晚青藜在，相过且校书”句，青藜，相传汉代刘向于暗夜独坐诵书，有一神人持青藜杖前来，吹杖端使生烟火（参阅《三辅黄图·阁》）。后因以“青藜”指夜读照明的灯烛，校书指校勘书籍，在灯烛之下辛勤治学，此正王诏日常生活之写照。我们由此得知，王诏不仅是一位诗人，还是一位驰骛书林、兀兀穷年的出色学者。

边贡又有《同王白泉步过北村访孙、胡二子》：

少日同门客，山居晚共依。
孤村一相访，深树鸟声稀。
面水心逾静，班荆愿不违。
苍苍平野际，还望暝烟归。

两首诗都描写了宁静惬意的山居与田园生活的野趣。二人住处相近，经常会相约一起探访故人旧友，并聚在一起饮酒赋诗，其乐融融。

最后，我们来看边贡描写白泉的诗《题白泉王子壁》：

吟兴复不浅，村中无酒家。
圃云深映竹，墟日半笼花。
石栅啼黄鸟，溪泉拥白沙。
昼眠兼夕坐，非为惜年华。

白泉王子，即王白泉王诏是也，王子，乃是尊称。题白泉王子壁，即（边贡）题写在王诏家墙壁上的诗，这是古人的习惯与风雅。

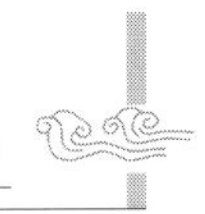

从诗中可以知道，因为王诏所在村中（不知是否今之纸房村）没有酒家，于是边贡、王诏二人便在王诏家中饮酒吟诗，兴致盎然。诗中描写了王诏家居的环境，一个“圃”字，一个“竹”字，描绘出一派田园风光与文人雅趣，此时，无论家中还是村墟，皆为花团锦簇的世界。

值得注意的是诗人描绘白泉的佳句“石栅啼黄鸟，溪泉拥白沙”，白泉有石栅栏环绕护卫，说明了明代时济南人对白泉的保护便十分出色；有黄鸟（即黄莺、黄鹂）啼鸣，则透现出白泉一带生态的多样与淳美；而“溪泉拥白沙”，更以点睛之笔，描绘出白泉的独特景致，能向外吐露美丽白沙的泉水，也只能是白泉了。诗人此处下一“拥”（而非“涌”）字，充分展示了“白沙”的尊贵地位。这是大家的眼力与手笔。

最后一联“昼眠兼夕坐，非为惜年华”，含义深长。古人有“昼眠夕寐”的说法（见《千字文》），即白天午休，晚上睡觉。边贡却反其意而用之，提出“昼眠夕坐”，意思是白天午休，晚上独坐，而这独坐显然有两种状况，一是独坐用功读书写作，一是独坐为惜年华时光流去而不忍睡去，古人有“昼短苦夜长，何不秉烛游”句（《古诗十九首·生年不满百》）即其意也。古诗谓人生当惜年华，及时行乐，然而这里，边贡又一次反其意而用之，他说：王诏清夜独坐，是读书用功，是校勘书籍，可不是叹息年华的逝去而秉烛独坐，这是文人也是文化的不朽功业呀！字里行间，充满着对王诏的肯定、赞赏与期望。

这样的题壁诗，实在是境界高远，寄托深长，是非同一般的大家手笔！

二

很少有人知道，“后七子”李攀龙建有白泉精舍，与白泉朝夕相伴，并写有白泉诗作，称道“白泉钟乳色，黄鸟窃脂声”。

人们都知道，李攀龙（字于鳞，号沧溟）在鲍山有白雪楼，但很少有人知道，他在白泉附近还建有别墅白泉精舍。

以下是笔者近日发现的文献证据。

证据一：李攀龙作有《夏日袭生过白泉精舍索赠》诗。

袭生，即袭勖，字懋卿，章丘人，以岁贡生，官江都训导，转威县教谕，再迁开平卫教授。有《袭懋卿集》。袭勖从李攀龙游，以古文辞显。

袭勖与李攀龙交谊深厚，来往密切，他有《寄李于鳞》（二首）：

林下何人共往还，望中紫气满函关。

分金每愧夷吾事，魂梦寻常到鲍山。

瓜田十亩济南东，云外青山小院通。

流水桃花迷处所，几家春树暮烟中。

然而，有人或许会问，李攀龙虽有《夏日袭生过白泉精舍索赠》诗，但何以见得白泉精舍为李于鳞所有并所居呢？

证据二：白泉精舍是李攀龙除了鲍山白雪楼外，在济南东郊的又一别墅，这在李攀龙给好友许邦才的信中有鲜明体现。

在《与许殿卿》书中，李攀龙写道：

不佞与殿卿老矣，所愿杖屦，夙夜无相逢也。初拟以白雪楼为赠，不佞营白泉而比邻焉，恐伦有别业，猝未他委，至今未敢献左契。[①]

句中提到“营白泉”，指李攀龙营建白泉精舍，他是想将白雪楼赠予他的亲家和好友许邦才。二人都日渐年迈，渴望能够比邻而居，相伴生活，但因许邦才也许有别业，最终没有做成。

证据三：清代历城诗人陈永修作有《过白泉即景有感》诗，其首句即为“不见沧溟精舍开，名泉依旧水潆洄”，沧溟者，李攀龙之号也。也许历史上，济南文人皆知李攀龙有精舍在白泉上，只是今人不知。陈永修居鲍山之西，与此地邻近，且于历城掌故极为谙熟，当更为熟知李攀龙白泉精舍之事吧。

我们且看李攀龙《夏日袭生过白泉精舍索赠》：

本自岩扉客，承家事耦耕。

中年归卒业，壮岁讬论兵。

身觉儒流贵，心疑侠气轻。

① [明] 李攀龙：《沧溟先生集》卷二十九，上海古籍出版社，2014。

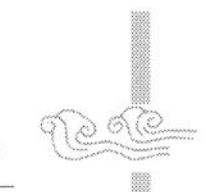

垂成看一第，良久逊诸生。
狗曲群为诟，毛诗独著名。
贫终谙世味，老益见交情。
伏腊书相劳，寒温酒数行。
白泉钟乳色，黄鸟窃脂声。
彩电投壶出，疏星对局明。
即知河朔会，夙昔已纵横。

夏天，李攀龙好友袭勖来到李攀龙居住的白泉精舍，向他索要一首赠予自己的诗作。热诚仗义的李攀龙自然感觉义不容辞。

诗作吟唱了袭勖的坎坷命运与精神追求。

据乾隆《章丘县志》卷九《人物》“袭勖”：“少贫，牧羊豖山中，暇即诵诗书”，一日，县里与他有过节的功曹以“逃租”来污蔑他，使他受到鞭笞的刑罚，袭勖自此后更加发愤读书，“自经史暨百家，下至稗官小说，无不发其覆而抉其精”，三十岁，他考取秀才。他看不惯同邑李开先等名流“以词名家”，认为这样有“伤雅道”，唯独与历下李攀龙情趣相投，以古文辞相唱酬。直至六十岁，袭勖方得有了岁贡生的身份。因之，李攀龙称其“垂成看一第，良久逊诸生”。

袭勖作为一名学者，看来对“毛诗”研究独有心得，李攀龙称其“毛诗独著名”盖指此。李攀龙曾经修葺济南名胜历下亭，并聘请袭勖在亭中校勘经书，这有袭勖的《首夏校书历下亭》诗可以为证。

本诗的好句还在对于白泉的描绘。诗人居家白泉上，日日所见，对白泉至为熟悉、热爱，一下笔便与众不同：“白泉钟乳色，黄鸟窃脂声。”在这里，诗人用了两个比喻，分别以钟乳石喻白泉之色，以窃脂喻泉上黄莺鸣叫之声。

先说其一，钟乳，纯洁无瑕而玲珑剔透，以之喻白泉，恰切允当，令人回味无尽。其二，窃脂，解说有二，一是古代神话中的神鸟，见《山海经·中山经·崌山》；一说即桑鳸，农桑候鸟，俗谓之青雀者。其实，单是黄莺之声便已醉人。黄莺体色艳丽，叫声悦耳，犹如流水般婉转动听，人称之为：流莺。宋代王安石有“何物最关情，黄鹂三两声”句（《菩萨蛮》），而元人张昱则有

“二月莺声最好听，风光终日在湖亭”句（《醉题》），均是描绘黄鸟不同寻常之美妙啼啭。最后，读者诸君想必记得，我们刚刚在边贡的白泉诗里，见到他对于白泉石栅栏上黄莺的描写，不知李攀龙是否见过边贡此诗，还是英雄所见略同，他们竟然同时写到了白泉上的黄鸟（黄莺）。看来，美丽的黄莺，已然成了白泉典型风物的写照与象征。

三

清代，马国翰、陈永修师徒笔下，白泉独具田园野趣与苍茫风姿。

和济南众多的城内之泉不同，白泉地处郊坰，它最为突出而可贵的特点，便是其浓浓野趣与田园风味。

这些，在清代济南名士、学者诗人马国翰的笔下得到了完美展现。

马国翰（1794—1857），字词溪，号竹吾。原籍章丘，曾祖父时迁居历城南权府庄（今济南东郊全福庄）。道光十二年（1833）考中进士，历任陕西敷城、石泉、云阳知县，颇有政绩。道光十八年（1839）告假回乡（结明湖鸥社当在此时）。二十四年（1845），升任陕西陇州知州，咸丰三年（1853）引退家居，四年之后，即咸丰七年（1857）在济南老家去世，终年64岁。马国翰著有《玉函山房文集》《玉函山房诗集》等，另有文献学巨著《玉函山房辑佚书》。

马国翰写有《白泉晚眺》：

踏过绿溪阴，芳郊春正深。
夕阳流远野，归鸟度疏林。
登陇间翘首，听泉静会心。
相逢樵牧子，畴侣自招寻。

前面谈到，马国翰家住南权府庄，距离白泉不远。闲暇时，他经常会到白泉游赏。此诗便是他在白泉的游心骋目之作。

时值春季的一个下午，白泉所在的芳郊，柳绿花红，春深如醉。诗人踏过绿树荫翳的溪河，来到白泉之侧，眼见夕阳在阔大的原野上流光溢彩，而鸟儿们则在疏林间飞来飞去，因为到了归家的时刻。此时，诗人在田垄间翘

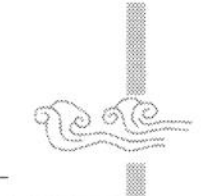

首远望，好一派田园绮丽风光，接着停下脚步，静听白泉淙淙喷涌的声音，大有会心之乐。

更为高妙的是结句“相逢樵牧子，畴侣自招寻”，诗人说：所遇到的那些布衣褴褛的樵夫与牧人们，那其实就是我要结为伴侣、朋友的人员了。

真是一派与大自然亲密接触的愿望与行止，一种天人合一的理想与境界。

清代，对白泉加以吟唱的，还有马国翰的学生陈永修。

陈永修（生卒年不详），字子慎。清代济南府历城县（今历城区）人，诸生。少从师同邑学者马国翰，亟蒙矜赏。性宽和，遇事刚毅。中年后居家授徒，博雅工诗，著有《鲍西楼诗文集》。

陈永修写有《过白泉即景有感》：

不见沧溟精舍开，名泉依旧水潆洄。
一行鸥鹭冲烟起，两点鹊华浮黛来。
惆怅营城无剩迹，伤怀粮冢有余哀。
稻畦荷荡湖田阔，独立苍茫残照催。①

诗人说：李攀龙的白泉精舍虽已不复存在，但是白泉的水依然在周围潆洄不休，涓涓流淌。

诗中的华美段落是颔联“一行鸥鹭冲烟起，两点鹊华浮黛来”，对仗工稳，气势磅礴，远近结合，动静相生。近景“一行鸥鹭冲烟起”，足见白泉景致与生态之美，远景“两点鹊华浮黛来”，见得两山“大孤小孤”之青葱风致。接下来，诗人抚今追昔，回顾在这里发生的南朝大将檀道济唱筹量沙之事。最后，以“稻畦荷荡湖田阔，独立苍茫残照催”的白泉形象，同时也是诗人不同流俗的形象，为全诗豪迈劲健的诗风，画上了圆满的句号。

① 张华松等校：《民国续修历城县志·山水考七》，济南出版社，2007。

四

白泉是历城的珍宝，也是济南的珍宝。它不是一个泉，而是一个泉群，是济南的十大泉群之一，而且水质极佳，涌出白沙更是它纯洁独特的魅力所在，更为重要的是，它的历史文化渊源如此深厚。笔者希望，随着济南东部的开发，进一步做好白泉泉群生态治理，特别是白泉的保护与打造，最好，再造一个李攀龙的白泉精舍，让“沧溟精舍”重开，让它成为济南永远的文化符号，济南人永远的自豪与骄傲！

（作者系济南大学副教授）

济南巨野河与流域早期历史文化变迁研究

张华松　史瑞玲

巨野河是济南地区的历史文化名川，巨野河流域是海岱地区早期文化的高地，然而因其地处历城与章丘之间，故而有关巨野河历史文化的发展变迁，迄今尚缺少系统的梳理和探究。为此，笔者不揣浅陋，撰成此文，以求正于博雅君子。

一、巨野河古今源流正变考

巨野河，又名巨冶河、巨合水、龙山河、抬头河、全节河、遥墙河，属于小清河支流水系。全长48.5公里，流域面积260平方公里。水文记录以来曾发生过540立方米每秒的大洪水，安全泄量为262立方米每秒。①

巨野河中上游分为东西两支，即东巨野河、西巨野河。乾隆《历城县志》卷九《山水考四》："巨合水，在县东七十里，以二水合流，故名。见《水经注》。"其实，巨合水原本或应写作"巨冶水"，其得名显然与冶铁有关（详下）。由"巨冶水"，而讹写作"巨合水"，而讹读作"巨野水""巨野河"。至于"龙山河""抬头河""全节河""遥墙河"等诸名，则是以巨野河所流经之地的地名来命名，北魏郦道元《水经注》"因城地而变名，为川流之异目"，即此之谓。

记述古今巨野河之源流正变，以此几篇文献最为详备。

① 济南市水利编纂委员会：《济南水利志》，1994年印刷，第81页。

北魏郦道元《水经注·济水》：

巨合水南出鸡山西北，北迳巨合故城西。耿弇之讨张步也，守巨里，即此城也。三面有城，西有深坑，坑西即弇所营也，与费邑战，斩邑于此。巨合水又北合关卢水，水导源马耳山，北迳博亭城西，西北流至平陵城，与武原水合。水出谭城南平泽中，世谓之武原渊。北迳谭城东，俗谓之布城也。又北，迳东平陵县故城西。故陵城也，后乃加平，谭国也……其水又北，迳巨合城东，汉武帝以封城阳顷王子刘发为侯国。其水合关卢水，西出注巨合水。巨合水西北迳台县故城南……西北流，白野泉水注之。水出台城西南白野泉，北迳留山西，北流，而右注巨合水。（巨合水）又北，听水注之。水上承泺水，东流北屈，又东北流，注于巨合水，乱流又北入于济。

元人于钦《齐乘》：

巨合水《水经注》：巨合水，南出鸡山，北迳巨里故城耿弇讨费敢处，又北合武原水，入济。按：巨里，在历城东七十里，自宋为龙山镇。巨合水，出镇南五十里，曰榆科泉，迳巨里西。武原水，出镇南十余里，曰江水泉，迳巨里东。俗讹为东西巨冶河，俱北流，五里余，乃相合，北入小清河，巨合之得名以此。

清道光《章丘县志》卷三《山水考》：

按《水经》云巨合水南出鸡山者，误也。出鸡山者，系关卢水上源。考巨合源出章丘县西南百里长城岭之拔槊泉，西北流经宄粮峪、榆科泉庄东、虎门庄中，又西北流经中泉、泮河崖、土屋东，至大龙堂会诸峪之水。又北流经塔窝南，折而西北流，至两岔河西南，左会稍金、康泉、南泉、东泉、泽科、土头诸峪之水。二水相合，两岔河村所由名也。又西北经东彩石、小龙堂东，又东北经灯山坡北，又东北经洼里村东，又西北至讲书院东，入历城界。在章丘界内行六十余里。又北流经抬头东，又北流经龙山镇西。又北，右与关卢水、武原水合。又西北，为全节河，以全节城而名也。又西北，经城子庄、龙泉寺、盘龙庄，至鸭王口东、四风闸北，即昔时巨河注小清处也。今则经鸭王口北，西北流，而百涧

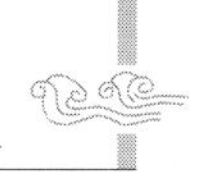

沟水及郭店庄东河、韩仓河，并白泉、漫泉及团泉、当道诸泉水，入坝子河，东北流经遥墙西，注巨河。西北流经青宁寺东，又西北入大清河。

济南市水利志编纂委员会《济南市水利志（1986—2005）》：

巨野河……源于历城西营镇的拔槊泉（村），北流经彩石镇玉河泉、虎门、潘河崖、大龙堂至两岔河村，与西南支流的宅科峪水汇于狼猫山水库。出库北流，在孙村镇的抬头河村出境，于章丘右纳关卢水（界沟河）、武源水（权庄河），汇入杜庄水库。出库又西北流，至董家镇潘新村复归历城县，经唐王镇纸坊、司家和遥墙镇陈家岭、东河北等村，在鸭旺口村东北入小清河。全长48.5公里，流域面积260平方公里。

依郦注，巨野河（巨合水）发源于今章丘西南之鸡山西北麓①，显然是将东巨野河误作主流。事实上，西巨野河才是主流，河源可上溯至南山管区西营街道跑马岭下的拔槊泉。民间传说，秦王李世民东征至此，以槊插地，拔槊而得涌泉。西巨野河沿彩石街道东南境的深涧巨壑北流，途经玉河泉村，有玉河泉（古名榆科泉）、响呼噜泉、牛头泉、晴天泉、门口泉、西老泉、东老泉等诸泉之水来汇，故《齐乘》以榆科泉为巨野河（巨合水）的源头。西巨野河继续北流，经虎门、潘河崖、大龙堂，沿途又有虎门泉、尼姑泉、中泉村、柳泉村等泉水来汇。

西巨野河流至两岔河村，与来自西南方向的宅科峪水同汇丁狼猫山水库。宅科峪由四条山峪组成，自西向东分别为井子峪、石翁峪、老树峪、捎近峪，由峪中南泉、东泉、康泉等村名，就知道峪中也有山泉分布。水库南岸的西丝峪（本名四泉峪）等几条小山峪，也都有山泉。

总之，两岔河村（即今狼猫山水库）以上的众多山泉（今名玉河泉泉群），是西巨野河稳定的水源。

狼猫山水库以下，西巨野河进入中游河段，至东港沟村，有支流自东南来汇，此一支流发源于历城区青龙山和逯家鹊山之间，经孙家鹊山村、庄科村、东港沟村汇入西巨野河。此后，西巨野河沿着孙村街道办事处与巨野河

① [晋] 晏谟:《齐记》:“昔有神鸡，晨鸣于此，有人候之，获一石，洁白如玉，因以为名。”鸡山在今经十东路南侧，山下有大村曰鸡山村。

街道办事处的分界线向北偏东方向流去，穿过胶济铁路、济王公路、济青公路，进入章丘市龙山地界，与东巨野河同汇入杜张水库。

东巨野河，又名龙山河、界河沟，便是北魏时的关卢水。道光《章丘县志》卷三《山水考》：“关卢水在县西南六十里。《水经注》云导源马耳山，今名马头山。按，关卢水出鸡山圈之双水泉，西北出山口，又北，流经陈家庄东、蒋家庄西，至刘官庄北，左会马头山东麓之长水。北流，经界沟河西，至牛家庄东入历城界。在章丘境内行二十余里。又北，经龙山镇东南，右纳武原上源水。北流，经古谭城西。又西北，经龙山镇东北，西北流数里，会于巨合。土人谓之会河川。亦名龙山河。”如此看来，关卢水之上源一在马头山，即郦注所谓的马耳山，一在鸡山。两山一西一东，都位于现今历城巨野河街道办的东南隅，在高家庄西合二为一。《水经注》：“巨合水又北合关卢水，水导源马耳山，北迳博亭城西，西北流至平陵城，与武原水合。”

武原水为关卢水支流，郦注称武原“水出谭城南平泽中，世谓之武原渊”。董作宾《谭“谭”》称，武原渊就是今日城子崖正南平野里的白谷堆。今人罗勋章则认为“白谷堆泉水并非武原渊泉，泉水所入亦非武原水而是关卢水”①。白谷堆泉水为关卢水之源，而非武原水之源，这一观点是正确的。《齐乘》“武原水，出镇南十余里，曰江水泉”，“江水泉”所指应该是白谷堆泉水，显然于钦也是误将白谷堆泉水作为武原水源头的。按，今白谷堆村位于经十东路北侧的山前坡地，现场访问得知，六七十年前，尚有泉水出露。

武原水久已干涸，其故道当是今日的权庄河，雨季还能发挥行洪的作用。权庄河，上起章丘曹范街道郝亭山村，途经曹范街道、圣井街道、龙山街道，终点位于龙山街道杲家村。全长约 20.99 公里。有关权庄河的源头，道光《章丘县志》卷三《山水考》记载：“其上源行潦之水有二支：一支自北曹范西峪北流，经马庄、上庄东，又北至南罗庄北。一支自胡卢套东，东北流经大峪、龙埠庄，又北经上庄西河至南罗庄北，汇为一支。北流，右纳栗园水。经李和庄东，又北经刘家庄东，折而西北经权庄南，西流经牙庄北，入关卢

① 罗勋章：《章丘龙山镇附近的水道、古城及相关问题》，载张学海主编《纪念城子崖遗址发掘60周年国际学术研讨会文集》，齐鲁书社，1993，第308页。

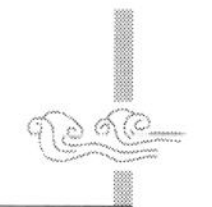

水。西北流，与巨合水会。”也就是说，武原水上源有两支，一支自北曹范西峪北流，一支自葫芦套东东北流，最后自芽庄北、杲家庄南，向西注入关卢水。这是晚近武原河下游河道变迁之后的情况，因为郦注中武原水入关卢水之处，在城子崖北，而非后世的在城子崖南。罗勋章先生说：“经勘探，在山城村、城子崖东百余米处发现一条南北向的古河道，它应是北魏时武原水下游故道无疑。东南来的武原水在改道前，应从丁家庄北流，经城子崖东，平陵城西，在巨合城东的孙家庄一带合关卢水。”① 另外现场踏勘访问，得知平陵城遗址北侧，原来也有一条东西走向的河道，数十年前农田基本建设期间，被填埋。这条河道，或许为武原水下游的一条支流。

乾隆《历城县志》卷九《山水考四》引旧志：“武原水，一名盘水，行十余里。”是武原水，又名盘水，至于命名“盘水”之故，详后。

根据郦注，我们且将巨合水中游三水汇流一带的水系与城邑关系梳理如下：武原水、关卢水、巨合水三条河流是自东向西一字排开的。武原水入关卢水，汇合处有城子崖，春秋以前为谭国都城，春秋以后为平陵城，战国兴建的东平陵城与平陵城隔武原水遥遥相望；关卢水入巨合水，汇合处有巨合城，巨合城东隔关卢水相望者为城子崖。关卢水为东巨野河的主流，其与西巨野河合流后，向西北流经董家镇东北角的城子村，城子村便是唐代的全节城。

东、西巨野河，今同入杜张水库，合为一流，出库，北经娄家四户村西，向西北蜿蜒流去，进入下游平原。

乾隆《历城县志》卷九《山水考四》：“巨合水又西北经娄家四户西，多以湾名，以其多磬折也。又北，为全节河，以全节城而名也。其南有村，即以河为名。又西北经城子庄北，又西北经龙泉寺南，又西北经盘龙庄东北，又西北经鸭儿王口北，左纳百涧沟水。”又引旧志：“刘虎湾，在柿子园东。三岔湾，在杜家四户南。杨家湾，在娄家四户西。先生湾，在杨家湾北。李家湾，在王野户南。季家湾，在小周庄西。南长湾，在全节河东。龙泉湾，

① 罗勋章：《章丘龙山镇附近的水道、古城及相关问题》，载张学海主编《纪念城子崖遗址发掘60周年国际学术研讨会文集》，齐鲁书社，1993，第308页。

在龙泉寺侧。唐王道口，在全节河西北。鸭王口，在唐王道口西北。以上，巨冶要津。”

覆按地图，西巨野河自经十东路孙村立交桥以下至杜张水库，巨野河自杜张水库以下至城子村，这上下两段河道走向磬折弯曲，呈几个“Z”或“S”状，故多河湾。奇妙的是，今抬头河村以上至两岔河之间的河道，虽有河湾，但河道除非淋雨行潦时节，不仅河道，即便是河湾，一般都是干涸的。道光《章丘县志》卷三《山水考》：“按巨合自两岔河以上东南、西南二渠，俱系长流，至两岔河北，伏入地中，非夏秋霖雨藉行潦之水，不能达巨合下游也。”何以如此？是因为抬头河以上河道底部布满砾石河沙，当地人谓之“河流子”，其实就是学名的“鹅卵石”，为此河水潜行河槽砂石层以下，形成所谓“地河”，而抬头河村以下，河槽砂石陡然减少，“地河”之水出露，形成可见的流水。“抬头河”一名，缘此而起。

20世纪50年代以后，在巨野河中上游先后建成狼猫山、杜张两座中型水库和7座小（二）型水库（丁李福、雪花桥、潘河崖、徐家场、宅科、庄科、徐马），总库容量2746万立方米。[①] 在这些水库建成之前，抬头河村以下河道是终年有水的，每处河湾一般还有泉水汩汩而出。杜张水库周边老乡说，库区当年就有三四处大湾，即上引乾隆《历城县志》中所提及的刘虎湾、三岔湾、杨家湾，每处湾水深约2—3米。河水和湾水都是极清澈甘洌的，沿河村民日常饮食用水皆取自于此，尤其烹茶泡茶，非此水不取。

河中盛产鱼虾蟹鳖，大鱼有重达七八斤者，大明虾有四五寸长，小草虾尤多，是制作虾酱的上好食材。钓鱼时若钓上王八（鳖），则视作不吉之兆。沿河民间有“七上八下”之说，是说小清河的毛蟹每年农历七月会沿着巨野河溯流而上，八月又顺着河流返回小清河。一位86岁的老人对我们说，他年轻时，手提马灯，一夜之间能捉到大半口袋的毛蟹，毛蟹大者重约半斤。东巨野河和西巨野河，当地分别称作东河、西河。修杜张水库之前，在两河交汇处及以下河道若捕得大鱼，剖开鱼腹，便可知道此鱼来自东河还是西河，

① 济南市水利编纂委员会：《济南水利志》，1994，第81页。

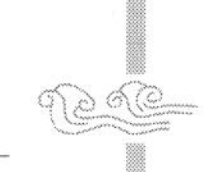

腹腔清白干净者，为西河之鱼；腹腔呈黑色者，为东河之鱼。之所以有此区别，原因在于西河水清而东河水浊。

巨野河今日于临港街道鸭旺口庄东北入小清河。然而，在小清河河道淤塞不通的清代，巨野河是继续向西北流入大清河的。上引乾隆《历城县志》：巨合水“又西北经鸭儿王口北，左纳百涧沟水”。所谓“百涧沟水”，其实就是鸭旺口以西、东泺河（自华不注山北侧的堰头注入大清河）以东的小清河故道，又名坝子河，它接纳了郭店庄东河、韩仓河以及白泉泉群之水，东北流经遥墙西，流入巨野河。

鸭旺口以西的小清河，原是金初刘豫利用《水经注》中的听水开凿的，按照《水经注》的记载，听水、巨合水都注入济水。巨合水入济处，在台县故城南。台县故城已无遗迹可寻。《齐乘》称台城在济南府东北十三里，《读史方舆纪要》称台城在济南府城东北三十里，俱误。《通典》称台城在全节县北，《太平寰宇记》称台城在废全节县北十三里，而全节城故址在今历城董家镇东北角的城子村。《三齐记》称台城在高唐县西南四十里，刘宋侨置高唐县县城在今章丘水寨城子庄。如此，便可大体确定台城的地望，在今历城区唐王镇东北隅的老僧口附近，具体说在唐王街道驻地韩家庄东北、老僧口之南的亓家庄。亓家庄西北 40 米的 4 万平方米的汉代遗址，应该就是台城故址所在。

如此，我们可以确认中古以前，巨野河临入济水的一道河道，应该是从今唐王街道所在的韩家庄附近，转向东北，从台城附近入济，而不是今天的向西北从鸭旺口入济。今唐王东部和东北部，古遗址密集分布，皆以村名命名，如周家、于家、颜家、韩家、刘六务、大徐家、樊家、亓家、西八户等遗址，这些古遗址或其附近都有聚落，这些聚落都是依托巨野河形成的。

北宋熙宁年间，济水（清河）下游改道，夺占漯河下游河道。金初，利用听水及济水故道开凿小清河，济水（清河）始称大清河。当时，巨野河于今鸭旺口入小清河。明清两代，小清河淤塞，巨野河无处下泄，遂穿越小清河故道，向西北方向，于清宁寺（古属历城，今属济阳）附近入大清河。

在结束本章讨论之前，我们想就巨野河的流量和生态，做一申论。

要之，巨野河中游以下河道，曾经终年河水充盈，生态良好，尤其是抬头河村至城子庄之间河道中的大小河湾，即便大旱之年，一般也是有水的。这些河湾，在古代对于沿岸民众的生产生活，如人畜用水、灌溉田园、冶炼、烧窑、造纸，实在有非常重大的意义。

巨野河水源的衰减、生态的恶化，始于近世。背景和原因包括以下几个方面：

第一，自明清开始，如同整个济南南部山区，巨野河河源区进入开发高潮期，大量移民迁入建村定居，垦荒、伐木、烧炭，致使山区水土流失，山地涵养水分的功能降低。

第二，中下游河道沿岸村镇因人畜饮水和工农业用水需要，过量开采地下水，致使地下水位下降。

第三，20 世纪五六十年代以来，大搞农业水利建设，过度开发水力资源，于中上游河道建设多处水库和塘坝，拦蓄河水，不使下流。

第四，东西巨野河中上游流域于近世开设多处煤矿、铁矿，大量抽取地下水，致使地下水位下降。其中尤以东西巨野河之间的西芦煤矿，影响最大。

基于以上几点，我们可以设想在中古时期，尤其是上古时期，巨野河河道是常年有水的。

不过，民间传说，从前曾有好事者在彩石两岔河撒糠于河湾，而见之于白谷堆泉水。这个传说似乎说明，巨野河上游河道可能也有如巴漏河、玉符河，存在河水入渗的“河漏”。在东巨野河畔，也即东平陵城附近，古时有“漏卮湖”，明人刘敕《历乘》卷三《舆地》：“漏卮湖，在城东六十里平陵城，相传诸水注之不盈，故名。”那么，东巨野河也存在渗漏现象。“河漏”现象的存在自然会严重影响所在地地表水的存蓄。

二、巨野河孕育灿烂的史前文化

人类文化起源于山岳而繁盛于大河，这是一个具有世界意义的普遍现象。对于新石器时代的人类来说，大山与大河之间的山前坡地和冲积平原，是最适宜的“天然居住地带”。济南，南有号称“五岳之尊”的泰山，北有“四

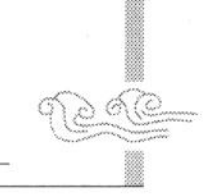

渎”之一的济水，正好处在这一“天然居住地带”上，她的史前文化，编年序列清楚，发展谱系一脉相承，且独具特色，成为海岱远古东夷文化乃至中华早期文明的重要组成部分。巨野河流域更是济南地区上古文化发达繁荣的区域。

（一）史前遗址的空间地理分布特点

根据国家文物局主编、山东省文物局编制的《中国文物地图集·山东分册》（中国地图出版社 2007 年版），巨野河流域的史前文化遗址，自南而北，主要有：

西杜遗址，历城区巨野河街道西杜村西南侧，东巨野河——关卢水发源地，堌堆遗址，面积约 80 万平方米，文化堆积厚约 1.5 米，龙山文化，也含有商代文化遗存。

城子崖遗址，龙山街道龙山三村东北 100 米，东巨野河——关卢水与武原水之间台地，面积约 20 万平方米，文化堆积厚约 2—5 米，以龙山文化为主，也包括岳石文化、周代文化。全国重点文物保护单位。

西河遗址，龙山街道龙山三村西北 500 米，东巨野河——关卢水西岸，面积约有 16 万平方米，文化堆积厚 0.6—3 米，主要为后李文化。全国重点文物保护单位。

杜张遗址，龙山街道杜张新村西南 300 米，面积约 5000 平方米，文化堆积厚约 0.5 米，龙山文化遗存。

董东遗址，龙山街道小董家东村南，西南距巨野河 700 米，台地，面积约 20 万平方米，文化堆积厚 2.5 米，为北辛、大汶口、龙山文化遗存。

董西遗址，龙山街道小董家西村西 200 米巨野河东岸，面积约 2 万平方米，文化堆积厚约 1 米，为龙山文化、岳石文化遗址。

焦家遗址，龙山街道焦家村西 800 米，西距巨野河约 1.5 公里，遗址中部略高，四周低平，面积约 24 万平方米，文化堆积厚达 3 米以上，以大汶口文化为主。

以上考古遗址的空间地理分布，呈现一大特点，集中分布在巨野河中游，即东西两支巨野河汇合处上下的河道两岸的天然台地，这里有取水之便，而无水患之虞。周边平原，土层深厚，土壤肥沃，易垦易耕，为早期农业提供了良好平台。众多的河流以及泉湖沼泽盛产鱼虾蟹鳖以及菱藕蒲苇，丰富的水生动植物资源可以作为农业经济的重要补充。平原边缘的山岭和内部山丘对于史前人类也有重大意义，表现在：保护聚落安全的天然屏障；天然的猎场；从事植物采集的场所；石器制作的主要原料产地；陶器制作不可或缺的高岭土的来源地。

巨野河下游考古遗址，较之中游，数量与规模都要逊色不少，但无一例外都位于河岸台地之上。

至于距离水源较远的地带，即便距离超过三五里之外，土地再平坦再肥沃，由于取水不便，也很少有遗址，尤其是聚落遗址；若有遗址，则必定属于龙山文化遗址，因为凿井技术发明于龙山时代。《吕氏春秋·勿躬》说："伯益作井。"《淮南子·本经训》也说："伯益作井而龙登玄云，神栖昆仑。"伯益为尧舜时代东夷领袖之一，伯益作井的史传记载，恰好有考古资料印证，比如城子崖龙山文化城址上就发现了多处古井。凿井技术的发明，使人类的生存空间大为拓展，人类从此在聚落的选址上可以摆脱水源地的局限，拓荒的脚步可以深入距河较远之地了。但这仅是一个比较漫长过程的开始，因为濒临河流或湖泊而居，取水便捷，较之凿井毕竟能节省大量的人力物力。

民族学的资料表明，早期农耕群体的开发领域通常是在五公里或一小时步行的半径范围内①。巨野河沿岸的史前聚落和城址的分布，也符合这一普遍规律。简单说，从史前时期开始，巨野河流域的区域中心选定在巨野河中游与下游相交的城子崖周边一带。这里位于巨野河冲出山地的山前平原地带，不仅便于农业生产的开展，也可以充分利用山区的资源，包括制作石器的石材以及燃料、药材和干鲜果品。

巨野河流域史前文化遗址空间地理分布的这一特点，在山东省文物考古

① 钱益汇、方辉、于海广等：《大辛庄商代石器原料来源和开发战略分析》，《第四纪研究》2006年第4期。

研究所于十多年前对城子崖周边区域的考古调查中，得到充分认证①。

所谓城子崖周边区域，是指以城子崖为中心的巨野河中游核心区，向东西南北各辐射5公里，整体呈正方形。东北至章丘党家西李村，西北至历城董家城子庄，西南至历城孙村升官庄，东南至章丘圣井毕家坡村，覆盖面积约100平方公里。有关史前遗址的调查结果为：

1. 后李文化时期

仅新发现龙山二村遗址1处，坐落在巨野河中游东岸冲积平原上，面积约6万平方米，南距西河遗址仅1.1公里。结合西河遗址观察，该区域后李文化聚落分布特点为：基本上都处于河流拐弯处的冲积平原上，滨河设居，聚落间距较近。

2. 大汶口文化时期

发现5处，即西徐马西遗址、龙山二村遗址、董东遗址、董西遗址、焦家遗址。主要集中在中下游河道两侧，极个别遗址距离河道稍远，遗址面积多为数万平方米，大小不等，仅焦家遗址超过50万平方米。以上五处遗址的后三个遗址，相互间距约1.5公里，表明这时期聚落对河流依赖性很强，并出现了群落现象。

3. 龙山文化时期

发现14处，绝大多数位于城子崖遗址以北的巨野河中下游河段，如娄家四户、西王野河、兰家、董西、崔家、焦家、孙家东南、高家、西城后、卫东等，且有近一半的遗址距河道有一段距离。城子崖以南巨野河及其支流仅发现芽庄、孙侯里、西徐马西等3处遗址，表明这时期聚落数量成倍增加，虽然整体上仍然呈现出与巨野河的密切关系，但其中有将近一半的遗址实际上已经脱离了河流的束缚，生存空间得到拓展，资源利用更加广泛。这一现象的出现，显然与生产力提高、凿井技术的发明和应用有关。

章丘城子崖龙山文化遗址发现有大量的芦苇扇型植硅体，莎草科、硅藻

① 山东省文物考古研究所：《章丘城子崖周边区域考古调查报告》，《海岱考古》第六辑，科学出版社，2013。

也很常见，表明当时城子崖一带低地已得到部分开发。[①]

（二）后李文化西河遗址

西河遗址位于龙山街道龙山三村北约500米处，东距城子崖遗址约1600米，因地处西河（西巨野河）东岸，故称西河遗址。1997年秋季，考古发掘揭露面积约1350平方米，清理19座后李文化时期的房址，出土了大量后李文化时期的文化遗物[②]，对于认识后李文化时期的面貌特征和聚落形态，以及与周边地区同时期文化的关系等均提供了重要的实物资料，因而具有十分重大的学术价值。为此，有学者曾提议以“面积较大，堆积较厚，遗迹较好，器物较多，具有一定的代表性”的西河遗址命名之，暂称为“西河类型”或“西河文化”。[③]

考古学家和古气候学家根据章丘漯河（古称杨绪沟水）小荆山遗址出土的动物遗骸，揭示八千多年前小荆山一带属于多水的环境和温湿的气候[④]。西河遗址所在的巨野河中游亦当如是。考古发现，西河遗址周边的微环境中，有茂密的树林（森林）和充沛的淡水资源，为当时居民的采集和渔猎提供了丰富的食材。比如，遗址发现了利用坚果类和块根、块茎类植物的证据，其中块茎类有疑似贝母属的水生植物，结合炭化遗存中发现的芡实等物，表明水生植物资源已得到当时先民规模性的开发利用。更引人瞩目的是，通过对山东后李文化遗址动物遗骸的类别统计，考古学者得出的结论是：“鱼类在西河遗址中更突出。”[⑤] 这说明水生动物是西河后李先民肉食蛋白的主要来源。

多水的环境和温湿的气候，也为早期农业的发展提供了良好的条件。西河遗址灰坑出土了碳化稻，占种子总数的36.6%，出土概率为30%，表明水

① 靳桂云、王传明：《海岱地区3000BC～1500BC农业与环境研究——来自考古遗址的植硅体证据》，载《东方考古》第7集，科学出版社，2010。

② 山东省文物考古研究所：《山东章丘市西河新石器时代遗址1997年的发掘》，《考古》2000年第10期。

③ 张学海：《西河类型、后李文化的发现和意义》，《中国文物报》1993年1月31日第3版；《泰沂山北侧地区考古的新进展》，载《环渤海考古国际学术讨论会论文集》，知识出版社，1996；《西河文化初论》，载《张学海考古论集》，学苑出版社，1999。

④ 山东省文物考古研究所、章丘市博物馆：《山东章丘小荆山遗址调查、发掘报告》附录孔庆生《小荆山遗址中的动物遗骸》，《华夏考古》1996年第2期。

⑤ 吴文婉：《海岱地区后李文化生业经济的研究与思考》，《考古》2019年第8期。

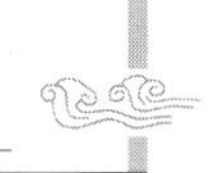

稻似乎在西河聚落的食物组合中份额更重[①]。从出土稻遗存的考古学背景显示，“这些稻应该是栽培的而不是自然生长的野稻，不仅因为它们受到人类重视的程度是当时任何一种野生植物所不能比拟的，而且与稻同出的一些杂草类型也是栽培行为存在的重要指标。西河遗址与稻共出的除了稗属等植物外，还有具有明确水生环境生态习性的莎草属、苔草属和藨草属植物，这些植物类型可能表明西河遗址稻的生长环境是偏湿的，至少不是典型的旱稻生长环境。而按照张弛先生的研究，后李文化的稻大有可能是已经完全脱离野生性状的驯化稻”[②]。

后李文化先民虽然开始了相对稳定的定居生活，可是由于经验不足，他们在聚落选址时，可能对洪水的危害性尚缺乏足够认识。

济南后李文化遗址，与后继考古文化相比，有一个鲜明特点，即这些遗址距离河流更近，滨河而居，在获得用水便利的同时，也面临着洪水的威胁。西河遗址与同时期的长清月庄遗址，之所以面积很大，分别达到16万和46万平方米，是因为在一两千年的不同时期，居住区不断位移的结果。西河遗址沿着河流分布，早期主要在下游，晚期则向上游移动。月庄遗址也存在类似现象，聚落的位置从早到晚有从河流下游向上游不断移动的趋向[③]。历城盛福庄后李文化聚落甚至就建在河漫滩上，有迹象表明这处聚落可能正是因为洪灾而退出历史舞台。即便如此，后李文化聚落总是紧靠着河流，表明当时人们对于滨水环境有强烈的依赖性，他们需要生活用水，需要多水环境所提供的各种资源，当然初兴的农业也需要灌溉用水。此外，河水泛滥带来肥沃的淤土，也可以使地力保持长久。

那么，后李文化的衰落是否与聚落地势过低，从而被洪水漂没有关呢？这是一个很值得继续探讨的问题。《管子·乘马》：“凡立国都，非于大山之下，必于广川之上，高毋近旱而水用足，下毋近水而沟防省。”岂止国都，一般聚落也以此为选址卜居的准则。这可谓是先民千百年间用血的代价换来的

① 吴文婉：《海岱地区后李文化生业经济的研究与思考》，《考古》2019年第8期。

② 靳桂云：《后李文化生业经济初步研究》，载《东方考古》第9集（下册），科学出版社，2012。

③ 靳桂云：《后李文化生业经济初步研究》，载《东方考古》第9集（下册），科学出版社，2012。

经验之谈。

北辛文化由后李文化发展而来，两者的分布范围重叠，年代前后相继，文化内涵上又存在着一定的内在联系。巨野河流域的代表性北辛文化遗址包括董东遗址。

（三）大汶口文化焦家遗址

在已知的济南地区大汶口文化遗址中，焦家遗址最有代表性，早在20世纪90年代就被山东省公布为省级重点文物保护单位。

焦家遗址主要分布于中游巨野河东岸的焦家、苏官、董家和河阳店等村庄之间，南距龙山文化城子崖遗址（城址）仅有大约5公里。遗址中心部位较高，四周略为平坦，以西四五百米有巨野河自东南向西北流过。该遗址在1987年考古调查时被发现。20世纪90年代，山东省文物考古研究所对遗址进行了小规模试掘①。

2016年至2017年，山东大学历史文化学院考古专业师生对该遗址进行了系统调查、勘探和发掘工作②，判断遗址总面积超过100万平方米，发掘南、北两区，面积共计2117平方米，发现了丰富的大汶口中晚期遗存，包括1周夯土墙和壕沟、215座墓葬、116座房址和1座陶窑等。另外，发现的974座灰坑，大部分属于大汶口文化时期。该遗址入选“2017年度全国十大考古新发现”。

从聚落演变的角度考察，可以看出大汶口文化遗存阶段性特征非常明显，在116座房址中，早期房址47座，多为半地穴式，也有少量的单间基槽式房屋。面积5—15平方米，门道方向不固定，房屋在空间上有分群分组现象。晚期房址69座，又可分为早、中、晚三段。早段的房屋都为单间，结构为基槽式的地面建筑，门向略偏西北；中段为基槽式的东西向两间或三间的地面式排房；晚段为柱坑套柱洞式的地面建筑，多是东西向两间或三间的排房。

---

① 李学训：《章丘焦家新石器时代至商周遗址》，载《中国考古学年鉴·1991》，文物出版社，1992。

② 山东大学考古学与博物馆学系、济南市章丘区城子崖遗址博物馆：《济南市章丘区焦家新石器时代遗址》，《考古》2018年第7期。

已发现的215座墓葬，成排成列分布的特点较为明显。墓葬形制均为土坑竖穴墓，综合墓葬规模、葬具、随葬品等情况，可以划分为大、中、小型墓葬。大型墓葬共发现20多座，多为重椁一棺，或者一椁一棺，随葬品数量最多的可达70件，常见玉钺、玉镯、骨雕筒、陶高柄杯、白陶鬶、白陶背壶、白陶杯和彩陶等。中型墓葬数量最多，如果以一棺作为中型墓葬的标准，则发现有113座，墓主头端和脚端放置陶鼎、罐、杯等，随身佩戴小件的玉石和蚌类装饰品。小型墓葬多无葬具，无随葬品或仅见少量陶器、骨器、蚌器等。综合焦家遗址大中小型墓葬，平均具有高达62.8%的葬具使用率，这在全国同时期的其他墓地中是极为罕见的。不过，整体来看，墓葬分化呈不断加剧的趋势，折射出当时社会分化、等级差别和礼仪制度的状况。

出土陶器中，有许多背壶，这是一种汲水和运水的器皿。水井技术尚未发明和推广之前，人们要靠这些背壶将生活用水从巨野河取回住地。

墓葬随葬有数量不等的玉器。玉器可分为礼器和装饰品两大类。礼器多见玉钺，也有少量玉刀，都是王权象征物。装饰品则多见镯、指环、环、串饰、耳坠等。这一切表明焦家遗址是当时黄河流域一处极为重要的治玉和用玉的中心。大量玉器的发现，是济南地区迈向文明时代的特殊指示物之一，因为正是从这一时期起，玉已被赋予社会意义，被人格化了。玉器的社会功能已超越一般装饰品，附加上社会意识，成为统治者或上层人物“德”的象征。没有社会分工，生产不出玉器；没有社会分化，也不需要礼器性的玉器。①

焦家遗址还发现了目前所知海岱地区年代最早的城址，距今大约有5000年。夯土城墙的建造可以分为两期。第一期夯土墙顶部残宽6.8米，底部残宽11.6米，残高0.3—0.6米，平地起夯，局部见明显的版筑痕迹。夯层较平，多数夯层的厚度为0.06—0.12米，少数夯层厚0.24—0.36米。在夯层之间发现一座墓葬，墓主为未成年人，头东向，仰身直肢，在其耳部位置发现两件玉耳饰。推测此墓是夯土墙建造过程中奠基或祭祀行为的遗留。第二期属

① 苏秉琦：《中国文明起源新探》，三联书店，1999。

于夯土墙的增筑部分，顶部残宽约4.4米，底部残宽约6.4米，残高约1.14米，夯层厚度为0.12—0.2米，没有发现版筑现象。壕沟位于夯土城墙外侧，现存宽25—30米，深1.5—2米。为了探明壕沟的走向和范围而进行的勘探工作显示，壕沟平面形状近椭圆形，外围东西长425—435米，南北宽250—360米，总面积约12.25万平方米。壕沟的东北角有近80米宽的缺口，在缺口以北约80米处，还有东西向长约300米的壕沟遗留。

夯土墙、环绕夯土墙的壕沟和一大批高等级墓葬，加之大批量的高等级器物如玉器、白陶和彩陶的发现，显示出在大汶口文化中晚期阶段，焦家遗址是当时今济南地区乃至整个鲁北地区政治、经济、军事和文化的中心。也就是说，焦家遗址如此高规格的中心聚落与其周围地区的一些普通聚落比较，存在着经济上、政治上的不平等以及某种程度上的主从关系。这种不平等或主从关系，当是中国古代由原始社会迈向文明时代的一条必经之路。从生产力发展水平以及诸多文明因素考察，可以说这里已经率先进入了文明时代，并建立了国家。[①]

焦家遗址主要文化遗存属于大汶口文化中晚期阶段，也有龙山、岳石文化遗存。在焦家遗址附近尚有属于北辛文化和大汶口文化早期的董东遗址，属于大汶口文化和龙山文化的董西遗址，这两处遗址北距焦家遗址不足一公里，与焦家遗址可能存在从属关系。

（四）龙山文化城子崖遗址

龙山文化因首先发现于龙山镇而得名，距今大约在4600年至4000年之间。当时正处于早期文明的奠基期和发轫期，故而早在20世纪80年代初，就有学者率先提出“龙山时代”的概念[②]。龙山时代的济南，是中国早期文明的高地。

济南地区的龙山文化遗址主要沿古济水各条支流为轴线作纵向分布，有些遗址甚至分布在支流中上游山谷中，支流与支流之间的横向联系似乎并不明显。不过有一个例外，就是以城子崖遗址为中心的文化小区，在方圆20余

---

① 何德亮：《从大汶口文化看古代文明的发展过程》，载《古代文明研究》第1辑，文物出版社，2005。

② 严文明：《龙山文化和龙山时代》，《文物》1981年6期。

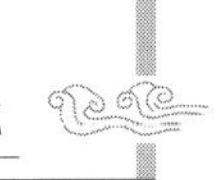

公里的范围内，集中分布着马安庄、邢亭山、宁家埠、焦家、王官、小辛庄、小李家、董东村、道流、西太平、马彭北等40多处龙山文化遗址。这些遗址虽然主要分布在巨野河、绣江河、漯河沿岸，但是在这三条河流的中下游则有平衍肥沃的平原，平原的北面濒临济水故道，因为濒临济水，地势较高的平原上自东而西也分布着不少龙山文化遗址。也就是说，以城子崖遗址为中心的文化小区，它的龙山文化遗址在地理空间分布上，就不只是以古济水的各支流为轴线呈南北纵向分布，也以古济水河道本身为轴线作东西的横向分布。这样便构成了一个幅员可观的龙山文化小区。

城池的出现是人类社会发展的重要里程碑。城子崖龙山城大约建于公元前2500年（龙山文化早期），就像黄河中下游同期多数龙山城一样，它也是建立在台地上，是座十分典型的台城。据1990年主持城子崖遗址复探、试掘工作的张学海先生介绍[①]，城子崖龙山城三面城垣平直，北城垣中部外凸，城东西455米，南北最大距离540米，面积20万平方米。北城垣中部外凸的部分，面积约4万平方米，据推测，可能原本是早于龙山时代的一座小城[②]。如果推测不误，则这座小城，应该属于距此5公里的焦家大汶口文化城的一个二级城邑。

城子崖龙山文化城，有南北门，两门之间有道路相连。城垣似沿河崖上筑，方法是先将河崖挖成数米深的半斜壁沟形基槽，并将基槽以里的十余米地面挖成向外倾斜的缓坡，然后在基槽底开始夯筑。达到槽口时，夯筑范围扩展到缓坡面上，继续堆筑成两面坡形的墙身。夯土层外陡内缓，内部夯土层很不规整。再贴外坡自下而上版筑出厚1—2米的外部城垣。夯层较规整，夯层厚2—3厘米，夯痕呈浅弧底形，直径2—3厘米。城筑成之后，又不断沿城垣两侧进行修筑，为此墙垣不断加厚增高，晚筑城垣的墙基一般都高于早筑的墙基，城内地平面也逐渐抬高。

“筑城以卫君，造郭以守民”。城子崖龙山文化城的出现，表明这里是海

---

① 张学海：《论山东地区的龙山文化城》，载《张学海考古论集》，学苑出版社，1999。

② 山东省文物考古研究院等：《济南市章丘区东平陵遗址2013～2015年发掘简报》，《考古》2019年第4期。

岱地区政治、经济、文化的一个中心，或者说，龙山时代，以城子崖城为中心存在着一个规模颇为可观的古国。

马克思、恩格斯在《德意志意识形态》一文中指出：“城市本身表明了人口、生产工具、资本、享乐和需求的集中；而在乡村里所看到的却是完全相反的情况：孤立和分散。”[①] 通过对城子崖城址的钻探发掘，可以知道，城区内文化堆积十分丰富，文化层厚者达3—5米，薄者也在1.5米左右，而且遗迹之间的打破叠压关系十分复杂。发现的遗迹主要有房基、窖穴、水井、墓葬等，出土了大量精美的陶器、石器和蚌器等文物。城区内几乎不存在空白区，有的房子紧靠城墙建造，甚至直接建在城墙上面，这说明当时城内居住了相当多的人口，推算大约在5000人以上。这些城中居民除了农业生产者外，家庭手工业者、巫医、统治者等非农业生产者和非生产者也占有一定的比例。

城子崖古城遗址发现有数眼水井。这些水井一般深5米左右，修凿技术都比较讲究，形状极为规整。其中一眼水井，口呈椭圆形，长径1.5米，短径1.1米左右，深度达7米以上[②]。这说明水井的穿凿和使用在龙山时代的济南已经是比较普遍的现象了，“伯益作井”的古史传说也是有一定历史依据的。水井是龙山时代先民改造自然、利用自然的一项伟大创造，它使人类突破了以江河湖泊为日用水源的局限，为向平原纵深处迁移、定居，开拓发展农业，创造了条件，因而在古代文明发展史上具有重大的意义。

三、夏商周三代的谭国

（一）巨野河流域的岳石文化遗址

岳石文化是继山东龙山文化之后的一种考古学文化。它的分布范围与山东龙山文化大致相同。岳石文化上限的绝对年代大多距今3900年，至于下限，则视各地被殷商文化入侵覆盖的时间而定，大致是自西而东逐渐延后的。

岳石文化以山东龙山文化为主要源头，同时也大量吸收了邻境诸考古文

①《马克思恩格斯全集》第3卷，人民出版社，1960，第57页。

② 何德亮：《城子崖遗址与山东龙山文化》，载《史前研究》，三秦出版社，2005。

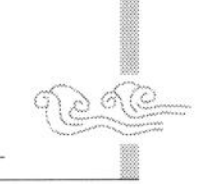

化的因素。它是土著东夷族人与其他迁居山东的众多异姓族群（如姒姓族群）共同创造的一种文化，虽然它相对山东龙山文化而言，在石器制作、青铜冶炼以及筑城技术等方面有所进步，然而在总体水平上却呈现出一种衰退的迹象和落后的状态。至于出现衰退的原因，可能与虞夏之际的洪水灾害有关，也可能与夏代前期夷夏交争的频繁战争有关。

迄今为止，在巨野河流域已发现的岳石文化遗址和含有岳石文化内容的遗址，除了上面提到的城子崖遗址、焦家遗址、董西遗址，还有：

塔窝遗址，历城彩石塔窝村东 50 米，西巨野河上游河畔。面积约 5000 平方米，文化堆积厚约 1 米，伴有商代、西周文化遗存出土。

韩家遗址，历城唐王韩家庄东 50 米，面积约 12 万平方米，文化堆积厚约 1 米。伴有西周、战国文化遗存出土。

大徐家遗址，历城唐王大徐家庄东南 300 米，面积约 9 万平方米，文化堆积距地表深 0.3 米。伴有商代、春秋时期文化遗存出土。

至于城子崖周边区域，也就是巨野河中游约 100 平方公里的核心区域，田野调查所得岳石文化遗址计有 8 处，数量较龙山文化时期有所回落，分布特征与龙山文化相似，中下游干流较为密集。与龙山文化不同的是，8 处遗址中，仅 2 处距离河道稍远。这些岳石文化遗址的下层堆积多为龙山文化遗存，如娄家四户、西野王河、焦家、高家、西城后、孙侯里等，表明本区域内龙山文化与岳石文化之间的衔接、传承关系。遗址面积多为几万平方米。8 处遗址，依据空间关系，可以分为 3 组：东巨野河上游支流武原河组包含 2 个聚落（芽庄、孙侯里），均沿河分布，之间距离稍远；巨野河下游组由 4 个聚落（娄家四户、西王野河、董西、焦家）组成，相互距离较近，沿河分布；距离河道稍远的 2 处遗址（高家、西城后），可视为一组，相互距离较近。总之，巨野河流域“到了岳石文化时期，遗址数量略有下降，距离河流较远的聚落开始消失，聚落规模普遍有所缩小，但依然继承了龙山时期的聚落格局，城子崖的区域中心地位得到延续”。[1]

① 山东省文物考古研究所：《章丘城子崖周边区域考古调查报告》，《海岱考古》第六辑，科学出版社，2013，第 207 页。

城子崖岳石文化城，是目前所发现的唯一的岳石文化城。

此城是在龙山文化城的基础上修筑的，城内面积约 17 万平方米。东南西三面城垣都在龙山文化城垣以内夯筑，北面则筑在龙山文化城墙之上。城垣夯筑规整，厚8—12 米，夯土坚硬，采用十分成熟的夹板挡土和成束棍夯的筑城技术，夯窝密集清晰①。

（二）商朝后期谭国易姓

谭，东夷少昊嬴姓方国，以鹯鸟（雀鹰）为图腾，可能夏代就立国于章历之间，城子崖岳石文化城应该就是其都城。

从岳石文化城遗址及其出土资料看，谭国是个东夷大国。《殷墟卜辞综类》收录涉及谭国的卜辞多达三十五条，其中大多属于殷墟一期，且内容又大多是关于讨伐谭国的。商王武丁灭谭后，将谭之故地改封给子姓的王室亲贵或近支，国号仍然沿用旧名。于是，易姓之后的谭国一跃成为商朝在东方的殖民大国，同时也是商朝继续向东扩张的基地和大本营。

商族发迹于亳，最初国号就称作“亳”。早期商族不常厥邑，步履所及，往往用“亳”来命名新迁之地。亳，也写作博、薄、勃、蕃、布、濮、般等，以声类韵部求之，皆“亳”的同音假借字或一音之转。“亳”若缓读之，便是“薄姑”“蒲姑”“蒲吾”“番吾”。② 我们可以设想，谭国易姓，商族人大量拥入，谭国成为商朝在东方的殖民大国，在此背景下，谭势必有“亳”的名号。事实正是如此。

《水经注・济水》：“巨合水又北合关卢水，水导源马耳山，北迳博亭城西，西北流至平陵城，与武原水合。水出谭城南平泽中，世谓之武原泉。北迳谭城东，俗谓之布城也。”又，乾隆《历城县志》卷九《山水考四》引旧志：“武原水，一名盘水。”

这两段文献，有三个地名要引起我们注意，即博亭城、布城、盘水。博、

① 山东省文物考古研究所：《城子崖遗址又有重大发现，龙山岳石周代城址重见天日》，《中国文物报》1990 年 7 月 26 日；山东省地方史志编纂委员会：《山东省志・文物志》，山东人民出版社，1996，第 77 页。

② 傅斯年：《夷夏东西说》，载《民族与中国古代史》，河北教育出版社，2002，第 21 页。

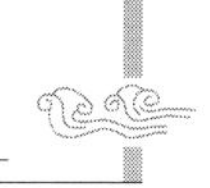

布、盘，以声类韵部求之，皆为“亳”的一音之转。可见，武原水之名“盘水”，实可写作“亳水”；武原水西岸城子崖上的“布城”，实可写作“亳城”；城子崖附近的博亭城，实可写作“亳亭城”。甲骨文中有“亭”字，据杨树达《卜辞求义》，亭与城古音相同。则博亭实即博城，亦即亳城。

据殷末十年（帝乙十年，或帝辛十年）商王东征夷方卜辞，商王于十一月壬寅，“在商，［步］于亳”，证明亳距商很近，当日陆行可达。此“商”，在章丘女郎山北麓的古章丘，即今绣惠回村，那么商王当日抵达的“亳”，大约就是城子崖所在的“亳（布）城”①。

总之，基本可以确定，殷商后期，故址在今章丘城子崖的子姓谭都又名“亳”。如同地名“商”一样，凡以“亳”名地者，一般也是有宗庙先君之主的都邑。《太平寰宇记》卷十九引《三齐记》，以平陵为“殷帝乙所都也”，元代于钦《齐乘》驳之曰：“谓武乙、帝乙，皆居朝歌，迨纣之亡，岂在此地。”董作宾先生则认为：“帝乙即不都此，曾为巡游所至亦未可知。殷时犹无平陵，则所指当是城子崖。如谭果子姓，帝乙巡游莅此，后人误以为都此，亦属可能。要之《三齐记》所载既无反证，即不能认为绝无因由。”② 我们的意见是，如果十年征夷方的商王为帝乙而非帝辛，后人因帝乙征夷方到过谭城，遂误传帝乙曾都于谭，则更有可能。

既然谭国易姓之后的殷商后期，谭国都城所在的城子崖仍然为区域中心，那么巨野河流域的殷商文化在考古学上必然有所展现。参见《中国文物地图集·山东分册》，巨野河流域殷商文化遗址或含有殷商文化内容的文化遗址计有：历城彩石塔窝遗址、孙村西杜遗址、杨家庄遗址、辛庄遗址、左家洼遗址、唐王大徐家遗址、刘六务遗址、章丘龙山城子崖遗址、孙家遗址、党家焦家遗址、董东遗址、董西遗址等。

至于巨野河中游约100平方公里的核心区域，田野调查发现商代文化遗址仅有4处，遗址分布区域在岳石文化基础上进一步缩小，数量也明显减少，整体沿巨野河呈线分布，遗址均距离河道较近。遗址面积多数超过10万平方

① 张华松：《殷末十年征夷方取道济水考》，载《东方考古》第11集，科学出版社，2014。

② 董作宾：《城子崖与龙山镇》，载中央研究院历史语言研究所编《城子崖》，1935，第97页。

米。数量减少和面积增加显示巨野河中游区域商代文化聚落可能出现合并现象，“这暗示岳石文化之后社会的重新整合”，① 而其历史背景正是谭国易姓、商族在本地域的规模化移民和殖民。

（三）谭国大夫《大东》诗篇

“东”是商周时期的一个十分重要的地理概念。殷商都殷（今河南安阳），称泰山以东的海岱地区为“东”。周以成周洛邑（今河南洛阳）为东都，周人以成周为本位，指称今豫东鲁西地区为“小东”，泰山以东海岱地区为“大东”。子姓谭国是殷商王朝在东方的屏藩，因此，周初周公东征，谭国自然成为征伐的对象。不过周朝并未灭其社稷，而是允许它作为殷商故国继续存在，职此之故，子姓谭国的文化也得以传续下来。

周公东征胜利后，为加强对中原和东方的统治，一方面大兴土木，兴建东都洛邑；一方面又在殷商交通网络的基础上，大规模修建周道。“周道”，也称“周行”，是具有战略意义的国防公路，为政府所专有专用，所以修得笔直而平坦。周道向东最远通到齐都临淄，成为成周联系东方诸侯封国最重要的交通线。今济南地区，周道铺设在泰山山地与古济水之间的狭长的济右走廊上，谭国都城所在地城子崖恰好是其必经之地。

周道是周人控制整个东方的工具，周人通过周道，随时都可以把周王室控制东方的精锐武装殷八师（驻扎在成周一带）迅速投送到东方各地；另外，周道还是周人榨取东方各国和部族的得力工具，各地的贡赋主要就是通过周道源源不断地运输到成周的。所以我们说，周道是国家统一和社会进步的象征，也是征服与被征服、奴役与被奴役关系的标志。《诗经》“小雅”名篇《大东》正是这一不平等关系的真实写照。

《大东》作者是一位失佚名字的谭国大夫。徐北文先生根据《大东》原诗反映的内容，并联系历史背景予以考察，认为这位谭国大夫应该生活在周初，

---

① 山东省文物考古研究所：《章丘城子崖周边区域考古调查报告》，载《海岱考古》第六辑，科学出版社，2013，第201页。

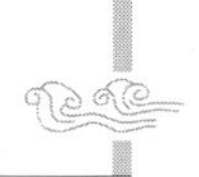

《大东》大约作于周公旦营建洛邑不久之时[①]。

诗人开篇就用满满的一碗饭来比喻东方的财富，用长柄羹匙来形容漫长的周道，暗示周王室及其新贵正是利用周道当作长柄勺子来刮取东方财富的[②]，点出了周道是周人统治和剥削东方的工具性质。周道的开通，造成了东方诸侯小国的普遍困敝，加剧了东方人心理上的屈辱感和不公平感。这种不公平，诗人是通过两两对比的手法予以表现的：西方人高车宝马游走在周道之上，修筑周道的东方人却只有瞪眼看一看的份儿；西方人衣着华丽漂亮，东方人只能穿着葛麻草鞋踩着那冰凉的寒霜；西方人整日游猎取乐，东方人却终年忙碌劳作；西方人不干活却有奖赏，东方人累死累活却没有报偿；西方人美酒膏粱，东方人却喝不上米汤；西方人佩戴宝玉，东方人只能佩戴杂玉。凡此种种，说明周朝与东方诸侯尤其谭国这样的殷商旧国的矛盾是当时社会的主要矛盾。

接下去，诗人又用天象比喻人事，把人间的现实转移在天空之上。首先，他利用银河附近的星座，恰切、辛辣地进行了比喻和讽刺：织女星不织布，牵牛星不拉车。其次，他巧妙地把星空的黄道比喻为周道，从而利用黄道列宿（即二十八星宿）和从黄道经过的行星来比拟和暗示：金星（长庚和启明）每天早晚都在黄道上网罗物资，簸箕星（箕宿）不替人民簸扬，却贪婪地吃喝，勺子星（斗宿）不替人民舀酒浆，却把长柄朝向西方，被周王室操纵着来挖取贡赋。诗人通过这些生动形象的比喻，暗示着：你周天子不是自诩“受命于天”吗？你们的确是天上的星宿，不过是些有名无实、不劳而获的牛郎织女，是捕捉人民的天网星，是吞吸搜刮民脂民膏的簸箕星和勺子星，都是些对人民有害无益的家伙。[③]

关于此诗写作的具体时间，“纠纠葛屦，可以履霜”，“有冽氿泉，无浸获薪”，已经隐约表明当时已进入了深秋时节。徐北文先生进一步指出：古人目测天象，通常以每日下午 8 时到 10 时作为观察时间。而金牛座的毕宿（天

① 徐北文：《济南最早的诗篇——〈大东〉》，载《海岱居文存》，齐鲁书社，2006。
② 徐北文：《济南最早的诗篇——〈大东〉》，载《海岱居文存》，齐鲁书社，2006，第 294 页。
③ 徐北文：《济南最早的诗篇——〈大东〉》，载《海岱居文存》，齐鲁书社，2006，第 294 页。

毕）和人马座的箕星、斗宿同时在南天出现，根据星图正是公历10月15日前后的下午8时至10时。我们知道，10月中旬正是华北收获已毕，周王室开始赋敛的时候。这时节，也正是东国人民眼睁睁地看着一年的劳动成果被掠夺的时候。[①] 由此，就更不难理解诗人何以会如此激烈地为他的人民鸣不平了。

《大东》是二千年前谭国大夫的作品，是济南最早的诗篇，从文化史的角度审视，不难发现其本身所蕴含的地域文化特色，而后世积淀形成的博大精深的济南文化，其中的某些文化基因或胎记也是根植于《大东》篇的。这表现在许多方面：

第一，《大东》与多泉的地理特征。谭国立国于城子崖，巨野河流域为其腹地，在其封疆之内，仅以《水经注》等中古时代的记载来看，南有武原渊，东有百脉泉群，西有白野泉群，可谓遍地泉水溪流。这一自然状况，在气候温润、降水充沛的商周之际想必更是如此。谭国及周边地区多泉的地理特征，在《大东》篇中有直接的描述："有洌氿泉，无浸获薪。"氿泉，依旧注，一说是指侧涌之泉，一说是指泉水出露后汇聚而成的狭长溪流。然而不论怎样，都足以说明那时的今章丘至历城一带，泉眼遍地，泉溪交络，以至于"连放木柴的地方都没有"，这可正是"家家泉水"的意境，是济南泉水文化的最初记载。[②]

第二，《大东》与谭国的生业。"小东大东，杼柚其空。纠纠葛屦，可以履霜。"谭人是以桑麻纺织为主业的；"跂彼织女""不成报章""睆彼牵牛，不以服箱"，用"织女"命名女宿，用"牵牛"命名牛宿，似乎又是谭国一般家庭男女劳动分工的反映。这种分工，似乎不是我们通常理解的男耕女织，而是女织男贾，也就是女人在家纺织，男人牵牛服贾于外。谭是殷商旧国，殷商的商业经济和商业文化一向是很发达的。《尚书·酒诰》称周初妹土人（即殷商京畿一带的商族人）"肇牵牛车远服贾"，就是明证。那么，《大东》牵牛服箱（车厢）明白无误是指营商贸易了。由此可知，继承了殷商文化传

① 徐北文：《济南最早的诗篇——〈大东〉》，载《海岱居文存》，齐鲁书社，2006，第296页。

② 王育济：《济南历史文化的变迁与特征》，《东岳论丛》2010年第5期。

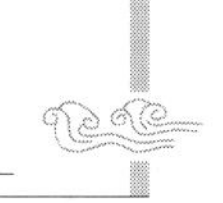

统的谭人，商业也是颇为发达的。谭国的女工和商业，也应该视为后来齐地以及济南商业文化的一个重要源头。

第三，《大东》与天文星象。天文是科学之祖、文化之母，虽然如顾炎武所说，“三代以上，人人皆知天文”①，但是像谭国大夫愤懑之余怅望星空，将天汉（银河）、牵牛、织女、启明（长庚）、天毕、箕、北斗等天象星宿作为比兴的对象，信手拈来入诗，寄托哀怨，讽喻时政，竟又如此巧妙妥帖，显然就不是一般人所能做到的。换句话说，没有丰富的天文星象知识，是不可能产生《大东》的。另外，从“终日七襄”一句看，当时的谭国似乎已经能将一天划分为十二个时辰，而且还可能已经使用漏壶计时了。凡此皆足以表明，谭国人在天文历象方面也是颇为先进和发达的。

第四，《大东》与天人感应。《汉书·天文志》说：“凡天文在图籍昭昭可知者，经星常宿中外官凡百一十八名，积数七百八十三星，皆有州国官宫物类之象。……其本在地，而上发于天者也。政失于此，则变见于彼，犹景之象形，响之应声。是以明君睹之而寤，饬身正事，思其咎谢，则祸除而福至，自然之符也。”《大东》将人间的事象和社会秩序推理到天文星象，以为两者因应相生，这种天人感应的思想应该是后世齐地邹衍（墓在章丘）阴阳五行学派的理论源泉之一。

第五，《大东》与神话传说。《大东》用牵牛星和织女星来隐喻周朝统治者，讽刺他们终日无所事事，尸位素餐，这与后世形成的牛郎织女的神话传说虽然并无直接的关系，甚至《大东》中牵牛、织女二星的名称、位置、星体也与后世认知的牵牛星、织女星有所不同，但是将牵牛星和织女星人格化，并予以文字描述，终究是以《大东》发其端的。或者说，后世有关牛郎织女之间的那段浪漫凄美的爱情故事，追本溯源，是肇始于三千年前谭国人的天文意象的。

第六，《大东》与济南士风。《大东》作者是一位真正的人民诗人，他为人民的悲惨处境而叹息，而潸然泣下。他谴责社会的不公，呼吁周朝统治者

① 顾炎武：《日知录》卷三。

不要横征暴敛，给人民一点喘息的机会。他悲天悯人，富有同情心，但他并不孱弱，并不迂腐，从诗作的字里行间中不难领略到他那狂放不羁的豪气和才情。这种慷慨以任气、为民请命的担承精神，似乎是以谭国的国民性为基础的，而论及后世济南名士集团性格的形成，似乎也要从谭大夫及其《大东》篇说起。

第七，《大东》与济南文学。《大东》是现实主义与浪漫主义完美结合的优秀诗篇，它巧于兴象和对比，以抒发怨愤之情，想象力之丰富，表现手法之俶诡奇幻，堪称《诗经》中的标新领异之作，也堪称三千年来“诗城”济南的开山之作。后世济南优秀诗人往往开风气之先，不乏执诗坛之牛耳者，从地域文化传统的角度来看，应该是与《大东》有着某种内在渊源关系的。

（四）考古所见西周时期的巨野河流域

齐太公初建齐国，以“因其俗，简其礼，通商工之业，便鱼盐之利”为基本国策，故“人民多归齐，齐为大国”。又因为周王室赐予太公“五侯九伯，实得征之”的军事特权，“齐由此得征伐，为大国”。[①] 所以，姜齐建国不久就走上了对外扩张的道路。而有迹象表明，齐国西进的重要通道便是济水，位于古济水南岸的高青陈庄遗址，正是齐人在原丰国都邑基础上建立的一座军事城堡，西进的一处军事基地。

齐太公据说年逾百岁去世，其子丁公吕伋继位。丁公在位时间也很长，大致相当于成康之际，死后儿子乙公得继立，别子受封于崔。《新唐书·宰相世系表》则说：“崔氏，出自姜姓。齐丁公伋嫡子季子让国叔乙，食采于崔，遂为崔氏。”《通志·氏族略·以邑为氏》同此。崔为齐邑，说明当时齐国已经侵占了谭国北部的大片土地。而考古发掘资料表明，谭国北境被齐国占领后，当地“土著文化因素逐渐不明显，渐渐与东部的齐文化融为一体”。[②]

《左传·襄公二十七年》记载：“（崔）成请老于崔，崔子（杼）许之。”杜注：“济南东朝阳县西北有崔氏城。成欲居崔邑以终老。”叶圭绶《续山东

①《史记·齐太公世家》。

② 山东省文物考古研究所：《济青高级公路考古发掘报告集》，齐鲁书社，1993，第98-99页。

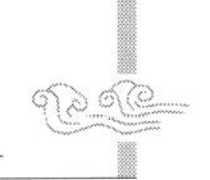

考古录》卷一济南府章丘县："崔邑故城在西北七十里今土城。"土城位于今章丘市黄河乡西南部，现有土城三个自然村，介于黄河与小清河之间。由此可知，周代的崔邑正好坐落在济水、漯水之间，应该是土肥水美的重要农作区，同时也是济、漯二水的一个重要码头。

齐国的西进和经略，促进了西周时期巨野河流域的经济社会发展。前面说过，在城子崖周边区域，也就是巨野河中游约100平方公里的核心区域，田野调查发现商代文化遗址仅有4处，而西周时期遗址却猛增至12处。12处遗址"均匀分布于城子崖南北两区河流周边区域，基本上为商文化发展扩充后的结果。城子崖东西向带状区呈现小范围空白区域"①。推想这一局面的出现，取决于西周时期巨野河流域的地缘政治现状，易言之，齐国西进鲸吞蚕食谭国疆土，谭国的南鄙和北鄙，已被纳入齐国疆土，齐国加大经略力度，故城子崖南北的巨野河流域聚落明显增加，而谭国核心地区，亦即城子崖东西向带状区，却人烟稀少，"呈现小范围空白区域"。西周时，因齐国的压迫，谭之国小势弱，于此可见一斑。

（五）谭国的亡国

通过《大东》诗篇，我们知道，作为殷商遗国的谭国，在周王室的政治压迫和经济剥削之下，已经陷入一种国贫民弱的状态。齐桓公二年（前684）十月，齐国借口谭国"无礼"，发兵灭谭，谭君出奔莒国。有关这次战事，鲁庄公十年《春秋》记载："冬十月，齐师灭谭，谭子奔莒。"《左传》记载："齐侯之出也，过谭，谭不礼焉。及其入也，诸侯皆贺，谭又不至。冬，齐师灭谭，谭无礼也。谭子奔莒，同盟故也。"就是说，当年小白作为公子流亡路经谭国，谭国没有礼待他；小白从莒国回国做了国君，谭国又没有表示祝贺。因此，出兵伐灭谭国，只在于惩罚谭子的"无礼"。其实这只是个借口，真正的动机是为了彻底扫清西进中原的道路。

依照上引《左传》的记载，当年十月谭国就被灭掉，谭君投奔了盟邦莒

① 山东省文物考古研究所：《章丘城子崖周边区域考古调查报告》，载《海岱考古》第六辑，科学出版社，2013，第201页。

国。可是根据其他传世文献，仿佛谭亡之后又得以恢复。《说苑·正谏》载桓公语："昔者吾围谭三年，得而不自与者，仁也。"齐军围困谭国三年，不战而拿下谭国，却又没有占领它。又《国语·齐语》记载："桓公知天下诸侯多与己也，故又大施忠焉。可谓动者为之动，可谓谋者为之谋，军谭、遂而不有也，诸侯称宽焉。"齐人拿下谭国和遂国（今山东省肥城与宁阳之间）之后，长期派兵驻守，在齐人的监视和控制下，谭国、遂国又得以存续。

伐谭、围谭、灭谭、存谭，其间过程究竟如何，史阙有间，不得其详，然而可以推断在谭国的灭国与复国之间，势必经过了一番血腥的厮杀。[①] 而复国之后的谭国，因为有齐国军队长期驻守，国家主权和领土完整无从谈起，完全沦为齐国的附庸。这种附庸国的地位和处境，从以下两个方面可以反映出来：其一，齐国于春秋中后期铸造的货币有"谭邦之法化"，"称谭邦而不称谭邑，与齐国其他地方货币称某邑之法化者如'即墨之法化'等不同，正说明谭国既非独立国家，又非边邑的特殊地位"；其二，"城子崖考古发掘证明，谭文化居民晚期'渐渐减少，城子崖变成了一个烧窑的处所，在（城）墙边和（城）墙上筑了不少的窑，以便挖掘墙土作陶坯'。这种现象标志着谭已经丧失了具有独立经济体系的附庸地位，而沦为齐国西部的一个手工业城邑"。[②]

也正是在齐桓公时期，沦为齐国附庸的谭国，其都城已别称"平陵"。《说苑·贵德》记载，齐桓公巡视平陵，遇见平陵一位自食其力、生活艰难的老人，老人家有九子，九子皆出佣于外，贫而无妻。谭人生计之艰辛，可见一斑。到了春秋末叶，谭国即便附庸的地位也保不住了，终于完全消失在历史的尘埃中，而谭城也在战国初叶彻底废弃了。[③]

---

① 庄春波曾以《春秋》经传中有关遂人斗争复国的史实为例，推测谭国的亡而复存也是激烈斗争的结果。见《谭国史考略》，载刘敦愿、逄振镐主编《东夷古国史研究》第一辑，三秦出版社，1988，第222页。

② 庄春波：《谭国史考略》，载刘敦愿、逄振镐主编《东夷古国史研究》第一辑，三秦出版社，1988，第223页。

③ 或以《风俗通义》等典籍中有谭子者迎接孟尝君返国，推测谭子为谭国的君主，或者为谭邑的封君。这个观点是值得商榷的。因为：其一，所谓谭子者，谭先生也，谭为氏，子为敬称；其二，《战国策·齐策》，"谭子"作"谭拾子"，"拾"乃其名；其三，考古发掘资料证明，城子崖城于春秋战国之际已废弃，而谭子迎孟尝乃战国中期偏晚时事。

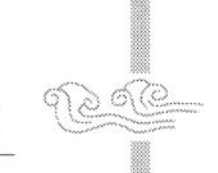

四、东平陵城的崛起

战国初期，田氏政权尚不稳固，于是有田子颜平陵叛乱事件发生。

《说苑·权谋》记载：

田子颜自大术至乎平陵城下，见人子问其父，见人父问其子。田子方曰："其以平陵反乎？吾闻行于内，然后施于外。子颜欲使其众甚矣。"后果以平陵叛。

田子颜反叛，属于田齐历史上的大事，可是有关背景、缘起、经过和结局，却文献无征，无从稽考。不过大致时间还是可以知道的。田子方与田子颜同族同宗，他根据田子颜的表现而预测田子颜将要造反，应该在他入魏之前。《史记·魏世家》记载，田子方为魏文侯的老师，是文侯之弟魏成子得之于东而推荐给文侯的。文侯十七年，"子击逢文侯之师田子方于朝歌"。证明田子方入魏在文侯十七年以前。魏文侯十七年，为姜齐宣公二十七年（前429），此时，齐国的真正统治者是太公和的父亲田庄子。如此，基本可以确定田子颜反叛大约就在田庄子前期，也就是战国初期。

前文谈到，平陵城原本是谭国都城，自从谭国作为一个主权国家被齐桓公灭掉以后，它就逐渐衰落了。现在田子颜占据平陵发动叛乱，田齐政权势必要大兵围城。攻防之间，城池难免兵燹之灾。平叛之役结束后，大概城池建筑毁坏严重，没有重建的必要，就废弃了。

以上纯属推测，却与考古发现颇相吻合。20世纪八九十年代之交，山东省文物考古研究所对城子崖周代城址进行发掘，结果表明，平陵城废弃于战国初期，所以城址内基本没有发现战国中晚期的遗迹和遗物。

战国初年平陵城的废弃，主要出于两个方面的原因，一是战争破坏严重，失去了重修的价值；二是平陵城面积狭小，仅有20万平方米，不能适应战国政治、经济、军事形势发展的需要。在这种背景下，齐国政府便在平陵城东边建筑新的平陵城，也就是东平陵城。

东平陵城位于平陵城东偏北两公里处，武原水的东岸，城址如今保存比较完整。通过踏勘，可以肯定东平陵城是在周密规划和设计之后动工兴建的。

城址呈正方形，边长约1900米，城区总面积约360万平方米。考古勘探表明，城外有宽约43米的城壕，深度在4米以上。城墙墙基宽约30到40米不等，其中南城墙墙基宽30余米，经解剖试掘，城墙共经过7次修筑，内侧1、2期为早期城墙，1期城墙主体墙基宽11.7米，墙体内侧有护坡；2期城墙在1期内侧，残存较少，应是对1期城墙的修补。这两期城墙夯筑方式一致，都是采用穿绳版筑、棍夯的夯筑方式，年代应为战国时期。3期以后城墙修筑年代为两汉时期和两汉以后。如果结合城区内外勘探调查的结果，则可以“确定东平陵城城址的始建年代是在战国时期，汉代各期城墙只是在原来城墙基础上不断进行加宽修筑而已”。①

田齐政府大兴土木，营建城区面积几乎二十倍于平陵城的东平陵城，其意义概言之有三点：第一，东平陵城位于泰山与济水之间，处于东西交通之孔道，是齐都临淄西方的门户，它的兴建对于保障齐国的国家安全具有重大的军事意义；第二，东平陵地处以泰山、济水、长白山、泺水为四至的地理小区的核心部位，是区域中心城市，它的兴建对于加强本区域的统治和管理，具有重要的政治意义；第三，东平陵一带靠山临水，平原广阔，物产丰富，传统农业以及冶炼铸造和丝麻纺织等工业一向发达，而且发展潜力巨大，同时作为商业交通枢纽和物资集散地，商贸业发展的前景也十分广阔。所以从这个角度来看，东平陵城的兴建，也具有非常重大的经济意义。

另外，东平陵城的兴建，也具有深远的历史意义，因为两汉魏晋五百年间，东平陵城作为区域中心城市的地位正是由田齐政府奠定的。

春秋前期齐桓公伐谭与战国初期齐国营建平陵城，对于巨野河流域历史文化的发展来说，是具有划时代意义的事件。考古调查发现，仅是巨野河中游约100平方公里的核心区域范围内，属于春秋战国的遗址就有35处之多，充分反映了本地域经济社会的发展和繁盛景象。②

---

① 郑同修、胡常春、马前伟：《东平陵城与济南国》，载《汉代考古与汉文化国际学术研讨会论文集》，齐鲁书社，2006。

② 山东省文物考古研究所：《章丘城子崖周边区域考古调查报告》，载《海岱考古》第六辑，科学出版社，2013，第202页。

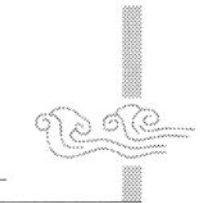

五、两汉时期巨野河流域的城邑及巨合之战

东平陵城是目前山东省保存最好的战国秦汉城址。经解剖试掘，城墙共经过 7 次修筑，根据各期城墙夯筑方式和包含物的不同，推断 1、2 期城墙的修筑年代应为战国时期；3— 6 期城墙的修筑年代为两汉时期；第 7 期城墙修筑年代可能更晚，也有可能属于城墙倒塌的堆积。如果结合城区内外文物勘探调查的结果，那么可以“确定东平陵城城址的始建年代是在战国时期，汉代各期城墙只是在原来城墙基础上不断进行加宽修筑而已”。

城区内文化堆积层很厚，基本以汉代者为主。其中城内中部偏北发现大面积夯土台基，俗称“殿基地”，应该是两汉济南国的宫殿区或济南郡郡衙所在地；城内西侧偏南处俗称“铁十里铺”的地方，发现大面积冶铁遗址；城内西北部可能是制陶遗址。出土文物众多，多为战国两汉时物，有铁器、铜器和陶器，有刀币、货泉、货布、大泉五十、五铢钱等货币，有瓦当、筒瓦、板瓦、空心砖等建筑材料，总之内涵十分丰富。近 400 件铁器中，既有农具、工具、兵器、模范，也有日常用品以及车马器具、烙马印诸类遗物，既有汉武帝盐铁官营出现以前的私铸产品，也有标明系官营作坊之铁器。“所出铁器不仅数量多，器类全，而且铸造精良，大部分保存完好，充分说明东平陵城在西汉时期，已不是生产某种铁器产品的一般冶铁业作坊，而是一处综合性的冶铁铸造业生产的基地”。[①] 凡此皆与《汉书 · 地理志》东平陵既有工官又有铁官的记载相符合。

从西汉初年到西晋末年，东平陵城一直是帝国在东方的一个通都大邑，是济南国（郡）的治所。

汉高帝六年（前 201）至高后元年（前 187）之间，博阳郡由泰安移治东平陵，因东平陵地处济水之南，而改名为济南郡。[②] 高后元年（前 187），吕后割齐国济南郡封悼武王吕泽的长子郦侯吕台为吕王，是为吕肃王。高后八

① 郑同修、胡常春、马前伟：《东平陵城与济南国》，载《汉代考古与汉文化国际学术研讨会论文集》，齐鲁书社，2006，第 111 页。

② 周振鹤：《西汉政区地理》，人民出版社，1987，第 107－108 页。

年八月，诸吕被平定。济南重归齐国，为济南郡。汉文帝十六年（前164）五月，立齐悼惠王之子勒侯刘辟光为济南王。景帝三年（前154），吴楚七国之乱爆发，七国中有济南国。七国之乱被平定，刘辟光自杀，济南国除为郡，收归汉廷直接管理。

东汉光武帝册封皇子刘康为济南王，济南国几乎与东汉朝廷共始终，国都一直在东平陵城。

两汉时期，巨野河流域设置的县级行政单位（包括侯国）有东平陵、巨合、台。

东平陵，县治在今章丘龙山镇阎家村北，济南郡（国）治所在地。有工官、铁官。

台，城址在今历城区唐王镇东北隅老僧口南侧的亓家庄。《晏子春秋》卷六《内篇杂下》齐景公曾以台赐晏婴为采邑，晏婴谢辞不受。台作为一座城邑，它显然是建在天然或人工台地之上，虽然文献可考的历史始于春秋末叶，其建城史却有可能上溯至史前龙山时代。因为2021年至2022年，济南市考古研究院在亓家遗址东南300米处，发掘了樊家庄遗址，共清理墓葬241座、灰坑101个，墓葬时代涉及龙山、两周、汉代、北朝及唐宋元明清。墓葬以东周、汉、北朝为多，灰坑主要属于龙山时代，少数东周时期[①]。这一发现，为探索台城历史提供了重要的资料。

汉高祖六年（前201），戴野以军功受封为台侯，是为定侯。在位二十五年薨。文帝四年（前176），其子戴午嗣位，景帝三年（前154），坐谋反，诛，国除为县。宣帝元康四年（前62），戴野玄孙戴安昌奉诏安家落户于台县。[②]

巨合（冶），故址在今章丘龙山镇。又名巨里聚、巨合城，因城西巨合水而得名。汉武帝元鼎元年（前116），城阳顷王之子刘发受封为巨合侯。五年（前112）坐酎金罪免。至两汉之际，巨合已经发展成为一座重要的城镇，从

① 钱欢青：《济南，精彩!》，《济南时报》2023年2月25日。

②《史记·高祖功臣侯年表》《汉书·高惠高后文功臣表》。唐人司马贞《史记索隐》："案，临淄郡有台乡县。"按，唐代曾改齐州（济南）为临淄，故《索隐》"临淄郡"实指济南。而《汉书·地理志》济南郡确有台县。

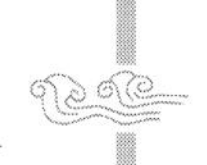

军事地理的角度看，它是东平陵城西侧的重要屏障。

《水经注·济水》："巨合水南出鸡山西北，北迳巨合故城西。耿弇之讨张步也，守巨里，即此城也。三面有城，西有深坑，坑西即弇所营也，与费邑战，斩邑于此。"巨合之战，是耿弇平定济南的关键一战，由此战，不难发现巨野河的战略地位和军事屏障的作用。

建武五年（29），光武帝刘秀遣建武大将军耿弇统领大军东击齐王张步。张步闻讯，连忙封其大将军费邑为济南王，由费邑主持西线防务。作为济南王，费邑的大本营自然设在东平陵城，然而为了御敌于国门之外，他亲自统率重兵驻屯于历下（今济南古城），分兵一部屯驻祝阿（今济南槐荫段店古城）。耿弇渡过济水，攻克祝阿之后，绕过历下，直趋巨里。费邑急令其弟费敢驻守巨里。

耿弇舍历下而直趋巨里，其战略意图是围敌打援。所以其大军进抵巨合水西岸，并没有立即强行渡河攻城，而是起筑营垒[①]，大张旗鼓地做攻城前的准备。他命令士卒砍伐大量树木，扬言用来填平巨合水；又命令加紧准备攻城器械，扬言三日后全力攻城。然后故意放松戒备，让营中俘虏逃回历下，将耿弇三日后攻城的消息报告费邑。费邑不知是计，果然于三日后亲率三万精兵往救巨里。耿弇闻知，大喜，对诸将说"吾所以修攻具者，欲诱致邑耳。今来，适其所求也"[②]。当即留下三千人围城，而自己则率领精兵埋伏于巨里西南的山冈，待费邑援军赶来，居高临下发动袭击，结果大获全胜，阵斩费邑。耿弇又令人取费邑首级向巨里城上的守敌展示，费敢及其部属见费邑已死，吓得弃城逃归剧县。耿弇兵不血刃进入巨里，轻而易举地俘获了大量的粮草军需。然后分兵数路，攻克东平陵、历下等四十多座城邑营垒，一举平定济南。

通过《水经注》以及《后汉书》有关巨里之战的文字，我们看巨合城是建在天然台地上的，它西临巨合水，以河崖代城，故而并无西城墙。巨合水

①《水经注·济水》："巨合水南出鸡山西北，北迳巨合故城西，耿弇之讨张步也，守巨里，即此城也。三面有城，西有深坑，坑西即弇所营也。"

②《后汉书·耿弇传》。

河道颇为深阔，且有深坑，可知巨野河多河湾，自古如此。

六、巨野河流域发达的冶铁业

齐以工商立国。春秋时期，“齐桓公用管仲之谋，通轻重之权，徼山海之业，以朝诸侯，用区区之齐显成霸名”。所谓“山海之业”，“海业”是指鱼盐之业，而“山业”，除了木材和木材加工业、山蚕和丝织业之外，可能还有冶铁业。

我国冶炼生铁的技术兴起于春秋时期，很可能由齐国所开创。据《叔夷钟铭》记载，齐灵公（一说为齐景公）曾一次赏赐伐莱有功的贵族叔夷四千名造铁徒，可见齐国冶铁业规模之大。济南地属齐国，境内又富有铁矿石资源，冶铁业起步比较早，也是可以想见的。

汉代，冶铁普遍采用先进的鼓风机——橐，推动了冶铁业的飞速发展。济南郡（国）治所的东平陵县以及属县历城，都是具有全国影响的重要冶铁中心。当时，“凡郡县……出铁多者置铁官，主鼓铸。有工多者置工官，主工税物”。[①] 西汉全国置铁官49处，工官10处，据《汉书·地理志》，东平陵有工官、铁官，历城有铁官。东汉在地方仍设铁官，不过铁官仅负责征收租税而已。在《后汉书·郡国志》中标明“有铁”之地，全国总计32处，其中就有东平陵和历城，可见东汉济南冶铁业也相当发达。

东平陵城内西侧偏南处，俗称“铁十里铺”的地方，分布着大面积的冶铁遗址，城内西北部则是制陶遗址。在城内历年出土或采集的铁器有四百多件，其中，铁制农具有锄、犁、耙、镢等，手工工具有斧、锯、锤、凿、夯锤、锛、钳、刀、削等，范类有铁范，模有铧冠范（1套3件，由上范、下范及范芯组成）、锸范、锤范、铲范等，铁制兵器有钺、戟、剑、刀、矛、镞等，日用器皿有釜、鼎、勺、灯、夹子等。此外，还出土有车器、镇、齿轮、烙马印、链、权等铁制遗物。这些铁器既有汉武帝盐铁官营以前的私铸产品，也有标明系官营作坊之铁器。“所出铁器不仅数量多，器类全，而且铸造精

①《东汉会要·职官二》。

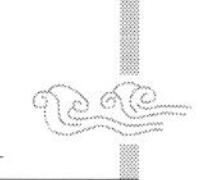

良，大部分保存完好，充分说明东平陵城在西汉时期，已不是生产某种铁器产品的一般冶铁业作坊，而是一处综合性的冶铁铸造业生产的基地”。[①] 凡此皆与《汉书·地理志》东平陵既有工官又有铁官的记载相符合。

汉代铁官标志，都是用铁官作坊所在地的地名作代表的。山东沂水曾出土铸有“济”字铭文的铁锛，应该就是济南铁官作坊的产品，至于产自东平陵还是历城，尚不能确定，然而其在沂水出土，说明济南铁官也具有外售铁器产品的任务。[②]

东平陵城城址的调查和发掘，曾多次发现“大山二”铁锤铸范和“大四”铁锄铸范，据考，“大山二”即为泰山郡第二号冶铁作坊，“大四”即为泰山郡第四号冶铁作坊，署名泰山郡铁官标志的铸范出土于东平陵城城址，似乎说明汉代已经出现了异地贴牌生产方式，也就是说泰山郡铁官以自己的名义或品牌在济南郡铁官工场加工定作产品。[③]

在东平陵出土的数百件铁器中，考古文物工作者曾提供6件（A型铲、B型铲、钺、铧冠、齿轮、斨）由山东省测试中心进行金相检查，结论是：“上述铁器金相分析的结果，反映出平陵城铁器在冶铸制作方面的多样化；铸造不同的器物，采用不同的制作工艺，并能合理地掌握温度，恰当地采用局部热处理技术。从可锻铸铁到钢的过程，可以看出平陵城冶铁业发展的连续性。在没有化学分析，全凭经验的情况下，冶铸铁器能达到如此高的水平，证明了当时的铁器铸造工业确已达到了较为成熟的水平，充分反映出我国劳动人民勤劳、智慧的结晶及历史悠久的灿烂文化。”[④]

由这一段科学检验的结论，我们再来看《后汉书·韩棱传》，汉章帝曾将珍藏的三把宝剑亲自题名，分别赐予其心爱的三位大臣，其中赐予尚书陈崇的那把宝剑便唤作“济南椎成”。地下考古资料与传世文献互相印证，汉代东平陵城为全国著名的冶铁业中心，冶铁技术先进发达，是无可怀疑的。

---

① 郑同修、胡常春、马前伟：《东平陵城与济南国》，载《汉代考古与汉文化国际学术研讨会论文集》，齐鲁书社，2006，第111页。

② 李京华：《汉代济南郡铁官铭文》，《华夏考古》1998年第4期。

③ 赵化成：《2009年度山东东平陵故城考古发掘的主要收获》，《中国文物报》2010年7月16日。

④ 山东省考古研究所：《山东章丘市汉东平陵古城遗址调查》，载《考古学集刊》第11辑。

七、济南郡治由东平陵西迁历城

西晋永嘉末年，济南郡治由东平陵“移理历城”①。从此，东平陵城失去了济南地区统治中心的地位。

济南郡治西迁的背景和原因，我们应从两个方面来讨论，一是生态环境，二是战略需要。

2003 年，山东大学考古专业师生对大辛庄遗址所在的小清河上游南岸地区（小清河以南、黄台电厂以东、郭店镇以西、五顶茂陵山和马山坡以北）进行拉网式的系统调查，方圆 90 余平方公里的区域内，聚落形态的巨大变化发生在战国至汉代，遗址数量显著增加，遗址密度也大为增加。调查显示，属于这一时期的遗址数量由此前的 42 处剧增至 112 处，遗址总面积也由 387800 平方米猛增至 1613800 平方米，增加了三倍多。新增加的聚落大多集中分布于山麓乃至山坡上，以至在山麓及山前地带形成了若干个超常的聚落密集区。在此区域内，聚落分布几乎可以连成一片，之所以如此，“可能与当地丰富的铁矿石蕴藏量有关。现在的铁矿就位于大辛庄遗址的东南部，与遗址密集区相吻合，恐非偶然”。②

以上为郭店以西的小清河上游南岸地区的情形，至于郭店以东不远的巨野河流域，其聚落形态在战国秦汉时期，也当发生类似变化。

据《中国文物地图集·山东分册》，巨野河流域的战国秦汉遗址（包括含有战国秦汉文化遗存的遗址）在今历城区境内者计有左家洼、辛庄、杨家庄、卢家寨、周家、于家、颜家、韩家、刘六务、亓家庄、西八户等遗址，在今章丘区境内者计有陈家、蔡园、权庄、城子崖、东平陵、董东、娄四户、焦家北、便家、巨合城、李官等遗址，比较春秋以前，尤其商周以前，遗址数目有明显增加。至于城子崖周边区域，也就是巨野河中下游约 100 平方公里的核心区域（以城子崖为中心，向东西南北各辐射 5 公里），田野调查所得东周

---

①《元和郡县图志》卷十，中华书局，1983，第 276 页。

② 方辉、钱益汇等：《济南市小清河流域区域系统考古调查》，载《东方考古》第 2 集，科学出版社，2006，第 345－347 页。

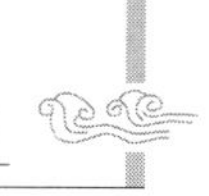

（春秋战国）遗址35处，汉代遗址（不含平陵城以东区域）29处，遍布巨野河中下游及大小各支流两岸，向南直接山前丘陵坡地，表明巨野河流域聚落之密集、经济之繁荣，在东周秦汉时期达到了顶点，而这一现象的出现必定与冶铁业有着相当密切的关系。

巨野河中上游流域，地下蕴含丰富的铁矿资源和煤矿资源，时至近现代，东巨野河河源区有大有铁矿、山圈铁矿，西巨野河以西有虞山铁矿、南顿丘铁矿、玉皇山铁矿、郭店铁矿等。战国秦汉时期，本地煤矿资源尚未得到开发，所以冶铁所需燃料只能仰赖木材，如柞木、柏树、黄栌等木材都是极适宜的燃料，因此我们推测巨野河南部浅山地带的林木，从这一时期开始遭到大规模砍伐，水土流失严重，土壤涵养水分的功能降低，生态环境渐趋恶化，尤其是东巨野河源区，属于浅山区，流域面积狭小，且多为石山荒丘，植被稀少，泉源补给不足，在这一背景下，每当大旱之年或旱季，势必导致东巨野河水流量不大，甚至已经变成了一条季节性的河流，这从商周时期城子崖城址发掘资料中就可以看出端倪。

城子崖遗址平均海拔约54米，为典型的台地地貌，除了东北角平缓，四面均为断崖，普遍高出周边地面2—3米。台地边缘较高，地势较低的中心部位，也就是城区中央，第1—5层为历史时期的耕土，第6—17层年代为东周时期，第18—21层年代为岳石文化时期。从性状分析，第6层以下各层的形成均与水环境有关，一般都是静水环境下的沉积（湖沼相），其中夹杂不少细砂层，应是短期细流带来，可能与雨水有关。需要注意的是，从第7层下开始出现遗迹现象，各层下均叠压少量灰坑，显示这个阶段此处经常积水，人们无法持续活动。直到第14层下遗迹现象陡然增多，说明第15层为地表时，地表较为干燥，人类活动频繁。然后一直到第21层，极少有遗迹出现，显示此段时期内水域较为稳定，人们很少在此活动。第21层下是一些大型灰坑，有的坑内为层层夯筑起来的垫土，显然是建筑基坑，表明最初这里虽然地势低洼，但并无积水，人类活动频繁①。也就是说，龙山时代和岳石文化早期，

① 山东省文物考古研究院等：《济南市章丘区东平陵遗址2013～2015年发掘简报》，《考古》2019年第4期。

城中央区域虽然地势较低，但并无长期积水迹象。只是到了岳石文化晚期和周代，城中才形成面积约 1 万平方米的湖沼。据此，我们推测，龙山时代和岳石文化早期，城中区域一定有通往城外的泄洪排水的通道。而此后城中湖沼的形成，应该是当时城中居民有意为之，蓄水以便人畜所用，同时因有湖沼城中地下水位较高，凿井不需很深，即可得水。这一切似乎表明，自殷商时期开始，东巨野河（关卢水）的流量可能已处于递减状态，不足以维持城中用水所需。战国时期，城子崖城（原谭城、平陵城）的废弃，水资源不足可能是一个重要的背景和原因。于是，就有了东平陵城的兴建。

东平陵城所在地也在东巨野河流域，环绕东平陵城的武原水（河），其流域面积远比关卢水为大，河流又比较长，河水比较充盈，且能通过引渠流经城区（按，城内地势南高北低，有自西城中南部至东北部以及近西城墙向北的两条深沟，应该就是引水渠道）。所以，东平陵城兴建的战国初期，它的水资源并不匮乏。然而，此后，尤其到了秦汉魏晋时期，随着区域中心城市地位的提升，东平陵城人口逐渐增多，而作为冶铁等手工业重地，用水量逐渐增大。在这一背景下，武原河的流量可能逐渐减少，进而导致城内地下水水位的下降。2009 年，考古工作者发掘东平陵城铸造区，于地下第三期遗存中发现两眼水井，时代约为西汉晚期，井深 9 米以上。于第四期遗存，发现两口水井遗迹，时代约为王莽至东汉早期。两眼水井俱位于深达五六米的坑中，井底至坑底在 2.5 米以上，那么当年井深也在八九米之间[①]。这表明汉代，东平陵城区的地下水位是很低的，这自然要影响到地下水的开采。另外，地下水经数百年污染渗透，难免咸苦化，不再适合人、畜饮用。几个方面交互作用，会严重影响东平陵城的生产、生活。正是在这一背景下，济南郡治西迁水资源充沛的“泉城”历下。

济南郡治由东平陵西迁历下的另一个背景和原因，在于战略的需要。

我们知道，三国以前的上古时代，无论是政治、军事，还是经济、文化，更多呈现一种东西向的地缘关系，从史前时期开始，济水和济右走廊，就是

① 山东省文物考古研究院等：《济南市章丘区东平陵遗址铸造区 2009 年发掘简报》，《考古》2019 年第 11 期。

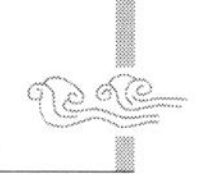

沟通中原内陆与山东半岛的两条最重要的交通大动脉，有虞氏集团的西进、姒姓集团的东进、殷商王朝的远征东夷、周公东征以及周代的“周道”和秦代的“驰道”，皆通过济水和济右走廊完成。不过需要说明的是，横亘东西的济右走廊大道，是从巨野河中游穿过的，而非巨野河下游河口地区原因就在于河口地带，地势低洼，沼泽沮洳之地，不便于车马往来，且有水患威胁。而城子崖、东平陵所在的中游山前平原，地势高亢而无水患之虞。为此，早在史前时期，就形成了这条交通线。

可是进入中古时期，南北对峙、交争局面形成，南北向的地缘关系开始凸现。在这一背景下，扼守东西交通线的东平陵，其地缘政治优势和战略地位愈发不能同地处东西南北交通孔道的历城相比。这是济南郡治西迁的另外一个重要的背景和原因。

此后，元嘉九年（432），南朝刘宋政权在济南郡侨置冀州，占尽山水形胜和区位优势的历城，不仅是济南郡的郡治，还是冀州的州治，且有一段时间还是青州的州治。皇兴三年（469），北魏政权改侨置冀州为齐州，有58年间，历城同时是一州（齐州）、二郡（济南郡、东魏郡）、一县（历城县）的共同治所。隋开皇三年（583）废掉郡一级的建制，以州统县，历城为齐州州治。历城作为区域中心城市地位持续提升的过程，正是以东平陵城为中心的巨野河流域在政治、经济、军事、文化等诸方面之地位逐渐式微的过程。

八、巨野河历史文化的余晖

西晋末年，济南郡治西迁历城之后不久，中国北方进入“五胡十六国”时代。东晋末年，刘裕北伐，灭南燕政权，光复济南等山东地区。刘裕取晋而代之，建立刘宋政权。刘宋政权为安顿从河北南下的汉人，便在今济南至淄博一带侨置郡县。这些侨置郡县，在北魏时期，大都予以保留。

《魏书·地形志》：“齐州，治历城。刘义隆置冀州，皇兴三年更名。”齐州所辖之东魏郡，“刘骏置，魏因之。治历城，后徙台城”。东魏郡治由历城移治台城的具体时间，在北魏孝昌三年（527）。从此，至北齐天保七年（556），裁撤东魏郡，并入济南郡，台城为东魏郡治所近30年。如前文所述，台城故址在今历城老僧口西南侧的亓家庄，巨野河入济处附近。不久前，济南市考古研究院在亓家遗址东南300米处发掘了樊家庄遗址，其中有一个大墓，出土大量唐三彩，墓主是出自乐陵名门望族朱氏的朱满，墓志铭上说，下葬时间是开元三年（715），“葬于故郡城东南”①，所谓故郡城，即曾经的东魏郡郡城台城。

北魏齐州东魏郡，辖域主要在以巨野河为中轴线的今历城、章丘之间，所辖九县，其中：

蠡吾县，“刘骏置，魏因之，有龙山”。故址无考，或许就在台城。

顿丘县，“刘骏置，魏因之”。城址在今孙村街道玉皇山北侧、围子山东侧，那里有东、西、南三村，皆名顿丘，俗讹作顿首庄，即因顿丘县在此而得名。顿丘县城东距西巨野河数里之遥，表明西巨野河上游流域在顿丘县域之内。

肥乡县，“有平陵城、巨合城”。道光《章丘县志》卷四《古迹考》：“肥乡遗墟无可考，当即在亭山地。北齐与土鼓并入卫国，而隋即以其地更名亭山也。相传在大徐麻庄北，亦无考。”肥乡县“有平陵城、巨合城”，表明汉晋时期的东平陵，北魏时不仅失去了郡城的地位，也失去了县城的地位。同时也表明今巨野河中游一带，在肥乡县域之内。

聊城县，治所在章丘水寨。县境内“有台城、营县”。营县，汉故县，故址据道光《章丘县志》卷四《古迹考》，在章丘县（绣惠镇）北三十里之营家庙村（今邹平魏桥营家村）。可见，巨野河下游，时属聊城县地。

卫国县，“有挺城、石汤水、鸡山”。隋开皇六年（586），改卫国县为亭山县，县城在鸡山以东十里、危山西南二里，至今仍有几处村庄以“亭山”命名。这一带，位于东巨野河的源头。

北魏时期巨野河流域及其附近侨置郡县的分布，表明东平陵城彻底失去了其区域中心城市的地位，而位于巨野河下游的台城，作为东魏郡的郡城，似乎有望与历城分庭抗礼，成为今济南地区东部的一个统治中心，当然也是

---

① 钱欢青：《济南，精彩!》，《济南时报》2023年2月25日。

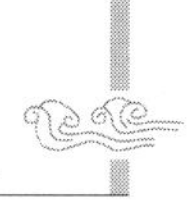

巨野河流域的一个新的统治中心，可惜仅仅维持了不到三十年的时间就结束了。之所以如此，推测与台城位于济水之畔，地势低下，水患频扰有关。这算是巨野河在历史上留下的一抹文化的余晖了。继此之后，巨野河另一抹余晖，闪现在全节城。

《魏书·地形志》齐州领郡六，东魏、东平原、东清河、广川、太原皆为侨郡，唯有济南郡例外，为原有的土著郡。济南郡领县六，其三为平陵，注云："二汉、晋属，曰东平陵，后改。有章丘城、洛盘城、平陵城、女郎山祠。"可见，汉晋时期济南郡（国）治、东平陵县治所在的东平陵城（平陵城），并非北魏济南郡平陵县的治所，否则注文就应写作"平陵城、章丘城、洛盘城、女郎山祠"。

那么，北魏平陵县治究竟在哪里呢？在唐初全节城，也就是今日历城区董家镇的城子庄。清人叶圭绶《续山东考古录》卷一《济南府·历城县》称："后魏平陵县故城，在（历城）东北七十里今城子庄，疑刘宋徙也。"城子庄的水资源较之原平陵城显然要充足，因为城子庄位于东、西巨野河合流之后的巨野河下游的西岸，这是仅有东巨野河（关卢水）的支流武原水提供水源的原平陵城所不能比拟的。据 1982 年《历城县地名志》，城子庄曾名"鹅鸭城"，此名一如今巨野河河口的鸭旺口，皆因居民养鹅养鸭者多而得名，也是当地多水环境的证明。①

隋初，改州、郡、县三级为州、县二级，裁省济南郡，以齐州直接统辖历城等属县。不久，又改为郡、县二级制，齐州改称齐郡。《隋书·地理志》齐郡下辖十县，巨野河流域分属历城、亭山、章丘。齐郡十县无平陵。据唐人李吉甫《元和郡县图志》，平陵县在北周之时已被裁撤。隋末大乱，平陵人李满（李义满）据城自守，并于武德二年（619）投靠唐朝。唐高祖李渊复置平陵县，又在平陵县设置谭州，李满为谭州总管。又据《新唐书》卷三十八《地理志》，谭州下辖平陵、章丘、亭山、营城、临邑五县。武德八年（625），营城（在今历城郭店街道、鲍山北）入平陵，又领临济（今章丘黄河乡临济

① 按，董作宾先生《谭"谭"》，称城子崖俗名"鹅鸭城"，可能有误。

村）、邹平。可见谭州辖域颇为辽阔，今历城的东半部、章丘、济阳、临邑、邹平等区县皆在其辖内。谭为大州，谭州城的城垣规模相当可观，今城子村西一千米有村篦子郭家，篦子郭家西一千米又有一村，名叫城角巷，那么此城东西阔有二公里左右，比齐州城还要大。

贞观元年（627）废谭州，平陵县属齐州。贞观十七年（643），齐王李祐据齐州城（济南）叛乱，李满与儿子李君球固守平陵城，拒不从逆。叛乱被平定后，唐太宗下诏改平陵县为全节县，“以旌其功焉”。

谭州仅存在八年时间，全节县却继续存在了 177 年。唐肃宗乾元二年（759）九月，史思明陷齐州，济南城垣以及整个今济南地区社会经济遭到严重破坏，于是在唐宪宗元和十五年（820），唐朝以户口凋残，将全节县、亭山县分别并入历城县、章丘县。[①] 从此，巨野河流域仅存的这两个县邑也被废弃。乾隆《历城县志》卷十四《古迹考·城池》，历城“其扩而大之，不知始于何时？即杜诗犹与《水经注》相合，意在元和十五年并全节入历城之时乎？今土人犹曰：‘府城毁平陵城为之，砖瓦之类，人肩立数十里中，以手递运，其成甚速。’此语当有所自来”。全节城拆下来的砖瓦建筑材料用来扩建齐州城（历城）。这一古老的民间传说，其来有自。总之，在唐初行政版图中，巨野河流域的地缘政治地位曾有短暂的回升。

巨野河文化的最后一抹余晖，体现在唐代的全节县诞育了员半千和崔融这两大文人：

员半千（621—714），字荣期，累官棣州刺史、弘文馆学士，累封平原郡公。史称“半千事五君，有清白节”，时人谓之“古人”。

崔融（653—706），字安成，官至凤阁舍人，兼修国史，知制诰事。卒后追赠卫州刺史。有诗文集六十卷。史称“融为文典丽，当时罕有其比，朝廷所须《洛出宝图颂》《则天哀册文》及诸大手笔，并手敕付融”。

（作者分别系济南社科院研究员、济南职业学院教授）

①《新唐书》卷三十八《地理志》。

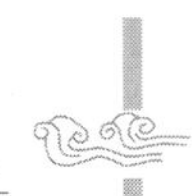

河济文明与黄河文化

郑立娟　李贝贝　王芸芸

在中华文明的发展进程中，黄河与济水有着特殊的地位和影响。在相当长的历史时期内，黄河与济水或并流或交汇，在黄河和济水的共同哺育下，在河济之间即今豫东、鲁西、鲁北、冀南地区孕育出发达的史前文明，这就是本文所说的河济文明。在地理位置上，河济地区自古就是一个相对独立的地理区域；在文明发展史上，这一地区形成的河济文明是黄河文化的重要基石，也是中华文明的重要核心。从原始农耕文明到都邑国家的建立，河济地区都具有引领风骚的地位。在以往的研究中，学者对这一区域虽有所关注，但将河济地区视为一个整体，对河济之间的文明互动以及河济地区在黄河文化、华夏文明中地位和意义的探究尚未出现。河济文明的提出，可弥补上述认知之不足并为深化黄河文化研究提供广阔的研究视野。

一、河济关系与“河济地区”的界定

济水是受黄河影响最大的河流，由于济水今已不存，而文献中对河济关系的记述又纷杂有歧义，遂使河济关系研究的难度大大增加。史念海在《论济水和鸿沟》一文中指出：“济水是一条自然水道，其形成在有史之前，直到汉代还是畅通无阻。”[①] 岑思勉在《黄河变迁史》中则否定了济水是“独流入海”的大河，提出济水的主河道是东周黄河正流的观点，尤其南北济水为两条河的观点对当代学术研究颇具影响。[②] 对于河济关系，众说纷纭。

① 史念海：《论济水和鸿沟（上）》，《陕西师大学报（哲学社会科学版）》1982 年第 1 期。

② 岑思勉：《黄河变迁史》，人民出版社，1957，第 197 – 224 页。

在中国古典文献中，河、济、江、淮被称为“四渎”。《尔雅》将“渎”界定为自有源头且独立入海的较大河流，既然黄河与济水分别为“四渎”之一，那么黄河和济水应是各自有源并分别入海的，这就是文献中所说的“河济并流”。在文献中，常常河济并举，如《史记·吴起列传》记载：“夏桀之居，左河济，右泰华，伊阙在其南，羊肠在其北。”① 是说夏朝末年王都的核心地区在河济之间。再如《史记·郑世家》云：“太师伯对曰：‘独洛之东土，河济之南可居。’”② 是说郑桓公时首先选择河济之间作为居住地。这说明在先秦时期河、济二水是东向并流的。郑樵曰：“故曰济河惟兖州，以济水、河水之间为兖州也……济、河者，万代不泯之川也。”《传》曰：“东南据济，西北据河。”“推寻《经》旨，若河、若济。”“济、河之间，相去路近，兖州之境，跨济而过，东南越济水，西北至东河也。”③ 从文献记述可知，河济并流时期，二者的水道相距并不远。

但河济关系并不是一成不变的，文献中亦常见“济水入河”“河夺济道”的记述，这应理解为不同历史时期、不同地域的河济关系。如《禹贡》记载：“导沇水，东流为济，入于河，溢为荥。”④ 这说明济水在上游曾与黄河有所交汇。由于“济水伏流”的特性，《春秋传》中还出现了“济隧”⑤ 的概念。上述水文知识虽不一定科学，但反映出济水上游与黄河关系复杂的事实。再如《禹贡》称兖州：“浮于济漯，达于河。”传曰：“济、漯两水名，因水入水曰达。”⑥ 实际上，这是说济水下游与黄河是相通的。漯水是黄河的支津，其与济水的关系也比较复杂，清人朱长孺著《禹贡长笺》曰：“古时济、漯通流，汉以后遂不相属。”清人周希圣亦曰：“由济而入漯，由漯而入河，《经》旨灼然矣。”⑦ 唐代以后，济水下游山东段的河道逐渐被清水所夺。“所谓清河，即

---

①《史记》卷六十五《孙子吴起列传》，中华书局，1997，第 2166 页。

②《史记》卷四十二《郑世家》，中华书局，1997，第 1757 页。

③［清］胡渭：《禹贡锥指》，上海古籍出版社，2013，第 63－64 页。

④ 杜泽逊主编：《尚书注疏汇校》，中华书局，2018，第 790－791 页。

⑤《左传·襄公十一年》载：“观兵于南门，西济于济隧。”参见杨伯峻编著《春秋左传注》，中华书局，2009，第 989 页。

⑥ 杜泽逊主编：《尚书注疏汇校》，中华书局，2018，第 740 页。

⑦［清］胡渭：《禹贡锥指》，上海古籍出版社，2013，第 87 页。

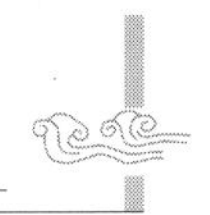

济水也。”[①] 王育民在其《中国历史地理概论》中指出：“北宋以后，受到黄河决徙的影响，伪齐刘豫导引泺水东行，入济水故道，于是济水的下游河道，便分别被大清河、小清河所占夺……从此，济水已不复存在。”[②] 清咸丰五年（1855），黄河在河南兰考铜瓦厢决口，黄河下游河道北移，侵夺了大清河的河道即济水故道，最终在利津注入渤海。济水下游的故道被黄河所占夺，真正意义上的济水从此彻底退出历史舞台，完成了从“河济并流”到“河夺济道”的历史进程。

通过前文对河济关系的梳理，我们可以发现河济关系十分复杂，这一局面的出现，一方面有古人水文知识欠缺导致文献记载混乱的因素，另一方面是因为黄河、济水在历史时期河道变更不定。但整体来看，黄河、济水二者或交织或并流，在今黄河下游形成了一个被二水涵养的广阔区域，我们称之为“河济之间”。河济之间在历史上就曾被单独列为一个地理区块，如《禹贡》云“济河惟兖州”[③]，《尔雅》亦称“济、河曰兖州”[④]。其实兖州之得名，正与济水有关。《说文·水部》：“泲，沇也。”又曰：“沇，水出河东东垣王屋山，东为泲。”[⑤] “泲”同“济”，“沇”同“兖”。由此可知，兖州得名于济水。实际上，《禹贡》等文献中描述的河济之间并不仅仅局限于古兖州，豫州、青州的部分区域也在河济地区。

本文所述的河济之间大致包括哪些区域呢？《禹贡》云：“导沇水，东流为济，入于河，溢为荥。东出于陶丘北，又东至于菏，又东北会于汶，又北东入于海。”[⑥] 这一记载基本指出了济水东流入海所经过的地区。胡渭《禹贡锥指》对济水的走向及所经之地有更为细致的考证：

> 《导水》：济入河，溢为荥，东出于陶丘北，又东至于菏。菏泽在今定陶县境，经系诸豫。雷夏在今曹州境，经系诸兖。故知二泽之间为兖、豫之界也。济水至曹州西分为二：一水东南流为菏水，一水东北流入巨

---

① ［宋］王曾：《王文正公笔录》，张其凡点校，中华书局，2017，第9页。

② 王育民：《中国历史地理概论（上）》，人民教育出版社，1985，第92页。

③ 杜泽逊主编：《尚书注疏汇校》，中华书局，2018，第734页。

④ ［清］郝懿行：《尔雅义疏》，王其和、吴庆峰、张金霞点校，中华书局，2019，第579页。

⑤ ［汉］许慎：《说文解字》，中华书局，1963，第226页。

⑥ 杜泽逊主编：《尚书注疏汇校》，中华书局，2018，第790－791页。

野泽为济渎。《春秋》：僖公三十一年，取济西田。《左传》云：分曹地自洮以南，东傅于济。郦道元云："济水自是东北流出巨泽。"即此地也。济水又北过东昌府之濮州、范县，东与徐分界；又北为阳谷、茌平，东与青分界；转东为济南府之齐河、济阳、齐东、青城，又东为青州府之高苑、博兴、乐安，南与青分界。今历城以东有小清河，即济水入海之故道，其北为兖，南为青也。①

历史上黄河水道多变，《山经》河、《禹贡》河皆是北流从河北入海，结合《禹贡》河流经的区域②，本文认为"河济之间"应是指今豫东、鲁西、鲁北、冀南这一广阔区域。该观点亦可与古人的认知相契合。《史记·货殖列传》云："淮北、常山已南，河济之间千树萩，陈、夏千亩漆，齐、鲁千亩桑麻。"③《汉书·货殖传》将"淮北常山已南"改为"淮北荥南"④。张新斌等在《济水与河济文明》中说："若指常山为常山郡，则西汉时郡治在今河北元氏县附近，那么其南的河济之间，实际上包含有冀南、豫北与鲁西地区，即冀鲁豫交会地区。"⑤ 严格地说，"河济之间"还应包括冀鲁豫交界处向东直至黄河、济水入海口之间的广阔的扇形地带。这一地区大致就是本文所说的河济地区，即今天的黄河下游及外延地区。

夏朝建立之前，在黄河与济水共同孕育下，河济地区塑造出辉煌的考古学文化，如裴李岗文化、后李文化、磁山文化、大汶口文化、龙山文化等。这一地区的考古学文化相互交流融合，在黄河下游抟聚成河济文明，展现了华夏先民筚路蓝缕的发展历程，发展成为中华文明的重要中心，最终形成国家起源的核心区域。

---

①［清］胡渭：《禹贡锥指》，上海古籍出版社，2013，第66－67页。

② 黄河在下游虽有南流江苏入海的时期，但更多的是北流从河北、天津入海。《山经》河、《禹贡》河、《汉志》河皆是北流入海。鉴于我们讨论的主体是河济文明，故文中所言的黄河指《禹贡》河，结合《禹贡》所言济水、黄河东流的水道，可以说，济水与黄河在早期基本是并流入海。

③《史记》卷一百二十九《货殖列传》，中华书局，1997，第3272页。

④［汉］班固：《汉书》，［唐］颜师古注，中华书局，1962，第3686页。

⑤ 张新斌主编：《济水与河济文明》，河南人民出版社，2007，第23页。

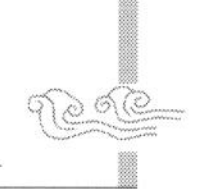

二、从农业与手工业看河济地区文明中心的形成

农业是中国文明起源的经济基础，而黄河流域则是中国农业起源的主要地区之一。其中河济地区文明起源较早，且成就颇高。公元前7500年到公元前5000年左右的新石器文化中期，河济地区就出现了多个重要的文化遗存，它们大体处在同一发展水平，表现出较多的共性，如河南地区的裴李岗文化（裴李岗类型）、山东地区的后李文化、河北地区的磁山文化。这一时期河济地区的土地和环境宜农宜牧，已经出现种植农业，诞生了古老的农业文明。如裴李岗文化，植物遗存丰富，农作物品种多样，且有明显的地区性差异，河济之间的“环嵩山地区主要种植粟或黍”[①]，是典型的旱地农作。裴李岗遗址还出土了石磨盘和石磨棒，说明当时已经有了原始的粮食加工。磁山文化冀南地区的武安磁山遗址中，发现了八十多个粮窖遗存，每个粮窖内都有粟的痕迹[②]，“这是中国目前已知新石器时代文化中，粮食遗迹最为丰富的遗址”[③]。泰山以北的后李文化西河遗址、月庄遗址中也发现了粟、黍遗存。[④] 除此之外，这一时期河济地区的稻作农业也值得我们关注。裴李岗文化较为靠南的贾湖遗址曾发现过大量的水稻遗物。[⑤] 有学者推断，贾湖及附近地区主要种植水稻，由此至环嵩山地区的中间区域可能存在着黍、稻混作。[⑥] 黄河下游的后李文化长清月庄遗址、章丘西河遗址也曾出土过水稻遗存。[⑦] 从植物遗存

---

① 秦存誉、袁广阔：《科技考古视野下的裴李岗文化研究及相关问题》，《江汉考古》2022年第1期。

② 孙德海、刘勇、陈光唐：《河北武安磁山遗址》，《考古学报》1981年第3期。

③ 中国社会科学院考古研究所编：《中国考古学·新石器时代卷》，中国社会科学出版社，2010，第148页。

④［加］加里·W. 克劳福德、陈雪香、栾丰实、王建华：《山东济南长清月庄遗址植物遗存的初步分析》，《江汉考古》2013年第2期。

⑤ 如稻壳印痕、炭化稻米、水稻叶硅酸体和水稻颖壳双峰乳突碎片以及水稻孢粉等。参见陈报章、张居中：《河南舞阳贾湖新石器时代遗址稻作遗存的发现及古文化生态学研究》，《徐州师范学院学报》1995年第4期。

⑥ 秦存誉、袁广阔：《科技考古视野下的裴李岗文化研究及相关问题》，《江汉考古》2022年第1期。

⑦ 济南长清月庄遗址在2003年的发掘中发现后李文化后期的稻米28粒，参见［加］加里·W. 克劳福德、陈雪香、栾丰实、王建华：《山东济南长清月庄遗址植物遗存的初步分析》，《江汉考古》2013年第2期。该遗址出土的石磨盘上也发现了稻属淀粉粒，参见王强、上条信彦：《微痕及淀粉粒分析在海岱地区史前农业考古研究中的应用》，《东方考古》2012年第1期。同属后李文化的章丘西河遗址在2008年的发掘中也浮选检测出炭化稻米粒，参见刘延常、王泽冰、张克思、田继宝：《山东章丘西河遗址后李文化遗存又有新发现》，《中国文物报》2009年7月24日第004版。

来看，以黍和水稻种植为主的农业在当时的社会经济中具有很高的地位。[①] 上述考古发现说明，河济地区的先民在新石器文化中期就已从原始的采集渔猎向农业生产转变，无论是从农作物产量、谷物栽培技术，还是农作物种类等方面看，当时河济之间的农业发展已达到相当高的水平，这是同一时期中国其他区域所不能比拟的。[②]

同时我们也要认识到，此时河济地区的种植农业还不够发达，在食物获取上，采集狩猎仍发挥着重要的作用。

新石器文化晚期，河济地区的考古学文化蓬勃发展，在黄河下游的河南、河北地区形成了规模庞大且延续较久的仰韶文化群，从西向东主要有郑州附近的大河村文化和豫北冀南地区的后冈一期文化、大司空文化。[③] 黄河下游的山东地区则先后出现了北辛文化（泰沂山系北侧的苑城类型，也称鲁北类型）、大汶口文化（黄河下游的尚庄类型）。此时的河济地区，作为史前文化重要中心之一的地位日益凸显。在农业上，学者对郑州附近仰韶文化中晚期遗存进行浮选分析，发现“农业生产在仰韶文化中晚期成为先民主要的生计方式，可食野生植物虽然仍是人类食谱的组成部分，但已属零星采集的范畴。……粟为最主要的农作物，同时黍也占有重要地位”[④]。总的来看，粟和黍在这一时期已普遍成为中国北方地区粮食作物的主体，且粟的重要性应已经超过了黍，海岱地区的浮选结果与此相符。[⑤] 新石器文化晚期的农业生产工具也有所进步，大汶口文化的农具制作更加精细，除石器外，骨牙器也被广泛应用于农业生产活动，已进入耜耕农业阶段。[⑥] 随着农业生产工具的进步，农业种植成为获取食物的主要途径，此时河济地区的农业发展已经达到了一定的

---

①［加］加里·W. 克劳福德、陈雪香、栾丰实、王建华：《山东济南长清月庄遗址植物遗存的初步分析》，《江汉考古》2013 年第 2 期。

② 中国社会科学院考古研究所编：《中国考古学·新石器时代卷》，中国社会科学出版社，2010，第 199 页。

③ 本文所论述的“仰韶文化群”，沿用的是《中国考古学·新石器时代卷》的概念，包括中心区域的典型仰韶文化和中心区域以外受仰韶文化影响较大而被划入仰韶文化系统的文化遗存。参见中国社会科学院考古研究所编：《中国考古学·新石器时代卷》，中国社会科学出版社，2010，第 207－208 页。

④ 曹冬蕾、王灿、顾万发、吕厚远：《中原仰韶文化中晚期农业组织模式初探——以郑州地区为例》，《农业考古》2022 年第 3 期。

⑤ 赵志军：《中国古代农业的形成过程——浮选出土植物遗存证据》，《第四纪研究》2014 年第 1 期；赵志军：《新石器时代植物考古与农业起源研究》，《中国农史》2020 年第 3 期。

⑥ 栾丰实：《大汶口文化的社会发展进程研究》，《古代文明辑刊》2003 年第 1 期。

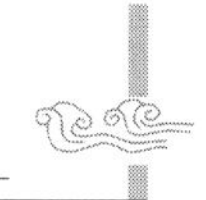

高度。

新石器文化末期，河济地区进入“龙山时代”，文明中心的地位得到强化，主要的考古学文化有郑洛地区的王湾三期文化，豫北、冀南、鲁西地区的后冈二期文化，以及山东龙山文化（城子崖类型）等。这一时期，种植业在此前奠定的基础上继续发展。有学者对豫北地区的农作物进行研究后指出：“农作物种植是豫北先民获取植食资源最主要的方式。……该区的种植形态是以粟、黍为主的旱作农业。”① 这一模式与新石器文化中期大同小异，但发展水平更高。河济地区山东茌平教场铺遗址也是以粟和黍等旱作农业为主，该遗址还发现了龙山文化时期的碳化小麦。② 小麦的出现，对华夏文明的饮食结构产生了重要影响。

伴随着农业的发展，河济地区以石器、陶器制作为主的手工业也逐渐发展起来。裴李岗文化的石器制作水平较高，器物以生产工具为主，制作方法有打制、磨制、琢磨兼施三种。其中，石斧、石铲、石镰、石磨盘、石磨棒五种工具展现出裴李岗文化农业生产的完整过程：砍树、翻土、播种、收割、脱粒。“这种现象在同时期的各文化中占了领先的位置。”③ 同一时期的后李文化遗址中，发现了专门烧制陶器的横穴窑，“这种陶窑由窑室、窑箅和火膛三部分组成。陶窑的发明可以在陶器烧制时提供更高的温度，以此来提高陶器的质量”。④

新石器文化晚期，以制陶为代表的手工业在河济地区也有长足发展。北辛文化时期就出现了慢轮制陶。⑤ 到了大汶口文化后期，轮制技术已经普遍运用。⑥ 轮制工艺的出现，大大提高了制陶效率和陶器质量。彩陶是这一时期最具代表性的器物，仰韶文化、大汶口文化都发现了数量众多、纹饰纷繁的彩陶。严文明指出：“在我国众多有彩陶的史前文化类型中，除甘青地区的马家

① 秦存誉：《豫北地区龙山时期生业经济的考古学观察》，《文博》2021 年第 2 期。

② 靳桂云、王春燕：《山东地区植物考古的新发现和新进展》，《山东大学学报》2006 年第 5 期。

③ 中国社会科学院考古研究所编：《中国考古学·新石器时代卷》，中国社会科学出版社，2010，第 136 页。

④ 王志民主编：《黄河文化通览》，中华书局，2022，第 15 页。

⑤ 栾丰实：《北辛文化研究》，《考古学报》1998 年第 3 期。

⑥ 栾丰实：《大汶口文化的社会发展进程研究》，《古代文明辑刊》2003 年第 1 期。

窑文化外，大司空类型早期的彩陶应该是最发达的。”[①] 该结论足以证明河济地区在新石器文化晚期彩陶制作上所取得的高度成就。彩陶的出现，不仅是制陶技艺提高的结果，还反映出这一时期先民的审美情趣、自然观念等，是精神文明发展的体现。

河济地区的手工业在新石器文化末期达到了史前时期的高峰，其中最具代表性的就是山东龙山文化时期的“蛋壳陶”。山东龙山文化时期已经普遍采用快轮制陶技术，轮制形成后又普遍加以磨光，并掌握了封窑技术和渗碳工艺，所制作的蛋壳黑陶器型规范、胎体坚薄，代表了这一时期制陶技术的最高水平，达到史前制陶业的巅峰。龙山文化时期，玉器加工业快速发展，有学者指出这一时期黄河流域玉器文化较为发达的区域有海岱地区、晋南地区、陕北地区。而玉器“器型和工艺方面，海岱地区为主要的策源地”，在制作工艺上有自东向西传播的现象。[②] 这一现象的出现，正是基于海岱地区高度发达的制玉工艺。

上文我们梳理了新石器文化中期至末期河济地区逐渐发展的农业和手工业，论证了河济地区作为文明核心地带的地位。在看到河济地区诸考古学文化所取得的高度成就的同时，我们还应认识到上述诸文化并不是独立存在、发展的，而是存在着交流融合的趋势，非此不足以称之为“河济文明”，也无法在河济地区形成史前文明的重要核心。如新石器文化中期河济地区的裴李岗文化与后李文化、磁山文化就出现了交流现象。“裴李岗文化形成后，对豫北冀南地区的磁山文化构成了持续影响……到了裴李岗文化晚期，磁山文化基本上退出了豫北冀南地区”“裴李岗文化也向东发展，使得黄河下游地区的后李文化向北辛文化转化”。[③] 栾丰实认为，到了裴李岗文化后期，由于受到西部老官台文化的强大压力，裴李岗文化向东迁徙，并与后李文化有了一定程度的接触。[④] 在新石器文化晚期的诸文化中，这种交流更加频繁。“北辛文

① 严文明：《大司空类型彩陶之分析》，载北京大学考古文博学院，北京大学中国考古学研究中心编：《考古学研究（八）》，科学出版社，2011，第132页。

② 王强、杨海燕：《西玉东传与东工西传——黄河流域龙山时代玉器比较研究》，《东南文化》2018年第3期。

③ 余西云：《裴李岗时代奠定中华文明根基》，《中国社会科学报》2022年9月23日第005版。

④ 栾丰实：《试论后李文化》，载《海岱地区考古研究》，山东大学出版社，1997，第21－23页。

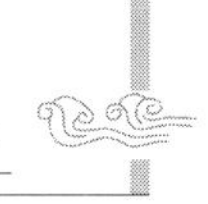

化是在后李文化、裴李岗文化的共同基础上发展起来的。泰山北侧地区的北辛文化主要来自后李文化，泗河流域地区的北辛文化则与裴李岗文化的关系更为密切。”① 大汶口文化又与中原仰韶文化交互频繁，二者的关系往往是此消彼长。② 新石器文化末期，河济地区诸文化间的交流更加深入，河济地区成为夷夏交互的核心区域，为文明起源、国家形成奠定了基础。

三、夷夏交互：以河济为中心的东西文化融合

根据前文研究，河济地区在新石器时期孕育出多个发达的考古学文化，这些文化相互交流借鉴，抟成河济文明这一整体。将考古成果与古史记载相对照，我们可以发现，河济文明中包含两个史前族群：华夏与东夷。徐旭生在《中国古史的传说时代》中把中原地区的炎帝、黄帝族合称为华夏集团，把海岱地区的族群称为东夷集团。③ 河济地区诸考古学文化的密切交流，正体现了华夏、东夷互化融合的史实。王震中认为：“仰韶文化与大汶口文化之间的交流呈现了中原族群与史前东夷的交往。”④ 这里提到的“中原族群”其实就是徐旭生所说的“华夏集团”。

华夏集团在传世文献中也称为“华”“夏”“诸夏”等。河济地区是华夏集团的中心。“华”与“花”通，“华”可能是以“花”为纪的部族。仰韶文化庙底沟类型出土的彩陶，大部分为类似花瓣的图案，苏秉琦认为：“仰韶文化诸特征因素中传布最广的是属于庙底沟类型的。……庙底沟类型可能就是形成华族核心的人们的遗存；庙底沟类型的主要特征之一的花卉彩陶可能就是华族得名的由来。华山则是可能由于华族最初所居之地而得名。”⑤ 古史记载也能证明河济地区是华夏集团的重要活动区域。华夏集团的首领是黄帝，《史记·周本纪》正义引黄甫谧曰：“黄帝生于寿丘，在鲁城东门之北。”又

① 栾丰实：《北辛文化研究》，《考古学报》1998 年第 3 期。

② 栾丰实：《试论仰韶时代东方与中原的关系》，《考古》1996 年第 4 期；中国社会科学院考古研究所编：《中国考古学·新石器时代卷》，中国社会科学出版社，2010，第 311 页。

③ 徐旭生：《中国古史的传说时代》，广西师范大学出版社，2003，第 42 - 65 页。

④ 王震中：《夷夏互化融合说》，《中国社会科学》2022 年第 1 期。

⑤ 苏秉琦：《关于仰韶文化的若干问题》，《考古学报》1965 年第 1 期。

说："黄帝自穷桑登帝位，后徙曲阜。"[①] 黄帝之后与黄帝一系的颛顼主要活动在濮阳一带，《左传·昭公十七年》："卫，颛顼之虚也，故为帝丘。"[②] 杜预曰："东郡濮阳县，故帝颛顼之墟，故曰帝丘。"[③] 穷桑和帝丘，均地处河济之间。

东夷集团是居于华夏东方的部族。"夷"最初是指在华夏部族之外的周边部族，《礼记·王制》按照东南西北四个方位，分别将华夏周边部落称为夷、蛮、戎、狄。曰："中国、夷戎五方之民，皆有性也，不可推移。东方曰夷……南方曰蛮……西方曰戎……北方曰狄……中国、夷、蛮、戎、狄，皆有安居。"[④] 以后东方非华夏的部族在文献中渐渐被称为东夷。东夷集团以太昊、少昊、蚩尤、有虞部落为代表，他们也多活跃在河济地区。《左传·僖公二十一年》记载："任、宿、须句、颛臾，风姓也，实司大皞与有济之祀。"[⑤] "有济之祀"的"济"即指济水，这里提出了太昊与济水的关系。少昊兴起于空桑，学者多认为少昊之墟在今天的曲阜，泰安大汶口文化遗址出土的鸟形器物与少昊部族的凤鸟崇拜相契合，故著名文字学家唐兰认为大汶口文化属于少昊部族的文化遗存。据《逸周书》记载，蚩尤曾居少昊之虚。《皇览·冢墓记》："蚩尤冢，在东平郡寿张阚乡城中。"张金光认为蚩尤部落"基地在于济西区，阳谷之皇姑冢当为其中心地带"。[⑥] 虞舜的族属，《孟子·滕文公上》明确提出"（舜）东夷之人也"。《墨子·尚贤》曰"舜耕历山，陶河濒，渔雷泽"，又曰"灰于常阳"[⑦]。《史记·五帝本纪》则云"作什器于寿丘，就食于负夏"[⑧]。对于大舜所耕、渔、陶、作、食之地在何处，曾巩《齐州二堂记》中说："以予考之，耕稼陶渔，皆舜之初，宜同时，则其地不宜相远。二家（郑玄、皇普谧）所释雷泽、河滨、寿丘、负夏，皆在鲁、卫之间，地相望，

①《史记》卷四《周本纪》，中华书局，1997，第128页。
② 杨伯峻编著：《春秋左传注》，中华书局，2009，第1391页。
③［清］胡渭：《禹贡锥指》，上海古籍出版社，2013，第66页。
④ 杨天宇译注：《礼记译注》，上海古籍出版社，2016，第197－198页。
⑤ 杨伯峻编著：《春秋左传注》，中华书局，2009，第391－392页。
⑥ 张金光：《蚩尤与阳谷历史文化》，《聊城大学学报（社会科学版）》2013年第4期。
⑦［清］孙诒让：《墨子间诂》，孙启治点校，中华书局，2021，第49－50、58页。
⑧《史记》卷一《五帝本纪》，中华书局，1997，第32页。

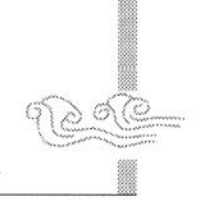

则历山不宜独在河东也。”[①] 所谓鲁卫之间，即今鲁西南一带，属河济之地。由此可知，河济之间也是东夷集团的主要活动区域，其地理位置较华夏集团略东。

华夏集团与东夷集团并不是孤立地分布于河济东西地区，与之相反，河济地区乃是华夏集团与东夷集团互化融合的核心区域。这一局面的形成，黄河与济水发挥着举足轻重的作用。黄河与济水不仅为两大集团提供生活和生产所必需的水源和物资，也是他们迁移的主要通道。随着生活半径的扩大，他们的生活空间逐渐向外拓展，文化交互随之出现。古史中关于东夷、华夏战争的记载，正是这种文化交互的展现。《逸周书·尝麦解》记载：“蚩尤乃逐帝，争于涿鹿之河，九隅无遗。赤帝大慑，乃说于黄帝，执蚩尤，杀之于中冀。以甲兵释怒，用大正顺天思序，纪于大帝。”[②]《史记·五帝本纪》载：“（黄帝）与炎帝战于阪泉之野。三战，然后得其志。……与蚩尤战于涿鹿之野，遂擒杀蚩尤。”[③] 涿鹿的地望，王献唐认为“涿鹿即邾娄，音义相同”[④]。景以恩指出：“至春秋时，故邾国都城在今济宁市，曰邾娄，盖即炎黄时之‘涿鹿’也。”[⑤] 历史上涿鹿位于河济之间，也就是说炎帝联合黄帝大败蚩尤，是在河济之间进行。

涿鹿之战是华夏和东夷部族之间一场重要的战争。黄帝夺取了战争的最终胜利，逐渐占据东夷部族的活动领域，从而在河济之间建立了最大的部族联盟。《韩非子·十过》曰：“昔者黄帝合鬼神于西泰山之上……蚩尤居前，风伯进扫，雨师洒道。”[⑥] 蚩尤随黄帝至西泰山之上，说明蚩尤部族已经归附黄帝部族，并结成了部落联盟。《国语·鲁语上》：“有虞氏禘黄帝而祖颛顼，郊尧而宗舜。”[⑦] 由此可见，华夏、东夷在五帝后期已经形成了共同的祖先祭祀传统。而且华夏首领尧禅位于东夷首领舜，东夷首领舜又禅位于华夏族首

---

① [明] 唐顺之选：《唐宋八大家文格纂评》，江苏人民出版社，2018，第 134 页。

② [晋] 皇甫谧撰，[清] 宋翔凤、钱宝塘辑：《逸周书》，刘晓东校点，辽宁教育出版社，1997，第 53 页。

③《史记》卷一《五帝本纪》，中华书局，1997，第 3 页。

④ 王献堂：《炎黄氏族文化考》，齐鲁书社，1985，第 66 页。

⑤ 景以恩：《先齐兵主蚩尤考》，《管子学刊》1994 年第 2 期。

⑥ [清] 王先慎：《韩非子集解》，钟哲点校，中华书局，2016，第 69 页。

⑦ 陈桐生译注：《国语》，中华书局，2016，第 72 页。

领禹。这都表明华夏与东夷之间的关系已由相争演变到共处，部落联盟已十分牢固，最终形成了华夏为主、东夷和其他部族为辅的牢固部落联盟共同体，完成了一个由二元逐渐走向一体的融合演变过程，并进而产生了以农耕为经济基础、以礼仪为社会纽带的古代华夏文化。

在史前时期，华夏和东夷部族经历了长时间的对抗和交往，最终互化融合为一体，对汉民族形成和发展起到了重要的促进作用。从文献和考古发现来综合考量，河济之间应是华夏和东夷部族发展、融合的主要地域。傅斯年曾言：华夏、东夷“这两个系统，因对峙而生争斗，因争斗而起混合，因混合而文化进展”①。这一历史进程，主要是依托于河济之间这一特殊地理环境产生的。河济地区是夷夏互化融合的中心地域，伴随着夷夏交流、融合，文明史的开端即将在河济地区拉开序幕。

四、禹疏九河：河济之间是大禹治水的中心地域

大禹治水，是中国迈进文明社会进程中重大且关键的事件。从《尚书·禹贡》的记载看，大禹治水的地域范围几乎遍及冀、兖、青、徐、扬、荆、豫、梁、雍等九州之地。

文献对大禹治水范围的记载并不一致。如上博简《容成氏》所记大禹治水的地域较之《禹贡》就有所扩大：

> 禹亲执畚耜，以陂名都之泽，决九河之浍，于是乎夹州、徐州始可处。禹通淮与沂，东注之海，于是乎青州、莒州始可处也。禹乃通滱与易，东注之海，于是乎并州始可处也。禹乃通三江五湖，东注之海，于是乎荆州、扬州始可处也。禹乃通伊、洛，并瀍、涧，东注之河，于是乎豫州始可处也。禹乃通泾与渭，北注之河，于是乎雍州始可处也。②

其实，由于生产工具和交通的限制，大禹时期人们的生活半径有限，加之山川隔阻，大禹治水的足迹不可能遍及九州。“由于大禹治水的事迹被后人神话化，不断增色，几乎全国各地都有其治水的遗迹。其实大禹治水的范围

① 傅斯年：《夷夏东西说》，载《史学方法导论》，雷颐点校，中国人民大学出版社，2004，第211页。
② 孙飞燕：《上博简〈容成氏〉文本整理及研究》，中国社会科学出版社，2014，第18页。

并不大，未超出其中心活动区。”[①] 徐旭生指出：“如果详细考查我国的地形，各代河患的沿革，以及我中华民族发展的阶段，就可以明白洪水发生及大禹所施工的地域，主要是兖州。豫州的东部及徐州的一部分也可能有些小施工。”[②] 根据前文研究，兖州、豫州东部皆属于河济地区。

从文献记述看，河济之间是大禹及其族群生活的中心地区。《史记·夏本纪》：“禹之父曰鲧，鲧之父曰颛顼，颛顼之父曰昌意，昌意之父曰黄帝。禹者，黄帝之玄孙而帝颛顼之孙也。”[③] 根据前文考证，禹的祖先黄帝、颛顼，以及命大禹治水的大舜皆活动在河济地区，大禹亦当如此。再者，《国语·周语下》称禹的父亲为“崇伯鲧”[④]，《逸周书·世俘解》称禹为“崇禹”[⑤]。沈长云认为这一称呼和崇山有关，而崇山“在豫鲁之交的古河济之间”[⑥]。

河济地区在史前时期有治理水患之必要。豫东、鲁西、鲁北、冀南地区多属平原低洼地区，平川广野，河网密布。黄河从晋陕之间携带大量泥沙来到这一地势平坦的地区，流速变缓，泥沙淤积，河床变高，很容易造成河道淤积，进而出现河道不定、多道并流之势。如果济水也同时发水，河济之间就很容易发生水灾。水灾之后，低洼地区形成大量沼泽湖泊，如菏泽、大野泽、雷泽、孟诸泽等都在河济之间，所谓“济河惟兖州，九河既道，雷夏既泽”[⑦] 是也。河济地区的先民为了生活生产安全，纷纷聚集在自然高地或用人力堆高台以避水，这一带的地名多以丘、陵或堌堆为尾缀。自然平缓的高地称为丘，如楚丘、廪丘、葵丘、陶丘、乘丘、寿丘等。坡陡的高地称为陵，如桂陵、马陵等。人力堆积的高台称为堌堆，今菏泽地区的堌堆遗址数百处，以“堌堆”命名的村庄有一百多处，著名的堌堆遗址如冉堌堆、肖堌堆、安邱堌堆等。豫东也有许多以堌堆命名的地方，如濮阳的前堌堆、后堌堆等。

---

① 仝晰纲：《虞舜中心活动区的文献学考查》，《东岳论丛》2015 年第 9 期。

② 徐旭生：《中国古史的传说时代》，广西师范大学出版社，2003，第 161 页。

③《史记》卷二《夏本纪》，中华书局，1997，第 49 页。

④《国语·周语下》：“其在有虞，有崇伯鲧。”参见左丘明：《国语》，焦杰点校，辽宁教育出版社，1997，第 20 页。

⑤《逸周书·世俘解》：“乙卯，籥人奏《崇禹》《生开》三终，王定。”参见［晋］皇甫谧撰，［清］宋翔凤、钱宝塘辑：《逸周书》，刘晓东校点，辽宁教育出版社，1997，第 32 页。

⑥ 沈长云：《夏后氏居于古河济之间考》，《中国史研究》1994 年第 3 期。

⑦ 杜泽逊主编：《尚书注疏汇校》，中华书局，2018，第 734－737 页。

《禹贡》称兖州“桑土既蚕，是降丘宅土”①，意思是说，洪水过后，原来适宜植桑的土地又可以养蚕了，人们又可以从高丘上下住到平地了。《淮南子·齐俗训》也记载：“禹之时，天下大雨，禹令民聚土积薪，则邱陵而处之。”②山东考古部门曾对菏泽安邱堌堆进行考古发掘，发现其上有龙山时代的房基和多层叠压的灰土，还有一些陶器、石器、蚌器、骨器等。其他堌堆遗址也多能发现龙山文化时期的遗迹，这一情形正与《禹贡》《淮南子》的描述相符合。

很多文献也指明大禹治水与济水关系密切。如《孟子·滕文公上》云：“禹疏九河，瀹济、漯而注诸海。”③《禹贡》记载：“九河既道，雷夏既泽，灉沮会同。”④《汉书·地理志》云“雷泽在济阴成阳县西北”⑤，即在今菏泽地区，济水所由也。再如《史记·殷本纪》引《汤诰》曰：“古禹、皋陶久劳于外，其有功乎民，民乃有安。东为江，北为济，西为河，南为淮，四渎已修，万民乃有居。”⑥江即古沂水⑦，济即济水，河即黄河，淮即淮河，也就是说大禹治水是在四渎之间。综合《禹贡》和其他文献的记述看，大禹治水主要在四渎中的河、济之间。

大禹治水最大的工程是治理“九河”。《尔雅》释九河为“徒骇、太史、马颊、覆釜、胡苏、简、洁、勾盘、鬲津”。《汉书·沟渠志》记载汉成帝时河堤都尉许商上书说：“古说九河之名，有徒骇、胡苏、鬲津，今见在成平、东光、鬲界中。自鬲以北至徒骇间，相去二百余里。今河虽数移徙，不离此域。”⑧成平、东光今属河北沧州，鬲今属山东德州，皆在河济地区。杜佑《通典》在许商所言三河之外，又认为勾盘在景城郡中，马颊、覆釜在平原郡界，唯太史、简、洁三河未详所处。而《史记》正义云“简在贝州历亭县

① 杜泽逊主编：《尚书注疏汇校》，中华书局，2018，第734－737页。

②［汉］高诱：《淮南子注》，上海书店出版社，1986，第177页。

③［清］焦循：《孟子正义》，沈文倬点校，中华书局，2017，第311页。

④ 杜泽逊主编：《尚书注疏汇校》，中华书局，2018，第735－737页。

⑤［汉］班固：《汉书》，［唐］颜师古注，中华书局，1962，第1571页。

⑥《史记》卷三《殷本纪》，中华书局，1997，第97页。

⑦ 石泉：《古文献中的江不是长江的专称》，载《武汉大学百年名典古代荆楚地理新探续集》，武汉大学出版社，2013，第51－56页。

⑧［汉］班固：《汉书》，［唐］颜师古注，中华书局，1962，第1690页。

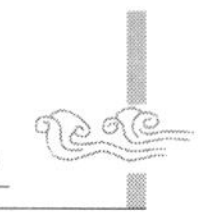

界”，《舆地广记》云“简、洁在临津”，《金史·地理志》云“南皮县有洁河”，《明一统志》云“太史河在南皮县北”。① 上面提到的诸多地区，皆在今鲁北、冀南，是典型的河济地区。九河在汉代就已经淤塞，《通典》等文献所言亦未必尽确，但考虑到河道名称的沿用现象，九河所在的大致范围应该变化不大，许商所谓“今河虽数移徙，不离此域”的结论如今依旧适用，鲁西北地区的马颊、徒骇二河就是证据。胡渭综合前人研究成果，指出：“九河、济、漯入海，并在兖东，徒骇最北，八枝次之。漯在鬲津之南，济又在漯之南，其所入皆渤海也。”② 胡渭认为九河的范围，大致在北至徒骇河，南至鬲津之间。

文献中关于大禹治水区域的记载纷繁复杂且多抵牾，故很难根据古史记载考证出大禹治水的具体地区。胡渭等前人为我们指明的大禹治水的大致范围，仅能作为参考。但从文献记载、考古发现、地理环境等方面综合考虑，将大禹治水的中心区域界定在河济之间应是没有问题的。

五、城市聚邑：河济地区文明中心地位的见证

城市聚邑是社会关系复杂化的体现，同时也是人类文明发展的重要标志、文明国家出现的前提之一。在古史记载中，夷夏交互、大禹治水所发生的五帝时期是文明前夜。与之对应，考古发现河济地区在这一时期出现了大量城址乃至都邑国家，它们是河济地区文明中心地位的实物见证。

从聚落形态演进的角度来看，中国古代文明和国家的起源经历了三个阶段：从“平等的农耕聚落”开始，经由“初步分化的中心聚落”逐步发展为“都邑国家”。③ 后两个阶段，都是建立在城市聚邑之上。在新石器文化早中期，已发现的聚落形态还普遍较为简单，其所展现的社会结构较为原始、平等。在新石器文化中期，河济地区就在黄河流域率先发展出环壕聚落，这对后来中心聚落的形成具有重要的意义。新石器文化后期至末期，河济地区大

①［清］胡渭：《禹贡锥指》，上海古籍出版社，2013，第68页。
②［清］胡渭：《禹贡锥指》，上海古籍出版社，2013，第67页。
③ 王震中：《中国古代国家的起源与王权的形成》，中国社会科学出版社，2013，第52页。

规模城邑涌现，已然进入文明前夜。

城市聚落源于环壕聚落。[①] 考古学者在山东地区的后李文化小荆山遗址发现一处较为完整的环壕，它是利用自然河流和人工开凿而成，是目前山东境内发现最早、结构最清楚的环壕。[②] 小荆山遗址也是目前整个黄河流域所发现的年代最早的环壕聚落。[③] 考古工作者通过科技手段复原了城墙和壕沟兴建、使用和废弃的过程[④]，有助于人们更直观地理解小荆山遗址发现的环壕。到了新石器文化中期，河济地区开始出现具有中心聚落性质的城址，其中具有代表性的有郑州西山遗址，这是黄河流域目前发现的最早的史前城址。郑州西山遗址中的城址属于大河村文化晚期，是环壕聚落向城市聚落发展的过渡时期。该城址由版筑城墙和壕沟环绕，是一座具有中心聚落意义的城堡。[⑤] 山东地区在大汶口文化时期也出现了中心聚落。济南焦家遗址 2016—2017 年的调查发掘中，发现了完整的城墙及墙体外侧的壕沟。环壕平面形状近椭圆形，城墙的建造也已使用版筑技术。以焦家遗址为中心，周围还分布着董东、董西、龙山二村等遗址，这些遗址构成了一处以焦家遗址为中心的大汶口时期的聚落群。[⑥]

新石器文化末期，河济地区大型城址更多，聚落之间的分化进一步加剧，形成了具有明显等级区分的聚落群体架构。王湾三期文化已经出现城址聚落和普通聚落的区别，社会分化为两级甚至是多级，“至少王湾三期文化的晚期已进入了文明时代，成为初级文明社会”。[⑦] 这一时期的王城岗遗址中发现了目前已知河南地区面积最大的城址，除城墙、城壕外，还有多处大型夯土建筑基址，以及龙山文化晚期的祭祀坑、玉琮和白陶器等，上述遗迹、遗物表明该遗址已是当时的中心聚落。许宏认为王城岗遗址“城内居民的成分已较

① 钱耀鹏：《中国史前城址与文明起源研究》，西北大学出版社，2001，第 291 页。

② 王守功、宁荫堂：《山东章丘市小荆山后李文化环壕聚落勘探报告》，《华夏考古》2003 年第 3 期。

③ 中国社会科学院考古研究所编：《中国考古学·新石器时代卷》，中国社会科学出版社，2010，第 153 页。

④ 饶宗岳、王芬、庄奕杰、武昊、靳桂云：《焦家遗址大汶口文化城墙与壕沟使用过程的地学考古观察》，《南方文物》2022 年第 1 期。

⑤ 中国社会科学院考古研究所编：《中国考古学·新石器时代卷》，中国社会科学出版社，2010，第 232 页。

⑥ 唐仲明、王芬、路国权、张宗国：《济南市章丘区焦家遗址 2016—2017 年聚落调查与发掘简报》，《考古》2019 年第 12 期。

⑦ 中国社会科学院考古研究所编：《中国考古学·新石器时代卷》，中国社会科学出版社，2010，第 542 页。

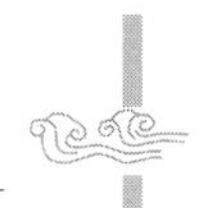

为复杂，有了较大的阶层分化，已形成多层次的社会结构”①。还有很多学者认为王城岗遗址与夏文化关系密切。② 后冈二期文化也发现了城址。③

在河济地区的山东北部，目前经调查和试掘已经确认的龙山城不下二十座，主要有章丘城子崖、邹平丁公、临淄桐林（田旺）、寿光边线王等。章丘城子崖龙山文化城属于其中较大的一座，其性质可能已经超出起防御作用的城堡范畴。城子崖遗址龙山时期城垣内的文化堆积厚约2到3米，丰富的文化堆积说明此时的城子崖遗址已集中起相当数量的人口，有学者推测人口当在五千人以上，除农业生产者外，家庭手工业者、巫医、统治者等非农业生产者和非生产者已占一定比例。④ 有学者从城子崖遗址的规模、丰富的文化内涵、城内人口与居民身份、水井的发明、高超的制陶技术、明显的城乡分离以及城乡差别等方面进行分析，认为城子崖遗址是该地区一个突出的政治、经济、文化中心，“也可能是中国东方某个方国的中心所在，具有明显的‘都、邑、聚’三级社会组织结构”⑤。与城子崖遗址类似的还有淄博桐林遗址。该遗址在龙山文化时期是一个结构复杂的聚落，中心为一城址，城墙内建筑出现等级差异，城内居民已经摆脱了农业生产的束缚，还有一部分人可能上升为管理阶层。⑥ 王震中指出：“龙山时代聚落形态较前的最大变化就是城邑较为普遍地出现，以城邑为都邑，再结合周围的村落社群而形成都邑国家，这就是龙山时代聚落形态的时代特色。”⑦ 王城岗遗址、城子崖遗址应就是这样的都邑国家。

---

① 许宏：《先秦城市考古学研究》，燕山出版社，2000，第34页。

② 相关研究参见安金槐：《试论登封王城岗龙山文化城址与夏代阳城》，载《中国考古学会第四次年会论文集1983》，文物出版社，1985，第1－6页；董琦：《王城岗城堡遗址分析》，《文物》1984年第11期；北京大学考古文博学院，河南省文物考古研究所编著：《登封王城岗考古发现与研究2002—2005》，大象出版社，2007，第788页；方燕明：《登封王城岗城址的年代及相关问题探讨》，《考古》2006年第9期；程平山：《登封王城岗遗址性质分析》，《考古与文物》2009年第5期。

③ 杨宝成、许广德：《1979年安阳后冈遗址发掘报告》，《考古学报》1985年第1期。

④ 张学海：《城子崖与中国文明》，载《纪念城子崖遗址发掘60周年国际学术讨论会文集》，齐鲁书社，1993，第19页。

⑤ 何德亮：《山东龙山文化聚落与经济形态之考察》，载山东省文物考古研究所编《海岱考古》第九辑，科学出版社，2016，第413页。

⑥ 孙波、高明奎：《桐林遗址龙山文化时期聚落与社会之观察》，载山东大学东方考古研究中心编《东方考古》第9集，科学出版社，2012，第153页。

⑦ 王震中：《中国文明起源的比较研究（增订本）》，中国社会科学出版社，2013，第185页。

城市是文明发展程度的缩影，城市的建造需要大量人力，修筑时间旷日持久，城市布局亦需要专门规划，没有充足的物资保障和统一的指挥调度是很难实现的。因此，城市必然是原始经济发展到一定高度后方才出现的，统一的指挥调度则意味着已有公权力的存在。与此同时，城市还是社会结构高度分化的体现，核心聚落往往是一个区域内的政治、经济、文化中心，城市内外在社会分工上也有“劳心”“劳力”的区别；在经济活动中，城市主要发挥开展贸易与手工业制作的功能，与最为基础的农业生产已经有所隔离。凡此种种，无不彰显着城市出现、分化对于文明发展的重要意义。从环壕聚落到城市聚落，再到中心聚落的出现，河济地区文明程度不断提高，核心地位随之凸显。到新石器文化末期，已经俨然成为“都邑国家”，为此后文明国家的建立奠定了基础。

六、结语

河济之间是中国文明的发祥地之一，这里产生了中国早期农耕文明和高超的制陶技术，这里是夷夏互化融合的中心地，是大禹治水的核心区，在这里最早完成了从部落到都邑国家的政治演进。就中华文明的具体发展而言，黄河流域是中华文明的摇篮，中华古代文明区域以黄河文化圈为核心，而河济地区孕育出的河济文明则是黄河文化的重要基石，在中华文明进程中的地位举足轻重。

（作者分别系济南社会科学院历史文化研究所博士、山东师范大学古典文献学博士研究生）

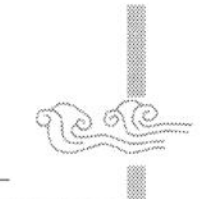

晚清山东黄河河道管理初步研究[①]

古 帅 李 想

作为黄河变迁史上的重大事件，1855 年黄河铜瓦厢决口北徙备受学界关注。但以往的研究多集中在黄河改道后的自然地理、河政与河道治理、水患与移民等方面，而对新河道管理情况则少有研究涉及。黄河北徙后，虽然清廷朝臣与山东地方官员中均不断有让黄河归故的强烈建议，但最终还是经流山东入海。在此情形下，不论是清廷，还是山东地方，都面临如何对河道进行管理的新问题。

黄河北徙后，铜瓦厢以下的河道因经流区域的自然地理形势各异，故泥沙淤积状况、河道弯曲程度与决口出险等情况呈现出明显的区段差异，这就要求对其的管理必须要与新的形势及河道水情变化相适应。在黄河决口后的二十多年内，清廷与山东、江苏地方多围绕着黄河南流还是北流入海、山东黄河应归河东河道还是归山东巡抚管辖进行反复争论，这样的争论到光绪二十二年（1896）仍在进行。同治年间，黄河先后在郓城侯家林、东明石庄户、菏泽贾庄决口，为抵御水患，山东黄河上游的南北两岸大堤先后建成。上游大堤建成后，随着来水量的增多和泥沙淤积的加重，中下游河道频繁决口，两岸所受水患加重。为防止水患，至光绪十年（1884），中下游两岸大堤也修

① 本文系国家社科基金青年项目“铜瓦厢决口后黄河下游的河道、灾害与环境研究（1855—1911）”（22CZS050）阶段性成果。说明：本文所说的“山东黄河”主要是指 1855 年黄河铜瓦厢决口北流后山东省境内的黄河河段，除山东黄河外，晚清铜瓦厢以下隶属河南、直隶管辖的黄河河段亦在本文研究的范围内。

筑完工，对山东黄河河道进行管理的工作遂逐步展开。[①] 缘于此，晚清时期真正意义上对铜瓦厢以下河道进行全面管理应是从光绪十年开始，这是需要说明之处。

管理是指在特定的时空环境下，管理者对组织的资源进行计划、组织、领导和控制，以有效实现组织目标的过程。[②] 对于晚清山东黄河河道的管理，笔者拟分别从晚清黄河管理的归属权、河官河营的设置、管理区段的划分、奖惩制度等方面展开。在对晚清黄河下游河道管理进行分析之前，可先看民国时人倪锡英对当时山东黄河管理状况所做的总结：

> 山东全省每年用于修防黄河的经费共有四十万元，这四十万元的用途，以十六万元供统治河兵和治河机关的费用，以二十四万元完全用之于修葺堤坝和防止泛滥的工料费用。在济南，特设了一个河务局，专门管理黄河的修治和防守事务。在这个河务局下面，依着黄河流经各县的区域分设着河务分局，而且把在山东境内的黄河全线仿照铁路管理办法，划分成若干段，每段再分成几个分段，有段长和分段长负责。在分段下面，共有河兵八百名，这八百名的河工，一半做工，修筑堤防，一半专任防汛的职务。做工的每月饷银十元，防汛的每月饷银八元。所有各种堤坝，全由河兵修筑。这些河兵服务的时期，全是终身制，而且世代相传，他们把家室全部安置在黄河岸边，年年月月的防守在黄河堤上。[③]

可以说，倪先生在此段内容中用较为通俗而凝练的语言对当时山东黄河的管理经费、河工修防等多个方面进行了全面概括。虽然这已是民国时期山东黄河管理的情状，但不可否认的是，这样的河道管理状况和办法是从晚清延续而来的，同时也引导我们做进一步思考：晚清山东黄河是如何进行管理

---

① 对于铜瓦厢以下黄河两岸大堤的修筑情况，可参考周文浩：《黄河山东段几个历史问题的分析》，《人民黄河》1982 年第 5 期；水利部黄河水利委员会《黄河水利史述要》编写组编著：《黄河水利史述要》（水利电力出版社 1984 年版）一书中第 356 – 358 页《新河堤防的形成》一节；颜元亮：《清代黄河铜瓦厢决口及新河道的演变》，《人民黄河》1986 年第 2 期；姚汉源：《中国水利史纲要》（水利电力出版社 1987 年版）一书中第 478 – 489 页《清末铜瓦厢以下河水漫流至堤防形成》一节；贾国静：《黄河铜瓦厢决口改道与晚清政局》（社会科学文献出版社 2019 年版）一书第 141 – 164 页《民埝修筑：基层官绅的治河努力》与《官修大堤的断续进行：地方督抚担当大任》两节。

② 孙永正主编：《管理学》（第 3 版），清华大学出版社，2013，第 4 页。

③ 倪锡英：《济南》，南京出版社，2012，第 84 页。

的？晚清时期对山东黄河河道管理是如何与新环境相适应的？其过程是怎样的？其间又有哪些变化？最终是否实现了管理的应有目标？

宋金以降，伴随着黄河南徙夺淮入海，黄河水患愈演愈烈，都水监、行都水监等专门治河的官制开始出现。至元代，由于黄河连年为患，对黄河管理的专职化趋势进一步增强。自明永乐朝定鼎北京，江南财赋通过重新疏通的大运河北运，为防治黄河水患并保障漕运安全，专理河务的职官遂随之增多。至明成化七年（1471）设置总河，河道职官遂有独成系统之势。清承明制，河务仍由工部总其责，并委以河道总督专司其职。清雍正二年（1724）设立副总河一职，至雍正七年（1729），将全河划分为南河、东河、北河三部分，并分设河督进行管辖。乾隆十四年（1749），将北河河督裁撤，以直隶总督兼管河务。

一、山东黄河管理权归属之争

1128年黄河南徙夺淮入海后，为治理愈演愈烈的黄河水患，元明清三代朝廷在河务管理方面做了许多工作。这些工作在总体上看有两个特点，一是河务职官从差遣演化为专职，二是河务官僚系统逐渐膨胀。自明永乐朝定鼎北京，江南财赋通过重新疏通的大运河北运，治河的成败决定着漕运是否畅通，河漕二政遂联系在一起，明成化七年（1471）设置总河，河道职官遂有独成系统之势。

清承明制，河务仍由工部总其责，并委以河道总督专司其职。清康熙时，河政已成为朝廷三件要事之一[①]，康熙帝更是亲自考选河督、拨付帑银、设置河兵、完善治河机构。雍正时期，治河事业进一步专业化、精细化，二年（1724）设立副总河一职，七年（1729）将全河划分为南河、东河、北河三部分，并分设河督进行管辖，治河的任务被层层划分，最终加强了河道管理的地方化特质。乾隆十四年（1749），将北河河督裁撤，以直隶总督兼管河务。因此，督抚兼任河督的情况在清前期便已出现，已为日后的黄河管理权归属之争

① 即三藩、漕务、河务。

埋下了种子，但此时地方督抚的职责主要是配合总河而非主管河务，主导河务的仍是朝廷而非地方政府，并不能认为此时的河务治理业已“地方化”。

至嘉道时期，随着黄河尾闾地带的不断淤积，黄河决溢愈加频繁，清廷对黄河的治理也已渐难奏效。咸丰五年（1855），黄河在铜瓦厢决口，时值晚清，太平天国战争如火如荼，在内忧外患的双重压力下，清廷无暇顾及河务，治河安民的事业只能交由地方自发来完成，其主力为山东地方的基层官绅，治河之资金也由他们筹措，甚至连以工代赈的工程也是由他们组织。因此，在此施米特意义上的“紧急状态”下，管理权问题与规定管理权的法律问题被暂时搁置了。管理权的归属之争在数年后，地方自发性的抢险救灾已为成例之时才爆发。

铜瓦厢决口之所以成为黄河变迁史和河政变革史上的转折点，首先是自然的原因，数百年的淤积使水患越来越难控制，大规模的决口和改道总会到来，但政治上的原因也不可忽略，清政府的刻意搁置治河任务使水患再难控制，南北政治集团围绕着黄河复旧或改新展开的论战则大大推迟了下游河道固定的时间，在中央和地方的共同推动下，延续发展了数百年的元明清河政体制迎来了重新洗牌。

从铜瓦厢决口后黄河改道这一宏观的流向变化来说，下游河道的北徙意味着原河道铜瓦厢以下河段的断流，南河总督沦为空职，南河总督及所管各厅汛机构遂没有继续存在下去的必要，因此之故，在战火未消的咸丰十年（1860）闰三月，侍郎宋晋就因“南河现在无工”而奏请将河道总督裁并[①]，朝廷的响应也很及时，同年六月十八日便下旨将“江南河道总督一缺著即裁撤”，并将南河各河官及厅汛员弁或归并至沿河地方政府，或统辖于地方军部，“裁撤黄河无工十三厅原辖各工段汛地，即著落各该管州县管辖，不得推诿”[②]。

另一方面，从咸同年间的黄河河务具体状况来说，主要的治河任务集中于山东一省。传统上，东河总督负责兼管山东、河南二省的河务，但此时黄

① 参见《咸丰同治两朝上谕档》第10册，第180页。

② 由于南河河道总督的裁撤与本研究主旨内容关系不大，故在此不详细展开。详情可参考《咸丰同治两朝上谕档》第10册，第381－382页。又，关于裁汰江南河工文武官员并酌改为操防营伍的具体情况，还可参考《咸丰同治两朝上谕档》第10册，第382－386、388－391页。

河决口，河道北徙，山东境内的黄河新河道大堤未筑、厅汛未置，而河南境内的黄河则河道宽阔、大堤稳固。两省河道状况的差异使治河任务极不均衡。集中的治河任务使山东巡抚成为下游河道管理的第一责任人，兼管两省河务的东河总督任务则大大减少，再加上早期的治水工程几乎全由民间出于自卫的目的自发完成，东河总督没有负担应有的责任，相当于自我放弃了管理权。因此，铜瓦厢决口后不唯南河总督要裁撤，连东河总督一缺亦似应裁撤。咸丰丰工河决之后的第二年（1852），朝臣福济就奏请将东河归并地方巡抚管辖[①]，并裁汰河督与厅员。清同治元年（1862），议声再起，御史刘其年奏请裁减河工经费并裁撤河东河道总督[②]。裁撤东河总督一事在朝廷中引发了较大的争议，受朝廷委托进行商议的元老张之万于同治六年（1867）写作了《治河刍言》，认为"河东河道总督一缺兼辖两省黄运河工，关系匪轻，未敢率议裁撤"[③]，但其主张"惟南岸所属四厅、北岸所属三厅河道均已干涸，各厅员一无所事，均可裁撤"。朝廷的态度与张之万达成一致，或是出于河务官僚庞大不便一次裁光，或是出于东河总督还负担管理漕运之任务尚不算空职等理由，最终没有在咸同之际将其裁撤掉。

最后，从咸同年间的政治环境来说，彼时忙于战争的清廷有充分的理由将治河的任务抛给地方。那么，在被迫放弃直接管理的同时，朝廷如何在百忙之中干预、处理河务，怎样扮演自身的角色就成了一个新问题。决口初期，清廷虽然也派员对黄河进行勘查，但这种临时性的措施在洪水面前几乎发挥不了任何作用，治河、安民的任务多由基层官僚自发组织，其组织者往往是知州、知县、士绅这样的角色，其所筑多为"尺寸较卑，节节为之，未能连贯"的民埝[④]。虽然这些自发的工程对治理河患、保境安民起到了一定作用，但民埝的性质决定了这些水利工程只有在水灾后自卫的功能，缺乏系统规划

①《咸丰同治两朝上谕档》第3册，第58页。

② 清同治元年（1862）御史刘其年奏请裁减河工经费并裁撤河东河道总督。参见《咸丰同治两朝上谕档》第12册，第640-641页。

③《咸丰同治两朝上谕档》第13册，第16页。该谕文中提及"御史刘其年奏裁减河工经费，并请将河东河道总督一缺裁去"。

④ 中国水利水电研究院水利史研究室编校：《再续行水金鉴·黄河卷》，湖北人民出版社，2004。转引自贾国静：《选择的无奈：晚清黄河治理地方化探析》，《西南大学学报（社会科学版）》2012年第5期，第59页。

和足够资金支持的民埝不可能抵御新一拨的水患。同治初期，黄河盛涨为患，江南的大规模战事也接近尾声，清廷可以分出一部分精力来安排河务："著阎敬铭将如何设法集资，相机修葺之处，督饬该地方官妥筹办理。濮、范上游与直隶开州毗连之处，亦有冲缺，开州不修，濮范筑亦无益，著刘长佑饬属一律修筑以资捍御。此外，近河之处，一遇盛涨出槽漫溢，其应疏应堵处所，既未专设河员，惟在沿河地方官督率绅民，妥为筹办，民力不逮，即当官为劝捐办理。刘长佑、阎敬铭务当饬令各属实心经理，毋令河水漫溢，贻患地方。"以上上谕展现了清廷较之咸丰年间的静默更加积极的一面，但这种积极离清前期事无巨细的管理又差之甚远，朝廷与河道总督似乎默认了早期治水中地方承担主要任务、其只负责统领全局的新角色，而放弃"置身事内"的旧角色。我们可以肯定，在咸同年间河务具体事宜的执行上，无论是治河人力的召集，还是资金与料物的筹备，几乎已完全是地方上的事情了。清廷的这种默认代表了清代河政史的转折点已经到来，也为日后关于黄河管理权归属的争论埋下了伏笔。

自然法学派认为，法律只能"发现"而不能"发明"，其实政治运作也是如此，承认既有的自发秩序比创造新的秩序要简易、高效。因此，咸同时期的草创之后，在光绪年间渐渐热烈的关于山东黄河管理权归属的争论实际上就是关于要不要承认成例，是否要按照惯性走下去的争论。自霍布斯发端，在本世纪又复兴的政治力学①给我们提供了一个很好的参考：那就是政治运作和牛顿力学一样，都存在着惯性，按照惯性运行总比施加外力来改变惯性要容易得多，因此在历史上祖宗之法多，改弦易辙少，光绪年间的这场争论自然也要遵循这个规律，但作为坚决要打破惯性的异议者，山东巡抚也有充足的理由——山东省务本身就十分繁重，除了处理已令其焦头烂额的河务之外还要留心同样重要紧急的漕运、海防等事务，传统中国政治又是与"能者多劳"背道而驰的②，因此即使被巨大的反对声音所环绕，山东巡抚仍要奋力去

---

① 李筠：《论霍布斯的纯粹政治力学》，载刘东主编《中国学术》（总第三十九辑），商务印书馆，2018。

② 瞿同祖《清代地方政府》中有关于州县官员面对修缮公共工程等任务选择"能躲则躲"以避免麻烦的记录，是这种政治文化的一个具有说服力的反映。

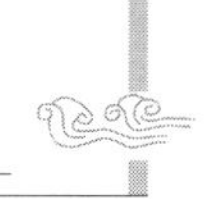

争取给自己“减负”。

当然，在具体的历史情境中，这场争论远比上述的“政治力学”原理要复杂。等待民间的自发抢修和山东巡抚劳心管辖的特殊情况形成既定秩序是这场争论晚于咸同年间爆发的一个原因，但自然原因同样不可忽视，在民埝修筑数十年之后，沉积的泥沙让黄河水患远比当初凶险，也就是说经过咸同年间的小风小浪之后，光绪年间的水患问题又达到了一个爆发期。清光绪二十三年（1897），时任山东巡抚李秉衡的河工奏折反映了光绪年间水患的加剧和其力不从心的困境：“东省堤埝之卑薄则有如田垅，河面之狭隘则仅胜沟渠。近年因尾闾不畅，节节淤饱，河底高于平地，全恃一缕危堤将洪流束范，满则必溢，处处岌岌可危。将欲大为修培，则数百万帑金既无从筹画，欲展宽河身，则数十万居民又无地安插，种种难办情形较豫省不啻倍蓰。而以抚臣兼司河务，事繁责重，又不能如河臣之一意经营。”①

山东巡抚在重重事务的重压下焦头烂额，减负的意愿不可谓不强烈，其主要的目标，就是把治河的任务按照传统交付给东河总督。在其他朝臣中，也有与山东巡抚类似观点的人物，他们支持治河权力移交的理由自然就不是减负，而是这样的做法能够提高治河效果，利于黄河安澜。如清光绪八九年间，山东黄河水患较为剧烈之时，御史吴寿龄就奏请责令东河总督统治全河上下游修防事宜，但彼时的河道总督成孚刚上任不久，尚未经历三汛，其“总以黄流移步换形，险无定所，处处宜守，刻刻宜防。各厅料物工程，虽俱责成道厅预为筹办，而河臣总司考核，每届伏秋，周历稽查，驻工防守。一遇河水盛涨，或上下同时出险，或南北先后出工，往来躬督抢护，已觉鞭长莫及，策应不遑，若再兼以东省工程，则相去有千有余里，工遥境隔，必致兼顾难周，有误机要。且东堤甫经兴筑，河势变迁靡常，若遽令移置厅汛，则堤坝之增修，员弁之添设，种种烦费，非另筹巨款不办。值此库项奇绌，恐亦不亦取盈，况帑项骤增，于河防果否有益，尚无把握”②。反之，若将东

① 李秉衡：《奏陈河工情形并报回省日期折》，光绪二十三年五月十七日，《李秉衡集》（中），第643－644页。

②《光绪朝东华录》（三），第1650－1651页。

河统归山东巡抚管辖，“不惟事权统一，呼应较灵，且修守巡防，诸可随时稽核帑料，庶不多靡要工，良有裨益”。对于任期较短，经验不足的河道总督成孚来说，由其统辖全河确属困难之事，况且当时山东黄河正处于多事之秋，因此朝廷自然有否决吴寿龄奏请的理由。光绪十一年（1885）十月十九日，太常寺少卿徐致祥也上奏请求令河东河道总督兼辖山东黄河，值得注意的是，其并不是考虑时任东河总督或山东巡抚个人能力的问题，而是站在传统的治河安民的道德立场上，希望朝廷能够重视治河任务，“特简一公正廉明、干济宏远之重臣，寄以总河巨任，隆其倚畀，假以便宜”①。针对派员履勘山东黄河的建议，朝廷安排山东巡抚张曜“驰驿前往”②，但“遴选重臣统辖全河”这样“复古式”的提议则当然不会实行，在历史的惯性下想要复古的难度不可谓不大，集中精力搞洋务的朝廷正沉醉于中兴的美梦中，治河任务方面，朝廷更愿意任凭惯性驰骋。

光绪前期，山东黄河管理权归属之争始终没有结果，短暂消失的争议迟早还会再次兴起。时至光绪中后期，山东黄河水患又渐趋剧烈，山东黄河的管辖权归属问题又提上朝野议程。对于作为京畿门户的山东来说，其本身地方吏治、盐务等就已较为繁重。而自光绪中后期以来，随着山东中下游河患的日趋加重、漕运的恢复以及日趋严峻的海防形势③，对于黄河的管理与防御，几乎已到了难以撑持的地步。在此形势下，山东黄河管辖权之争再起。清光绪二十一年（1895）④，工部御史胡景桂就建议将山东黄河统归河东河道管理。虽然当时也有人担心会因添设管河官员而增加治河经费，但胡对此进行了较为细致的分析和辩驳。在他看来，其一，自黄河铜瓦厢北徙后，河道

---

①《光绪朝东华录》（四），第1999页。又见《光绪宣统两朝上谕档》第11册，第257页，此处较为简略，可略作参考。

②《光绪宣统两朝上谕档》第11册，第302页。

③ 在工部议覆御史胡景桂上奏将山东黄河统归河东河道总督之后，时任山东巡抚李秉衡在筹备黄河河工料物的同时，亦禀报了当时山东境内的具体形势：“查黄河改由东省入海已四十年，河身逐岁加淤，渐至不能容纳，诚如部臣所议，一遇盛涨，虽竭力堵筑，往往漫溢为灾，历任抚臣勉事筹防，迄无经久之策。臣去秋履任，即值海防事起，驻登、莱者将近一年，举凡练兵筹饷，察吏安民，以及盐务、漕运诸大端罔敢偏废，兼以黄河险工日出，自维力小任重，深惧陨越贻羞。”（参见《光绪朱批奏折》第99册，第641页。）

④ 据《光绪宣统两朝上谕档》第21册第20页，朝廷就胡景桂的前述奏议给内阁的谕令中所署日期为“光绪二十一年十月十七日”；又据《光绪宣统两朝上谕档》第22册第397页，中朝廷给军机大臣谕令中所署日期为“光绪二十二年正月十四日”，据上可推测胡景桂上奏的时间肯定是在光绪二十一年十月十七日之前。

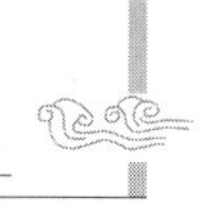

总督仅管辖河南境内的七厅，管理范围太短，且自河道总督许振祎创设河防局以来，对于镶埽大工均能灵便应对，驾轻就熟，具备统辖山东黄河的能力；其二，山东本省管理黄河、参与河工的人员人数较多，但每年因河防则“动辄百余万数十万不等，耗公家之帑藏，贻民间之巨患”[①]，而将山东黄河隶属河督管辖后，“黄河下游统归河督一手经理，管河道员即照河南，用本省实任道员兼管，厅汛各官即照直隶，用濒河之实任内同知州判、县丞等官兼管，是官不加增而费可核减，帑不虚糜而工可核实，责成既专，名实相称，不独河防民生大有裨益，而山东吏治、海防，该抚亦可专意经营矣”。当时，不独胡景桂一人认为应将山东黄河统归河督兼管，在胡参奏之后，工部御史熙麟亦认为“河督必辖全河，河南、山东不宜歧视”[②]。在争议如火如荼之际，春汛又到了届临之时，朝廷做出了及时的回应，命令时任河道总督任道镕“驰赴河南，将现在应办工程认真经理”[③] 的同时，还令其体察具体情形，分析“河督移驻济宁有无窒碍，究竟两省河工应否酌量变通之处”。

胡景桂、熙麟颇具技术性的奏议自然需要技术专家来回应，被朝廷委以重任、曾担任过山东巡抚、时任河道总督的任道镕无疑最具发言权。光绪二十二年（1896）正月十四日，任道镕对胡、熙二人的奏报进行了回奏。他总结了胡、熙二人的观点，即“言官以豫、东两河无分轻重，是以有河督兼辖全河之请。部臣以豫、东两河应专责成，是以有河督移驻济宁之议。盖以河南则数载安澜，山东犹频年决口，特为此变通之论以欺筹策完全”[④]。但是，具有丰富实地治河经验的任道镕却从两个方面否认了朝臣的观点：其一，自黄河铜瓦厢决口北徙后，虽然东河所辖由原来的十五厅变成七厅，但河南境内的这七厅南北各段水患仍很频繁，所谓“坝渐塌而埽日多，工虽短而险迭出……上南、中河临黄埽段绵长，最为吃重，下南次之，大汛将临，河督驻工，督率道厅员弁来往稽查防守，不容一日稍松……河南之河，不决则已，

①《光绪朝东华录》（六），第 3667 – 3668 页。

②《光绪朝东华录》（七），第 3722 页。

③《光绪朝东华录》（七），第 3717 – 3718 页。

④《光绪朝东华录》（七），第 3717 – 3718 页。另，任道镕的奏折参见：《光绪朝朱批奏折》第 99 辑，第 677 – 679 页。

决则其患必十倍于山东”，与河南黄河相比，山东黄河又因河道弯曲、淤积严重且河道窄浅，“已费帑一千一百余万，迄今无成效”；其二，“今议统辖全河，无论东境五属创始，势所难行，即使照东河成法，规划井然，事事应手，而济宁离河南工次约五百余里，离山东济南、武定中下游最要工次约七百余里，伏秋大汛，河势顷刻变迁，顾此则失彼，断非一人所能兼筹，亦非一人所能遥制”。[①]

在黄河治理这样的专业问题上，不建立在实地勘察基础之上的议论终归空泛[②]。但上述关于治理权责的争议也有助于我们深化对于晚清黄河治理的认识。在朝廷、御史、山东巡抚、东河总督之间的互相推诿中，我们也可以透过表象的纷争来把握治理问题的实质，即任道镕所说的“东境河工之治与不治，不系乎河督之设与不设”。河督在哪办公不重要，河南与山东境内漫长的河段即使在济宁这样的位置也难以兼顾。动辄如胡景桂所说的那样重置权责、打破自发秩序难免催生新旧官僚之间的新矛盾，导致具体的施行陷入低效。尽管自黄河铜瓦厢北徙后朝廷有“放权”的倾向，但以朝廷不想管来解释以上的争论及其结果是偏狭的，在当时的情况下，分权就是专权，只有承认治理的既定事实，将河南与山东黄河的管理分别开来，才能“以一事权而免纷歧”，进而提高管理效率。换个角度来说，对于水患频仍的山东黄河来说，不在管理制度的内部做文章，不去攻克治河方案的具体技术问题，泛泛而谈“由谁来管”的题目或寄望于“公正廉明、干济宏远”的天降贤臣只是南辕北辙罢了。

除了前文诸多身处中央、关注黄河问题的御史外，治河的第一责任人山东巡抚在这场争论中的观点自然也不容忽视。正如前文所述，中央诸朝臣对黄河问题的关注出于安澜的愿望，他们的奏议多是着眼于全局问题，当事人山东巡抚的奏议则偏向于为自己减负，相较于朝臣的泛泛而谈更加关注如何分配任务才合理的细节问题。

---

① 清廷对胡景桂、熙麟、任道镕奏文的批复，参见《光绪宣统两朝上谕档》，第22册，第75页。

② 在黄河管理的问题上，由于山东黄河水患较重，无论是在管辖上，还是在回归故道、分水南流的问题上，均存在很大的争议。我们承认，河南、山东、江苏、直隶，以及河东河道之间，在晚清山东黄河的问题上确实存在相互推诿的情况，但对于本研究来说，对此问题的分析理应建立在当时当地的具体（自然与社会）背景之下，而不能置地方实情于不顾。

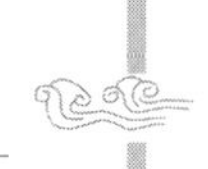

自咸同年间至光绪年间的诸多没有结果的争议已经让山东巡抚深知将山东全河划归河道总督的愿望是不可能的，在黄河水患日趋剧烈的形势下，山东巡抚张曜“急中生智”，选择以退为进，于清光绪十五、十六两年中[①]先后两次奏请将山东黄河上游河段（即从曹州所属濮州菏泽县起至运河口这一段河道）拨归河东河道管辖，“若将东境上游拨归管理，在河督多管二百里，既非有加于旧制，而山东巡抚少管二百里，即可专力于下游，一转移间，而繁简难易，适得其平”[②]。张曜的建议立足现实，以效率最大化为目标：一方面，以山东一省之力完全由其自身承担对曹州至海口九百余里的黄河河防确实压力过大。另一方面，过去全河移交河督管理的建议都意味着要设置新的厅汛员弁，将花费较为巨大的钱款，只移交上游河道自然也有类似的顾虑，但张曜站在朝廷“省费”的立场上算经济账，论证说明了他的建议更加经济：“河工用款之多寡，视工程之夷险为衡，险工多则用款亦多。查上游直隶河防不及百里，向来防汛用款不过十万两，上年用至二十四万两；山东上游二百里，额定防汛经费银八万两，上年用至十八万两，统计运河以西两省河防不及三百里，用至四十二万两，又安得谓之省费?”

张曜算了政治账与经济账，都论证了移交管理权可以最大化山东巡抚管理河道的效率。在具体的治河技术层面，这项建议又与黄河的自然状况和政治上的风险控制息息相关：其一，“山东河防九百余里，抚臣督率修防，实有顾此失彼之虞”，而相对于山东巡抚与河防局的驻地济南来说，山东黄河的上游河段是距离省府最远、距离河南最近的一段[③]；其二，山东黄河上游五州

---

① 参照《光绪朝东华录》（五）第2740页中的记载，根据“光绪十六年四月二十七日奉上谕”可推测张曜此次上奏的时间应为光绪十六年。又据《光绪朝东华录》（五）第2708页中的记载“臣于上年十二月具奏”，可推测时任山东巡抚张曜于光绪十五、十六年间很可能不止一次将山东黄河上游河段划归河道总督管辖的事情进行上奏。又另据《光绪朝朱批奏折》（第98辑，第833页）中时任河东河道总督许振祎奏文中的记述，“臣查接管卷内准工部咨开光绪十六年正月二十七日本部议覆……又准工部咨开光绪十六年闰二月十四日内阁抄出山东巡抚张曜奏，续陈山东上游河防宜归河臣兼管一折……”据此可以做出明确的判断，张曜先是于光绪十五年十二月上奏请将山东黄河上游河段归并河东河道总督统辖，光绪十六年正月二十七日工部对此进行了商议，在未得到批准的情况下，张曜于当年二月十四日再次就此事上奏，四月二十七日朝廷进行了批复，亦未能得到批准。

②《光绪朝东华录》（五），2708－2709页。

③ 于此，张曜在奏文中叙说道：“窃惟今日山东黄河，水行地上，全恃堤防，与昔年江、豫河防情形相同。而大汛盛涨，盈满区堤，地势之险，防守之难，则又过之。以抚臣兼管九百里之长，非其善计，定蒙圣明洞鉴。曹州距豫省三百里，而距山东省城实有五百八十里之遥。”（见《光绪朝东华录》（五），第2740－2741页。）

县，由于“其城距河皆五六十里不等”，再加之各州县还有其他地方事务，一旦黄河出险，“州县未能常川驻工，每易误事”。

尽管张曜的奏议合情合理，但能不能将上游河段成功划归河道总督统辖，并非山东一省的一厢情愿所能决定。知悉张曜的上述奏文后，河东河道总督许振祎于光绪十六年（1890）四月二十日对此事进行上奏，并认为不能将曹州所属黄河河段拨归河东河道总督兼辖。鉴于该奏文不仅有助于理解难以将山东黄河上游河段划归河东河道总督管辖的具体原因，还助于更好地认识当时山东黄河上游河段的具体情况，故特将此奏文摘录于此：

“……如豫省上游有两岸坚堤可资防御，有各厅营汛可专责成，河势不甚变迁，用款均由著落，则专管分管无所不可。今之山东，堤埝参差，险工时出，朝廷岂不深悉其难，故请款程功无从限以定额，知其每岁有层见叠出之工，故遂不能为一劳永逸之计。至于河臣所处除筹防督工外，究属浮寄孤悬，用项资之地方必先奏请而后咨提，不能朝闻警而暮发款也。地近可即临工，若远道亦必待禀报，不能朝河南而暮山东也，呼应之不灵，更张之室碍，部臣议之当矣。臣与山东抚臣昔曾投分，今益和衷同司水土之劳，敢有淄渑之别，惟既欲分辖而转移，则必当通盘而筹画。向来河臣所掌，必修堤岸而设厅汛，即抚臣续陈一折亦谓上游河防拨归河督管理，设立厅汛，专员责成，是则筑堤设官，其劳费有万不可省者矣。溯查光绪元年前河臣曾国荃曾奏明查勘铜瓦厢以下直东豫三省应行修补南岸长堤及设官修守条陈清单一折，内称上游黄河大堤顶宽十余丈不等，今自兰阳汛十堡起至运口十里堡止，计程三百余里，内惟菏泽县新工下首堤工共一百九十余里，顶宽三丈，底宽十丈，高一丈四尺，堪资防守，其余民埝，或高宽数尺至丈余不等，且土性沙松，已难拦御汛水。而兰阳口门以下至长垣县境七十里则尚无堤岸，如设官防守，须先在该处兴筑堤工，并将卑窄民埝一律帮培高厚，以土方核计，银数约非数十万金不办。至每岁修守之资，即应预为筹备。查从前河南之兰仪厅，山东之曹河、粮河、曹考等厅除另抢各案，无一定之数，而每岁修守约共需银二十余万两，兰仪历由河南筹款，曹、粮等厅历由山

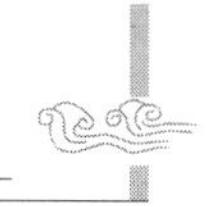

东筹拨。今新堤创始，每年实需银两原难预定，必须试办二三年方知大概规模，以后每厅每年需购岁料若干，岁麻若干，砖石若干，防险银若干，似应就工程之多寡以定银两之数目，此项工需应请圣训饬部预行议定，指明由山东、河南照厅拨款等因。当因经费支绌，谕旨未即允行，迩来又事隔十余年，河流之或有迁移，堤岸之有无坍损，修防工作更自不同。即如抚臣覆疏称，上游直隶河防不及百里，向来防汛用款不过十万，上年用至二十四万。山东上游二百里，额设防汛八万两，上年用至十八万两。统计运河以西，两省防汛不及三百里，用至四十二万两等语。是用款岁有不同，又在曾国荃所论之外矣。目下伏汛将临，又当金门新造未满两年，臣诚不敢舍其所急，分身兼营，只好据实上陈，敬祈皇上圣断，可否仍归抚臣管理，不必遽议更张，如实事在必行，则仍如部臣之议，工程可分诸河臣，经费仍筹于本省，应请饬下河南、山东抚臣预筹此款……”①

许振祎从三个方面驳斥了张曜的动议，论证了将曹州所属黄河河段拨归河东河道总督兼辖的不可行性：其一，山东黄河河段堤埝不整，险工迭出，难于管理；其二，曹州所属黄河河段距离豫省较远，存在“呼应之不灵，更张之窒碍”的不利管理局势；其三，山东黄河上游河段的堤埝修守与厅汛置设耗用钱款巨大，而在适值朝廷经费支绌的情况下，更增加了管理该河段的难度。当然，在该奏文中，许振祎虽然主张将曹州属黄河河段仍归山东巡抚管辖，且希望朝廷对此事“不必遽议更张”，但许并未把话说死，在奏文的最后，仍给出了将曹州属山东黄河拨给河东河道兼辖后的管治措施，所谓“如实事在必行，则仍如部臣之议，工程可分诸河臣，经费仍筹于本省，应请饬下河南、山东抚臣预筹此款”。暂且不论此言是发自许内心的真实想法，还是原本就考虑到此法根本就难以施行后的客套话，毕竟此一看法是经过朝廷部臣商议之后的结论，不得不引起我们的注意。从后来朝廷的谕文来看，很可能上述办法容易在山东黄河上游河段的管理过程中引发次生矛盾与纠纷，故

①《光绪朝朱批奏折》第98辑，第833－835页。

而朝廷仍将此段黄河归由山东一省统辖，“河工关系綦要，必须地方大吏就近督办，庶可随时抢护，迅赴事机，所有濮州等处上游河防应仍由山东巡抚管理，以免纷更”①。因此，山东巡抚的最后努力，将山东黄河曹州属段划拨给河东河道总督兼辖的动议最终亦未被批准，治河的重任最终还是沿着历史的惯性继续压在其身。

行文至此，关于晚清山东黄河管理权归属的论争暂且告一段落。当彼时的唇枪舌剑成为过眼云烟，站在今天的立场上，我们也许能够更加客观地在宏观层面上复盘一下正反双方的观点。

从支持管理权归还河督的正方立场上，山东巡抚的苦衷较易理解——任务多、担子重、事态急，想要减负是十分合理的，前文类似的叙述已有很多，此处或许可以将咸丰铜瓦厢北徙后的山东黄河与河南黄河，以及与北徙之前由江苏入海的黄河进行比较，来说明晚清河务情况的严峻性。与河南黄河相比，山东黄河不仅河面窄狭、堤埝未整，更没有专职厅员的巡查修守；与北徙之前由江苏入海的黄河相比，虽然两者在入海下游河段均存在淤积较重的情况，但与河南黄河一样，后者仍有可恃为屏障的大堤用以抵御洪流。因此，从这个角度看，山东黄河治理的艰巨程度就十分显著了。在朝廷经费支绌，山东地方事务繁重的情况下，正方的观点不可谓不合理。

从支持维持现状、反对移交管理权的反方立场上，我们就要重申上述政治力学的惯性问题来论证反方的合理性。实际上，如果忽略惯性问题，将曹州所属河段拨归河东河道总督兼辖并不是不具备可操作性，前述许振祎奏文最后所提到的部议措施亦可作为折中之策来施行，甚至将山东全河统一由东河总督管辖的措施亦非不可制定。只不过在惯性的作用下，这些构想都无法落到实地。表面上来说，无论是对山东巡抚，还是于东河总督，水灾频发的山东黄河都像是块“烫手的山芋”，从这种台面上的政治博弈来看，双方因此而纠纷并最终确认一个手腕更高明或受惯性眷顾更大的胜者是很正常的。但深层次看，我们不得不反思政治的惯性究竟是如何来的，因为没有推力便不

---

①《光绪宣统两朝上谕档》第16册，第135页。

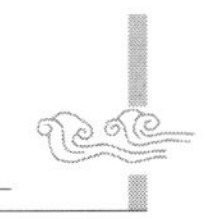

可能产生运动，从而产生惯性。实际上，熟悉传统中国政治的人都可以看到表面下的真实，那就是地方督抚的争议本质上都是要由朝廷拍板的，在中央集权制度下地方的选择权小之又小。因此，正是权衡双方并模棱两可的朝廷，那个“房间里的大象”，才是黄河管理权转移到山东巡抚手中的真正决定者，推力的发动者。朝廷最终下旨决定将山东黄河仍由山东巡抚管辖的实质，在一定程度上讲，不仅是山东巡抚在这场博弈过程中的最后失利，亦似是朝廷对山东一省的放弃与牺牲——置身事外。朝廷自愿推动了这个历史的进程，放弃了传统的治河任务，将烫手的山芋抛给了地方。那么，这个推力究竟是如何产生的呢？这种理论性质的反思将放在本文的结语部分，梳理完山东黄河新河道管理的具体细节之后再来完成。

二、山东黄河的分段管理及其权责归属

（一）两岸大堤的修筑与河工员弁、营勇之置设

清道光中河官置设复旧制，即在河督之下设文、武职河官。文职管河道，以巡道兼任，河道所属为河厅，每道管三四五六厅不等，以同知、通判任之，其下有州同、州判、县丞、主簿、巡检各官。武职为统领河营参将一员，分统游击一员，每营各以守备一员管理之，其下有千总、把总、外委各官，道下又分为厅、汛、堡。[①] 1855 年黄河改道后直至光绪初期，山东省并未专设管辖机关，每有水患和工程之时，巡抚随时奏明派员办理。至光绪十年（1884），山东巡抚陈士杰始奏明于省城济南设置河防局居中进行调度，并逐步招募勇夫、派员修守，后又逐渐分划三游工段。[②] 黄河北徙后，山东省府多委派文武员弁分段承防，后因人数众多、工段绵长，遂不得不分委大员总司

① 申丙：《黄河通考》，1960，第 268－269 页。又据［清］张曜、杨士骧修，孙葆田等纂：《山东通志》卷一百二十《河防志第九》（山东文献集成编纂委员会编《山东文献集成》第一辑，第 24 册，山东大学出版社，第 470 页）记载：“自顺治初年，山东、河南设河道总督一人，驻济宁。雍正二年，设副总河一人，八年，置河库道一人，河道十一人……兖沂曹道辖曹单同知一人，四个汛县丞一人，主簿二人，巡检一人。自管河同知以下为专司，知县为兼职，各掌沿河堤堰坝闸，岁修抢修及挑浚淤浅，导引泉流工程。”

②《山东省河务行政沿习利弊报告书》第一章第二节《归东省管辖之时期及本省与他省分辖之界划》，宣统二年山东调查局本。

其事。光绪十七年（1891），经时任山东巡抚张曜奏请委派三游总办、会办各员，并著为定章，后各委员人数亦陆续酌量增减，分定职权各司其事。①

表1　清末山东黄河三游总会办暨各委员额数、职权、分驻处所及时期一览表

官员	额数及资格	职权	分驻处所及驻工时间
总办	三游各一员，上游前以兖沂道，中游前以济东道兼之。嗣因河工责任綦重，必须常年驻工。三游皆委候补道之由河工保举或熟悉河工者任之	统辖全河河工事务	上游：寿张十里堡 中游：齐河南潭 下游：惠民清河镇 常年驻工
会办	上游、中游各一员；下游二员，皆委候补道充之	协同总办办理全游河工事务	上游：菏泽贾庄 中游：历城泺口 下游上段：滨州北镇 下段：利津王庄 常年驻工
提调	三游各二员，委熟悉河工之候补府或同知直隶州充之	督饬营委修守工作	上游上段：贾庄；下段：十里铺 中游上段：南潭；下段：泺口 下游上段：清河镇；下段：北镇 常年驻工
正收支	三游各一员，委候补同通州县充之	专司收支款项，兼支发绳、桩等料物	上游：十里堡 中游：南潭 下游：清河镇 常年驻工

①《山东省河务行政沿习利弊报告书》第三章第一节《三游总会办暨各委员额数、职权、分驻处所及时期》。

（续表）

官员	额数及资格	职权	分驻处所及驻工时间
副收支	三游各一员，委候补州县或佐杂充之	设立收支分局就近支发款项及各项料物	上游：贾庄 中游：泺口 下游：菜园 常年驻工
文案	三游各二员	办理一切文牍	上游：十里堡 中游：南潭 下游：清河镇 常年驻工
采办石料	三游各二员	募雇工匠开凿山石，雇船装运以备工需	三游均在望口山、长团等山设局开采，常年驻局
管理砖窑	三游各二员	设厂建窑，雇匠烧造，堆存备用	于险工处所随地建窑烧造，常年驻厂
购办正、杂料	向无定额	采办正杂各项料物	沿河一带及出产处所；历年均自新料登场时派委采买，验收后销差
承防	每段一员	防守本段工程一切做工抢险等事	各驻派定工段；节届小满于承修委员中遴委，霜清撤防销差
分防	每段三、四员不等，按工段之长短险夷酌派	协同承防委员防守本段工程及一切做工抢险等事	各驻派定工段；节届小满于监修委员中遴委，霜清撤防，酌改留冬防差
冬防	每段一员或二员	守护凌汛，预备避凌桩、挡凌牌等件，以免开凌时挤伤堤堰及埽坝	各驻派定工段，霜清后于分防委员中遴委，开凌后销差
督催民夫	每州县一员	于官督民守工段催集民夫防守大汛，并帮同抢险以补助营勇之不逮	各驻派定工段，于大汛期内酌委，霜清裁撤

（续表）

官员	额数及资格	职权	分驻处所及驻工时间
承修	每段一员	专司加高培厚本段堤工	各驻派定工段，于春融冰泮时委派，工竣后接派防汛
监修	每段三、四员不等，视工段长短、土方多寡酌派	帮同承修委员监视土夫工作	各驻派定工段，于春融冰泮时委派，工竣后接派防汛
监硪	三游各二、三员	补助监修员监视夯硪，务期坚实	挨段监视，工竣销差
监垛	向无定额	委员购买正杂料物运送到工，专司监视堆垛，稽查垛夫偷减虚架等弊	无一定处所，以险工处居多，不限定时期，由各游总办临时酌派
随工	向无定额，均由各游总办察看情形，以职务繁简酌量分派	遇有险工承总、会办命令，帮同承分防委员相机抢护	随同总、会办驻工，每年桃汛前委派，霜清后裁撤
稽查	向无定额	稽查各营勇夫做工勤惰及两岸大堤水沟（阴雨冲刷斜而长者）、浪窝（或圆或方）、獾洞鼠穴、柳株料垛等事	检查各工段，不限定时期，由各游总办酌量委派

资料来源：《山东省河务行政沿习利弊报告书》第三章第一节《三游总会办暨各委员额数、职权、分驻处所及时期》，宣统二年山东调查局本；［清］张曜、杨士骧修，孙葆田等纂：《山东通志》卷一百二十《河防志第九》，载山东文献集成编纂委员会编《山东文献集成》第一辑，第24册，山东大学出版社，第471－472页。

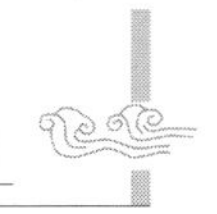

从上表中河工员弁的职务种类看，清末山东河务职官体系已较为完善。就各河段人员数额的分配上看，基本按照州县或河段均匀分配，但也有些职位由于其职责本身的特殊性要求，故在员弁配置上并无定额，像购办正杂料、监垛、随工等；从各员权限及分驻地段上看，不仅分工细致明确，且各河工要口均有员弁置设。可以说，若仅从晚清山东河工的监管制度层面上看，上表所反映出的制度建设无疑是较为完善的，至于当时的实际管理情况又是如何，绝不能仅凭上述文字层面的规定就轻下判决，对此，从下文所提到的河工腐败中就能看出。此外，由于河工问题事关重大，上表中负责监管的这些河工官员们的整体素质遂引起笔者的注意，而对于其整体素质的分析又必须结合其来源，即探究其是通过怎样的途径进入河工监管行伍之中的。关于此点，可从清光绪二十五年（1899）翰林院侍读学士陈秉和的奏文中窥知一二。据该奏文中称："山东巡抚张汝梅在任年余，于捕务、赈务、河务虽未能办理尽善，尚无废弛欺饰各情弊，惟所委差缺之袁保纯等系该抚子侄亲戚。"[①] 在社会阶层相对固化的传统社会，像河工职务这样的"肥差"很难轮到一般民众，虽不能就上引陈秉和奏文中的单方面言论而推定当时山东的河官体系，但不可否认的是，陈秉和对张汝梅的参劾之词应非捕风捉影，我们从中对晚清山东河政员弁的来源也有了更进一步的认识。

河工官员的设置固然重要，但真正亲赴前线执行具体任务的还是那些为数众多且常年驻守河堤的营勇。黄河北徙后，山东黄河既未设厅汛又无河兵，自光绪十一年（1885），山东巡抚陈士杰始以旧有精健、防勇两营并添募数营形成十营，分守黄河两岸。后因工多勇少，遂奏明并陆续招募八营，计河定五营、河成五营、河平三营、河安三营、成字河防营一营、建字河防营一营，共十八营。起初，因汛段无定，各营随时抽调。后皆按工程繁简划定里数，各守各段。至光绪二十九年（1903）冬，经时任山东巡抚周馥奏请，就原营驻扎地段各就坐落州县改定营名，使各营顾名思义且各专责成。[②]

---

①《光绪宣统两朝上谕档》第25册，第88－89页。

②《山东省河务行政沿习利弊报告书》第三章第二节《三游各营汛额数、职务及分扎驻所》，宣统二年山东调查局本；［清］张曜、杨士骧修，孙葆田等纂：《山东通志》卷一百二十《河防志第九》，载山东文献集成编纂委员会编《山东文献集成》第一辑，第24册，山东大学出版社，第470页。

表 2　清末山东黄河三游各营汛额数、职务、防守工段及分扎处所情况一览表

营名	官弁勇夫额数	防守工段及里数	驻扎处所
菏南营	营官一，哨官四，勇夫二百六十	上游南岸上段大堤自直东交界菏泽朱口起，至郓城县玉皇庙止，工长一百二十里有奇，兼管直隶境家潭堤工长二十里	菏泽县双合岭
郓南营	营官一，哨官四，勇夫一百二十	上游南岸下段大堤自玉皇庙起，至寿张县十里堡止，工长八十二里有奇	寿张县孙楼
金堤营	营官一，哨官四，勇夫一百三十	上游北岸金堤自直东交界濮州高堤口起，至东阿挂剑台止，工长一百二十八里有奇。临黄堰自直东交界耿密城起，至寿张县花家止，工长一百四十八里	濮州廖桥
长南营	营官一，帮带一，哨官五，勇夫三百	中游南岸堤堰自长清县宋家桥起，至历城县云庄止，工长七十二里有奇	长清县小鲁庄
历南营	营官一，帮带一，哨官五员，勇夫三百	中游南岸堤堰自云庄起，至齐东田庄止，工长六十五里有奇	历城县胡家岸
阿北营	营官一，帮带一，哨官五员，勇夫三百	中游北岸大堤自挂剑台起，至肥城县陶家嘴止，工长九十一里有奇	东阿县香山
肥北营	营官一，帮带一，哨官五，勇夫三百	中游北岸堤堰自陶家嘴起，至齐河水牛、赵庄止，工长七十九里有奇	长清县官庄

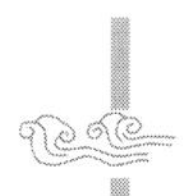

（续表）

营名	官弁勇夫额数	防守工段及里数	驻扎处所
齐北营	营官一，帮带一，哨官五，勇大二百	中游北岸堤堰自水牛、赵庄起，至齐河县丁家口止，工长四十六里	齐河县五里堡
历北营	营官一，帮带一，哨官五，勇夫三百	中游北岸大堤自丁家口起，至济阳县三里庙止，工长六十一里	历城县邢家渡
济北营	营官一，帮带一，哨官五，勇夫三百	中游北岸堤堰自三里庙起，至济阳县桑家渡止，工长六十里	济阳县铁匠庄
齐南营	营官一，勇夫一百二十	下游南岸大堤自田家庄起，至齐东县马闸子庄止，工长四十五里有奇	齐东县梯子坝
青南营	营官一，帮带一，哨官五，勇夫三百	下游南岸大堤自马闸子庄起，至滨州小董家止，工长七十八里	滨州台李庄
蒲南营	营官一，哨官三，勇夫一百二十	下游南岸大堤自小董家起，至蒲台县乔家庄斜堤头止，工长三十六里	蒲台县韩家庄
利南营	营官一，帮带一，哨官五，勇夫三百	下游南岸大堤自乔庄斜堤头起，至利津县宁海庄止，工长五十九里	利津县彩庄
惠北营	营官一，帮带一，哨官五，勇夫三百	下游北岸堤堰自惠民县刘旺庄起，至惠民县白龙湾止，工长四十七里有奇	惠民县归仁镇
滨北营	营官一，帮带一，哨官五，勇夫三百	下游北岸堤堰自白龙湾起，至滨州张肖堂止，工长五十六里有奇	惠民县小崔家
利北营	营官一，帮带一，哨官五，勇夫三百	下游北岸堤堰自张肖堂起，至利津县豆腐窝止，工长七十二里	滨州宋家集
津北营	营官一，帮带一，哨官五，勇夫三百	下游北岸堤堰自豆腐窝起，至利津县薄庄止，工长四十七里	利津县王庄

资料来源：《山东省河务行政沿习利弊报告书》第三章第二节《三游各营汛额数、职务及分扎驻所》，宣统二年山东调查局本；［清］张曜、杨士骧修，孙葆田等纂：《山东通志》卷一百二十《河防志第九》，载山东文献集成编纂委员会编《山东文献集成》第一辑，第 24 册，山东大学出版社，第 472 – 474 页。

在清末山东黄河大堤的十八营中，每营各设营官一员，除少数未设帮带与哨官外，基本上每营均设有帮带一员、哨官四至五名；从勇夫的数量来看，一般每营各设有勇夫三百名，只有少数营不及三百[①]；从分防工段长短来看，由于各营分居黄河南北大堤，再加之山东黄河上、中、下三游所面临的自然地理与防汛形势各异，故而其防守工段长短不一，相差较大。

晚清山东黄河两岸汛段共长一千四百里，其中有工处所共长一千二百余里，据当时久于河干、熟于河事的朱长安回忆，最初河防营每营五百人，分前、后、右、左、中五哨，外有夫子二百名，每防段平均六七十里长。河防营之员弁，最初尚且可用，春、夏、秋三季进行防河，冬季则从事训练，同时兼为附近村落剿匪。[②] 迨至清宣统年间，共设勇夫四千六百五十名，平均每里不足四名，平时巡查堤防尚可不致贻误，若遇抢险和水工建设则实难敷用。故每当大汛之时，除营勇及调集沿河各州县民夫驻堤协防外，如遇添修石坝及抢护巨险时，还需雇募短夫以补人力之不足。为节省河工经费，各短夫薪资均仿照营勇饷章按月发放，霜清时则将其裁撤。可这些临时招募而来的短夫多系外来游手，不仅流动性大，更不习工事，即使其中有部分土著，但亦多系无业之民，做工之时有饷以糊口，一旦被裁撤，极易聚众为匪，最终影响黄河的防汛和地方社会的稳定。[③] 此外，当黄河堵口人力不足时，常临时招募民夫，由官长率领，每工发一号衣，以资区别，并分棚分哨，藉便指挥。黄河抢险之时人力不足，亦有派兵或调用民夫之举措，例如在光绪十七年（1891）历城、十八年（1892）济阳抢险时，时任山东巡抚张曜就派一营兵力助之，同时各调用民夫二千人。[④]

当然，上表所列河营数量及其职能并不是固定不变的，其常随社会形势变迁和河防的需要而变。据朱长安回忆，其于光绪九年（1883）投王镇起部入伍，时王为镇军，统兵十三营，驻防胶东，中日战争爆发后，王曾率兵抗

---

① 据时人回忆，至清宣统年间，每河营仅二百四十人，人数较河营初设时大为减少。见张含英：《治河论丛》，黄河水利出版社，2013，第105页。

② 张含英：《五十年黄河话沧桑》，载《治河论丛》，黄河水利出版社，2013，第104、105页。

③《山东省河务行政沿习利弊报告书》第三章第四节《临时雇募夫役之办法》。对于如何安抚短夫并发挥其帮工之作用，《临时雇募夫役之办法》中建议仿照靳辅的做法，其中说道："昔河道总督靳辅河防余论曾有招募帮丁之议，拟给以堤内空地，俾耕种其中以自食，而课其岁修，责以帮工。"

④ 张含英：《五十年黄河话沧桑》，第107页。

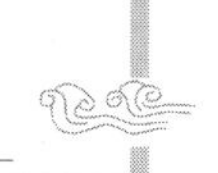

敌，后即调其军五营赴黄河中游任防守之责。[①] 于此，清光绪二十一年（1895），时任山东巡抚李秉衡的奏文中亦有较为详细的记述："窃查东省原设河防八营，分为河定前、左、右、后四营，河成前、左、右、后四营。光绪十四年（1888），河定后营改为河定中营，与各土夫营分段防汛，均由河防局支饷，历经分别造报在案。上年倭氛不靖，海疆戒严，精健等营及河定右营、河成左营、右营先后调赴海防。并另募泰定一营，裁靖一营，裁撤原调河定中营。悉照海防营制，每营募足勇五百名。……现在海防已松，河防吃紧，自河防各营调赴海防后，改为东字正军者二营，裁撤者一营，连现驻韩家垣海口之河成右营，仅剩河防五营。伏汛正临，水势有长无消，亟应规复八营旧制，以资修防。所有裁撤之河定中营，即以调回游击赵得发所带东字正军左营改补，为河定后营，自本年五月十六日到工。又以副将彭全福原带齐河土夫营，改补为河定右营；参将杨振兴原带滨州土夫营，改补为河成左营，俱自本年六月初一日到工。以上改补三营，复还原设河防八营之数。……统照河防营饷章，以三百人为一营。……其调回东字正军后营，本为精健前营所改，与调回济字前营，从前同在河工协防，今仍其旧。"[②] 清光绪二十年（1894），在海防吃紧的形势下，山东黄河沿岸的多个河防营被调去用作海防，而在"海防已松，河防吃紧"之时，又将海防营伍调回河防，由于河防与海防每营在人数上存在较大差异（河防每营 300 人左右，海防每营 500 人左右），再加之海防兵勇的损耗，故而经过这样的反复改动，经前述山东巡抚陈士杰整合后的河防各营至此已不知又发生多少次变更。

河营是根据防汛守堤的需要而设，其数量与职能变迁亦是河防形势与社会变迁的体现。清光绪二十三年（1897），李秉衡在奏文中说道："东省黄河下游地段本身，险工亦多，本年又将利津县境南岸民埝自三里庄至韩家垣六十余里改归官修官守，原设河防各营实属不敷分布，必须添设一营以资修防。当经饬据原带成字土夫营守备郭成按照河定、河成等营勇六、夫四章程，于本年正月二十一日募齐六成弁勇三百七员名。禀报点验一律精壮足额，名曰

① 张含英：《五十年黄河话沧桑》，第 104 页。

②《李秉衡集》（中），第 374－375 页。

河安中营。”[①] 很显然，下游利津南岸民埝防守权责的转变导致河防营勇数量不足，必须添设新的河营以满足下游防汛的基本要求。当然，河防营职责的变化，除了与上述海防形势的转变有关，弹压地方灾民亦是其特殊职责的又一体现，所谓“山东滨海控河，地方紧要。今岁（指光绪二十四年）黄流漫溢，饥民纷纷迁徙，必须有营汛弹压，方足以备缓急”[②]。

至于河防，由于受降水的季节变化以及雨期长短的影响，故而所设河营勇夫并非一年四季都那么忙碌。对于山东黄河而言，受季风气候影响，夏秋季节降水多且集中，故为防汛之关键时期。从晚清山东黄河的防汛时间来看，一般为清明至霜清这段时间，尽管亦是主要考虑到对夏秋大汛的重点防御。当然，不得不承认的是，由于受季风气候不稳定性的影响，有些年份内雨水可能较少，或者即使有汛，其险情也并不是很紧张，在这样的年份里，黄河防汛的任务会大为减轻。然而，对于山东河务局来说，置设河营、添加勇夫也就意味着包括其口粮、薪金在内的不小开支，故而为了减少经费支出并最大程度上对经费进行利用，在黄河营勇的利用上，其灵活度是很高的，前述将河防营改编为海防营以及利用河营营勇弹压灾民的事例也能证明这一点。

另外，除隶属于河防局的正规河防营外，还有土夫营。土夫营的性质，应为河防各营的有益补充，至于其口粮、薪金、隶属关系等，虽与河防局及其各营有一定关系，但其具体情况还有待于进一步研究。[③]

（二）区段划分及其变化

山东黄河绵延长达九百余里，如果将黄河南北两侧大堤都考虑进来，其总长度将更长。为了对山东黄河进行更有效的管理，需要对其进行分段处理。

---

① [清] 李秉衡：《奏设河安中营片》，光绪二十三年五月二十六日，《李秉衡集》（中），第649页。

②《光绪宣统两朝上谕档》第24册，第464页。

③ 对于土夫营的情况，前文中山东巡抚李秉衡于光绪二十一年的奏折（《李秉衡集》（中），第374－375页）中有所提及：“又以副将彭全福原带齐河土夫营，改补为河定右营；参将杨振兴原带滨州土夫营，改补为河成左营。”李秉衡在光绪二十三年的奏折（《李秉衡集》（中），第649页）中也有提及：“当经饬据原带成字土夫营守备郭成按照河定、河成等营勇六、夫四章程，于本年正月二十一日募齐六成弁勇三百七员名。禀报点验一律精壮足额，名曰河安中营。……口粮等项即于是日起支。其四成土夫应俟察看情形，随时添募，所遗成字营土夫，即派游击李开元接管，各专责成。”

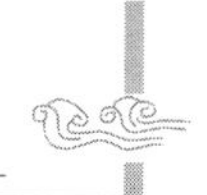

若仅从自然地理的意义考量，或可以运河为界，以西为上游，以东为下游。对于晚清山东黄河的分段管理来说，虽然自然地理意义上上、下游河段的划分对其具有一定的参考作用，但鉴于在管理的过程中牵扯的影响因素太多，故实际区段划分变得更加复杂。再者，由于晚清山东黄河防汛形势变化多端，加之其所经流的山东沿线地理环境复杂多样，山东地方对境内黄河区段的划分本身就是一个不断调整并适应新形势的过程，即为一动态的变化过程。

晚清山东黄河管理之初，其区段划分情况与地理意义上的上、下游划分基本一致，后因运河以东的河段较长，故又将其分为中、下两游，正如李秉衡在奏文中所说："山东黄河袤延千里，上至河南考城县交界起，至寿张县属十里铺止为上游；十里铺以下，至利津海口，为下游。嗣因下游地段太长，又分十里铺以下，至章丘县属之传薪庄止，为中游；传薪庄以下，止利津韩家垣海口，为下游。"①

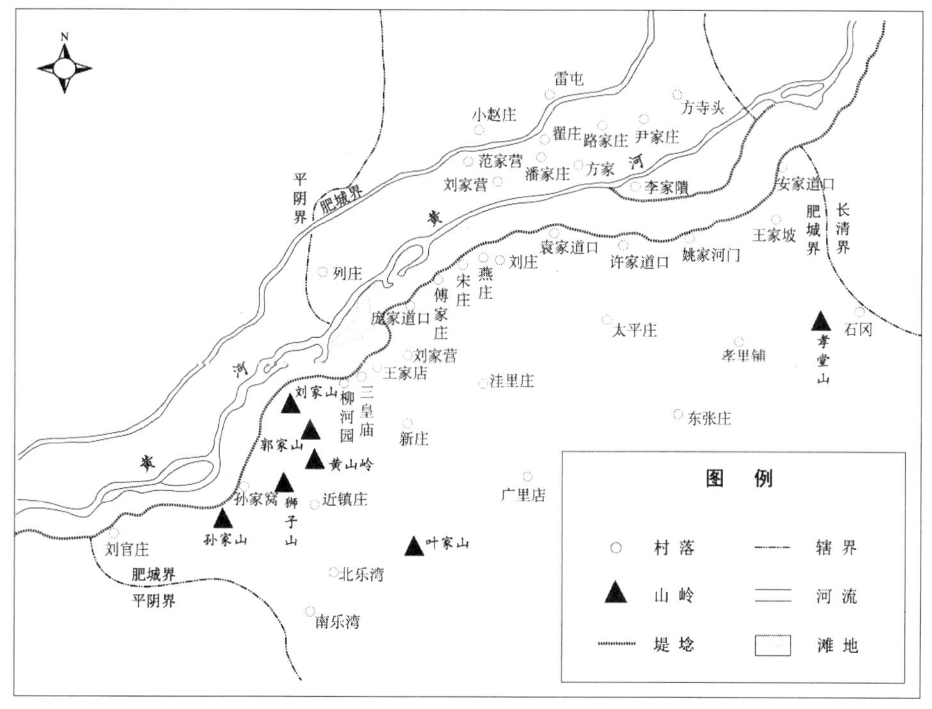

图 1　晚清肥城县辖黄河图②

①［清］李秉衡：《奏派候补道李希杰等督办河工片》，光绪二十年十二月十六日，《李秉衡集》（上），中华书局，2013，第 254 页。（又可参见《光绪朝朱批奏折》第 99 辑，第 659 页。）

②［清］李传熙等纂修：《肥城县乡土志》卷首所附《肥城县辖黄河图》，载《中国地方志丛书·华北地方》第 11 册，成文版，清光绪三十四年刊本，第 8 页。

李秉衡在上述奏文中，只是简要提及了晚清山东黄河的区段划分情况，由于黄河南北两岸大堤的地理（包括自然与政区）与防汛形势各异，实际的上、中、下三游的划分亦更为复杂。对于此点，从清光绪二十二年（1896）李秉衡的另一奏文中就能看出：“山东黄河袤延千有余里，向分上、中、下三游，各派道员管理。查北岸自濮州入东境起，至寿张县张秋镇止，南岸自菏泽县入东境起至寿张县十里堡止，为上游……自东阿而下，北岸至历城、济阳交界止，南岸至章丘、齐东交界止，为中游……其北岸自济阳县属起，南岸自齐东县属起，下均至利津海口为下游。”①

在将运河以东的黄河划分成中、下两游之后又出现了新的情况，由于下游河段较长且河务较中游为繁重，故又于当年内“拨北岸济阳县属六十余里划归中游”。然而，经过这样的调整之后②，是不是就很合理了呢？

至光绪二十三年（1897），经过前述调整之后的山东黄河下游河段仍较长，再加之该段险工较多且“又将南岸民埝自三里庄至韩家垣六十余里，改归官守，一人实属照顾不及”③，故而李秉衡在本年度三月份的河工奏文中不得不考虑对下游河段进行再次调整，“兹拟下游北岸自济、惠交界刘王庄起，至滨州杜家碑亭止；南岸自章、齐交界田家庄起，至滨、蒲交界小董家止，作为下游上段……又北岸自杜家碑亭起，至利津李家灶止，南岸自小董家起，至韩家垣止，作为下游下段”④。

有意思的是，至清光绪二十五年（1899），山东黄河中、下游在区段划分上又出现了新问题。自光绪二十二年（1896）将黄河北岸济阳所属六十余里拨归中游后，“而中游所辖遂远，一人督办实有鞭长莫及之虞。去冬河防局司道预为筹画，于中游道里适均之处，亦分作上、下两段”⑤，至于此次分段的

---

① 李秉衡：《奏黄河上中下三游分饬道员管理片》，光绪二十二年七月二十八日，《李秉衡集》（中），第548页。

② 对此，山东巡抚毓贤在光绪二十五年四月的奏文中亦有提及：“再东省河工向分上、中、下三游，遴委道府各员分段督办。嗣因下游地段较长，险工迭出，分为上、下两段，委派两员分管。历经前抚臣先后奏明在案。惟下游为黄流入海之区，工长险剧，分作两段后，防员犹苦，照料难周，用将下游之济阳一县拨隶中游。”（参见《光绪朝朱批奏折》第100辑，第233页。）

③《光绪朝朱批奏折》第99辑，第830页。

④《光绪朝朱批奏折》第99辑，第830页。

⑤《光绪朝朱批奏折》第100辑，第233页。

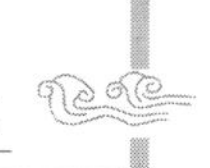

具体情况暂未可知，但可以明确的是，由于山东黄河中、下游河段河务的繁杂性，最初简单将其划分成两段的做法明显是与河务的实际情况不相符的，但同时也必须承认，由于山东省府对当时境内黄河的管理也是一个不断探索的过程，故而由最初的分为上、下两游到之后划分成上、中、下三游，乃至后来又分别将中、下两游亦各分为上、下两段来进行管理，亦是一必须要经历的过程。然而，将中游河段分为上、下两段之后，晚清山东黄河中、下游河段的区段划分就真的能称得上是完善了吗？事实上，这一问题到此仍未结束。至光绪二十七年（1901）二月，时任山东巡抚袁世凯上奏汇报对中下游河段的区段划分进行再次调整，其于奏文中禀称："东省黄河向分上、中、下三游，各派道府督办修防事宜。嗣因中、下两游地段较长，复先后各分为上、下两段，每段以一员督办。上年夏间臣以中游下段督办需人，暂派上段督办候补道吴煜就近兼理……惟中游两岸堤埝共长七百余里，恐一员照料难周，经臣督同河防局司道通盘筹议，酌量改定。现将中游原管之济阳、章丘两县汛地截归下游上段，并将下游上段原管之滨州汛地截归下游下段。自此次改定后，中游汛地较短，即专派吴煜一员督办，不致贻误。"① 经过袁世凯这样的调整之后，至光绪二十八年（1902）三月，在下游上段总办何国禔丁忧返乡无人接替的情况下，时任山东巡抚张人骏与河防局官员商议之后，奏请"暂复旧制，将下游上段原管汛段分归中、下两游"②，晚清山东黄河分管区段变迁之复杂性据此可见一斑。

可以说，将山东黄河分出中、下游河段主要是由于原下游河段过长且河务繁杂，而将新的中、下游河段分别再分为上、下两段，仍是由于该河段绵长且险工较多。除此之外，下游南岸部分民埝改归官守后而导致的河防事务加重，亦为促成下游河段再划分的重要动因。当然，从这一动因亦能看出，河防过程中堤埝防守的权责变化给山东黄河的管理区段划分带来重要影响。但反过来，管理区段的新变化同时也意味着各段所承担权责的重新调整。

①《宫中档光绪朝奏折》第14辑，"国立故宫博物院"印行，第21页。从继任山东巡抚张人骏的奏折（参见《光绪朝朱批奏折》第100辑，第482页）能够看出，袁世凯的此一奏议显然是得到朝廷批准并施行。

②《光绪朝朱批奏折》第100辑，第482页。

对晚清山东黄河的区段划分来说，较之于上、中两游，由于险工众多且水患频繁，对运河以东黄河中、下两游的划分的确是较为困难的事情。毫无疑问，在山东黄河中、下两游划分的过程中，河道长短似乎并不是决定性的因素，但又不能否认，由于所辖河道长短的不同也就意味着管辖权责轻重上的差异，故而所辖河道长短仍为影响区段划分的重要参照，对于此点，从前述黄河北岸济阳所属六十余里河段的归属变化上就能看出。可以说，前述济阳所属六十余里河段归属的反复变化，实质上亦为中、下两游在所辖河道长短与权责轻重分配上的博弈与调适，同时，如此反复的变化似乎亦证明了先前将此处作为黄河北岸中、下两游分界的合理性。此外，还需注意的是，即使根据分管河段的长短以及各段河务的繁简程度完成区段划分，仍不能保证此一划分的绝对稳定，因为在完成区段划分之后各河段的河务状况及官员人事问题都可能会发生变动，而这样的变动又会导致各分管区段间的重新调整，前引山东巡抚袁世凯奏文中所陈述的情况就很好地说明了这一点。当然，据上引文亦能看出，中、下两游在分辖区段的划分上并不是孤立的，而是一紧密联系的整体，中游分辖区段的变化会影响到下游，反之亦然，这实际上也证明了晚清山东黄河中、下游河段在分辖区段划分上极具复杂性，根据现实情况灵活而适时地对其进行调整才应是地方执政者应有的管理理念。

对于任何管理制度而言，若要保证其长期发挥效用，离不开制定者的深谋远虑，但同时亦不可否认，对制度缺陷的敏锐洞察与适时的调整与变革亦同样重要。对于晚清山东黄河的区段划分来说，中、下游河段的划分及其再划分固属复杂，但亦不能因此而回避上、中游区段划分中存在的问题。虽然晚清山东省境“上游黄河情形较中、下两游为轻”①，但“俱未得法，尚须重议整顿”，对此，在光绪二十八年（1902）时任山东巡抚周馥对上游河段进行实地勘察之后，就择要对其民埝决口进行了堵塞，并主张“其积水未退处所，亦即严饬开闸放水泄入北运河”。我们知道，对于鲁西南平原及其临近地区来说，其整体地势为西（南）高东（北）低，坡水大都排入北运河或南运河。

①《光绪朱批奏折》第100辑，第565页。

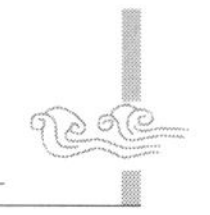

具体来看，对于晚清山东黄河上游河段来说，上、中两游的区段分界并不与濮、范一带夹滩积水向北运河排放的地理形势相吻合，这样就极易在排水与防汛之间产生矛盾。对此，周馥在实地探查后就上奏建议对其进行调整："上游原官汛段，北岸向守古金堤，上至濮州高堤口起，下至东阿县孟堤口止。臣此次履勘两岸，因地制宜，略为变通，应将北岸尾段改至中游原管之张秋镇南泄水闸口以东十丈为界，即以此界以东为中游汛段起首，以后夹滩积水应开闸泄水入北运河。"[①] 很显然，以泄水口为参照标准进行上、中两游分界的做法无疑是较为符合实情的，但同时也必须清楚，即使是上、中两游在辖界划分上所存在的如此问题，也并不是所有的地方官员都能指出并做出相应调整的[②]，治黄官员自身的知识结构及其发现问题的眼光无疑是非常重要的。当然，通过此事亦能看出，在分辖区段的划分上，治河官员素质、地理（排水等）形势等因素均能给其带来较为严重的影响，同时这也再一次说明，对晚清山东黄河上、中、下三游的划分绝不应是简单而随机性的设桩立标，而应根据沿线自然与社会形势的变化随时随地进行变通和调整。

（三）权责问题

对晚清黄河的管理最终还是由人来完成，故而仅仅设置河官、划分管理区段显然是不够的，为了更加深入地认识晚清山东黄河管理的具体情况，还必须对其管理过程中的权责分配、变化等相关问题展开进一步分析，因为这直接关系到管理的成败。宽泛地讲，前述河官设置与区段划分亦属于晚清山东黄河管理过程中权责分配的一部分，但其并不是对相应权责的具体落实与执行，而仅仅是必要的前奏。需要说明的是，此处所说的权责问题与后面所说的防汛问题有着共通之处，因为在很大程度上这里所说的"权责"主要是指"防汛权责"，在此，之所以单独对其进行分析，首先是出于注重对官员权责安排的侧重而与防汛区别开来，其次是考虑到此一问题在整个晚清山东黄

①《光绪朱批奏折》第100辑，第566页。又参见周馥：《秋浦周尚书玉山全集》第一集《奏稿》之《改派上游河工总办将张秋镇归上游管辖片》，光绪二十八年十月十八日，沈云龙主编：《近代中国史料丛刊》第82集，第149页。

② 在晚清历任山东巡抚中，周馥无疑是于治水很有见地的，其著有《治水述要》一书。

河管理中的重要性。

对于晚清山东黄河的管理来说，山东巡抚无疑是第一责任人。为加强对境内黄河河段的管治，清光绪八年（1882）时任山东巡抚陈士杰创办河务局，专管山东黄河。至于晚清山东黄河各分段的权责分配情况，历任晚清山东巡抚的奏折中均有所提及，对此，张曜在其奏文中陈述道：

委派兖沂曹济道中衡管理曹属二百里河防，自应划清界限以重修守。计北岸自濮州起至寿张县张秋镇止，南岸自菏泽县其至寿张县十里铺止，均系该道所属地方，应归该道管理。自东阿西下北岸至历城县境止，南岸至章丘县止，派由道员张上达管理，北岸自济阳以至利津陈家庄止，南岸自齐东以至利津新庄止，派归道员李希杰管理，并派候补道沈廷杞会同修防，其新筑韩家垣以下近海两堤并拦河大坝，虽地段不长，而近海地方潮汐所至，防守尤关紧要，即派道员魏纶先管理。至提调各官，上游委派候补知府仓尔英、候补同知叶润含、直隶州知州李恩祥、候补知州王佑修。下游提调委派候补知府焦宗良，并派候补知县王钟俊、杨建烈帮同办理。所有往来稽核工料向系吏部员外郎多培、工部主事梁廷栋，遇有紧要险工，随时随地会同抢护。又派候补道员李翼清严查沿河修防勇夫，以杜缺额之弊。其承修、监修委员，以及河防各营将弁，造册送部备查，事有专管，责无旁贷，遇有不力之员，臣当随时撤参，以示惩儆。①

很显然，上引张曜奏文对当时山东黄河上、中、下游各河段的权责分配进行了较为详细的说明，至于对各游总办、提调、稽查、承修、监修等河工官员的人事安排亦均登记造册，以专事权。同时亦不难看出，鉴于河工腐败之严重性，不仅稽查官员系由朝廷进行委派，山东地方的河工制度对此亦重加防范。质言之，山东黄河河务官员的权责分配不仅仅受所辖分段、汛情等因素的影响，出于防范河工贪腐的考虑，有着“事有专管，责无旁贷”效果的河工权责制度建设无疑是非常重要的。

---

①《光绪朝东华录》，第2740－2741页。

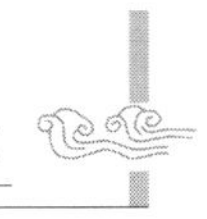

晚清山东黄河的管理有其自身的特殊性，且不论其未设厅汛、各段承防人数较多，伴随着下游日趋淤高、河患日益加重的形势，上、中、下三游各派文武员弁分段承防显然是不够的，故而于光绪十七年（1891），时任山东巡抚福润就奏称“必须分委大员总司其事，方足以专责成而资督率”①。同时，为了使得管理过程中的事权更趋统一、费用更为节省，“各工均归各该道员一手经理，毋庸另派会办之员”。除此之外，在三汛期内，福润“仍出驻工次，居中调度，相机督饬筹办”。很明显，福润的上述主张亦能证明，在晚清山东黄河管理的过程中，河工员弁的设置仅仅是基本要求，但其只能应对水势平稳状态下的黄河。而面对山东黄河日益严峻的防御局势，若要达到有效的管理，“委派大员总司其事”与山东巡抚“居中调度”的紧密结合显然是极为必要的。换句话说，在晚清山东黄河管理的权限分配上，分权固然重要，但亦不能忽视对上、中、下全局的统筹与协调，毕竟各游之间并不是孤立存在的。

对晚清山东黄河的管理来说，从朝廷与省府的角度来看，不管展开如何周密的安排，都不得不面对河务与黄河沿线地方行政的关系。如前所述，晚清山东虽已设置了专门管理黄河的河务局，并添设了各类河工官员与营勇，可一旦面对突如其来的黄水巨流，绝不是河务部门所能独自应付得了的，必须借助沿黄地带官民的通力合作。对于沿黄地带的地方政府而言，其一，虽然其担负着河防的重任，但毕竟仍有许多地方事务需要处理，故而其在黄河防汛等事务的处理上所花费的精力有限，就像山东上游河段的河防一样，“向由兖沂曹济道督办，本年（光绪二十一年）六月因毓贤甫经到任，正整顿缉捕事宜，未遑兼顾”②；其二，对于沿黄地方政府而言，对黄河的防御支出本身就是一项财政负担，再加之河防与地方行政两者之间的奖惩与政绩评价制度上的差异，遂导致并不是所有沿黄各地方官员在黄河的事务上能够尽心尽责，对于此点，从下引光绪三十年（1904）时任山东巡抚周馥的奏文中亦能看出。

至清光绪后期，随着河床不断淤高，河防形势日趋严峻，原来隶属于河

①《光绪朝朱批奏折》第99辑，第95页。

②《光绪朝朱批奏折》第99辑，第630页。

防局的三游总办及其营委已难以应对黄河事务，所谓“近年河身日淤日高，险工林立，原设营委不敷分布，每汛盛涨，雇夫购料，呼应不灵”[①]。在此情势下，必须借助黄河沿线各州县地方的援助，可问题是沿黄各州县官员对此事的态度又是怎样的呢?“其认真办事之州县尚能常川驻工，帮同抢护，而畏难苟安之员，率多置身事外，必待工员再三催促始行赴工。”之所以出现这种情况，就是因为“责任不专，勤惰不一”，在山东黄河难以设置厅汛的情况下，周馥拟将沿河二十一州县“无论原缺繁简，一律改为兼河之缺，归三游总办节制调度”。这样一来，“果能办理得力，应准予以保奖；若有贻误，随时撤忝。如此明定赏罚，庶责有归，于河务不无裨益。至各州县铨捕班次，仍照定例办理”。

（四）堤埝防护与防汛

对于晚清山东河防来说，防汛工作无疑是最为重要的工作之一，一旦稍有疏忽，很可能就会导致黄河的溃决。因此之故，若要更为深刻地认识晚清山东黄河的管理情况，必须对当时的防汛情况展开进一步的探索。毫无疑问，山东黄河防汛工作的开展是与两岸堤埝的建设相伴而生的，而正如前文所述，随着光绪十年（1884）黄河下游大堤的筑成，官民通力合作下的全面防汛工作才得以展开。值得注意的是，同山东黄河管理的其他方面一样，防汛亦受到管理过程中的多种社会因素的影响，正因为此，再加之山东黄河沿岸的特殊自然地理形势，这实质上就对防汛这一重要环节提出更高的要求。在朝廷无暇顾及的情形下，铜瓦厢以下沿黄地方的防汛工作具体是怎样开展的，其防汛的成效又如何?

对于铜瓦厢至运河之间的这段黄河河道，由于至光绪元年（1875）止两岸大堤才得以建成，故而其防汛主要是针对民埝防汛而言，对于此一河段的民埝防汛工作，或可以长垣县为例加以探讨。明万历十五年（1587），河决荆隆口，为防止黄水破坏运道，当时朝廷派员修堤，堤成后“置十九铺，佥夫

①《光绪朝朱批奏折》第100辑，第653－654页。

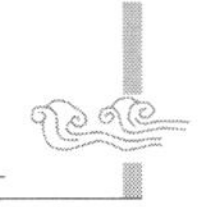

一百九十名防守焉”[1]，并“诏以通判、县丞管之”。明代黄河时常北决破坏运道，由于在筑堤之后又使黄河归故南流，故而此一时期豫、鲁一带虽置有铺夫进行防守，且不论其应多为临时性的，从防汛员弁的规模上看，无疑也是较小的。同样对此区域来说，咸丰黄河北徙不仅仅意味着水灾的加剧，更意味着防汛形势的空前严峻。至清同治初年，黄河北岸埝工建成后，长垣县地方遂“于埝顶分段搭盖土房十三处，雇人长川驻守”。对于防汛工作，由于其并非短期内就能完成，而是需要长时间的坚守与维护，故而对于防汛经费、规章等均需做出周密的安排，不然的话，埝工的筑建遂可能形同虚设。值得庆幸的是，时任长垣知县王兰广的《看守埝工碑记》一文，为我们提供了当时长垣民埝的修筑经过以及防汛方面的珍贵记录：

> 长邑自铜瓦厢决口后，逼近龙门，水患甚巨，历任递筹筑埝，迄无成功。余于同治四年春抵任，幸蒙藩宪楚南唐公许令以工代赈，乃与委员、僚佐、公正、绅耆妥商试办，阅半载余，始克告竣。特以工段绵长，费至四万两有奇，使非预筹修防，窃恐难以经久。因择要隘十三处，各盖土房两间，雇本地安分贫民，长川住守，其工食由工赈局公筹，制钱一千六百千文，发商长年一分生息。除公用外，并着看埝人按月支发，令栽柳护埝，补填水道，其埝外五尺之地，准其便植胡麻、豆苗，籍资津贴护持。埝柳长成，亦许折条编器，以为养赡之计，由各里首事主管，地保、平民均不得采取。立规则数条，并列首事等姓名，如有玩违不遵，立即禀官究治。[2]

据上不难看出，对于一县地方来说，由于耗资较巨，筑建民埝确非易成之事。另一方面，在没有大堤束缚的情况下，民埝对于防汛无疑起到极为重要的作用，但民埝建成之后无人守护亦将形同虚设，其抵御黄水的作用也会大打折扣。正缘于此，前述长垣知县王兰广遂于民埝建成之后募民守埝。同民埝的筑造一样，民埝的防守亦非易事，由于需要长期驻守，包括守埝人员口粮、薪资在内的各类费用亦是一笔较大的开销，对此，地方政府如何筹措

---

① 民国《长垣县志》卷二《地理志·堤防》，第62页。

② 王兰广：《看守埝工碑记》，民国《长垣县志》卷十四《艺文志·记》，第284－285页。

资金都是很大的难题。毫无疑问，在守埝资金的筹集上，前引长垣县的例子即为很好的认知素材，可问题是，完成守护民埝的资金筹集仅仅是民埝守卫的第一步，如何保证民埝的长期完整而不被破坏才是最终之根本目标。值得珍视的是，为了维护长垣民埝的长期稳固，知县王兰广在《看守埝工碑记》一文中亦对看守民埝之章约有着详细的记录：

“一、每里盖搭土房两间，许看埝人携眷住守，不得擅自远离；

二、每年准支修理堡房费大钱五百文，不得任令倒塌，违者赔修；

三、看埝人工食初次八千文，按年递减，俟三岁柳株长齐，永远以四千文为率；

四、每年栽柳须令日加茂密，有空即为补植，不得悉行挖卖；

五、埝旁柳株、土田，邻近民人不许擅自折取、挖坑，违者许看埝人禀究；

六、风雨后埝水道、坑坎，即行补平，无得致成大工，难以收拾；

七、遇黄水涨发，看埝人须彻夜防守，鸣钟聚人，抢护误者责革；

八、看埝人安分守护，不许藉端撵逐，如有招匪集赌等事，立即禀换；

九、埝上道口日久低平，非看埝人一手能补，邻近村民按年公填一次，勿令残缺；

十、埝上虽有看夫，必须董事、册地时为查照督责，不得听令废弛失事，致令本里受累。”①

对看守民埝如此细致之规定，不仅显示着知县王兰广“谆谆立约之苦心”，其似乎更预示着民埝看守的复杂与艰难，上述规定中所要求或预防的情况即为守埝过程中很可能会出现的情况，更何况此文只是民约而非强制性法规，即使在民约已立的情况下，邻近民人破坏民埝的情况亦难免发生。至于立约后的长垣民埝守护与黄河防汛的情况，限于史料已不得而知，但前引史料已为我们了解当时的民埝防守及防汛情况提供了很大的帮助。

---

① 王兰广：《看守埝工碑记》，民国《长垣县志》卷十四《艺文志·记》，第285页。

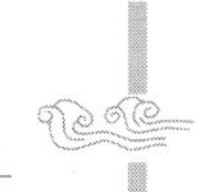

对于民埝来说，筑成后如不加看守，其防汛效果定会大大降低，对于两岸大堤来说亦然。在山东黄河上游段南岸，自菏泽贾庄大坝合龙后，时任山东巡抚丁宝桢就针对大堤的防护问题述论道："故堵决口则必须筑长堤，既筑长堤则不能不资防守，而新工大堤，长至二百五十余里，又加以防护金堤一百数十里，合计两岸长堤至四百余里，皆无专管之官，转盼大汛即临，岂暇从容筹议。臣只好将留防各营勇分布巡防，并以地段过长，复饬各州县督率附近民夫，一遇险工，竭力随同抢护，以为一时权宜之计。惟防汛必须料物，而各省指拨工需银两，至今报解尚未及半，所有堤坝两工用款，均系遵照前奏，陆续由司道各库挪凑接济，此后所需防汛经费，仍应饬司宽为筹拨应用，期免贻误。俟各省协款解到，再行归还。至将来此项工程之如何修防，应设立厅汛，改归经制，方期持久。"① 很显然，防护好新筑成的大堤，也是为了增强其防汛的效能，否则新堤的筑建亦形同虚设。在上游南岸新堤建成之时，由于时间紧迫，只是"将留防各营勇分布巡防"，在河段较长、营勇人数不足以散布的情况下，丁宝桢遂又督饬各州县率领附近的民夫协同防汛。可这只是权宜之计，为保证大堤的长期稳固以及增强防汛的效果，需要设置厅汛。可是必须要清楚，同前述长垣民埝的防守一样，对山东地方而言，设置厅汛以加强大堤的防守亦需耗费大量的资金，这对于财政困窘的晚清政府来说确为一难题。

至于山东黄河上游北岸大堤的防汛情况，李元华的奏文中有着较为详细的记录：

北堤既成以后，臣调中军参将莫祖绅所部之勇一千九百名，分扎北堤中段一百余里，并饬濮州营游击周森藻防堵濮州上游二十里，寿张营游击郭大胜防堵寿张、东阿下游二十里，每年清明到防，霜降回汛。南堤防汛支发局向系曹州府知府马映奎办理，若令再办北堤，中隔黄河，势难兼顾。查桃源同知一缺，向管河工，衙署在菏泽境内。自兵燹以后，荡然无存。臣拟将桃源同知衙署移建范县城内，饬令现署桃源同知吴玉

①《光绪朝东华录》(一)，第53-54页。

衡，会同范县购置地基修建，所有北堤防汛支发局务，归该同知一手经理。至工程款项，必须存库，自应添兵守护。臣拟饬濮州营游击调经制外委一员，拨兵十名，移驻范县，以资守卫，并咨呈吏、兵二部立案，以垂永远。①

无论是在防汛人员安排、权责部署上，还是在防汛资金的来源上，上引奏文中均给出较为详细的说明。从中亦不难看出，由于黄河的阻隔，同时兼管上游南、北两岸的大堤防汛工作显然是一人难以应付的，故而采取委派官员分管的形式。但也必须清楚，并不是所有的地方官员都适合于黄河防汛工作，有着治水与河工管理经验的官员无疑是最佳人选，桃源同知衙署已毁于战乱固属实情，而李元华奏请于范县购置地基重建衙署并将工程款项存库且“添兵守护”，这在一定程度上也显示着其于北岸大堤防汛部署上的周密与重视。当然，这同时也证明着黄河防汛工作之复杂与艰巨，有无熟习河工的官员、资金状况、社会变迁等都对防汛有着一定的影响，故而对黄河的防汛安排，绝不能停留在单一层面上，而应结合自然与社会因素对其进行全面考虑。

晚清山东黄河上游两岸大堤建成于清光绪元年（1875），而中下游大堤建成于光绪十年（1884），也就是说，从光绪元年至光绪十年期间，上游与中下游有着不同的防汛形势，所谓“上游收束既窄，下游水溜势急，不可不防”。很明显，晚清山东黄河自上游修筑大堤之后，河道变窄，而中下游河段水流速度遂加快，中下游防汛形势亦随之趋紧，在此形势下，李元华亦“飞饬沿河州县，各就所有民堤加高培厚，酌加津贴，以工代赈”。

清光绪十年（1884），山东黄河中下游两岸大堤建成，同上游一样，中下游黄河两岸完成大堤修筑后同样需要加强对其防汛工作的安排。较之于先前上游筑堤而中下游未筑的情况而言，晚清山东黄河两岸大堤的全面筑成，亦不啻防汛形势的又一大转变。从某种程度上讲，修筑堤埝与黄河防汛是一对矛盾体：一方面，不筑堤埝也就只有水灾而无所谓防汛；另一方面，对于黄河这一特殊的河流而言，修筑堤埝之后也并不意味着水灾的彻底消除，相反，

①《光绪朝东华录》（一），第350页。

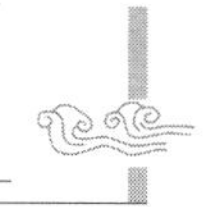

在局部河段，由于水流加速或泥沙淤积严重反而会致使水灾更趋频发，换言之，本身就具有防汛作用的堤埝反而很可能会因其筑建而致使防汛形势愈加严峻。

正如前文所说，自山东黄河大堤建成后，虽然时任山东巡抚陈士杰将旧有营勇整合为十八营，但河营的重组并不表示黄河防汛制度的完善与成熟，“是时汛段无定，皆随时调遣”[①]。迟至光绪十七年（1891），时任山东巡抚张曜才奏请“委派三游总办、会办各员，着为定章，嗣后各委员亦分定事权，各举厥职”[②]，这样，伴随着山东黄河河官制度的逐渐完善，防汛工作才能算是逐步步入正轨。当然，从另一角度看，在光绪十年（1884）至十七年（1891）的这段时间内，山东黄河的防汛工作仍处于摸索阶段，其存在的问题亦应是较为严重的。这从光绪十三年（1887）张曜的奏文中就能看出。

在河南境内，黄河“两岸分设七厅，各有汛弁河兵，按段经营……厅汛衙署均在河干，一交大汛，河臣常驻工次，督同厅汛员弁昼夜巡防，遇有险工，立时抢护，章程至周且备犹虑疏虞”[③]。至于当时山东黄河的防汛状况，张曜在奏文中陈述道：“山东连年防汛，情形迥然不同，全河地段长至九百余里，一营之勇经营工程，远则一百余里，近则四、五十里，所需料物，上、下游设局三处，相距均二三百里，遇有险工，由营会县抢护，县城距河有远隔六七十里者，临时请拨料物则由省城总局批发，辗转领运，缓不济急，因而贻误者有之。且工用料物向由州县采买，州县则按地多寡分摊运缴，运脚之费、折耗之重综计有数倍于料价者，及至领价层层经手，百姓所得几何？”[④]因未设置厅汛，各河营距离省城总局和黄河沿岸分局里程均较远，故无论是由总局临时下拨的防汛料物，还是由分局协同抢险，都存在距远而不便的窘境。据上文亦能看出，防汛不是一句空话，各种防汛料物的事先准备无疑是非常重要的，对于河南黄河，“两岸分设七厅，各有汛弁河兵，按段经营，所

---

①［清］张曜、杨士骧修，孙葆田等纂：《山东通志》卷一百二十《河防志第九》，载山东文献集成编纂委员会编《山东文献集成》第一辑，第24册，山东大学出版社，第470页。

② 民国《山东通志》。

③《光绪朝朱批奏折》第98辑，第356页。

④《光绪朝朱批奏折》第98辑，第356－357页。

需秸料桩绳，先期采买，分厂存储。厅汛衙署均在河干，一交大汛，河臣常驻工次，督同厅汛员弁昼夜巡防，遇有险工，立时抢护”，即使在沿岸大堤设置厅汛的情况下，在防汛料物一切皆有准备的前提下，河南黄河防汛“章程至周且备犹虑疏虞”，以此反观山东黄河，其境况可想而知。

此外，虽然山东黄河是由河防局总管，上、中、下三游又各设分局，各分局再分辖数个河营，但在防汛料物的筹备上，并不是河防局及各分局所能完全承担的，尤其是在面临异常大汛（或大工）之时，故而在防汛料物的采办上不得不委以黄河沿岸各州县办理。但这样一来问题又出现了，即在黄河防汛的问题上，沿河各州县并不负有明文规定的责任，在此情况下，采办防汛物料往往会成为滋生地方腐败的凭借①，所谓“州县则按地多寡分摊运缴，运脚之费、折耗之重综计有数倍于料价者，及至领价层层经手”，最终遭殃的还是黄河沿岸州县的基层民众。

为防止山东黄河防汛过程中前述诸多弊端的出现，经过与河防局官员商议，张曜也给出了自己的方案，即“所有本年防汛一切料物，遴派官绅设厂采买，照市给价，不经书役、首事之手。稍有浮收勒扣，则卖料之人立见裹足，此不待查弊而弊自除。凡有险工之处，设厂存料，以备缓急，即以原办堤埝工程，道府各员分驻工次，一有险工，立时委员验明，估拨料物，督率营县实力抢修。一面知照总局覆核备案，既不至贻误要工，又不至滥糜经费”②。毫无疑问，无论是在采办防汛料物上，还是在存料备急与官员驻守上，张曜的上述计划都是很充分的，对此，张曜于同年七月份的另一奏折中亦有类似的记述：“……民办料物改为设厂采买，并以民埝添雇勇夫防守……东省黄河堤长九百余里，临河民埝又已次第增培，防营、勇力不敷，添募土夫协助，堤埝愈修，则防守愈关紧要。所用料物改定章程，设厂采买，以省民力，在公家多费一分用款，而民间所省耗费奚止数倍，兼之本年伏汛盛涨异常，为近年所未有，若非人力、料物预为筹备，随时随地遇险抢修，泛滥为患，

① 就像张曜在该奏文中所举的郓城县采办防汛料物的例子，“如已革郓城县知县邢联庆，短发十一年分民间料，价至一万余串之多，分文未交，现正勒限严追”。（参见《光绪朝朱批奏折》第98辑，第357页。）

②《光绪朝朱批奏折》第98辑，第357页。

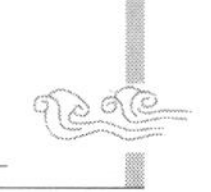

情形更不堪设想。"[①] 据此不难看出，张曜在山东黄河防汛问题上所采取的前述办法应收到一定的成效，但是不是这样做就足够稳妥了呢？张曜在该奏文中继续叙说："有地势一经漫决必夺全溜者，必当以全力与水相争，则所费工料倍于他处，凡堤埝一经溜刷，不加埽坝，与无堤埝同；有埽坝而无料物随时厢培，与无埽坝同；料物储存而人力不备，与无料物同；抢险之际，人力、料物偶有不继，一隙失防，前功尽弃。是全河九百余里之长，即现有勇夫竭力布置，尚有顾此失彼之虑。"[②]

筑造堤埝本身就是为了增强防汛能力，但对于善淤善决的黄河下游河道来说，有时堤埝的筑成非但并不意味着防汛有了基本保证，反而在一定程度上仅仅意味着防汛工作的开始。为了更为有效地进行防汛，前文所说的设置厅汛、采办并存储料物等都是极为关键的环节，但即使做好了这些环节也并不能保证万无一失。为了进一步增强防汛的效果，建筑埽坝、配备人员亦是需要考虑进来的，这是因为"凡堤埝一经溜刷，不加埽坝，与无堤埝同；有埽坝而无料物随时厢培，与无埽坝同；料物储存而人力不备，与无料物同"。换句话说，防汛本身就是一各个环节紧密相扣的系统，忽视任一环节都有可能招致黄河的溃决。

虽然并不能直接画等号，但对于晚清山东黄河的防汛来说，很大程度上是针对大堤的防守。就像前文所说，光绪十年（1884）至十七（1891）年间，无论是在河官设置，还是在防汛制度建设上，都处在逐渐摸索的阶段，晚清山东全河较为完备的堤埝防守制度的出现要到潘骏文执理河务之时了。在《筹议防守长堤事宜》一文中，针对如何防守大堤，潘骏文共拟定八项具体措施，形成了晚清山东黄河堤防的纲领性文件。

在晚清历任山东巡抚中，周馥在治河方面无疑是最有研究的，除周馥外，其他山东巡抚多将治河任务委以熟习河工的官员。而在这些熟习河工的官员之中，出身于治河世家的潘骏文无疑是其中的佼佼者[③]，从上引史料中防守长

①《光绪朝朱批奏折》第98辑，第380页。

②《光绪朝朱批奏折》第98辑，第380页。

③ 潘骏文为前河督潘锡恩之子，幼习河务。

堤的规划上看，潘骏文的考虑也是较为周全的。总的来看，与前文所说的长垣民埝防护规章以及张曜在防守黄河大堤上的主张相似，潘骏文主要从防守堡房建设、料物储备、人员配备以及奖惩制度等方面做出较为详细的说明。但值得注意的是，越是详细的方案实施起来也越困难，就像上述潘骏文的防守大堤方案一样，修筑堡房、征用民夫都需要耗用很大一笔资金，至于最后能不能施行又是另一码事。故从这一意义上来说，防守长堤的详细计划仅仅是出于潘骏文的专业性认知，而此计划的执行则又与朝廷和地方财政有很大关系。

当然，也不能忽视黄河沿岸州县在堤埝防守中的作用。从上引潘骏文防守大堤的方案来看，虽然似乎只有储料物、定赏罚二项与沿黄各州县有直接关系，但详细审视，其他哪一条款又与沿黄各州县没有关联呢？这样一来，在黄河大堤的防守上，又牵涉到前述河务局（包括各分局）与地方州县之间的权责关系问题，这也就很有必要进行管理制度上的改革。直至光绪三十年(1904)，山东巡抚周馥因河工营委不敷分布，将沿河二十二州县“一律改为兼河之缺”[①]，各州县才“始有管河之责”，“每年伏秋大汛期内，搭盖窝铺，调集民夫，平时每铺二人，水长十人，轮流上堤，并备筐锨锣夯各器协同营委各员一体防护”。对此，水利专家张含英在其调研论文中亦有较为详细的记述：

> 伊时沿河县官，对于河务责任重大，故堤岸防守亦慎，以滨、蒲、利等县言之，每届废历端阳节时，县官即督饬民夫上堤，昼夜防巡。每二里设一屋，堤根不见水时，每屋二人，见水则增至十人，至霜降后止，岁以为常。上堤民夫，按里摊派，由各村首事（村里长等）管理之。惟县官以责任之重也，故其对于河防营之不敢轻视，而极力交欢营官，待如上宾。[②]

这样仍不够，出于各州县因有地方事务而难以在河务上料理周全，周馥还奏请将沿河各州县同通佐贰等官分管河务。至于同通佐贰等官，原因“漕

① 民国《续修历城县志》卷九《山川考五》，成文版，民国十五年铅印本。
② 张含英：《五十年黄河话沧桑》，第107页。

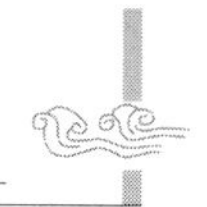

运未停、地方不靖”而有督捕押运之职，但至晚清后期，漕运被废而“捕务又非专责”，故同通佐贰一职“终年无事，几同虚设”，在此情形之下，周馥建议将其“酌量移驻河干，责令经管河务，俾得就近历练，讲求工程，以助州县照料所不及”。可以说，上述考虑既防止了地方官员的闲置，又有利于包括河务在内的地方事务的顺利进行，不啻一举多得。据此，似乎亦能看出，直至周馥任职山东巡抚，省府与沿河州县地方共同负责的较为完善的黄河管理体制才基本得以实现。

此外，由于沿黄各州县的自然环境与社会状况存在较大差异，故而在堤埝防护与防汛上也表现各异，为了更进一步深化对这一差异的认识，或可先看看当时长清境内遥堤的防汛状况。长清县境遥堤修成于清光绪十年（1884），长十余里，“堤成由河防营派兵守护，又筑屋两处，每处兵四名，堤成栽柳树一行，归防兵看护”[①]。至光绪二十五年（1899），李鸿章“奏玉符河以南近山无堤，请裁此段防兵北守开河店，奉命撤去”。“河堤筑成后，恐河水暴发，堤有损坏，决口为害，又令沿堤附近村庄民夫看守堤坝，昼夜梭巡，霪雨更紧，自六月初一日起至霜降止，人皆打窝铺堡于堤上，故曰看堤窝铺”[②]。很显然，至于黄河大堤由谁来防护，如何进行防护，长清的例子无疑有助于我们理解。据此也不难看出，对沿黄大堤的防守，仅由河务局派出的防兵进行防护显然是不够的，仍需沿黄地方民众的配合。另外亦能看出，受境内黄河沿岸山地地形的影响，长清境内沿黄大堤防兵所防河段也处在不断的调整与变化之中，这虽然只是长清一县的例子，亦无疑为认识晚清山东黄河中游河段（该河段两岸多低山丘陵）的防汛提供了重要参考。

正如前文所述，对于晚清山东黄河的防汛来说，防汛料物的储备无疑是极为重要的。可不得不承认的是，在夏秋大汛到来之时，由于汛情紧急，防汛料物紧张的情况时常出现，在此情境下，又如何进行防汛呢？对此，光绪二十九年（1903）山东巡抚周馥的奏文中记述道：“……堤顶坍尽补筑后戗复被冲刷殆尽，几至漫溢，土料俱不应手，就近买拆民房取土，拔取沿堤数里

① 民国《长清县志》，第 140 页。

② 民国《长清县志》，第 141 页。

青高粱，并砍伐远近柳枝，拼力抢救，始得转危为安。”① 毋庸置疑，汛情紧急情状下的防汛本身就是黄河防汛的特殊情形之一，上引史料也只是反映了众多紧急汛情状况下的一种，但据此不难想见晚清山东黄河防汛之复杂与艰难。与上述情形相类似，经过连日阴雨②，桃园大工护坝的防护工作亦出现非常紧张的情况：“护坝为大坝屏蔽，极关紧要。今水淹埽面尺余，土经汕刷，必致漂柴，且长至三十余丈，倘致掣引溜势，大坝恐将不保，何勘设想。比即批饬会督勇夫，漏夜抢箱出水，加压大土，以免意外。惟存料无多，并准就近拨用收买之料，以资应手，庶免疏虞。”③ 当然，除上述大汛紧急状况下料物紧张、取土困难等情形，防汛人员的配备无疑也是一重要方面，大汛到来之际，黄河险工林立，防汛营员人数不足无疑亦为河防之重大疏失，就像光绪二十八年（1902）王希贤督办陈家窑堵口工程时的情景那样，由于河工防汛各员分管十余里的河段，确实有人力难周之处④。

防汛本身就是一件较为复杂的事情，人员、料物等均需一应俱备。而在大汛到来之时，由于其时险情较重，形势紧急，稍有不慎则可能导致溃决出现，故而其对防汛的要求也相对较高，从上文中“加压大土，以免意外”的护坝做法上似乎也能看出。经过齐力合作，上述桃园大工的防护工作进展很可能算是较为顺利的，但并不能因此排除因防汛不当而致使漫水出槽的现象：“河套圈漫水之在堤埝中间者，东去本无出路，又为土城以东各村庄赶筑横坝，拦截积水益深。被淹各庄因于罗家庄扒开大堤，泄水南去，缺口先宽数丈，现已宽至二十余丈，该弁带夫仅三十余名，力不能制，惟有邀集堤南村庄协力守护，禀请核夺等情。查堤南已有漫水，即掘放亦增水无多，且仍是河套圈之水，尚非另添民埝口门，似不至为大患。第胆敢扒开官堤，殊属藐玩。……前拟赶堵蒋家庄民埝缺口，现又水势续长，内外相平，而阴雨泥淖，运料维艰，工作恐难得手。又齐河县印委会禀以郭家闸民埝漫口虽经堵合，

①《光绪朝朱批奏折》第100辑，第604-605页。

② 据潘骏文：“窃前司于初八日……连日阴雨，黄水又续长一尺四寸，连前共长四尺一寸。”（参见［清］潘骏文：《筹办防汛事宜》，《清代诗文集汇编》第732册，第520页。）

③［清］潘骏文：《筹办防汛事宜》，《清代诗文集汇编》第732册，第520页。

④《光绪朝朱批奏折》第100辑，第492页。

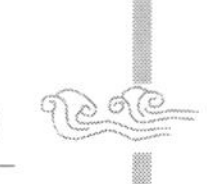

而堤埝间一片积水，无可疏消，拟在左庄以西刨开大堤，可将积水泄入公益河，渐次消耗等语。查消水须以下游为去路，该县欲消积水而使下游邻封未被水之村庄转致波及，必启衅端。”[①] 很显然，漫水出槽并不只意味着先前防汛的失利，更意味着防汛工作的继续。值得注意的是，对于堤埝之间漫溢之水的防御，其情形将变得更加复杂困难，且不论在人员配置、料物筹措等防汛事宜上的局促，由于堤埝之间有村落和居民存在，筑坝拦水也就意味着必然要淹没一部分村庄，这样也就容易诱发不同村庄居民之间的争端，扒埝泄水、以邻为壑的情况遂时有发生，上引史料中河套圈与郭家闸民埝漫水的例子就很好地说明了这一点。

三、河政河工腐败与奖惩

反腐败国际非政府组织透明国际（TI）将腐败定义为“为获取私利而滥用公职”[②]，传统中国的腐败现象显然与该定义相符合。清代的腐败问题十分严重，漕、河二政的腐败又是其中较为突出的代表，因此多有学者论及[③]。魏斐德在《中华帝国的衰落》中便以河政为例讲述清中叶之后的腐败之风：

> 官员们尽管坚持主张有恢复道德规范的必要，但嘉庆在位期间，黄河泛滥的次数就多达十七次。这表明河道治水官员们肯定中饱私囊，侵吞了修堤款项。[④]

想要理解河务腐败高发的原因，当然要回到腐败的根源——官僚体制当中，而清代官僚体制的疾病又是前工业社会官僚体制疾病的一个分支，在这个问题上，摩尔在《专制与民主的社会起源》一书中亦论述道：

> 前工业社会实际上不可能产生和榨取足够的经济剩余来支付官僚们的俸禄，以确保他们真正效忠于皇室。其他的支付方法也是有的，例如来自特定土地的收入赏赐，或者像中国发明的办法，用腐败来弥补官员

---

①［清］潘骏文：《筹办防汛事宜》，《清代诗文集汇编》第732册，第520页。
②［澳］莱利斯·霍姆斯：《腐败》，胡伍玄译，译林出版社，2019，第2页。
③ 秦晖：《治水社会论批判》，《经济观察报》2010年7月21日。
④［美］魏斐德：《中华帝国的衰落》，民主建设出版社，2017，第107页。

应得的收入与君主支付能力之间的缺口。[1]

在高薪养廉的王朝鼎盛时期，这个“应得的收入与君主支付能力”缺口或许不大，因此腐败问题就不突出，到了王朝的末年，财政情况恶化，吏治又随着时局的危机而放松，那么腐败就加剧了。晚清的情况在该理论的笼罩下近似于前代王朝，但亦有其特点，在官僚体制方面，吏员格外多[2]，河务系统也可以反映；在时代背景方面，现代化转型和不平等条约中高昂的赔款让清政府的财政情况格外恶劣，治河资金自然会有所缩减，那么按照摩尔揭示的原理，缺口的扩大就使腐败问题愈发严重了。

张仲礼的研究表明，清朝知县的额外收入可达法定薪俸的 16 倍，即 30000 余两与 1900 两之比；到了 19 世纪末，汉官的额外收入已达法定薪俸的 19 倍之多，平均每人每年 5000 多两银子[3]。在河务这个“吞金巨兽”面前，如阿克顿勋爵的名言所揭示的那样，更丰厚的资金会使河务腐败的境况比知县的腐败更加严重。主管河务的山东巡抚之中不乏勤政爱民之士，朝廷也明察暗访希望改善腐败的情况，但中层河官结党营私的风气亦较为严重。人的问题和管理人的制度的问题极为重要，在严重河政腐败的情况下，即便拥有完美的外部条件——完善的防河治河措施、充足的河防料物以及足够的河防经费，黄河也难免频繁溃决的结局。

（一）河工腐败与反腐

就晚清山东黄河来看，河工腐败主要表现在河工腐朽之风以及购买物料不实之情。至于河工腐朽之风，山东巡抚李秉衡在对前济东泰武临道张上达进行参奏时就指出：“两年中周历河干，访求利弊，佥谓山东河工风气之坏，自张上达始。该道小有才能，历任抚臣皆委办河务，旋充中、下两游总办，凭权借势，贿赂公行，属员求得差委，率以重赀拜认师生，得差后凡购买桩料等项，亦遂任意克扣，上下朋分。臣两年来严切整顿，而积习已深，未难

---

① 摩尔：《专制与民主的社会起源》，载阎步克《中国古代官阶制度导论》，北京大学出版社，2010，第 164 页。

② 白瑞德：《爪牙：清代县衙的书吏与差役》，广西师范大学出版社，2021。

③ 张仲礼：《中国绅士的收入》，载阎步克《中国古代官阶制度导论》，北京大学出版社，2010，第 164 页。

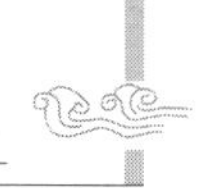

尽挽，是风气之坏实以该道为罪魁。”[①] 如果说李秉衡的参奏尚显不够充分，可以再看其他人的参奏。光绪二十四年（1898），有人对之前担任过河工、赈务两处提调的山东降补同知叶润含进行参奏，奏文中提到其“与张上达、黄矶拜认师生，屡得优保，河工委员咸奔走关说方得差委，至于赈务，放少报多，与黄矶从中分肥，民怨沸腾，又与原任抚臣张曜门丁结为兄弟”[②]。且不论张上达、黄矶、叶润含等在山东河防中担任要职的官员，即便是分管几百人的营官，其腐败情状就令人瞋目：

> 时为营官者，声势煊赫，习气甚深，出必乘舆，扈从蜂拥，行李车、膳夫车随焉。入则高坐，侍者雁列两翼，屏息而立，一呼百诺，皇皇乎俨若大官也。[③]

对拥有黄河最高管理权的山东巡抚来说，由于朝廷对其职务的调动相对频繁，再加之省内漕运、海防等其他事务的分扰，虽然其于河工河政上有着贪腐的绝对便利之处，但较之于常年负责上、中、下游河段的官员来说，其贪腐程度似乎就相形见绌了，上述诸例或即为明证。

河务是一项投入巨大而无直接经济收益的公共事业，可越是公益性的事业往往越会成为少部分人营私贪腐的凭借。通过贿赂而获得差使，通过“拜认师生”而形成坚固的利益联盟，这样的河政官员体系又怎能挑起防治黄河的重任呢？对于一般河工员弁来说，不管其是通过怎样的“途径”进入这个群体的，“得差后凡购买桩料等项，亦遂任意克扣，上下朋分”，这样的结果是可以预见到的。

在整个河政腐败中，河工物料采办过程中的贪腐无疑是较为严重的。清同治十三年（1874），山东巡抚丁宝桢在其奏文中就请求对相应官员在河工料物上的贪腐行为进行惩处，其中对这类官员的贪腐细节有所提及，“山东暂革候补知县钱台、候补府经历耿治润承办河工秸料，于津贴、运脚并不禀候批示，擅自开销，且所储料数与原报不符”[④]。清廷虽给予“钱台著革职永不叙

① 《李秉衡集》（中），第623页。
② 《光绪宣统两朝上谕档》第24册，第594页。
③ 张含英：《五十年黄河话沧桑》，第104页。
④ 《咸丰同治两朝上谕档》第24册，第429页。

用，耿治润著即行革职”的处理，但其二者在河工料物上的不法行为确使我们认识到河工料物腐败的各种伎俩。当然，不独于此，在河工料物的采买上，贪腐现象亦十分严重。对于河工买料，“东省买料章程向以一万斤为一垛，从前验收只以堆垛高宽丈尺为准，委员与贩料通同作弊，率多架井排空，斤重任意短少，每至临时缺乏，贻误要工”①。为防止这一情形的出现，时任山东巡抚李秉衡曾“于上年冬间通饬上、中、下三游预购今年防汛秸料，凡接见买料委员无不告诫谆谆，谕以斤重必须核实”，可即便如此，山东全河堆存秸料经抽查后“通计斤重购足一万者竟无一人”。在另一奏折中，李秉衡对此亦述说道：“山东河工积习率以买料为调剂之差，架井空虚，任意短少，甚至有不肖委员，于大汛之际，通同防营，捏称随买随用。实并未买一束，料价全饱私囊”②，河工购料上的腐败据此可见一斑。

此外，也有一些官员在办理河工的过程中存在其他一些问题，虽然并非直接的贪腐行为，但其恶劣程度亦不能轻视，甚至比前述贪腐行为更为严重，填土不实就是其中的表现之一。光绪二十二年（1896）的朝廷谕文中对此就有所提及：“已革副将徐天庆办理厢埽并未用土填实，已革知县张学易现钱买土，亦有不实。”③ 很明显，不管是买土，还是厢埽填土，这种与实际所需不符的行为均都给人以贪腐的嫌疑，而因这种不实行为所导致的河工溃决则要比腐败更为严重。除此之外，在河工物料采办过程中，官吏滋扰乡民的现象也时有发生，御史殷如璋在奏文中就提及此事，所谓“东省治河应用工料，向由地方官派民采办，官给价值。近来乡民交纳料物，胥吏稽留需索，闾阎不胜重困”④。与此情况相似，清光绪二十三年（1897），因为河工工程较大需料较多，不得不委以沿河州县代为筹办，可即使“深恐累及民间，从宽给予价值，覆准开销运脚，不使稍有为难”⑤，仍有长清县知县苏杰在采办料物的过程中“按亩摊派，每亩摊料五斤，外加费用京钱五六十文至一百文不等，

①《李秉衡集》（中），第629页。

②《光绪朝朱批奏折》第99辑，第555页。

③《光绪宣统两朝上谕档》第22册，第141－142页。

④《光绪宣统两朝上谕档》第11册，第309页。

⑤《光绪朝朱批奏折》第99辑，第858页。

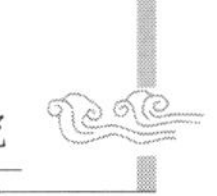

殊出意料之外”；同年，平阴知县安雅“于五月间购料五十余万斤，料价只发一半，至八月始行补发”[①]，致使“各乡首事因而从中克扣”，最终导致卖料各户“以价不足数来省呈控”。光绪二十六年（1900），山东巡抚袁世凯在奏请惩处河工官员的奏文中也说道：“山东河工上游收支委员候补知县徐瑞麟办事糊涂，师心自用，支发款项，物议沸腾。帮办收支委员曲阜县典史张继业，品行不端，性情浮动，好为结纳，不知远嫌……管带凤字河防营补用都司花凤魁，浮夸矜伐，修防不实，苛待营勇，结怨于民。”[②] 除上述不法行径外，还有吞蚀河工巨款的更为严重的行为，在此类河工案件中，崔廷桂无疑是其中的典型。光绪二十五年（1899）四月，时任山东巡抚毓贤对崔廷桂的前述劣行进行了参奏，其于奏文中说道：“崔廷桂劣迹多端，若邀宽大之恩，仅予革职，似不足以蔽其辜。崔廷桂前在河南办理郑工引河，吞蚀工款甚巨。……上年经前奏调来东，该总兵总办河工，把持全局，夤缘贿赂，百弊丛生，即如堵合杨史道口，原估银二十二万两，后竟用至四十三万两之多，乃甫经合龙，尚未断流，崔廷桂即将堵口未竟之工禀请移交道员丁达意承办。该镇兼承赴任，遂置河工于不问，所领工款有三成归中饱之说，人言啧啧，未尝无因。是崔廷桂在豫如此，在东亦如此，是乃河工之一大蠹也。”[③] 身居河工要职，面对堵口大工而将未竟之工转交他人，非但不能担负起河务重任，反而屡次侵吞河工巨款，这怎能是给予其革职的处分就能了事的呢？以至于毓贤发出“夫河工之洪水，其患犹浅；人心之洪水，其毒实深”的感叹。

在朝廷的督促下，上述不法行径虽已得到应有的整改或惩治，但在未被揭发之前其给民众和河工带来的不良影响，又怎能是朝廷或省府的依法惩处所能完结的呢？当然，为防止上述腐败行径，河工奖惩制度的建立与完善遂显得尤为必要。

对于黄河来说，河政河工腐败现象的产生与奖惩制度有着很大关系。奖多惩少，则冒功请奖之人遂增；奖少惩重，则河工员弁参与河防的积极性又

①《光绪朝朱批奏折》第99辑，第890页。

②《光绪宣统两朝上谕档》第26册，第58页。

③《光绪朝朱批奏折》第100辑，第232页。

难以提高。故而奖惩制度的制定与执行，不失为黄河河政管理过程中的重要环节。而正如前文所说，自黄河铜瓦厢北徙后，随着黄河管治权逐渐向地方转移，巡抚成为黄河管理的第一责任人，在此情形下，朝廷放权[①]即为山东地方在黄河管理上的集权，极易滋生河政河工腐败。置此之境，山东黄河管理过程中的奖惩状况又是怎样的呢？其于防止河工腐败的效果又如何呢？

腐败与防止腐败往往是相伴而生的，为了对晚清河工腐败有更加深入的认识，或可先看河东河道总督许振祎在防止河工腐败上的做法。光绪二十年（1894）六月，在开封设置河防局后，许振祎就提出自己的防腐主张，其在奏文中说道："河防局之设，微臣亦具有拙，诚不得不出于此。如近日厅员办公颇称无弊，然试思人之贤愚不一，才之敏钝不一，各厅营汛弁兵大半皆劝厅员省钱之人未有，劝厅员多费之人，即今多备料物。然工之坚实与否，非目击者不能知也。大河关生灵性命，若徒恃文檄申戒，终必流于虚欺而后已。臣当时详择监工委员，不徇情面，力求其能任艰苦而又深知河务者。计七厅各派二三员终年在堤，凡遇应添之埽、应护之坝，面催该厅速为抢办，协同防堵，而其中稍有不实，亦即密以告臣，故营汛弁兵不能售其术，而厅员亦碍此耳目，不能不认真趋事而自顾考成矣。近来积弊之除，半由监工委员之力。不然，臣有何术哉？"[②] 作为河东河道总督，许振祎对河工腐败问题的认识无疑是极为准确的。由于河工河政耗费的是朝廷下拨的"公款"，故而没多少人能真正从为国家节省经费的角度去考虑，而只是计划着怎样去多耗费用，进而从中贪取渔利，至于工程质量坚实与否，也就不再过问，这其实也是河工贪腐为国之巨蠹的原因所在。在该奏文中，许振祎介绍了自己防止腐败的办法，即挑选"能任艰苦而又深知河务者"作为监工委员，建立行之有效的河工监察制度。

可以说，许振祎上述防止河工腐败的做法取得了其所期望的效果，但如此做法并非适于晚清黄河的任一河段，对于河南境内的黄河来说，这样的河工监察制度或许是合适的，但对山东黄河就不一定合宜。于此，还是要回到

① 当然，此处所说的"放权"并不是绝对的放权，朝廷在山东黄河的管治上仍发挥重要的作用。

②《光绪朝朱批奏折》第 99 辑，第 451 页。

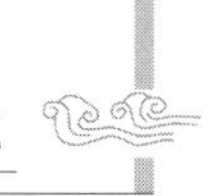

晚清山东黄河的实际情形：其一，与河南黄河不同，晚清山东黄河始终未设厅汛且河道弯曲，险工较多、汛情复杂，这无形中就加大了河工监察的难度；其二，在朝廷经费困乏的情况下，山东黄河的管治权已完全转交山东巡抚，而对山东巡抚来说，除河务外，还有漕运、海防等重大事务急需处理，也就难以建立像上文许振祎所说的直接对第一责任人负责的河工监察制度。[①] 那么，晚清山东黄河管理中的河工监察制度又是怎样的呢？据前文河官列表来看，晚清山东河官中设有监修、监硪、监埽、随工、稽查等官职，其对于河工亦发挥一定的作用，就像光绪二十六年（1900）督办三游河工督粮道尚其亨为防止黄河河工腐败的做法那样，“拟每四十里并派监硪二员，庶几互相牵制，不至再蹈从前积习。至各游督办、提调总司稽查，如承委各员有侵蚀土方情事，一经查出，委员则从严详参，督办、提调照失察例议处”[②]。值得注意的是，上述事例仅为河工大工特殊情况下的一例，其中虽对各游督办、提调、委员等贪腐或失职的处理办法进行了申明，但不得不承认的是，在晚清山东黄河的常态化管理过程中，各类负有监察职能的河官毕竟均委命于各游总办，虽于河工能起到一定的积极作用，但也更易滋生河工内部的集体腐败，故而河工监察制度的功用不能令人高估。退一步讲，即使由山东巡抚建立一套严密的河工监察制度，是不是就能达到类似上述许振祎所说的效果呢？

任何监察制度的建立都应是基于一定信任的前提之下的，不基于任何信任之上的看似“天衣无缝”的监察制度，终将走向制度创立的背立面而失去其应有的意义。在晚清山东黄河的管理上，完善的河工监察制度的建立显然是很有必要的，但过于严密的河工监察制度非但不利于河务工作的正常运转，反而更易导致意想不到的灾患，而在各类河工员弁的选用上严格把关，才应是值得坚守不变的原则。

这里所说的用人不仅是指在山东巡抚的选用上，还包括在各级河工员弁的择用上，更为关键的是要建立一种上下一体的河工廉政体系。光绪二十二

① 就像前文所说，面对各种对山东巡抚的举报，朝廷也派员对其进行明察暗访。这样的事例不少，对此，可参看《光绪宣统两朝上谕档》第25册中第88－89页朝廷对山东巡抚张汝梅的处置。

②《光绪朝朱批奏折》第100辑，第386页。

年（1896），御史宋伯鲁就上奏陈述山东黄河积弊[①]，但对于时任山东巡抚李秉衡来说，显然是难以接受的，因为其本人在防腐问题上确实做出了不少努力。对此，李反驳宋的奏文中就有很清楚的陈述：

原奏（即宋伯鲁的奏文）所称冒领朦销之弊，诚不敢谓其必无。自臣履任以来，凡出入款项，无不亲自钊钩稽。每年防汛经费、河防营勇饷若干，正料需款若干，杂料需款若干，各局月报、旬报，臣皆逐条考核。上年岁修之款中游即节省至五万余两。堵合高家大庙、北赵家两处漫口，原请款十五万两，嗣复饬撙节动用，只销银七万余两，所余之款，移作下游修培之用，不复另行请款。似侵冒之弊，臣已搜剔无遗，至买料不实之员，上年已将邵守正、崇贵参革，办公买土不实之员，本年又将徐天庆、张学易加等严参，均先后奉谕旨，人所共见，是处分之条，臣固不稍宽假矣。原奏又谓河工以收支料场为最优，买秸桩麻？土次之，皆重贿营谋，巧取豪夺等语。查三游各设收支局，凡购买正杂各料委员向局领银所购各项价值，由委员自行通报管收，支者只司出纳，大数并不经手采办，臣复饬各总办，留心稽查，当不能有所弊混。至买秸料之弊，不外架井中空。从前不肖委员与营员通同作弊，在所不免。臣痛惩此弊，饬局详定章程，凡购办秸料，必择操守可信之员，购齐后由臣及各总办派员验收。臣赴工之时，再随处抽查斤重，如不足数，分别参惩。现在买料一差，人多视为畏途，若谓重贿营谋、巧取豪夺，揆诸近日情势，迥不相侔。臣查河工以秸料为大宗，而石料桩麻所需亦巨。现由臣遴派廉正素著之员，分办石料桩麻三项，务期涓滴归公，一洗从前痼习，仍当随时稽查，以绝弊源。原奏又谓申明赔修旧例，自是责成保固之意。查赔修之例，本系为南河旧有厅汛之地而设，然使堵口工员有草率偷减之情弊，致甲年堵合者，乙年又复开口，自当查照旧例核办，毋许将地名任意更换，以杜规避取巧之私。至武员专事逢迎，最为河工陋习。臣

①《光绪宣统两朝上谕档》第22册，第155－156页。据上谕当中所说，“所称冒领朦销宜严定处分，收发各料宜设法稽查，申明赔修旧例，武弁认真巡查各条”，能够看出，御史宋伯鲁在该文中对当时山东河工中存在的问题进行了较为全面的参奏。

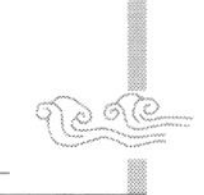

到东后即通饬严禁。凡臣衙门委派营官，及臣查工到境，无许书吏差弁需索分文，并不准供应迎送，自总办以下，现均一律遵行，风气已为一变。臣于河工非所素习，然两年以来博考舆论，勤加访察，凡河工旧日积弊已无不次第湔除。①

很显然，为防止河工积弊，无论是在防汛经费的使用上，还是在河工购料、赔修例则等的处理上，李秉衡在“博考舆论，勤加访察”的基础上均采取了极为精密的防腐措施。就像前文所说腐败较为严重的河工购料一节，除了上引史料中预防腐败的办法外，李秉衡还令河防局于秋冬之际秸料价格平稳之时采购储备，以防大汛来临之时“藉口于随买随用，随厢随蛰，在岸者不及验收，入水者更无从究诘”②。

（二）奖惩制度

1. 奖惩对象与轻重程度

清咸丰元年（1851）黄河丰工决口后不久，就有人上奏请求恢复河员处分旧制，“向来河工遇有漫口，河员皆予重惩，道光二十八年，经王大臣等会议，将河督处分改为降留，嗣后应改归旧制”③。同治七年（1868），荥工决口后，苏廷魁上奏河工积习难除，请求严格立法，以儆效尤，所谓“河工办事各员，向多积习，往往惟利是图，不顾要工……有人奏豫工漫口自上南河以下，漫塌口门几三百丈，大溜已掣十之六七，在工人员靡费侵渔，查料及买土者通同作弊，上下交欺”④。光绪十三年（1887）堵住郑工决口后，吏部就对河工奖惩中“赏重罚轻”的现象进行质问：“至河工奏奖之案往往于堵筑告成时列保多员，偶有失事，仅止忝劾一二，赏重罚轻，何以示儆?”⑤ 光绪二十一年（1895），御史胡景桂在奏文中亦对当时河工的赏罚状况做了更为详细的叙述：

①《光绪朝朱批奏折》第 99 辑，第 731 - 733 页。
②《光绪朝朱批奏折》第 99 辑，第 642 页。
③《咸丰同治两朝上谕档》第 2 册，第 193 页。
④《咸丰同治两朝上谕档》第 18 册，第 363 - 364 页。
⑤《光绪宣统两朝上谕档》第 13 册，第 476 - 477 页。

> 近年河工罚轻赏重，诸弊丛生，平时委员购料，架井空虚，以少报多，甚或不购物料，捏称随购随用，与武弁串通舞弊，空耗巨帑，徒饱私囊。一旦伏汛届期，堤防溃决，重者革职留任，轻者摘顶留工而已。而革职追赔、枷号河干示众者，此例久不举也。迨交冬令，潮流势弱，铺张合龙大工，不但开复摘顶革留之虚处分，而异常保举两三层花样，均可越级而邀上赏矣，更有委员子侄朦保邀恩者。是罚仅虚名，赏皆实职，无惑乎河屡决而官日增也。似宜申明旧例，严定罚章，委员侵蚀者革职查追，堤防溃决者革职赔修，枷号示众。即或留工，亦必先行撤任，庶人知警惕，河防不开捷径，河员亦不敢舞弊矣。①

据上引文，我们不仅对晚清河工河政之腐败有了更深的认知，同时对与腐败密切相关的河工奖惩制度也有了更多的了解。对于晚清河工奖惩制度，至少在咸丰之前，其惩处的力度还是较重的，而自咸丰以至光绪时期，“赏重罚轻”的现象则越来越明显。虽然上述现象主要是针对整个黄河而言的，但亦基本符合晚清山东黄河的状况，对此，可从光绪十二年（1886）的奏折中窥探一二。在该年内，有人上奏称：“山东河患日深，去岁溞沟合龙，不旋踵而何王庄决口，此堵彼开，敷衍目前，已有明证，若不严定赏罚，恐不足以服民心而减河患。”② 这种“严定赏罚”的诉求固然与山东河患频繁的状况有关，但反过来看，当时山东河患日趋加重的严峻形势亦在一定程度上反映出河工惩罚制度之松懈。当然，整个晚清山东黄河河工的惩罚措施并非一直如此，山东巡抚对此的态度至为重要。光绪二十七年（1901）袁世凯任山东巡抚时，当时黄河屡决为患，袁即通饬沿河，凡决口出自某段就将某段营官就地正法。此令一出，全体营官皆震栗无措，遂群请山东藩司向袁陈情，于是改为如有决口，将营官革职永不叙用，并枷号河干戴罪效用，俟堵口工竣再行开释。其后每遇河决，则必有荷枷带锁伛偻踝躞于众工之间者，遇袁巡河

① 《光绪朝东华录》（六），第3668页。又，“光绪二十一年十月十七日内阁奉，上谕御史胡景桂奏山东河工请责成河道总督经理，并近年河工罚轻赏重，请申明旧例各折片，著该部议奏，钦此”。（参见《光绪宣统两朝上谕档》第21册，第397页。）

② 《光绪宣统两朝上谕档》第12册，第111页。

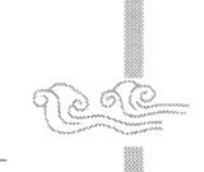

则屈膝迎送，其间亦有向袁泣诉者，袁则曰："此王法，无如何也。"① 作为山东巡抚，袁世凯在河工惩罚上的决心和力度无疑是令人赞服的。诚然，对晚清山东河工奖惩制度来说，奖惩之轻重固然是一重要方面，而其间涉及的奖惩对象、奖惩的轻重与多少（包括人数与物质）、需不需要奖惩等问题亦须做一探讨。

影响奖惩制度的因素有很多，而河工奖惩本身又有其特殊的一面，再加之晚清山东黄河水灾险工繁立、水灾频繁的实情，这就使得晚清山东黄河河工奖惩制度在不断变化的现实中进行着调整。对此，可以先看光绪十三年（1887）时任山东巡抚张曜奏请变通山东河工奖励章程的奏文："窃维河工奖案向以堵口为异常劳绩，奖叙最优。培筑堤埝修防三汛均照寻常劳绩奖叙。查堵筑决口在事员弁固属劳苦危险，一经堵合，将善后各事筹办周密，可无后患。而培筑堤埝，终日往来河干，杂处勇夫之间，奔走于泥泞风日之中，工竣以后，如保固限内被水漫决，更有参劾滩培之累。至于修防三汛，自春历秋，驻守河干，当汛涨之时，溜急浪涌，拍岸盈堤，每遇黑夜之中，风雨之际，埽走坝滚，危在呼吸，抢险之员必须身先兵役，昼夜经营，不容须臾稍缓，其危险情形甚于攻战。是以上年东省开办河工以来，饬派堵筑口门工程文武员弁均能勇于任事，其分段防汛修筑堤埝等工，该员弁每多视为畏途，利害所在，无怪其然。大凡办事人员志趣高迈，意在报国卫民，不赏自劝者，固不乏人，而志在功名者，自复不少。今东省河务局尚未设立厅汛，办理甚难，是奖叙章程必须量为变通，核实办理。"②

由于并未设置厅汛，晚清山东黄河在奖惩上很难形成更为符合实情的制度。就像张曜在上引奏文中所说，此前仅对堵筑决口的出力人员进行奖励，但这对于常年驻守并奔波于风雨之中修培堤埝的河工来说显然是有失公允的，修培堤埝的艰辛难道就不应该得到应有的补偿吗？虽然这只是从张曜奏文中

① 张含英：《五十年黄河话沧桑》，第 106 页。同时该文（第 107 页）对晚清黄河决口的惩罚也有较为详细的记述："清时黄河决口，按例则有七人负责，即承防、分防、营官、哨官、提调、会办、总办是也。决口之后，各摘去顶戴，另有上宪委人代其原职，而各该员等仍须留河助工，藉赎前愆。凡督官员，所住之屋，皆系草舍，简陋不堪；盖以自罚，以示与民同甘苦也。总办之屋，仅秸墙茅顶，天寒之时，重障一席足矣；至营哨等官之所居，则只有窝铺而已。"

②《光绪朝朱批奏折》第 98 辑，第 323 页。

明显能看出来的质问，但作为旁观者的我们也不得不承认这样的客观事实，毕竟疏忽了哪一方面都可能造成黄河的溃决。退一步讲，“大凡办事人员志趣高迈，意在报国卫民，不赏自劝者，固不乏人”，但“志在功名者，自复不少”，谁又不想能从黄河修守的工作中获得褒奖，进而创出一番事业呢？先前只从堵口员弁中择取定额给予奖励的做法显然是难以调动整体的积极性的。在此情形下，张曜提出了自己的调整办法，即“拟请将承修堤埝工程之员、监修三千六百弓，择其尤为出力者，准照异常劳绩请奖。文员二人，武弁四人，其余出力各员弁仍照寻常劳绩请奖，庶于变通之中仍寓限制，以杜冒滥”。

当然，河工奖励也并非没有限度，于此，从张曜在“最高奖项”的施用上就能看出：“臣于河工劳绩请奖，惟翎枝一项最为慎重。堵口之案例章应奖翎枝。而臣于堵口奖案，并未敢率请花翎，特以知府李清和于十三年大汛盛涨之时……倍著劳绩，然其抢险之功为尤著。是以三年以来臣之请奖翎枝者仅止李清和一人，当此山东河工办理极艰难之时，亟须策励人材，以冀益加愤勉。”[①] 很显然，在河工褒奖上，奖励的最上限与最下限的界定与使用是较为重要的，尤其是对于晚清山东黄河这样险工多、汛情复杂的情况，运用得当，则能起到充分调动河工积极性的作用；运用失当，则实际的奖励很可能会变成河工员弁不情愿接受的一种施舍，且不论其不能发挥奖励的应有效力，还可能给河工经费带来不小的负担。

诚然，河工奖惩远不止上述这么简单，朝廷的处置与地方实情都对其起到一定的影响，这也使得河工奖惩变得更为复杂，甚至变成山东地方与清廷之间的博弈。对此，张曜在其光绪十五年（1889）的奏文中说道：

> 至部臣以承管之员应统列查忝。臣维防汛各有地段，未便以彼段漫口将此段无过之员一并忝劾，即漫口之处，更有用命之员弁履险蹈危，已是波涛余生，未便再加忝劾。如副将张永洪，因贻误工程，当即奏请革职，发往军台，臣何尝不从重忝劾。候补道李希杰委派防汛三百余里。从前旧工并非该道经手，已在保固限外，新委该道所办工程，经费初至，

---

①《光绪朝朱批奏折》第98辑，第699－700页。

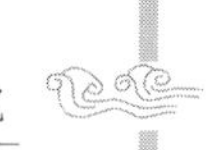

人夫未齐，尚未竣事，伏汛盛涨而大寨适被漫溢。臣将该道员奏忝奉旨摘去顶戴，实已情法至当。今部臣议以降四级，准其抵销，系照实缺道厅议处。臣以为山东河防至难，奉委各员，究与实缺河道河厅有间，现今河务方殷，熟悉工程之员尤不易得，惟有仰乞天恩敕下部臣，俟河道厅汛设立以后再照河工之例议处。至于河工员弁，遇有不能实力实心，以致贻误者，臣惟有从严忝劾，断不敢稍事姑容，自干咎戾。①

据此不难看出，在河工漫口的处分上，清廷与山东地方确实存在一定的分歧。但是必须要清楚，不但"山东黄河堤埝之薄，河淤之高，河势之曲，无处不有险工，其河道之长且数倍于豫省"，况且山东一省对其全权负责，如果不加区分地对发生漫口的上、下游汛段各员弁均做一体处置，且不论对"履险蹈危"的"用命之员弁"有失公平，河工勇于任事的积极性亦将因此而受到打击，如若再出现险工漫口，作为山东黄河第一负责人的山东巡抚又将去找谁赴工呢？更何况受到惩处的往往是那些熟悉河工的中层官员，这也似乎意味着朝廷部议所定的处分越重，对山东河工的损害也就越大。

2. 奖惩频次与人数

在河工奖惩上，奖惩频次与人数多少无疑亦是重要方面。光绪十七年(1891)，河东河道总督许振祎的奏文中，对河南河工奖惩的频次与人数亦有提及："查豫省全河保奖，自铜瓦厢黄河北徙，改为两届安澜。经前河臣吴大澂奏请给奖，后扣至十七年霜清正值轮应请奖。据开归、河北二道汇同十六年伏秋防汛出力存记员弁汇案开送清折请保前来。臣查该道所开员数较多，碍难全行照准，除切实删减，并将劳绩略次之员或别归下届，或酌给咨奖，分别办理外，谨择尤为出力人员核缮清单恭呈御览。"② 同年，漕运总督松椿在其奏折中对河工褒奖的次数与人数亦有所追溯："按两年奏保一次，光绪十一年吏部附片分具奏，嗣后各省河工安澜，保奖以二十员为率，如有逾二十员之数者，即将逾额之员奏请撤销。"③

①《光绪朝朱批奏折》第98辑，第782页。

②《光绪朝朱批奏折》第99辑，第102页。

③《光绪朝朱批奏折》第99辑，第91页。

据上引文，至少光绪十一年（1885）至十七年（1891）这段时期内，黄河河工褒奖频次与人数仍未形成定制，但其无疑已为后面规制的形成埋下了伏笔。光绪二十年（1894），河东河道总督许振祎奏请限定河防局用人用款并立案，其中对涉及河工奖惩的频次与人数，“两年安澜，照寻常劳绩请奖”[①]，许振祎的上述奏请最终得到朝廷的批准，同时朝廷还批准，“监工各员准其两年保奏一次，以二十人为限，照寻常劳绩核实请奖，毋许冒滥”。

对河南黄河来说，上述奖惩制度或许是适合的，但对晚清山东黄河来说，由于其河工险情较多，也就不一定合适了。至于山东河工保案，“自前抚臣张曜奏定章程，每抢护险工一处，照异常劳绩保举文职二人，其余照寻常劳绩核奖”[②]，对此褒奖章程，从前文我们也已看到，张曜本人已对其进行了调整，即在异常褒奖中增加了四个武职名额。但看似公平的褒奖章程，实则暗藏着奖励过宽的危机，时至光绪二十年（1894），山东巡抚李秉衡就上奏反映这一问题：“东省河面甚狭，河身日淤，每大汛届临，险工多至百余处及数十处不等，故保举之途甚宽。又因他省及候选人员悉准投效，于是闻风而起者，遂视为捷径，趋之若鹜。非破除情面，无以挽奔竞之风。臣维保奖所以励有功，无功者幸邀则出力者转不知劝，殊失朝廷慎重名器之道。臣拟请自本年为始，除遇有堵口大工随时核办外，其防汛抢险之案，每年保奖不得过四十人，仍两年汇报一次，核其劳绩优次，以为差等，其余分别予以外奖。庶赏必酬劳而幸门可以永塞矣。”随着山东黄河淤积加重，河患增多，虽然每次抢护险工仅褒奖文职二员，但大汛来临之时，险工多至数十处甚至百余处，这就使得视争取河工褒奖为仕途捷径的员弁“趋之若鹜”。在此情况下，李秉衡限定文职员弁四十人的上限褒奖人数，“至武职人员，亦饬各总办核实删除，毋许冒滥”[③]，这实质上也是其本人“庶于鼓励之中，仍复示以限制”指导思想的体现。

经过李秉衡上述对河工褒奖章程的修订，其于光绪十九（1893）、二十

①《光绪宣统两朝上谕档》第20册，第378页。

②《光绪朝朱批奏折》第99辑，第491页。

③《光绪朝朱批奏折》第99辑，第515页。

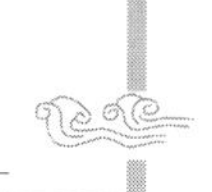

（1894）两年为河工奏请褒奖时，看似合理的章程反而遭到了朝廷的批驳。那么，我们不禁疑问，朝廷部议为什么未能通过李秉衡的请奖奏文呢？清廷对其奏文的批复中称："兹于四月初十日准吏部咨吏部、兵部会奏，此次请奖单内列保人员，仅只笼统声叙，并未将图说绘送到部，亦未将某员抢护某处险工先期奏咨立案。核与部中奏案不符，碍难给奖。"[①] 很显然，吏部与兵部认为李秉衡的请奖奏文过于笼统，并未绘出详图作为更充分的证明。面对部议的批复，李秉衡在回顾了光绪二十年（1894）的新订褒奖章程后做出了自己的回应：

> 部章虽严而滥保者仍能巧避于法之外，如必责以逐细分注，假有身未履河干而咨部册内，谓其在某处抢险，部臣亦乌从而察之。故欲塞倖进之门，全在疆吏之综核名实，非文法所能禁也。至历年各处险工均系随时奏报，章章可考，而工有难易，时有久暂。有一人而抢护数处者，有数人而共抢一处者，额数既少，势不能在工之员人人列保，自无庸逐处分注，致涉拘牵。[②]

在晚清山东河工褒奖的问题上，山东地方有其自身的特殊处境，而朝廷部议在河工褒奖上也极为慎重。通过上引奏文不难发现，当清廷严格按照河工褒奖章程来审视李秉衡申请河工褒奖的奏文时，就因其间没有绘出详细的河工图说而予以否定，这不仅是双方褒奖标准差异的体现，更是双方在褒奖问题上的博弈。当然，退一步讲，我们对此也应表示理解，对清廷来说，如果朝廷部议放松对河工褒奖的审批，也就意味着其要付出更多的财政支出，这对本就库款支绌的清政府来说无疑是难以承受的；而对于境内黄河大汛繁多、险工林立的山东地方来说，巡抚李秉衡"此次请保六十五员，照奏定名数，缺额尚多，实属慎之又慎"，如果连这样的褒奖申请还不能得到朝廷批准的话，河工员弁的积极性将如何提高，接下来的河工事务又当怎么去处理？笔者认为，对于此一问题，在对朝廷部议抱有理解的同时，应更多地去体谅李秉衡的为难之处，因为李秉衡本身亲临山东黄河管理一线，其对河工褒奖

①《光绪朝朱批奏折》第99辑，第546页。

②《光绪朝朱批奏折》第99辑，第547页。

制度的理解与感受应是更接近实情的。就像李秉衡在上述奏文中所说，河工抢险“工有难易，时有久暂，有一人而抢护数处者，有数人而共抢一处者”，如果对所保各员的抢险事迹进行绘图贴说，其本身就难度很大而不切实际，更何况即使如此做了，“滥保者仍能巧避于法之外”。

四、结语

作为世界上含沙量最大的河流，“河水一石，其泥六斗”的黄河在养育文明的同时也给中华民族带来了深重的灾难。据统计，在有史记载以来的三四千年中，仅黄河下游决口漫溢的次数就高达一千五百九十三次，其中较大的改道有二十六次[1]。如何治理好如此善淤、善决、善徙的大河，亦对历代统治者和治河臣工提出巨大挑战。在明代迁都北京后，河政与关系着国本的漕政合为一体，地位更加尊崇，其所牵扯的政治问题也愈趋复杂，在“自然之河”的面貌外，“政治之河”的面孔也愈发清晰了[2]。在晚清这个多事之秋，黄河也完成了距今最近的一次大改道，在自然和政治两个面向上都产生了巨大的影响。围绕着晚清铜瓦厢决口北徙后下游河道的诸多问题，清廷与山东地方在河务上开展了一系列的努力与博弈，此过程中体现出黄河影响下人地关系的众多复杂面向，值得更加深入地研究。

1855 年铜瓦厢决口北徙不仅是黄河河道变迁史上的一大转折，亦为黄河下游河道管理史上的重要转折。黄河北徙后，内忧外患的清廷无暇管理，山东地方出于保境安民的目的接下这个任务并逐渐形成惯性。然而，治理黄河的重任对于海防、漕运等任务同样繁重的山东巡抚来说是一个巨大的负担，因此，历代巡抚多次上奏希望能将山东黄河河段交还河督管理，朝臣中亦有应和之声，然经历长达数十年的多次争论后，无论是山东全河，还是山东黄河的上游河段，均未能划归河道总督辖管，历史的惯性发挥了作用，山东黄河的管理重任最终落到山东一省身上。

---

① 水利电力部黄河水利委员会编：《人民黄河》，水利电力出版社 1959 年版，第 14 页。

② 夏明方：《从“自然之河”走向“政治之河”》，载贾国静《水之政治：清代黄河治理的制度史考察》，中国社会科学出版社，2019。

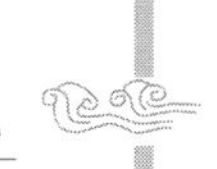

在前文的探讨中，笔者多次提到了“历史的惯性”，在一定程度上，顺应成例是有利于政治稳定的，在牵扯利益甚多、关系问题重大的河、漕二政上维持稳定一直是历代王朝的惯常选择。但正如亚里士多德认为的运动的惯性需要一个“第一推动力”一样，历史的惯性也需要推动者去促进。在河务问题上，历代朝廷便是这个推动者，在山东黄河问题上，朝廷就像房间里的大象，隐身于朝臣和山东巡抚争论的背后，但其重要的推动者作用不可忽视。晚清相较于清前期或前代王朝，最大的特点就在于其渐渐隐藏了自己作为推动者的身份，渐渐退出了治河这项在传统上属于统治者责任的工程，只响应臣子的呼吁而不像康、乾、嘉等先王一样置身事内。显然，朝廷的隐身是选择放权，抓主要矛盾而放弃了相对次要的矛盾。但从权责对应的角度来看，放弃权力就相当于放弃了责任，放弃了传统的责任必然会对传统的政治结构产生冲击，在山东黄河问题上就是将繁重的事务交给权力、财力、精力都逊于前代治河臣僚的山东巡抚兼管。对于山东一省来说，这无疑是一种“甩锅”，即对山东一省的牺牲，用美国汉学家彭慕兰的观点来说，这就是一种“腹地的构建”，其原因在于“国家在内地和沿海地区相关的利益变化”，其结果是“在黄运地区造成了每况愈下的政治分化，既使这个地区也使国家付出了沉重的代价”①。

在处理完山东黄河河道管理权的争议后，本文第二、第三部分主要从正、反两个方面考察了山东黄河管理的细节问题。在河道管理的具体情境中，正面即为河务管理，反面即为河务腐败，但正面中亦包含着管理失效、权责不清的消极因素，反面中亦存在着奖惩河工、促进河务的积极因素。

正面上，本文在第二部分具体分析了山东省是如何将黄河河道管理逐步纳入地方议程中的，具体来看，对黄河的河道管理包括大堤的修筑与河工员弁的设置、区段辖属与划分、黄河河段管辖过程中省府与地方的权责分配、堤埝防护与防汛等方面。由于黄河在铜瓦厢决口北徙后进入一个新的自然地理与人文社会环境，沿途地方政府对黄河河道的管理亦为一不断调整、完善

①［美］彭慕兰：《腹地的构建：华北内地的国家、社会和经济（1853—1937）》，社会科学文献出版社，2005，第193页。

与适应的过程。随着黄河大堤的先后筑建，山东地方也成立了专管黄河的河政机构与部门，增置了各类河工员弁，划分了河防汛段，并沿河设立了防营。虽然上述一系列举措的施行在一定程度上显示出地方政府在黄河河道管理上的努力，但由于存在河工员弁来源与整体素质不足、权责归属不清、河防营员数量不足等诸多问题，未能形成有效的河防机制，故而最终难以保证黄河下游河道的安澜。在山东黄河管辖区段的划分上，从上、中游河段的划分到上、中、下三游的划分，再到对河防事务繁忙的中、下游河段的进一步划分，不仅是铜瓦厢以下黄河河防任务艰巨繁杂的体现，亦是地方政府士人对黄河河防认知不断深化的过程，根据实际情况灵活而适时地对各区段的管理进行调整才是地方执政者应有的河道管理理念。就山东黄河而言，虽然山东省府承担黄河管理的主要责任，但在实际管理的过程中，尤其是面对突发情况时，必须要借助沿黄地带地方官民的通力合作，而由于地方行政事务繁忙、财政困难与政绩评价制度等诸多因素，省府与地方在黄河管理的权责分配上亦存在不小的矛盾，这与更大层面上朝廷和山东一省的矛盾是类似的。在堤埝防护与防汛的问题上，其情形亦较为复杂，这种复杂性不仅表现在堤埝防护与防汛制度的完善上，更表现在与其相关的防汛营员置设、防汛料物采买、防汛过程中的民事纠纷等诸多问题上。

从晚清山东黄河的河道管理来看，河工腐败问题较为严重，这种严重性不仅体现为河政官员之间的结党营私，还表现为河工料物采买过程中的各种营私舞弊。虽然山东省府在河工监察制度的建立上做出了一定的努力，但委命于各游总办的河工监察官员并不能严查并检举各类河工腐败行为，甚至还有滋生河工内部集体腐败之可能，在各类河工员弁的选用上严格把关，应是防止河工腐败的关键所在。在河工奖惩上，无论是奖惩对象与轻重程度，还是奖惩的频次与人数，清廷与山东省府之间均存在不小的争议。由于黄河的管辖权已赋予省府地方，在黄河管理的过程中，作为第一责任人的山东巡抚无疑最为了解实情，在认清黄河频繁决溢的现实严重情形并严格审查具体奖惩申报材料的前提下，尊重地方省府在奖惩制度上的意见，灵活处理各类河工奖惩，才是清廷应有的姿态。

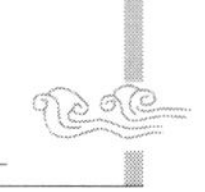

在晚清山东黄河河道管理的过程中，并非所有山东巡抚皆能取得治绩，而像张曜、李秉衡、袁世凯、周馥等于河务能赤心任事、为国宣劳者，无疑是值得称颂的。尽管历代山东巡抚愿意劳心劳力，在安澜保境的任务上付出良多，但从全局来看，作为“被牺牲的局部”的山东一省仍是在政治斗争中失败的一方。然而，作为胜出者的清廷仍然是失败者，建构腹地、“自强求富”的后果就是在腹地中催化了“地区性的”[①] 义和团运动，其在世纪之交的乱局中大大摇撼了清王朝的统治，加快了清王朝垮台的历史进程。正如韦伯所说：“政治行为的最终结果，往往不如人愿，与当初的意图相违，甚至常常相反。”[②] 关于晚清黄河治理的政治纠纷及其结果无疑印证了这个戏剧性的断言。

当然，河道的管理绝不只是山东巡抚及各级河工员弁的事，在制度之外，我们还要看到山东地方百姓在黄河问题上的贡献与损失。正如彭慕兰的研究所指出的那样，黄河改道、运河停运等问题大大恶化了山东地区的生态环境，摩尔也指出 19 世纪中国农民经济状况的恶化——田地荒芜，灌溉系统恶化，农民失业率攀升——在北方省份体现得更为严重[③]。尽管山东百姓已因为黄河做出了巨大的牺牲，但他们仍然在恶劣的处境中发扬了大义无私的精神。譬如，光绪十七、十八年间，黄河于历城、济阳决口后抢险之时，附近民众服务河干者皆自带糇粮，在政府无分毫资助的情况下，皆能踊跃赴工且毫无怠意，伐木运土之苦工亦悉能任之，时需树株底径满一尺之上者约值京钱十余千，而仅发制钱五十文，底径小于一尺者仅发二十五文，而民人不较此锱铢。为堵住决口，民众都能如此明识大体而不计私利，[④] 这与那些中饱私囊、尸位素餐的河工贪腐官员形成鲜明对比，又怎不值得特为赞扬呢？

（作者分别系山东财经大学教师、历史学博士，山东财经大学在读本科生）

① [美] 周锡瑞：《义和团运动的起源》，张俊义、王栋译，江苏人民出版社，2010。
② [德] 马克斯·韦伯：《学术与政治》，广西师范大学出版社，2004，第 254 页。
③ [美] 巴林顿·摩尔：《专制与民主的社会起源》，上海译文出版社，2013，第 223 页。
④ 张含英：《五十年黄河话沧桑》，第 107 页。

民国时期山东水患概略

闫　平

黄河水患是中国历史上较为严重的自然灾害。山东地处黄河下游，位于渤海、黄海之滨，大运河纵贯南北，地形多样复杂。受地理位置和气候等因素影响，山东一带易频发自然灾害，有水灾、旱灾、蝗灾、风灾、雹灾、疫灾、地震等，其中以水、旱两灾为主，水灾更甚，基本规律是“春夏旱，夏秋涝，晚秋又旱”。一般来说，水灾多发生在7、8、9月份，普遍表现为：连降大雨、暴雨，引发山洪暴发、河流漫溢，最终导致积涝成灾。据《山东省志》记载，各季水灾发生的百分率是：春季2.4%，夏季37.7%，秋季59.9%，冬季1%。[①] 山东水涝之灾不但发生频率高，而且受灾地域广，特别是鲁西南、鲁西北一带，民国时期几近水灾连年。

一、频发的山东境内黄河水灾严重阻碍社会经济发展

古往今来，黄河水患之害成为山东人民的心腹大患，它来势迅猛，破坏性极强，不仅对百姓生产生活带来重创，更对当地生态环境恶化以及社会发展阻滞产生深远影响。

进入近代，国难与河患同作。仅1841年至1851年十年间，黄河就先后发生四次大溃决，水患之大，危害之深，令人惊恐，预示着黄河即将进入决口频发期，意味着黄河河道发生大改变已为时不远。终于，1855年，黄河于河南兰阳铜瓦厢决口，河水由原来流向东南方向改道转向流向东北方向，一路

① 参阅《山东省志·黄河库》，山东省情网山东省省情资料库。

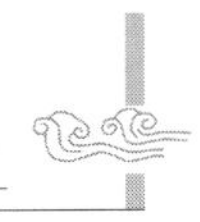

夺山东地域大清河后，沿东北走向奔流，于东营市垦利区汇入渤海。至此，黄河结束了长期从淮河入海的局面。咸丰年间黄河大决口，日趋衰败的清政府正值全力镇压太平天国运动之时，根本无暇顾及河工，再加国库空虚，以及朝廷内部对“决口改道”与“堵口归故”屡议不决，只好假借“因势利导”“设法疏消”的幌子，任凭鲁西北平原的黄河泛滥。从这一刻起，山东黄河两岸百姓宁日无多，所发生的黄河水患，无论次数抑或受灾程度，都远远超过以往。

民国时期，军阀割据，河防工程年久失修，黄河在山东境内“行水26年，有19年发生决溢”[①]。其间，水患灾情深重，冲垮房舍，淹毙人命，幸存之人四处逃难苟活，苦不堪言。

总体看，黄患之灾对山东主要有三个方面的影响。一是，导致人口大量流移和死亡。当时生产力低下，靠天吃饭的农民一旦遇到灾荒往往束手无策。为了活命，大批灾民四处迁徙，流向东北地区的移民为多。据《山东省志·人口志》（1994年版）载：民国时期，山东人口持续流迁东北三省，1912—1949年总计流迁1836.4万人，其中回返山东1044.5万人，回返率为56.8%。历年移民数量少则20余万，多则上百万。与此同时，连年灾荒造成人口大量死亡，劳动力大量丧失。另据金陵大学农学院1928年至1933年对全国16省人口死亡情况所做的调查，五年间，山东人口死亡率为29‰，明显高于全国25‰的平均死亡率。由于人口大量流移和死亡，山东许多地方在大灾荒之后一度成为无人区。二是，水灾之后的黄河沿岸尤其是鲁西北黄泛平原土地盐碱化严重。相当地面大沽高程13米以上地区的背河洼地，因地下水浅，矿化度高，排水不畅，致使土地盐渍化。[②] 贫瘠的土地，致使粮食歉收、食物奇缺，农民纷纷变卖耕牛、农具，吃掉良种，再加水利废弛，导致农业生产条件急剧恶化，农业严重受损。三是，连年遭遇水荒的灾民穷乏、饥饿程度达到极点，而官府、豪绅却置灾民生死于不顾，繁其聚敛，使濒于绝境的饥民

① 参阅《山东省志·黄河库》，山东省情网山东省省情资料库。
② 参阅《山东省志·黄河库》，山东省情网山东省省情资料库。

不得不起而为生存抗争。① 一时间，地方政府涣散，社会秩序混乱，严重阻碍了社会经济发展。

二、山东境内黄河决溢五大灾情、成因及影响

水利部黄河水利委员会官方网站的《黄河流域大水决溢年表》显示，民国时期，山东境内黄河决溢造成严重灾情主要有五次，依次是1921年的利津宫家坝决口，1925年的李升屯和黄花寺决口，1933年的大水灾，1935年的鄄城董庄决口，以及1937年长清县宋家桥决口。下面按照时间进展逐一进行灾情分述。需要说明的是，由于记载黄河决溢的资料尚不完整且时有遗漏，本研究只能略字记述1925年和1937年的黄河决口情况。

（一）1921年利津宫家坝决口

每遇黄河水患，入海口利津县一带受灾最为严重。1921年2月，利津县崔家楼及李庄等处黄河大堤被冲，淹没村庄20有余。7月，因大雨连绵不绝，齐河、济南、利津等多处黄河决口，其中利津决口危情最重。7月19日，利津县黄河北岸宫家坝决口，至8月中旬，决口达400丈，平地水深3丈余。“被淹地区西至滨县，北至利津，西北至沾化，灾民五六十万人”②。“淹没利津200多个村庄、沾化80多个村庄，面积达5400平方公里”③，给当地百姓生活带来极大危害和打击。

首先，严重影响了当地农业发展。一方面，农业劳动力大量丧失。进入20世纪以来，频繁的黄河水患夺走了众多百姓性命，人口流离失所，使得原本土地肥沃的黄河三角洲地区，因无人耕种劳作而荒废。水患发生时，利津城外一片汪洋，淹毙人数甚多；滨县、蒲台两个县附近村庄也多遭淹没，蒲台县南王家寨、李国屯等村除数十人逃出，其余全被洪水吞没。通算下来，

---

① 许青春、戴彦臻：《近现代山东灾荒的历史考察》，《理论学刊》，1999年第7期。

② 王林主编：《山东近代灾荒史》，齐鲁书社，2004，第381页。

③ 张小云：《20世纪上半期黄河水患对黄河三角洲地区社会的影响》，《中国石油大学胜利学院学报》2016年第1期。

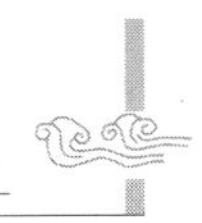

1921年黄河水患，灾民达10万人，百姓往胶东、鲁南逃荒者5万余人。[①] 农民一时陷入穷困潦倒的境地。另一方面，土地普遍沙化、碱化。黄河发生水患，河水裹挟大量泥沙沉积，洪水退却，留下的是一派狼藉的沙地、盐碱地，严重影响了当地农业生态环境和农业生产条件。时隔7年后，山东省政府农矿厅对鲁北10个县进行农业调查，对利津县沙地较多描述为："仅有微风，天空已现苍黄之色。"仅利津县附近形成"沙地面积一百五十方里，计地约八百一十顷……决口数十年间，到处沙丘耸立，一刮风就黄沙飞扬，遮天蔽日。过去肥沃的土地变薄了，每年只能耕种一季大豆，丰收年头一亩地只能收三五十斤"[②]。更有甚者，黄河频繁发生水患，沿岸地势低洼地区排水不便，长时间浸泡使地下水的盐分积聚土壤表层，导致土地盐碱化。大面积盐碱土地，尤为不利于农作物生长。利津县"全县之地，除洼地河道以外，县西及东北一带，非碱则沙，适于耕种者，不足全面积之半"[③]。利津一带土地沙化、盐碱化的严重危害得不到及时治理，给当地农业发展带来了长期的破坏。

其次，社会秩序陷入混乱状态。频繁发生又危害严重的黄河水患，直接带来各阶层之间的利益分配矛盾，引发社会动荡。水灾之年，政府庸官非但不减轻苛捐杂税，反而置百姓安危于不顾，横征暴敛，激发多起农民反抗斗争，反抗富户、反抗官府的斗争此起彼伏，导致一定的社会矛盾。天灾、人祸把百姓逼上绝路，一边是饿死、病死或者被杀的老弱妇孺，一边是失去生计被迫走上盗匪或从军之路的青壮年百姓。1931年前后，山东一带一度盗匪猖獗，时有土匪抢劫之案发生，令昏庸官府无可奈何。依稀尚存的最后一条可能的活路，就是去往外省逃难。从山东地区为匪、从军、逃难人数比例看，逃难人员占首位。上述一系列问题，令社会秩序陷入严重混乱境地。

---

① 张小云：《20世纪上半期黄河水患对黄河三角洲地区社会的影响》，《中国石油大学胜利学院学报》2016年第1期。

② 廖金城：《民国时期（1921—1937）黄河三角洲自然灾害研究》，郑州大学2013年硕士学位论文，第58页。

③ 廖金城：《民国时期（1921—1937）黄河三角洲自然灾害研究》，郑州大学2013年硕士学位论文，第57页。

（二）1925 年李升屯和黄花寺决口

1925 年夏末，山东普降暴雨，倾盆不止的大雨致使黄河河水出现暴涨，情景为数十年所罕见。9 月，黄河南岸的李升屯（今属菏泽市鄄城县）民埝决口，“漫水由障东堤和民埝间东泄，在野猪淖、黑虎庙与小路口间将障东堤冲决两处。四杰村民埝（今临黄堤）因黄花寺村决口倒漾，将堤漫决”①。泛滥的黄水奔涌寿张，致使寿张黄花寺（今属济宁市梁山县）南段漫决，殃及濮县、范县、郓城、寿张、东平、阳谷、汶上、东阿等 8 个县，淹毁村庄 400 余个，200 万沿黄百姓受灾。当时军阀混战，李、黄一带正值战区，省财政拮据，无力治河，百姓流离失所。

（三）1933 年大水灾

1933 年 7 月、8 月间，黄河中上游地区暴雨不断，导致中下游发生了一场 20 世纪以来最严重的洪涝灾害。这次黄患全国受灾范围甚大，包括宁夏、绥远、陕西、河南、河北、山东、江苏等 7 省 60 余县，其中冀、豫、鲁三省受灾最重。当时黄河在河南省境内决口 104 处，虽然山东堤埝一时尚未决口，但冀、豫决口之水全部灌淹山东，造成山东 22 个县受灾，被淹土地 564813 亩，被淹村庄 7250 个，受灾人口 1704796 人，被损房屋 325043 间，财产损失 81923738 元。② 灾后耕地大部荒废，灾民流离失所，饥而无食，恶疫流行，惨不忍睹。③

黄河发生水灾虽说是自然现象，却与当时的政治状况、人文因素有很大关系。首先，民国时期治河经费十分有限。山东每年修防费为 31 万元，而山东地段堤工长 750 公里，每公里仅折合 410 余元费用，远远不敷河工需要。④ 其次，国家不具备统一的河政。此次黄河决口之前，国民政府一直未建立统一的治河机构，沿河省份各自为政，难以从全局考虑统筹展开黄河治理；两

①《黄河流域大水决溢年表》，水利部黄河水利委员会官方网站。
② 王林主编：《山东近代灾荒史》，齐鲁书社，2004，第 258 页。
③《山东省志 · 黄河库》，山东省情网山东省省情资料库。
④ 李仪祉：《黄河概况及治本探讨》，黄河水利委员会 1935 年版，第 9 页。

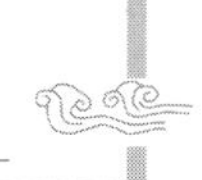

省交界地带河政扯皮、双方互不重视与合作，堤防最为薄弱，安全隐患甚大。第三，人为破坏。某地土匪豪夺他村未成，便动了邪念，企图以扒堤将他村淹没；更可怕的是，某地方行政长官有以邻为壑、挖地防水之嫌。这些问题，严重减弱了黄河治理与抗灾能力，一旦出现水灾，指定束手无策，任凭水患肆虐。

7月中下旬，黄河在中游决口，河北、河南两省强大水势直接灌注下游，黄河山东段水势猛涨，沿鲁西一路浸淹"菏泽、曹县、定陶、成武、单县、郓城、巨野、鄄城、济宁、金乡、嘉祥、鱼台、濮县、范县、寿张、阳谷、汶上、东平、东阿、肥城、长清、平阴等二十二县。其中，菏泽一带受灾最早"①。8月中下旬，菏泽新筑堤埝全部溃决，黄水流抵护城堤，"平地水深三四尺，城西南尽成泽国，田禾淹没，村舍倾毁，人民淹毙。及无衣食难民极众，西部干河四道均满贯，黄河溢出，至魏家汇合东下，贯菏泽北部全境"②。据时任山东省政府主席韩复榘向国民政府报告："菏泽水漫四野，城堤外水深丈余，屋塌人畜俱毙，逃难赤身露宿，妇孺悲号，惨状严重，为数十年来未见。"③

8月16日，黄水灌入单县县境，单县八里河决口七八处，黄水漫溢。第二天，黄水于菏泽注入鄄城，鄄城全县被淹村庄近六七十处。8月23日，黄水流抵济宁、金乡、嘉祥、鱼台一带，灾区进一步扩大。嘉祥黄河水势由洙水河入县城北，经赵王河南注，灾区宽约十余里，深四五尺。成武县境"诸河漫溢，平地水深三尺"④。根据当时省政府参议张受骞调查统计，菏泽被淹区域约占该县五分之四，定陶被淹区域约占全县十分之三，曹县被淹区域约占全县十分之三，郓城被淹区域约占全县五分之一，鄄城被淹区域约占全县五分之一，汶上被淹区域约占全县十分之一五，济宁被淹区域约占全县十分之三，嘉祥被淹区域约占全县四分之三，巨野被淹区域约占全县七分之三。⑤

① 王林主编：《山东近代灾荒史》，齐鲁书社，2004，第261页。
② 《大公报》1933年8月18日。
③ 《大公报》1933年8月19日。
④ 《大公报》1933年8月22日。
⑤ 王林主编：《山东近代灾荒史》，齐鲁书社，2004，第263页。

这次山东黄河水灾灾情最重之地是范县、濮县、寿张、阳谷一带，四县中寿张受灾最严重。这是因为河北东明二分庄决口后，黄水一路携带流经河道之水顺流而下注入寿张；另是河北长垣北岸石头庄决口之水与沿途黄河倒灌之水在寿张相遇，二水叠加，加重该地灾情。当时寿张沿河村庄无一不被淹没。当时香港《大公报》每天及时报道山东灾情，如1933年9月2日、3日的《大公报》分别载“平地水深七八尺长余不等。只见树梢，不见房屋，人民猝不及防，全庄或全家一同遇难者甚多”，“护城堤有男女老幼七人，一绳相系而淹毙。一老妪全家均死，妪抱秫秸漂流遇救，仍欲寻死。又在水中救出一小孩。刻难民云集堤上，冻饿待哺”，悲惨场景不忍目睹，令人心酸连连。通算起来，“受灾区域约长一百八十余里，宽三十余里，淹没村庄千余座。其中寿张被灾区域占全县二分之一，房屋倒塌约占十分之九；阳谷被灾区域占全县三分之一，房屋倒塌约占十分之九；范濮两县被灾区域占全县面积四分之三，房屋倒塌各有十分之六七”。[①]

除了上述受灾严重的菏泽和范、濮、寿、阳县两个中心外，山东境内其他沿黄各县亦是饱受水灾之苦。从山东黄河中段看，“自洛口以上，以迄濮县，大小民埝完全淹没。济南北之鹊山民埝亦漫决，淹没数村。南岸东阿、平阴、肥城、长清，因地高，向无大堤，刻黄水越地向南漫流倒灌，大小各河完全溃漫，各县平地成洋，惨不忍睹”[②]。东阿茂王庄河水倒灌入大清河，将姜家沟东南民埝冲开，“水入县境，势极汹猛，堤防无效，数百村尽成泽国”[③]。平阴、肥城交界处的郜庄大民埝以及董家桥民埝漫决时，平阴通信受阻，灾区陷入瘫痪。据1933年8月31日《大公报》报道，肥城“黄水横流，沿岸村庄均被淹没，黄水流入县境，长二十里，宽十二里，难民无处栖止，啼饥号寒，极为惨凄”。8月25日《大公报》这样报道齐河、长清一带灾情，“堤坝坍塌，危险万分，人民正麇集堤上，搭盖席棚避难，惨不忍视”。山东省黄河下游灾情形势亦十分严峻，惠民县李家、王枣家水势汹涌，各段堤埝

① 王林主编：《山东近代灾荒史》，齐鲁书社，2004，第264页。

②《大公报》，1933年8月27日。

③《大公报》，1933年8月25日。

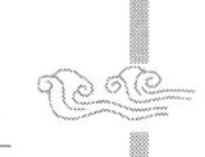

均被水淹；滨县赵家坝堤身低矮，形势十分危险；齐东县禹王口水大威猛，各个堤坝均有坍塌，危机四伏；利津县小王庄堤埝虽略被冲刷，但也有危情；大马家大水冲到屋顶，各段埝坝或漫水或水浸，可说段段吃紧。[①] 这场百年不遇的黄河水灾，无情地侵吞着山东人民的生命和财产。

（四）1935 年鄄城董庄决口

1933 年黄河水灾和 1934 年南方大旱的接连发生，并没有让灾荒消停。1935 年，我国长江和黄河同时发生大水患。入夏，南方地区湖北、湖南、浙江等地在遭受长江水灾的同时，黄河之水大肆浸入山东，于 7 月 10 日在鄄城董庄决口。黄河水势汹涌、一泻千里，其中一小股由赵王河穿过东平县运河，合汶水又回到正河道；大股则流向鲁西一带，平漫于菏泽、郓城、嘉祥、巨野、济宁、金乡、鱼台等县[②]，水灾惨重。与此同时，受黄河决口影响，鲁北地区的徒骇河、马颊河、漳河、运河以及黄河北岸也多泛滥。恩县、平原、禹城、高唐、茌平、夏津、德县、武城、章邱、馆陶、冠县、范县、濮县、阳谷等十余县受灾。[③] 根据国民政府赈务委员会委员长许世英统计，山东的损失为：灾民 350 万人，被灾面积连河湖在内共 32500 平方公里，其中三分之二为农田，即约 41250000 亩，共计损失 250000000 元。另据后来山东省政府报告，许氏报告为事发之初的统计，实际山东灾民已超过五百万人，全省经济损失达 400000000 元。[④] 山东连续遭受特大自然灾害，其对农业和经济发展的破坏程度可想而知。另山东大学许青春、戴彦臻研究认为，“1935 年 7 月，黄河在鄄城决口，鲁西南大部被淹，受灾面积达 7700 余平方公里，淹没耕地 810 万亩，淹没村庄 8700 余个，灾民 250 万人。是年，全省共有 76 县成灾”[⑤]。虽然上述两方记述受灾情况有一定差距，却也足以体现鄄城董庄决口给山东人民带来的深重灾难。

---

① 王林主编：《山东近代灾荒史》，齐鲁书社，2004，第 265 页。

② 吴君勉：《古今治河图说》，中国水利水电出版社，2020，第 44 页。

③《大公报》，1935 年 9 月 7 日。

④ 王林主编：《山东近代灾荒史》，齐鲁书社，2004，第 326 页。

⑤ 许青春、戴彦臻：《近现代山东灾荒的历史考察》，《理论学刊》1999 年第 7 期。

此次黄河山东决口的直接原因是黄河中上游地区降雨过多，淫雨不断导致河水暴涨、奔腾下泄到达山东。此次洪灾中，由于黄河水的倾注和倒灌，除黄河干流多出漫决外，山东境内各支流及运河和南旺湖等湖泊也多处决口漫溢[①]，可谓汪洋一片、哀鸿遍野。

且看运河济宁段灾情：受黄河决口影响，1935 年 7 月、8 月间，山东境内运河水势猛涨。24 日晨，运河在济宁辛店东岸决口，“9 时又在新闸南决口两丈，午后四时在辛店北四五里决四口，一宽三丈，一宽两丈，其余各宽一丈。水头悉越东堤，向东北奔流，几全河下注，风大浪急，抢堵无效。决口地距南阳湖近，湖水倒灌相连，灾区极大，水头四五尺，已抵济兖路西”[②]。到 25 日夜，辛庄东堤决口已经扩展至二里多宽，水势抵达倪家楼。26 日晨，水流量继续扩大，向北流的黄水已经抵达铁道附近，兖州至济南支路告急；向东流的黄河水已抵达泗河西岸，大有一路奔向曲阜之势，情况十分危急。27 日，东平境内运河亦未躲过黄患影响，在安山镇以西溃决三个口子，水势极大，附近村庄全部被淹没。该处地势西南高于西北，有汇合附近坡水直灌东阿湖的趋势。8 月上旬，随着黄河水再次泛滥猛涨，运河再次出现险情[③]。1935 年 8 月 12 日《大公报》报道，“近日运河一再增涨，在聊城县境溃溢。大水由东阿交界流抵茌平，直灌湄新赵牛各河，茌平城南各区多被淹没”。

再看济宁南阳湖灾情：7 月中旬黄河水势盛涨，大股水流经过赵王洙水河后长驱直入济宁南阳湖，南阳湖瞬间危机四伏。7 月 21 日，南阳湖暴涨三尺，水与埝平，在当地吴村田庄间向西漫决，附近村庄水深丈余。22 日夜，狂风巨浪下南阳湖又在鱼台境内南阳镇西华牛王村决口，“水高八尺，大溜西奔，淹灌鱼台、金乡，附近村庄荡没，两县城均告急。湖西济宁境各新堤亦全冲决，湖河不分，水天相接。已抵县城南圩门。向西北分流者抵八里，唐家口一带深二公尺”[④]。为了让南阳湖水快速外排，当地调集民夫割掉芦苇。然而，一波未平一波又起。7 月 28 日晚，南阳湖又于鱼台袁洼决口，大水迅速抵达

① 王林主编：《山东近代灾荒史》，齐鲁书社，2004，第 301 页。
②《大公报》，1935 年 7 月 25 日。
③ 王林主编：《山东近代灾荒史》，齐鲁书社，2004，第 301 页。
④《大公报》，1935 年 7 月 24 日。

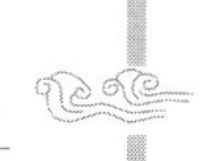

万福河北，百余村落顿时葬于水中。

此外，山东境内黄河各支流也一并涨水，险象环生，其中，赵王河灾情最重。7 月 21 日，赵王河在济宁王贵屯北岸决口，口门长五六里，洪溜北奔，附近村庄荡然无存，平地水深八尺余。[①] 7 月下旬，省内各河纷纷溃决。嘉祥赵王河在姜闸口决口，大水流向南旺湖。弥河在寿光吴家营决口，淹没十余村。卫河在夏津大王庙冲溃北堤十余丈。[②] 7 月 28 日，济宁赵王河北堤鲁家口、梁家口间再决两口。[③]

当时，北平华洋义赈西人总稽核季履义，偕同工程师张季春在决口之初到鲁西调查灾情。他们在报告中描述："乘船视察水灾，仅获达到嘉祥、巨野两县之县城，所过各村落几于全被水淹，无可落足之处，立于夹板用千里镜遥望之，四面环水，毫无涯际，水面间有黑团露出，乃系村中未尽沉没之房顶也……两县一切损失尚无法统计，估计约有六千村被灾。"[④] 鲁西罹难最重的 10 个县，所有农作物几乎全部毁灭，灾民饥寒交迫，不得不冒险涉水采摘高粱头，如获至宝，留待糊口延命。山东黄河水灾救济委员会委员甄伟忱赴灾区视察，[⑤] 多处发现淹死的村民，有的一条绳索上系着男女十几口人，本想共同逃生，却一起毙命。水灾现场，有的爬到树上，有的登到高处，男人壮丁则站在水中，呼救之声不绝于耳，仅有的百只小船能收容几何？甄委员继续向郓城前行，先后经过新庄、邢庄等四十多个村庄，所见所闻可悲又可怜，大水中的房屋一律倒塌，水退却大半后的村庄，只能看到几只鸡犬，还有零星的浮尸……

（五）1937 年长清县宋家桥决口

山东境内黄河频繁发生水患，山东省府济南城沿黄百姓屡遭洪水蹂躏。1937 年 2 月 7 日，长清县（今槐荫区）宋家桥凌汛漫决，市区西北郊及历城、

①《大公报》，1935 年 7 月 22 日。
②《大公报》，1935 年 7 月 25 日。
③《大公报》，1935 年 7 月 30 日。
④ 王林主编：《山东近代灾荒史》，齐鲁出版社，2004，第 304 页。
⑤ 王林主编：《山东近代灾荒史》，齐鲁出版社，2004，第 304 页。

章丘更是身受殃及。① 宋家桥决口“口门宽约150米。到了8月14日，长清县宋家桥民埝漫决，口门宽约500米，水沿小清河下行，淹及济南商埠区一带及张庄飞机场。历城、章丘、齐东县数百村受灾”②。此时，正值七七事变爆发不久，日军大举沿津浦铁路南侵，洪灾沉重又面临日军觊觎的济南岌岌可危。

参考文献：

[1]《山东省志·黄河库》，山东省情网山东省省情资料库。

[2] 王林主编：《山东近代灾荒史》，齐鲁书社，2004。

[3] 李仪祉：《黄河概况及治本探讨》，黄河水利委员会，1935。

[4] 秦若轼：《济南水利漫话》，华文出版社，2013。

[5] 吴君勉：《古今治河图说》，中国水利水电出版社，2020。

（作者系济南社会科学院历史文化所研究员）

① 秦若轼：《济南水利漫话》，华文出版社，2013，第190页。

②《黄河流域大水决溢表》，水利部黄河水利委员会官方网站。

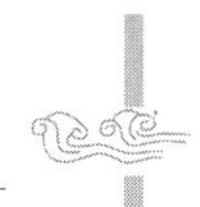

双会同庆：1923 年山东黄河安澜大会[①]

张晓波

“安澜”，语出《文选·王褒》：“天下安澜，比屋可封。”其中，安指稳固，澜指水波。安澜，其本意为水波平静，人们常用其比喻时世太平、祥和之兆。黄河是中华民族的母亲河，哺育了辉煌灿烂的中华文明，是中华民族的根和魂。但黄河又是不平静的，是中华民族的忧患之河，是世界上最为复杂难治的河流。黄河进入下游平原后水流缓慢，河中的泥沙大量淤积，河床不断抬升，最终高出两岸地面形成“地上河”。历史上，黄河下游曾多次决口泛滥，给华北平原地区尤其是河南、山东、河北的人民带来了深重的灾难。“一部治黄史，半部中国史”，道出了历代中国人与黄河水灾抗争的历史。中国古代河工主管人员在霜降时节秋汛结束后，便上奏“黄河安澜”，随后中央政府组织举行黄河安澜庆祝典礼，这一传统一直延续至新中国成立后。

学界既有关于黄河历史文化的研究成果，多集中于黄河发展历史、黄河灾害及其影响、黄河治理工程及技术、治黄人物及其治黄思想等，但涉及黄河安澜庆祝典礼的研究成果相对较少。[②] 在当前深入推进黄河流域生态保护和

① 本文为山东师范大学齐鲁文化研究院资助课题“中国近现代黄河安澜庆祝典礼研究”（23QLZX07）的阶段性成果。

② 与黄河安澜庆祝典礼直接相关的研究成果，主要有：张知非在《1927 年济南黄河安澜大会》（《齐鲁晚报》2022 年 3 月 17 日）中，介绍了 1927 年直隶、山东两省在济南举办的黄河安澜大会。王化云《我的治河实践》（河南科学技术出版社 1989 年版）、袁隆《治水六十年》（黄河水利出版社 2006 年版）在相关章节中，曲子玉在《1947 年冀鲁豫区黄河庆安澜大会》（《黄河史志资料》1993 年第 1 期）中，回忆了 1947 年召开的冀鲁豫解放区黄河安澜大会。张晓波在《通力合作与多方纠葛：1936 年冀鲁豫三省黄河安澜庆祝会》（中国灾害防御协会灾害史专业委员会第十九届年会暨“历史时期黄河灾害及其治理”学术研讨会论文）中介绍了 1936 年在济南举行的冀鲁豫三省黄河安澜庆祝会，认为其是民国成立之后中央与地方以及黄河下游三省之间联合治黄的一种有益尝试；与往年的安澜大会相比，该次大会出现了新的特点，也为系统治理黄河做了多方面的准备，但安澜大会上的通力合作掩盖不了实际运行中的多方纠葛。

高质量发展的形势下，对百年前在济南举行的1923年庆祝宫家坝落成大会暨山东黄河安澜大会进行回顾，有一定的价值与意义。

一、大会背景与工作筹备

（一）宫家坝决口与堵口工程

1921年7月19日，因下游流域降水量大且集中，黄河在山东省武定府利津县宫家坝决口。由于河防经费筹措不力等因素，宫家坝堵口工程开展不及时，决口口门一再扩大，最终导致利津、沾化、滨县、无棣4县25万余人受灾。

宫家坝决口之后，为治理黄河水灾，需要兴办宫家坝堵口工程。按照传统的黄河堵口经验，据估算，宫家坝堵口工程至少需要250万银元，可谓"工巨款艰"。在当时军阀混战的背景下，北洋中央政府及山东地方政府均无力承担。此时，1921年在上海成立的美国亚洲建业公司（Asia Development Co. Ltd）急需在中国承揽大型工程以扩大其知名度，因此，在华洋义赈会和美国驻华公使的牵线下，山东省政府与美国亚洲建业公司就宫家坝堵口工程进行多次接触。由于工程费用等问题，双方多次协商未果。1922年10月，山东督军兼省长田中玉离任，熊炳琦接任山东省长，继续启动磋商，11月20日山东省政府公署与亚洲建业公司订立宫家坝保修合同，工价为150万元，工期为1年。[①] 合同分为四部分：一为挑挖引河，二为截流石坝，三为挑水坝，四为甲乙丙丁戊五项新堤。[②]

1922年12月1日，宫家坝堵口工程正式开工[③]，先挑引河，1923年5月15日开放引河。1923年3月开始建修截流石坝，5月完工。7月15日，五项新堤完工。[④] 7月21日，决口断流闭气。[⑤] 宫家坝堵口全部工程直到1923年

①《鲁省报告宫坝堵口合同成立》，《申报》1922年11月26日。

② 冯雄：《宫家坝黄河决口堵筑记》，《中国工程学会会刊》1926年第2卷第1期。

③ 按，《济南安澜大会详纪》（《申报》1923年11月6日）记载，宫家坝堵口工程"于去年（1922年）十一月一日开工"，当误。

④ 冯雄：《宫家坝黄河决口堵筑记》，《中国工程学会会刊》1926年第2卷第1期。

⑤ 胡一三主编：《中国江河防洪丛书·黄河卷》，中国水利水电出版社，1996，第270页。

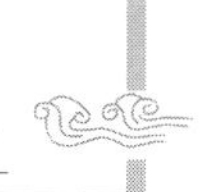

10 月中旬方才完工。[①]

（二）临城劫车案与宫家坝工程合龙庆祝典礼的推后

1923 年 5 月初，宫家坝堵口工程顺利进展之际，为表示庆祝并扩大影响，山东省政府与亚洲建业公司精心筹备，定于 5 月 7 日、8 日在济南举行庆祝宫家坝堵口工程合龙典礼。亚洲建业公司邀请美国驻华公使休门（雅各布·古尔德·舒尔曼）等中外名流前往观礼，上海报界《大陆报》记者李白斯、《密勒氏评论报》主笔鲍威尔、《申报》记者康通一等应约赴济南，准备参加庆祝典礼。相关准备工作有条不紊，但不料陡生事变，5 月 6 日凌晨山东临城发生孙美瑶劫车案，被掳的 300 余人中，就有应邀前往济南参加庆祝宫家坝堵口工程合龙典礼的宾客[②]。《申报》记载，"今（1923 年）夏临城劫车案中被掳之外人，大半为往观黄河工程而去"。[③] 受此影响，拟在济南举行的宫家坝工程落成典礼延期近 6 个月[④]，与山东河务局例行举办的每年一度黄河安澜庆典合并举办。

1923 年 10 月 30 日，黄河安澜庆祝典礼日益临近，为做好相关庆典工作，山东省政府在济南商埠公园召集各机关代表，筹备黄河安澜庆祝典礼。经商讨，决定 11 月 2 日在商埠公园举行庆典，山东省各机关各公团届日一律放假，普利门前与公园门口均高扎松棚，满置电灯。此外，还讨论了开会次序和相关礼节。[⑤]

二、庆祝过程

1923 年 11 月 2 日，霜降十天之后，山东河务局庆祝宫家坝落成大会暨山

① 潘镒芬：《山东宫家决口堵筑工程始末记》，载黄河水利委员会黄河志总编辑室编《历代治黄文选（下册）》，河南人民出版社，1989，第 242 页。

②《建业公司建筑宫家坝决口之状况》，《申报》1923 年 5 月 6 日。另，康通一记载，"此次宫家坝行合龙礼，本馆承亚洲建业公司之邀，派康君通一前往参观，途遇临城之变，旋即脱险，抵京来函，报告经过情形"。见通一：《北京特别通信：劫后余生记》，《申报》1923 年 5 月 11 日。

③《修浚宫家坝工程影片之开映》，《申报》1923 年 12 月 14 日。

④ 孙美瑶临城劫车案还产生了连带效应，原定于 1923 年 5 月底在青岛举行的中美工程师联合会春季大会亦被迫延期。见《中美工程师联合会开会展期》，《申报》1923 年 6 月 3 日。

⑤《筹备庆祝河工安澜》，《大公报（天津版）》1923 年 11 月 3 日。

东黄河安澜大会在济南商埠公园正式举行。

（一）会场布置

黄河安澜大会会场位于济南商埠公园，普利门（连接商埠区和老城区）前及商埠公园门前扎有松枝彩棚，高可数丈，中间为“宫工落成庆祝大会”，上有匾额题写“河流顺轨 共庆安澜”八个大字。彩花正厅为礼堂，礼堂东彩棚为剧场及宴会处。据现场记者记载，“园中四处灰色兵士荷枪鹄立，触目皆是，阶前侍从如云，一呼百诺，官场威武，诚不可响迩”。[①]

（二）来宾组成

庆祝宫家坝落成大会暨山东黄河安澜大会的与会人员共计3000余人，主要分为以下四部分。其一，为山东省政府官员及士绅，有山东省督军郑士琦（前任督军田中玉因治下临城劫车事件被北洋政府免职，郑士琦接任）、山东省长兼宫坝工程督办熊炳琦、山东河务局局长兼宫坝工程会办张庆沄、山东省议员、山东省河务局全体人员、山东及济南本地绅商等。其二，为北京政府内务部特派代表郭养刚等。其三，为亚洲建业公司管理人员，包括经理卫琛、总工程师柯士东等。其四，为邀请的外宾，包括美国、英国、德国、日本等国驻济南领事，还有美国公报记者史密斯、远东日报莱史麦生、华北明星报麦在禄克女士等。

（三）主要内容及程序

中午12时，振铃开会，演奏军乐，督理郑士琦、宫坝工程督办熊炳琦、宫坝工程会办张庆沄、部派代表郭养刚，率同河工全体人员及来宾行礼，其行礼顺序如下：

1. 督理，督、会办，部派代表，着礼服率同河工全体人员就东阶南向，中外来宾（礼服、常服均可）就西阶南向，均向国旗行三鞠躬礼。

①《济南安澜大会详纪》，《申报》1923年11月6日。

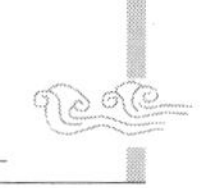

2. 督理，督、会办，部派代表及工员西向，中外来宾东向，互行一鞠躬礼。

3. 督理，督、会办，部派代表北向，全体工员南向，向督理，督、会办，部派代表庆贺，行一鞠躬礼。①

行礼结束后，熊炳琦宣告开会，介绍庆贺宗旨。张庆沄报告宫家坝堵口大工落成及本年黄河三汛安澜经过情形。该报告内容丰富且重要，下文还将引用，兹将全文录下：

今日之会为黄河宫家坝堵口大工告成及本年三汛安澜，举行庆贺，承中外人士翩然莅会，极表欢迎。谨将大工始末经过情形，撮要陈之。黄河下游利津县属北岸之宫家坝，于民国十年七月十九日漫决，时田前督军方兼省长亲莅勘抚，即饬劳前局长筹议堵合，只以工巨款艰，猝难兴办。旋有人介绍美商亚洲建业公司包堵，磋商数次，以款项问题未能定议。上年田兼省长奉到督办之命，为筹款一事再四规划，议抽地丁附加税、交通附捐、盐余等款。而华洋义赈会，鉴于此工关系重要，慨然允助银币三十六万元，救灾恤邻，吾华人士尤为同深感激。惟当时各款未能即刻筹集，而迭次估计工费又非数百万莫办，以是踌躕未决。十一年六月，庆沄奉调管河，竭力赞成与建业公司重行提议包修。正在磋商之际，是年十月炳琦奉命长鲁，莅任后，悯念灾区人民久罹水患，主持赓续前议，遂于是年十一月与公司签订合同，包费定为银币一百五十万元。此外，迁民购地、下游御水工程，以及他项经费，均由官厅公款拨发。大体议定，乃于省公署设筹办处，综筹全工之计划；于河务局设监理处，督饬全工之进行；于宫口工地设驻工办事处，派王露洪为委员长，就近查察，逐日呈报。并以全力会合地方官绅，为公司种种之辅助，其下游下四营御水工程则由河务局担任筹办，以为双方并进之计。本年二月，复奉大总统令，特派炳琦为督办、庆沄为会办，俾专责成。炳琦服务乡邦，庆沄等职司河务，责任所在，劳瘁奚辞？一年以来，其中经过

①《筹备庆祝河工安澜》，《大公报（天津版）》1923 年 11 月 3 日。

之困难险阻，殆已四月，不胜尽述者。按合同所订工程计划，一为挑挖引河，一为截流坝，一为挑水坝，一为甲乙丙丁戊五项新堤。自上年十二月引河开工，本年三月截流坝开工，至五月间两工先后告竣。而河水亦积涨抬高，遂于五月十五日开放引河，将大溜引归老河故道。惟时本局所办之御水工程，亦次第告竣，幸各工修筑坚实，经过伏秋大汛，一律稳固。惟甲乙堤迭被伏水冲刷，坍塌不已，情形岌岌可危。幸公司听纳忠告，并由营汛代修秸埽多段。公司又于甲堤后，添做后戗，加筑套堤，合数万人之力昼夜抢护，始得免生危险。而戊堤一段，并由我方督饬民夫加高倍厚，添修秸埽二十余段。于是全工悉臻稳固，堵口大工遂以告成。是役也，公司为信用名誉之关系，实已竭尽智能，力求完美，自属可感。而事前得堵口促进会之振导提倡，开工后得青年会之演讲维持，其裨益于大工者，亦匪浅鲜。炳琦与庆沄于工程经验，自维薄弱，况此次以新法治河，在中国实为创办，议者恒目之为冒险。今幸赖国家地方之福，卒观厥成。而本年三游两岸各险工，亦均抢护平稳，三汛经过，普庆安澜。此非惟我东省数十万人民幸社，固亦中外各界人士所同深欢庆者也。[①]

在报告中，张庆沄重点回顾了宫家坝工程的来龙去脉和黄河“三汛安澜”的情形。

其一，宫家坝决口后，山东地方政府和相关各方的应对。

其二，堵口工程的经费来源。一是山东动用地丁附加税、交通附捐、盐余等款项作为堵口经费，二是华洋义赈会捐助36万银元。

其三，山东省政府与亚洲建业公司联系沟通及订立合同的前后经过。按照传统堵口技术，宫家坝工程“工巨款艰”，未能及时兴办。1921年宫家决口不久，山东省与建业公司便联系包修事宜，但因费用问题暂且搁置。1922年张庆沄代替劳之常担任山东河务局长，重行提议包修。正在商量之际，熊炳琦接任山东省长，复由熊氏主持赓续前议，终于在1922年11月签订合同。

①《鲁省庆祝宫坝落成会》，《申报》1923年11月4日。

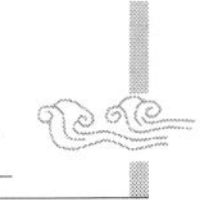

其四，前任山东督军、省长田中玉及现任山东督军郑士琦、省长熊炳琦、前任山东河务局长劳之常等人，在宫家坝工程中的贡献。

其五，山东省政府与省河务局在宫家坝工程的机构设置：在山东省政府公署设立筹办处，负责综筹全工之计划；在山东省河务局设监理处，负责督饬全工之进行；在宫口工地设驻工办事处，派王露洪为委员长，就近查察，逐日呈报。

其六，宫家坝工程的具体实施与进展。上文已提及，不再赘述。

其七，代表山东河务局向各方致谢。一是感谢亚洲建业公司重视信用，竭尽智能，力求完美，保证工程完工；二是感谢堵口促进会“提振倡导”，感谢青年会“演讲维持”，其两会对工程“裨益匪浅”；三是感谢国家与地方各方合力促成宫家坝堵口工程合龙。最后，张庆沄认为，当年山东上中下三游两岸各险工在三汛（春汛、夏汛、秋汛）期间，安稳度过，宫家坝工程落成典礼与黄河安澜大会一并举行，可谓双会同庆、双喜临门，“非惟我东省数十万人民幸社，固亦中外各界人士所同深欢庆者”。

张庆沄报告之后，督理郑士琦、部派代表郭养刚先后演说，美国驻济南领事、建业公司经理卫琛代表外宾致颂词，山东省议会会长宋传典、济南商会会长代表来宾致颂词。随后，郑士琦、熊炳琦为亚洲建业公司人员赠送纪念杯及纪念章，其中一只大号纪念杯赠予亚洲建业公司。中号纪念杯三只，一只赠予亚洲建业公司总经理卫琛；一只赠予亚洲建业公司总工程师柏士东；一只赠予中国青年会，酬谢该会在宫家坝堵口工程中的在场协作之功。此外，郑士琦、熊炳琦、张庆沄为来宾赠送纪念章，为河务局人员及河工人员赠送纪念章。卫琛代表亚洲建业公司致谢词。最后，奏军乐、振铃闭会，与会人员合影留念。①

散会后，与会人员即在济南商埠公园会餐。为以娱来宾、以示庆祝，会场内举办各种游艺活动，“白天济南商舞台及共舞台会举办串堂演戏”，各戏园合演京剧，剧目有二十多出。晚间，作为黄河安澜庆祝大会的例行环节，

①《水利界近闻：宫坝落成庆祝大会盛况》，《河海周报》1923 年第 132 期。

山东省政府复开盛宴，招待各方参会人员。晚上还在商埠公园演映利津宫家口作工时之活动电影。因宫家坝堵口工程浩大，且由美国公司承包，吸引世人目光，英美烟草公司特派遣摄影员在利津宫家坝堵口施工现场进行拍摄。拍摄的内容很丰富，包括“修浚宫家坝工程成绩”“工人工作休息时之种种情形”，“当地官长等人，皆摄入片内”，拍摄的胶卷长三千余尺。① 本次安澜大会，便在晚上播放该电影，“演映宫家口作工时之活动电影”，记者评价“尤为可睹”。② 当年12月中旬，宫家坝堵口电影还在上海派克路口卡尔登影戏院对外公映，进一步扩大了黄河利津宫家坝堵口工程的影响。③

对于这次黄河安澜大会，1923年11月2日《大陆报》以 *YELLOW RIVER CELEBRATION AT TSINAN TODAY* 为主题进行了报道。1935年，黄泽苍在《分省地志：山东省》中亦有所提及：“（宫家坝）堵合工程由美国亚洲建筑公司承办，计包工银150万元。十二年（1923年）十一月工程告竣，于济南举行安澜大会，盖河流顺轨、共庆安澜也。”④

三、宫家坝堵口工程与1923年黄河安澜大会的特点

中华民国成立后，黄河下游水灾频发，对河南、河北、山东等地影响巨大，堵口工程等屡屡兴建，黄河安澜庆祝大会亦次第举行，呈现出“大灾之后有大工，大工之后有大庆”的景象。1923年的宫家坝堵口工程与黄河安澜大会与其他年份的工程庆典、安澜大会有所不同。

（一）项目建设：工程由外商承包，体现中西合作

宫家坝堵口工程完工后，时人多所称赞，“此次以新法治河，在中国实为创办”⑤，“开吾国历史上用科学治河之新纪元”⑥，“既可工简费省，又得实验

①《修浚宫家坝工程影片之开映》，《申报》1923年12月14日。
②《济南安澜大会详纪》，《申报》1923年11月6日。
③《修浚宫家坝工程影片之开映》，《申报》1923年12月14日。
④ 黄泽苍：《分省地志：山东志》，中华书局，1935，第9页。
⑤《鲁省庆祝宫坝落成会》，《申报》1923年11月4日。
⑥《济南安澜大会详纪》，《申报》1923年11月6日。

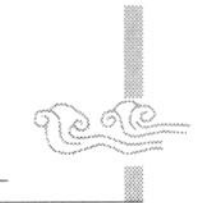

新法”[1]。

> 总观上述各工，经多方筹划、数载经营，费二百余万巨款，始克成此伟绩。论其代价，则数十万灾黎得免昏垫，几千顷田庐赖以恢复。所费虽巨，所得奚只十倍？然获名利者，美商建业公司也。但以创此新法堵筑，引河制胜，用款省而收效速，为河工开一新纪元。[2]

与历史上中国黄河水灾治理与堵口工程相比，1923 年的利津宫家坝堵口工程有以下特点。其一，宫家坝堵口工程由美商亚洲建业公司用 150 万元包修，公司的经理卫琛、总工程师塔德等管理人员和技术人员大多为外国人。其二，采用了大量外国新式机械，如抽水机、发动机、汽力打桩机等，节省了人工和时间，提高了工作效率。其三，堵口工程使用了进口材料。据《申报》记载，宫家坝工程所用木料“俱为松木，均自美国大森林中采来，木柱一项系采自美国西部沿海诸省”。[3]

但宫家坝堵口工程并非美国亚洲建业公司一家的贡献，其顺利完工离不开山东河务局等传统治河机构与治河力量。由张庆沄所做宫家坝工程建设经过报告可知，宫家坝工程虽然由美商亚洲建业公司用150 万元包揽承修，但其只负责工程主体本身，黄河下四营御水工程由山东河务局筹办，迁民购地、下游御水工程以及他项经费均由山东省政府公款拨付。1923 年伏汛期间，亚洲建业公司包修的甲、乙、丙、丁、戊五项新堤遭遇了重大考验：甲、乙两堤多次被夏季黄河洪水冲刷，坍塌不已，情形岌岌可危，亚洲建业公司听取山东省河务局的建议，该两堤破损处由黄河下游营汛代修秸埽多段。亚洲建业公司在甲堤后添做后戗，加筑套堤，合数万人之力，昼夜抢护，该处黄河段始得免生危险。而戊堤一段，由山东省河务局督饬民夫加高倍厚，并用传统的治水方法添修秸埽20 余段。在中外合力下，宫家坝全工悉臻稳固，堵口大工遂以告成。[4] 因此，1923 年利津宫家坝堵口工程是近代黄河治理历史上第

---

①《国内要闻二 · 鲁省报告宫坝堵口合同成立》，《申报》1922 年 11 月 26 日。

② 潘镒芬：《山东宫家决口堵筑工程始末记》，载黄河水利委员会黄河志总编辑室编《历代治黄文选（下册）》，河南人民出版社，1989，第 242 页。

③《建业公司建筑宫家坝决口之状况》，《申报》1923 年 5 月 6 日。

④《鲁省庆祝宫坝落成会》，《申报》1923 年 11 月 4 日。

一次由外商承包的堵口工程[1]，但其成功堵口离不开中国传统的治河力量，此工程堪称黄河治理史上中西合作的典范。

（二）安澜庆典：黄河堵口工程合龙庆典与年度霜降安澜庆典合并举行，可谓“双会同庆”

按照惯例，遇到黄河决口，中央政府和地方政府联合进行堵口，等堵口工程完成合龙后，及时举办堵口工程合龙庆祝典礼。一年一度的黄河安澜庆祝典礼，则在霜降节气后（阴历九月中下旬，阳历10月下旬）举办。1947年，曼洛在《深秋霜降庆安澜》中对霜降后例行举办黄河安澜庆典进行了生动的描述：

> 黄河水患，每年分为凌汛、桃汛、伏汛、秋汛等四个险关。如果在各汛期中都能平安渡过，一过霜降后，天高气爽，猛雨不会再下，河水不会再泛，这就算是安澜了。提心吊胆的沿河居民、栉风沐雨的河工人员，从此得一喘息。于是每逢霜降安澜日，沿河居民便唱戏欢宴，犹如过春节一样热闹。[2]

中国历史上的黄河决口堵口工程合龙庆典与霜降安澜大会分别举行。如，1926年6月，山东举行李升屯、黄花寺大工告成典礼，当年12月在济南举行山东黄河安澜大会。又如，1947年5月4日在黄河花园口举行堵口合龙典礼，当年10月23日在开封举行黄河安澜大会。1923年在济南举行的庆祝宫家坝落成大会暨山东黄河安澜大会则是将二者合并举行。

上文言及，1923年5月初拟举办宫家坝合龙典礼，但因发生临城劫车案而导致宫家坝落成庆典延后。有时论认为，庆典筹备遭此变故，“黄河工程将来在丽（历）史上益为显著”[3]。山东河务局局长兼宫坝工程会办张庆沄在报告宫家坝堵口大工落成及本年三汛安澜经过情形时，首先点明“双会同庆”的内涵，即“今日之会为黄河宫家坝堵口大工告成及本年三汛安澜，举行庆

① 郭胜豪：《工程外包：1921年山东利津黄河宫家决口应对》，《滨州学院学报》2022年第1期。
② 曼洛：《深秋霜降庆安澜》，《益世报（天津版）》1947年11月6日。
③《修浚宫家坝工程影片之开映》，《申报》1923年12月14日。

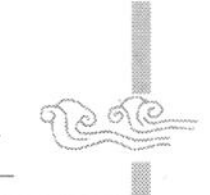

贺”。

综之，从 1923 年在济南举行的庆祝宫家坝落成大会暨山东黄河安澜大会的召开背景与工作筹备、庆祝过程等内容，可知作为黄河水灾治理成果的综合性展示，黄河安澜庆典内容丰富、意义重大。其中，祝荐礼向河神和历代治河先贤致敬，庆祝礼对治河有功的官员、河工等进行表彰，演戏、聚餐等活动体现与民同乐。从中国近现代黄河安澜庆祝典礼发展历史来看，安澜大会是黄河水灾治理链条上的重要一环，既对刚刚过去的水灾治理进行总结表彰，又对下一次的黄河防汛和水灾治理进行安排部署。因此，随着黄河水灾发生和结束的循环上演，黄河安澜大会也不断举行。但在 20 世纪 20 年代的时代背景下，由于种种因素，黄河永庆安澜还是一个难以实现的梦。

（作者系山东师范大学讲师、历史学博士）

济南黄河文化遗产构成体系及保护策略研究[①]

赵 虎 杨 松 郑 敏

习近平总书记在考察兰州段和郑州段黄河水利工程之后，分别在郑州和北京主持召开黄河流域生态保护和高质量发展座谈会[②]及中央财经委员会第六次会议[③]。这两次重要会议的连续召开，在将黄河流域生态保护和高质量发展上升到国家战略的同时，也把黄河文化遗产的系统保护提上行动日程，与之相关的工作势必成为国家及各省市未来的重要任务之一。同时，黄河流经地域广阔，沿线涉及地市州旗较多，多民族分布特征明显，由此造就了黄河文化遗产保护工作的多元性和地域性。所以，黄河文化遗产保护工作既要强调统一性，又不能忽略地方性。笔者团队开展的济南黄河文化遗产构成体系及保护策略研究，在系统梳理济南黄河现行河道和故道沿线 29 个街镇[④]内的水工设施、各级文物保护单位、历史文化街区村镇和传统村落、文化景观和非物质文化遗产资源的基础上，对济南市黄河文化遗产的体系进行了初步建构，并进一步提出了针对性的保护策略，以期为济南相关政策和规划的编制提供资料支撑，为黄河文化遗产保护的落实提供地方性案例参考。

---

① 本文受山东省高校人文社科研究计划项目“典型地域文化在高校建筑类专业育人中的传承体现研究”（J18RA161）和山东省研究生导师指导能力提升项目“教授工作室介入下的建筑类硕士研究生培养质量提升研究”（SDYY18128）联合资助；原文发表于《中国文化遗产》2021 年第 1 期。

② 习近平：《在黄河流域生态保护和高质量发展座谈会上的讲话》，《中国水利》2019 年第 20 期，第 1－3 页。

③《习近平主持召开中央财经委员会第六次会议强调抓好黄河流域生态保护和高质量发展》，《治黄科技信息》2020 年第 1 期。

④ 济南市黄河沿线有街镇 25 个，分别是曲堤、济阳、回河、仁风、崔寨、华山、荷花路、遥墙、泺口、药山、大桥、桑梓店、孝里、归德、文昌、平安、安城、榆山、玫瑰、东阿、锦水、吴家堡、美里湖、黄河、高家寨。另外，商河境内黄河故道沿线有街镇 4 个，分别是怀仁、沙河、殷巷、龙桑寺。

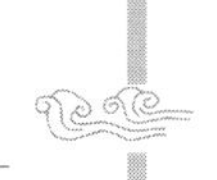

一、济南黄河文化遗产的环境特征

济南市属于黄河流域下游的城市，境内黄河河道约为183千米，约占山东境内河道长度的1/3。济南市是山东省省会、国家历史文化名城，境内历史文化资源丰富，截至2019年10月，有全国重点文物保护单位（以下简称“国保”）30处，省级文物保护单位（以下简称“省保”）161处，国家历史文化名村2个，“泉·城”文化景观也进入《中国世界文化遗产预备名单》。就地域文化类型而言，济南是东夷文化高地和齐鲁文化中心，泉水文化、鲁菜文化、曲艺文化、红色文化等在这里交相辉映。从黄河在境内的流经环境来看，济南黄河文化遗产的整理和挖掘需要关注以下两个特征。

第一，现行黄河河道自1855年才开始流经济南，虽已有160余年的历史，但是相对于济南数千年的建城史而言，时段相对较短。如果以与黄河直接相关的文保单位为标准去界定济南段的黄河文化遗产，可能会存有较大的局限性。另外，济南黄河的历史可追溯到东汉时期，至北宋河道北移时，黄河在济南北境流经千年，今天商河境内的大沙河就是当时黄河的河道①。所以，对济南黄河文化遗产的界定，一是要选定适度的遗产认定标准，特别要考虑黄河文化遗产提出的时代意义；二是要划定合理的识别范围，现行黄河河道和故道沿线均应被纳入其中。

第二，黄河在改道初期曾经阶段性发挥了水运便利的作用，并且境内泺口等河港码头在济南及区域的盐漕运输中发挥过重要作用，但是改道济南之后引发的洪水灾害也对沿线的人民和城市造成了巨大破坏。因此，有别于中上游的地市，黄河在济南流经的百余年，也是济南人民防洪抗洪的百余年，境内诞生了一些优秀的水利工程和治水名人，黄河文化遗产的构成要体现防灾水工文化的要素。黄河真正实现大治是在新中国成立后，济南段黄河在防灾、灌溉、水源等水利工程建设上均取得了举世瞩目的成绩，造就了今天城

① 安作璋主编：《济南通史·先秦秦汉卷》，齐鲁书社，2008。

市与黄河和谐共生的局面。

综上，济南黄河文化遗产构成应该是以水工遗产资源为核心，对现行河道和故道沿线一定空间范围内的文化资源进行挖掘整理，以展现当地人民与黄河相斗相融的进程和去害兴利的水工文化为主题，同时还要与济南当地的农耕文化、红色文化、鲁菜文化、盐运文化、名人文化、文化景观等地域文化资源进行有机整合，构建多层次的遗产体系。

二、济南黄河文化遗产构成体系

在参考《大运河遗产保护管理办法》等相关河道遗产文件资料的基础上①，“济南黄河文化遗产构成体系及保护策略研究”着重从水工遗产、伴生遗产、历史文化街区村镇、文化景观和非物质文化遗产五个方面出发，以黄河沿线的乡、镇、街道边界为研究范围，对济南黄河文化遗产体系进行构建探索。同时，结合黄河流域生态保护和高质量发展座谈会及中央财经委员会第六次会议的精神，从讲好黄河故事的时代需求出发，考虑与现有文物保护单位的关系（图1），体系中的遗产资源可分为现存遗产资源和可挖掘遗产资源两类。另外，相比较大运河遗产构成中侧重水运工程设施，济南黄河文化遗产的构成类型则更加多元，防灾和灌溉工程设施是其中不可或缺的部分（见表1）。

① 文化部：《大运河遗产保护管理办法（〔2012〕33号）》，2012年8月14日，http://www.gov.cn/gongbao/content/2012/content_2275425.html。

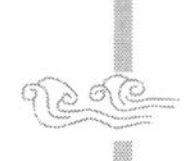

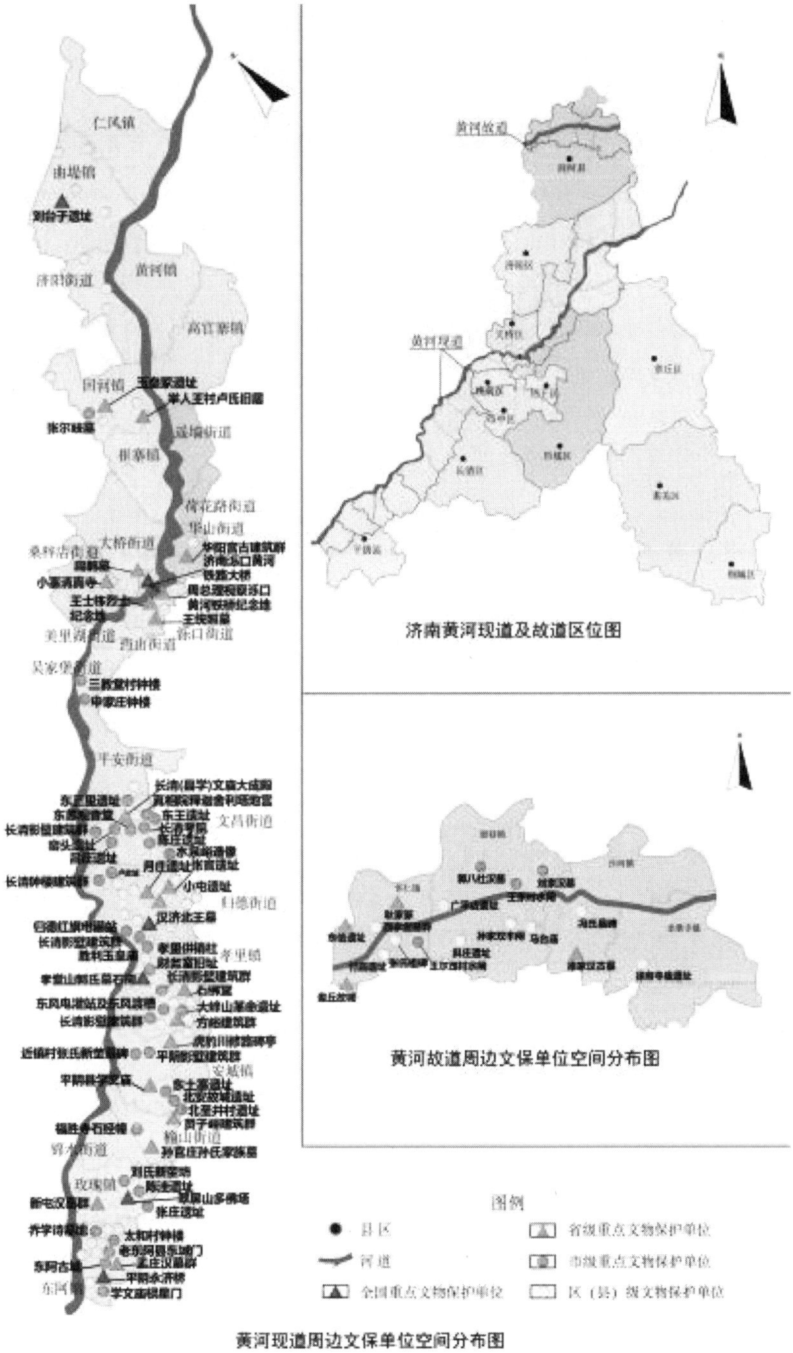

济南黄河现道及故道区位图

黄河故道周边文保单位空间分布图

图例

县区　　省级重点文物保护单位

河道　　市级重点文物保护单位

全国重点文物保护单位　　区（县）级文物保护单位

黄河现道周边文保单位空间分布图

图 1　济南黄河沿线街镇文物保护单位空间分布图（作者自绘）

表1 济南黄河文化遗产之水工遗产及其伴生遗产资源构建列表

设施类型	水工设施		伴生资源	
	现存遗产资源	可挖掘遗产资源	现存遗产资源	可挖掘遗产资源
防灾工程	——	现行河道、大沙河河道、黄河大堤、泺口险工、溜槽、淤背、水文站、展宽和滞洪区	黄河神兽（国保文物点）、张公祠（今大明湖内南丰祠）	毛泽东、刘少奇等党和国家领导人视察黄河泺口段堤坝纪念地
水运工程	济南泺口黄河铁桥（国保）	现行河道、大沙河河道、天桥泺口、长清顾小庄、济阳县城、章丘胡家岸等码头及渡口	周总理视察泺口黄河铁桥纪念地（省保）、王士栋烈士纪念地（省保）	津浦铁路泺口火车站、盐运货运仓库、泺黄支线铁路、明清盐运批验所、清船捐局和斗捐局
灌溉工程	长清区归德红旗电灌站及胜天渡槽（市保）、长清区孝里东风电灌站及东风渡槽（市保）、王尔茂村水闸（市保）、王东村水闸（市保）	重要的引黄涵闸、田山电灌站	孝里二村孝里供销社财务室旧址（市保）等	外围沟渠、盐碱地改造示范田、改稻试验区
水能工程	——	泺口水利枢纽建设遗存	——	
水源工程	——	引黄涵闸、河道	——	鹊山水库、玉清湖水库
治沙工程	——	泺口水利枢纽建设遗存	——	

（资料来源：作者根据相关资料①整理而来）

① 李明、陈汴生、唐丽娟：《济南段标准化堤防建设存在的问题及对策》，《人民黄河》，2006年第10期；济南黄河河务局：《济南黄河志》，山东省地图出版社，2014；钱欢青：《古村落里的济南》，山东文艺出版社，2017。

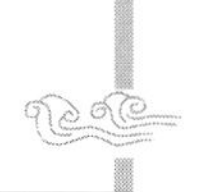

（一）水工遗产资源分析

目前济南段黄河河道长约183千米，上起平阴县东阿镇后蒋沟村，下止于济阳县仁风镇老桑家渡村。现黄河河道属于清末占据大清河河道而来，而大清河河道又可以追溯到古济水和古漯河的河道。该段河道上宽下窄，属于受工程控制的弯曲型河道，并且受沿线地形变化的影响，平阴和长清河段一侧地势较高。另黄河故道大沙河，位于商河县城北10千米处，东西横贯县境北部，穿越怀仁镇、殷巷镇、沙河镇、龙桑寺镇，全长约33千米，河宽处近百米。依托河道，济南段黄河在防灾、水运、灌溉、水源、水能和治沙等水利工程方面均有相应的遗存（图2）。

1. 防灾工程设施资源

在防灾工程方面，济南段黄河的工程主要包含堤防、险工、控导工程及北展宽滞洪区工程[①]。据统计，目前堤防分为临黄堤、导流堤、北展宽堤三类，长度188.66千米。其中，临黄堤最长，长度为172.46千米，是在清朝1860年左右由沿线民众自发修建而成的民堤基础上加固拓展完成的，新中国成立后经过几次建设，济南段黄河堤坝工程因质量优异先后荣获“鲁班奖”和“大禹奖”。其中，设有险工23处、控导工程48处、顺堤行洪防护工程2处。这些防灾水工设施，目前尚未被列入各级文保单位名录中，其价值值得大力研究挖掘。从工程科学价值上看，济南段黄河堤坝是黄河文化遗产的潜在资源，泺口段险工由于毛泽东、刘少奇等党和国家领导人先后前往视察，具有重要的历史价值。另外，1971年的北展宽滞洪区工程是为了减少济南窄河道凌洪威胁而兴建的一项防灾水利工程，在黄河下游河道防灾工程建设中具有代表性。

---

① 李明、陈沂生、唐丽娟：《济南段标准化堤防建设存在的问题及对策》，《人民黄河》2006年第10期。

图2 济南黄河沿线街镇水工遗产资源空间分布图（作者自绘）

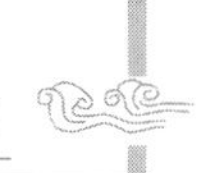

2. 水运工程设施资源

在水运工程方面，自清朝末年临黄大堤修建成型开始，黄河段济南的水运开始进入黄金期，除去中间因黄河断流的年份，直到1980年代，黄河航运才基本停滞下来。在长达百年的水运历史中，黄河带动了沿线经济的发展，串联起沿海和内陆，沟通了小清河和大运河，担负起了济南接入区域经济的通道使命，在济南段黄河沿线形成了泺口、董庄、郭口等一些港口码头及相关配套设施。清朝末年，为了联通泺口港口与小清河、胶济铁路和津浦铁路，也建设了泺口黄河铁桥、泺黄铁路支线、津浦铁路泺口站等铁路交通设施，直到今天有些部分仍然发挥着作用。其中，泺口黄河铁桥目前是国保单位，泺口港口及码头等遗存目前划入与之相邻的黄河百里公园内，得到了较好保存，是黄河文化遗产可挖掘的潜在资源。

3. 灌溉工程设施资源

济南黄河段灌溉工程设施多是在新中国成立后建设的，毛主席提出“根治黄河水害，开发黄河水利”的方针，灌溉工程设施的建设就是兴利的一项内容。因为黄河地上河的特性，对其引水的技术要求较高。自1955年开始，济南黄河段陆续形成虹吸管、引黄闸、提水站（含扬水站、排灌站、电灌站）等系统引黄灌溉工程体系。至1999年，所有虹吸管都已经停止使用，被引黄闸替代。目前，济南市共有引黄闸11座、提水站44座[①]。济南沿黄区县的黄河灌区主要分为两类：一类是平阴和长清的灌区，因为地势较高，其引水主要靠扬水站和电灌站，其中长清区归德红旗电灌站及胜天渡槽、长清区孝里东风电灌站及东风渡槽目前均属于市级文保单位。另一类灌区因地势较低，引水靠引黄闸和扬水站，并且各灌区相关的干渠也有多年的历史，可以作为黄河文化资产资源进行适度挖掘。同时，大沙河沿线的王尔茂村水闸与王东村水闸均为1960年代的构筑物，现为市级文保单位，水闸风格端庄浑厚，极具时代特征且沿用至今，发挥着抗旱和泄洪的双重作用，具有一定的工程技术价值和历史艺术价值。对于这类遗产资源的利用，应与黄河大米和西郊盖韭栽培等济南当地的特色农业资源结合起来，构建一体化的遗产展示体系。

① 济南黄河河务局：《济南黄河志》，山东省地图出版社，2014。

4. 水源工程设施资源

济南城区真正大规模使用黄河水不过30年左右的历史，直到1988年济南市建成引黄保泉供水工程第一期，才开始系统地把黄河水作为城市水源。1999年和2000年，济南市建成了玉清湖和鹊山两个水库①，实现了季节调蓄黄河水的目标，使得黄河水作为稳定的城市供水水源，与之相关的水工设施可作为黄河文化资产资源进行适度挖掘。

5. 其他水利设施资源

泺口水利枢纽遗存是济南黄河文化遗产构成中的一个重要部分。1954年黄河水利规划委员会（黄利委）编制的《黄河流域综合利用规划技术经济报告》中，提出了46个梯级开发方案，泺口枢纽属于解决山东境内灌溉用水的最后一个梯级。1959年12月，山东省委向国务院、黄利委、水电部提出报告，要求兴建泺口水利枢纽工程。1960年1月，该工程得到批准，2月动工建设，同年12月接到水利水电部通知停工。虽然泺口水利枢纽并未建成，但是经过10个月的建设，黄河两岸的施工现场也留下了时代印迹，成为新中国成立后苏联援建和黄河治理的历史性见证。

（二）相关伴生遗存分析

济南黄河段的伴生遗存数量较多，包括功能伴生遗存和空间伴生遗存两大类。其中，功能伴生遗存多与防灾工程、水运工程和灌溉工程相关联，而空间伴生遗存本研究限定为黄河沿线街镇范围内的其他文保单位②。

1. 功能伴生遗存

在功能伴生遗存中，与防灾工程设施相关联的伴生遗存有张公祠，毛泽东、刘少奇等党和国家领导人视察黄河泺口段的纪念地，黄河神兽的雕塑，泺口水利展览馆，等等。其中，张公祠是清代山东巡抚张曜的祠堂，张曜因治理黄河耗费大量心血赢得了济南人民的爱戴，百姓赞誉其为“黄河大王”，并在大明湖北岸为其建立祠堂。与水运相关的伴生遗存主要有省保单位周总理视察泺口黄河铁桥纪念地和王士栋烈士纪念地，还有津浦铁路泺口火车站

---

① 济南黄河河务局：《济南黄河志》，山东省地图出版社，2014。

②《济南市全国、省级、市级文物保护单位名录更新》，http://jnwl.jinan.gov.cn/art/2019/12/3/art_42917_3522854.html。

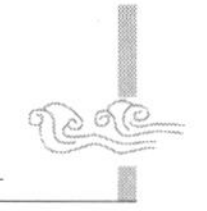

等，它们都可作为黄河文化资产资源进行适度挖掘。此外，与兴盛时期泺口航运相关的仓库、铁路和税务机构等资源可适度恢复。与灌溉功能相关的伴生遗存主要是重要的电灌站如田山电灌站，及重要的引黄闸和干渠等设施。

2. 空间伴生遗存

从空间伴生遗存上考虑，可分为两个层面。第一个层面是与黄河流经济南同时期的文保单位。其中，现行河道自 1855 年开始流经济南，因此沿线主要关注的伴生遗存类型是近现代重要史迹及代表性建筑，包括长清影壁建筑群、长清钟楼建筑群、孝里二村孝里供销社财务室旧址等文保单位。而商河境内的黄河故道，由于其流经年代为东汉至北宋年间，经过分析现有的空间伴生遗存为少量墓葬和遗址。第二个层面是黄河沿线乡镇街道内的其他文保单位，只要是现在登录在册的国家、省、市、县（区）级文保单位都应纳入范畴。

另外，在空间伴生遗存上需要着重关注的另一个文化遗产类型是红色遗产（革命文物）。目前，济南黄河沿线街镇内拥有红色革命遗迹 15 处[①]，空间上主要分布在长清区，在市区泺口附近也有泺口九烈士纪念碑、鹊山惨案纪念地等具有重要意义的革命遗迹（图 3），应围绕红色文化主题进行系统保护和展示。

（三）历史街区村镇分析

根据对济南市历史文化街区的统计[②]，目前济南市拥有省级以上历史文化街区 3 处，经过对其历史渊源和形成过程进行分析，这 3 处历史文化街区与黄河的关联性较低，不宜划入黄河文化遗产的范围。

结合沿线街镇的行政区划范围，省级历史文化名镇平阴东阿镇和省级历史文化名村长清归德街道土屋村，可以划入黄河文化遗产的范围。同时，根据山东省发布的省级传统村落名单，长清区归德镇和孝里镇、平阴县榆山街道以及 7 个传统村落可以划入黄河文化遗产的范围（见表 2）。

① 中共济南市委党史研究室编：《济南革命遗址概览》，中共党史出版社，2011。
② 钱欢青：《古村落里的济南》，山东文艺出版社，2017。

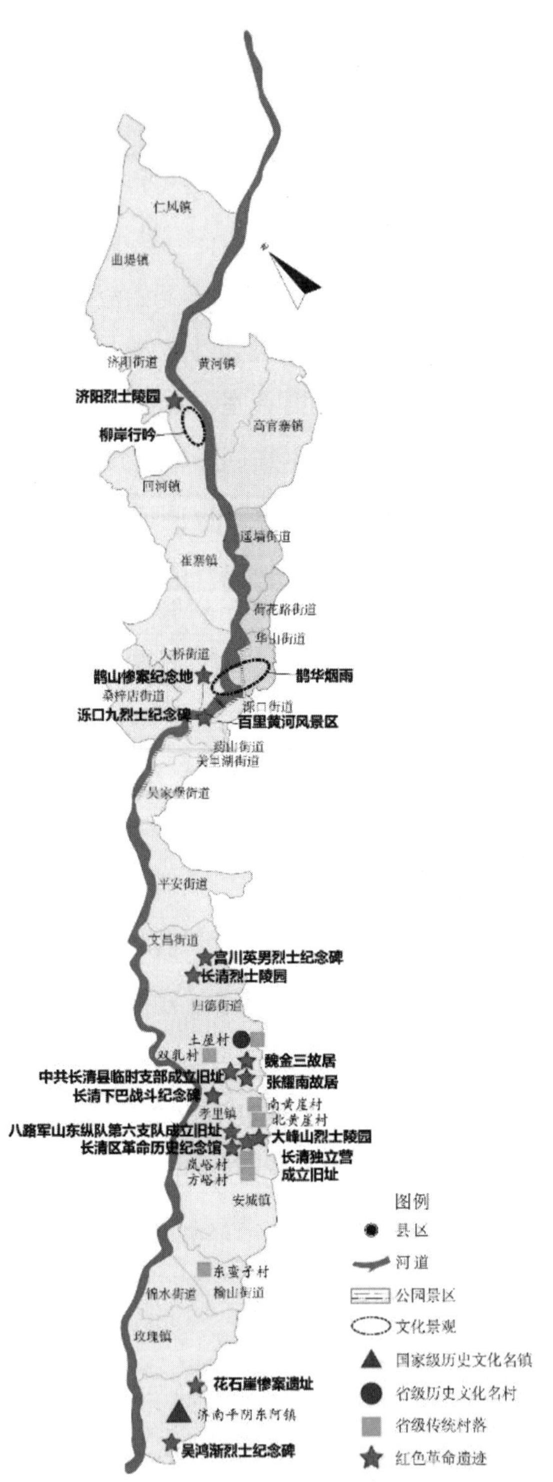

图 3　济南黄河沿线街镇其他文化遗产资源空间分布图（作者自绘）

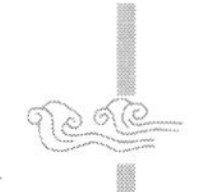

表 2　历史文化名镇名村及传统村落名单

类型	村镇名称
省级历史文化名镇	济南平阴东阿镇
省级历史文化名村	长清归德街道土屋村
省级传统村落	长清归德镇双乳村、长清归德镇土屋村、长清孝里镇方峪村、长清孝里镇北黄崖村、长清孝里镇南黄崖村、长清孝里镇岚峪村、平阴榆山街道东蛮子村

（资料来源：根据济南市历史文化名镇名村及省级传统村落名录整理）

此外，黄河沿线的泺口古镇虽然不是历史文化名镇，但其历史久远，自古就是济水和大清河沿线的重要港口，金代开始设立市镇，明清时作为鲁盐外运的批验所驻地，异常繁华，有“小济南”的美誉。清末黄河占据大清河河道，繁荣时每天也有几百艘船自河南驶来，担负着区域盐粮运输的重任。由于 1980 年代采用淤背技术加宽黄河大堤和 1990 年代修建绕城高速和济青高速公路等原因，泺口古镇紧靠黄河大堤的部分空间被占据，后来成为今天的黄河百里公园核心区，但是南部的近半街巷仍然保留，清末圩子墙拆除后改造为环城路，当地的鲁菜、盐运、铁路、码头等文化历史资源丰富①。如果得到充分的挖掘和保护，它将会在整个济南黄河文化遗产的保护与利用中发挥巨大作用。

（四）文化景观分析

黄河济南段的文化景观首推济南百里黄河风景区（图 4）。该景区于 1992 年开始建设，上迄济南市槐荫区宋庄，下至济南市历城区霍家溜村，总长度 51.98 千米，以蜿蜒的黄河河道为主线，以黄河滩地、堤防、淤背区、险工为依托，融工程景观、生态景观、人文景观于一体，内涵丰富，景色壮观。该景区 2003 年被水利部命名为“国家水利风景区”，2018 年被评为“中国黄河

① 赵虎等：《消逝的济南港口》，中国建筑工业出版社，2019。

50景”之一[①]。同时，为了延续地方历史文脉，笔者在济南黄河沿线各县地方志中发现，与黄河相关的文化景观有明清历城县的鹊华烟雨[②]和民国济阳县的柳岸行吟[③]。元代书画家赵孟頫曾作《鹊华秋色图》，时至今日，济南百里黄河公园的泺口段堤坝仍是同时观赏鹊华二山的极佳位置。此外，位于商河县黄河故道的大沙河湿地公园近年也逐渐成为当地知名文化景观。

（五）非物质文化遗产分析

据济南市非物质文化遗产名录统计[④]，与黄河沿线街镇相关的非物质文化遗产共38项，其中主要分布在长清区和平阴县，类型以民间文学和传统技艺为主。其中，济阳的黄河泥塑属于传统美术类型，其原材料是黄河的河泥。在传统技艺类型中，草包包子、糖醋黄河鲤鱼和泺口醋等与鲁菜相关的餐饮技艺都与黄河边上的泺口有着紧密的联系[⑤]，虽然申报单位在空间上远离了黄河，但是仍然属于黄河文化遗产的范畴。长清区的黄河打夯号子具有典型的黄河地域特色，来源于治黄防灾时的鼓劲号子，节奏明显，曲调高亢有力，歌词随着社会发展而不断变化，一些即兴创作更富时代性和娱乐性，让劳动者干劲十足，为防洪治黄做出过极大的贡献（见表3）。此外，黄河故道沿线商河县的鼓子秧歌属于全国首批非物质文化遗产，舞蹈中的“大八叉”等动作来源于旧时人们抗洪抢险的场景，也为东汉至北宋时期黄河流经此处千年提供了佐证。

---

① 中共济南市委政策研究室、济南市黄河河务局：《黄河安澜·济南篇》，济南出版社，2003。

② 为鹊华烟雨的延续，明崇祯《历城县志》卷二《封域志·山川》“鹊山”条下云：“历下客山胜，而北方之镇，鹊华并峙，每当阴云之际，两山连亘，烟雾环萦，若有若无，若离若合，凭高远望，可入画图，虽单椒浮黛，削壁涵青，各著灵异，乃昔人合标其胜曰‘鹊华烟雨’。”

③ 关于柳岸行吟景观，清代“济阳八景”之首的“济水澄波”实际是指大清河景色，不过在清末时由于黄河改道，大清河水由清变浊，济阳第一景“济水澄波”就此成为绝唱，在民国修《济阳县志》时第一景改成了黄河岸边的“柳岸行吟”，位列“济阳新八景”第一位。

④ 济南市人民政府公布的市级第一至第七批非物质文化遗产代表性项目名录和扩展项目名录。

⑤ 草包包子最早是由泺口人张文汉在泺口继镇祥饭馆学到的技艺，后在商埠区发扬光大。同时，被称为鲁菜中头道菜的糖醋黄河鲤鱼也是源于泺口继镇祥饭馆，其烹饪中所需的泺口醋也是泺口当地特产。

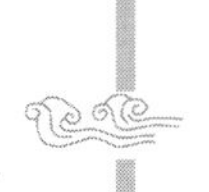

表 3　黄河直接相关的典型济南非物质文化遗产

类型	项目名称	申报单位	级别	备注
民间舞蹈	鼓子秧歌	商河县文化馆	国家级	——
传统美术	泥塑（济阳黄河泥塑）	济阳县文化馆	市级	——
传统技艺	面食传统制作技艺（草包包子制作技艺）	济南草包包子铺等	市级	鲁菜餐饮类
	鲁菜烹饪技艺（糖醋黄河鲤鱼）	山东颜氏厨艺联谊会	市级	
	泺口醋酿造技艺	济南市泺口醋酿造有限责任公司	市级	
民间音乐	黄河打夯号子	长清区文化馆	市级	——

（资料来源：作者根据济南非物质文化遗产名录整理）

此外，还有一些有关黄河治理的人、故事和文献也应该作为黄河文化遗产未来的拓展内容。如，清朝光绪年间的黄河图，清末张曜、刘鹗等人的治河事迹，应以名人故事的形式积极进行民间文学类非物质文化遗产的申报。同时，在黄河治理过程中，与水工设施修建有关的传统石砌技术、河工工具制作技术及堤坝的养护经验，也应该积极挖掘整理，申报传统技艺类非物质文化遗产。

三、济南黄河文化遗产保护策略

黄河文化遗产保护工作是一项巨大的系统工程，其提出的初衷并不是简单保留现存的文化遗产，而是要对文化资源进行系统挖掘整理，为讲好黄河故事提供支撑，为实现中华民族伟大复兴的中国梦凝聚精神力量。因此，黄河文化遗产不应纠结于博大黄河文化统一的表达和严格文化遗产价值标准的评判，宜立足于延续历史文脉，着眼于新时代价值需求，在既定文物保护单位基础上因地制宜地扩容构建。同时，黄河文化遗产是结合地域特征构建的多种文化遗产资源集合体和复杂系统，其认定也不宜泛化，应围绕体现千百年来人与黄河共生共存的历史过程。对于济南黄河文化遗产资源的保护，本研究提出以下几项策略。

（一）加强黄河文化遗产资源普查登记

对济南黄河文化遗产构成的认定要把握好五个兼顾原则：人工要素与自然属性兼顾、物质性和非物质性兼顾、流域共性和地域特性兼顾、历史厚重与时代需求兼顾、流域范围和行政区划兼顾。因此济南市黄河文化遗产资源的构成，结合前文的分析，其中应既包括现有的各级文物保护单位，也包括符合黄河水工文化和红色文化主题资源的纳入，还有文化景观要素的识别和保护。这在非物质文化遗产资源构成方面同样适用，对于传统黄河水工修建和维护技术要及时挖掘整理，纳入当地的非物质文化遗产名录进行系统保护。所以，黄河文化遗产保护工作的推进，首要推进的就是加强黄河文化遗产资源的普查登记工作，特别是潜在文化遗产资源的挖掘整理工作。

（二）加强黄河文化遗产保护规划编制协调

积极展开《济南黄河文化遗产保护规划》的编制工作，以国家《黄河流域生态保护与高质量发展规划纲要》为依据，以山东全省黄河文化遗产工作的开展为基础，加强与现有《济南历史文化名城保护规划》《济南新旧动能转换先行区总体规划（2018—2035）》《济南黄河国家公园规划设计》等规划的协调；以黄河国家文化公园的打造为引领，以泺口古镇周边区域为中心，积极构建“一主三副”① 的空间规划结构；依托水工和红色文化两种遗产主题，结合沿线的其他文化遗产资源，明确不同分区内的黄河文化遗产保护和利用原则；在沿线重要节点，规划设计以黄河文化遗产展示为主题的博物馆、文化馆等标志性建筑，谋划城市新地标。

（三）理顺黄河文化遗产保护综合管理机构

目前，黄河文化遗产资源处在多头管理的局面中，相关职能机构包括济南市的文物局、文旅委、自然资源和规划局、市委党史（地方史志）研究院

①“一主”是指以天桥区泺口古镇为中心协同周边市区黄河沿线共同构成主体功能区，“三副”分别是东部的济阳—章丘沿河片区、西部的平阴—长清沿河片区和北部的商河北部黄河故道片区。

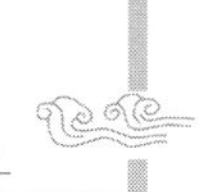

等，同时，黄河水利管理机构——济南黄河河务局也对黄河的水利工程设施及沿线相关的文物拥有管理权，黄河文化遗产构成的复杂性决定了现有管理机构的多元性。为了理顺黄河文化遗产保护的系列工作，相关地市和县（市）区人民政府应当建立黄河文化遗产保护利用联席会议制度，由主管水利工作的市级领导牵头组织，与水利、文物、文旅、自然资源和规划、市委党史（地方史志）研究院等职能机构共同实施黄河文化遗产保护利用规划。

（四）加强黄河文化遗产教育宣传工作

推进黄河文化遗产保护工作的目的是为实现中华民族伟大复兴的中国梦凝聚精神力量，所以整理和挖掘黄河文化遗产，是讲好黄河故事的基础，这中间需要各级宣传和教育部门的精心组织。在教育上，要树立传承黄河文化精神为使命的理念共识，围绕立德树人的根本任务，抓住学校和基地两个载体，依托线上和线下两种途径，积极展开黄河文化遗产传承教育工作。其中，针对中小学生，编写具有地方特色的黄河文化遗产读本读物，举办青少年主题夏令营等研学活动，打造一批教育实践基地；针对大中专学生，可以与驻济院校的考古、建筑、艺术等专业结合，专业课程增加与黄河文化遗产保护有关的培养内容；针对普通公众，组织多种形式的宣讲活动，使公众增进对黄河文化的认识和理解，增强对黄河文化遗产的尊重和保护意识。

四、结语

济南黄河段是万里黄河上的一个小段，对其文化遗产构成体系的研究仅是一次小小的尝试，其中必然有不成熟的地方。不过通过这种“解剖麻雀”式的研究，由小见大也可对黄河文化遗产构成形成两个基本认识。

第一，虽然黄河文化遗产的构成目前尚无权威性的界定，但是不宜直接照搬世界文化遗产的评价标准，要考虑其提出的时代背景和作用目的，立足黄河河道本体，在沿线已有各级文保单位的基础上，按照人文与自然、历史与现代、共性与特色、流域与政区、物质与精神相结合的原则充分挖掘文化要素，探寻一个适用于流域整体操作的全国性黄河文化遗产构成框架。

第二，黄河文化遗产体系的构建要结合黄河流经地域的实际情况，考虑上中下游河段不同的自然条件和人文环境，认真挖掘黄河文化的地域性主题，积极与当地的亚文化类型有机结合，梳理和挖掘水工遗产、伴生遗产、历史文化街区村镇、文化景观和非物质文化遗产等资源，做到符合当地实际、凸显地方特色，为讲好黄河故事提供素材支撑，并在此基础上提出针对性的管理建议，为该项工作的系统展开提供地方性案例参考。

（作者分别系山东建筑大学教授、济南市规划设计研究院助理规划师、山东同圆设计集团城市规划研究院副院长）

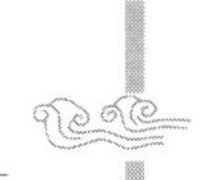

发挥济南在黄河国家战略中示范作用的路径研究

吴学军

一、济南在黄河重大国家战略中发挥示范作用的重要意义

作为黄河下游中心城市、黄河流域唯一沿海省份的省会，济南纳入国家区域协调发展总体布局，发挥好示范作用，对于强化区域环境治理、推动济南新旧动能转换起步区建设、扩大对外开放、弘扬黄河文化、推进一体化发展有着重要意义。

（一）发挥济南示范作用有利于强化黄河生态保护和环境治理

强化黄河生态保护和环境治理，使黄河成为造福人民的生态河、景观河、幸福河，是实施黄河重大国家战略的首要任务。济南百里黄河风景区中的泺口中心景区——“黄河园”处于窄河段上端卡口，是山东黄河的咽喉河段，也是黄河水利委员会“三口”（郑州花园口、开封柳园口、济南泺口）重点规划之一。随着新旧动能转换起步区的破题起势，济南将逐步构建起“蓝绿引领、生态优先”的城市发展空间。通过建设独具特色的黄河生态景观风貌带，打造沿黄生态文明典范城市，形成城河相间、山水互融的新城市样板，真正使黄河济南段成为济南的景观河、生态河、幸福河。济南南部地处泰山生态屏障区，北部黄河流域生态保护带是城市的主要生态控制区。开展生态环境联防联治，探索建立横向生态环境补偿机制、利益约束机制，在推动成立流域生态补偿保障基金、绿色发展基金等方面先行一步、打造样板，就能从根本上解决生态保护与发展的矛盾，构建起南山北水多廊多点的生态格局。

（二）发挥济南示范作用有利于推动新旧动能转换起步区建设

山东是全国唯一的新旧动能转换综合试验区。济南是山东三个先行区之一，承担着先行先试、引领示范的重大责任使命。2020 年 4 月，国务院正式批复济南新旧动能转换起步区建设实施方案，设定了近期及远期发展目标：到 2025 年，起步区现代化新城区框架基本形成；到 2035 年，“起步区建设取得重大成果，现代产业体系基本形成，创新驱动成为引领经济发展的第一动能”。这客观上要求通过加快推进新旧动能转换，迅速形成高质量发展的示范效应。只有进一步发挥济南在新一代信息技术、高端智能制造等优势产业的示范辐射作用，才能加强济南与周边城市产业体系对接融合，引领区域间产业错位发展、协调布局，打造沿黄产业协作示范带，构建起落实黄河重大国家战略的产业支撑体系。济南新旧动能转换起步区只有强化科技创新示范引领，充分发挥创新要素优势，才能打造现代化智慧城区。

（三）发挥济南示范作用有利于带动黄河流域对外开放

济南作为黄河流域唯一沿海省份的省会，北临京津冀，南连长三角，西连中原经济区，是新亚欧大陆桥与“一带一路”的重要节点，具有引领黄河流域对外开放的明显优势。通过强化上中下游的跨区域联系，畅通陆海双向开放大通道，可以加快形成济南现代化内陆开放型国际综合交通枢纽，构建公铁集枢、陆空衔接、河海通航、陆海联动竞争的新优势。通过充分发挥中国（山东）自贸试验区济南片区、济南人才特区、济南国际招商产业园先行先试的政策优势，不断推动制度创新并在全省乃至全国复制推广，加速推动贸易投资、跨境资金流动、国际人员往来、国际物流运输便利化和数据安全有序流动，有利于打造引领省会经济圈、辐射山东半岛城市群、服务黄河流域对外开放的自由贸易高地。

（四）发挥济南示范作用有利于保护传承弘扬黄河文化

济南作为国家历史文化名城，具有山泉湖城河的独特风貌，拥有 4000 多

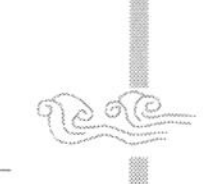

年的龙山文化和2600多年的建城史，是中国非物质文化遗产博览会的永久举办地。通过示范引领，围绕文明起源、地质现象和黄河治理等重要遗产，不断加强黄河文化遗产的系统性保护，深化与沿黄城市间的文化交流，建立区域文化合作机制，等等，有利于推动打造沿黄历史文化遗产保护区。深入挖掘黄河文化内涵和底蕴，弘扬黄河文化时代价值，建设黄河文化深度体验区，创造一批黄河文化精品，讲好黄河故事，有利于推动打造黄河文化保护传承弘扬高地。加快省会经济圈文旅一体化发展，构建大文旅共同体，实施建设一批重大文旅产业项目，有利于推动“创建国家文化旅游名城、打造中华文化之旅首选目的地、建设世界文明交流互鉴的重要窗口”。

（五）发挥济南示范作用有利于推进区域经济一体化进程

习近平总书记要求山东半岛城市群在黄河流域生态保护和高质量发展中发挥龙头作用。济南作为山东半岛城市群的核心城市，承担着践行服务重大国家战略、发挥龙头作用的重大使命，只有发挥好“全流域高端产业发展引领区、科技创新策源地、对外开放合作桥头堡”示范作用，才能为黄河国家战略的实施提供有力支撑。济南只有扛起加快自身发展和服务区域发展的双重责任，以中心城市辐射带动城市群发展，打造黄河流域高质量发展核心引领示范区，才能带动引领省会经济圈、胶东经济圈、鲁南经济圈“三圈”融合发展，带动引领山东半岛城市群与中原城市群、京津冀城市群、长三角城市群的协同发展，打造高等级跨省域城市群，共同挺起黄河流域高质量发展的脊梁。

二、济南在落实黄河国家战略中发挥示范作用所面临的挑战

近几年，济南贯彻新发展理念，扎实推进“强省会”战略，城市综合实力显著增强，为在落实黄河国家战略中发挥示范作用奠定了坚实基础。但是，同先进城市相比，济南在集聚力提升、比较优势发挥、区域一体化发展、环境风险化解以及文化资源利用等方面还面临不少挑战。

（一）城市集聚力和辐射带动力有待提升

2021年，济南地区生产总值11432.2亿元，虽已进入GDP万亿“俱乐部”，在副省级城市中排名第9（见表1），但在省会城市占本省经济总量比重排名中仍然处于末位，首位度与中心城市的目标要求不匹配。

表1 2021年15个副省级城市生产总值比较

城市	绝对量（亿元）	排名	同比增长（%）	排名	占所属省份GDP比重（%）	排名
西安	10688.3	10	4.1	15	35.9	4
沈阳	7249.7	12	7.0	11	26.3	7
大连	7825.9	11	11.3	2	28.4	6
长春	7103.1	13	6.2	13	53.7	1
哈尔滨	5351.7	15	5.5	14	36.0	3
南京	16355.3	6	7.5	9	14.1	14
杭州	18109.0	4	8.5	4	24.6	9
宁波	14594.9	7	8.2	6	19.9	11
厦门	7033.9	14	8.1	8	14.4	13
济南	11432.2	9	7.2	10	13.8	15
青岛	14136.5	8	8.3	5	17.0	12
武汉	17716.8	5	12.2	1	35.4	5
广州	28232.0	2	8.1	7	22.7	10
深圳	30664.9	1	6.7	12	24.7	8
成都	19917.0	3	8.6	3	37.0	2

数据来源：根据各市统计公报整理计算

（二）机遇叠加效应和比较优势有待发挥

规模以上企业数量较少，重视研发和创新的企业相对不足，通过品牌提升城市竞争力不够。受土地等要素制约的影响，济南实现跨越式增长的难度加大。2021年，第一产业投资增长7.1%，第二产业投资增长5.3%，第三产

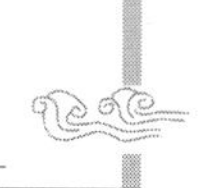

业投资增长9.2%。同经济体量差不多的郑州、西安、合肥相比，济南全社会固定投资基数小，投资增幅不稳定，结构不够合理（见表2）。

表2　部分城市全社会固定资产投资额及增幅

年份	济南		郑州		西安		合肥	
	投资额（亿元）	增幅（%）	投资额（亿元）	增幅（%）	投资额（亿元）	增幅（%）	投资额（亿元）	增幅（%）
2010	1987.4	20.1	2757	20.8	3250.6	30.0	3066.9	24.2
2011	1934.3	18.1	3002.5	8.9	3346.3	2.9	3376.9	10.1
2012	2186.1	20.4	3669.8	22.2	4243.4	26.8	3803.1	12.6
2013	2638.3	20.7	4509.3	22.9	5134.6	21.0	4535.4	19.3
2014	3063.4	16.1	5355.3	18.8	5903.9	15.0	5302.7	16.9
2015	3498.4	14.2	6371.7	19.0	5165.9	-12.5	5851.9	10.4
2016	3974.3	13.7	7075.7	11.0	5191.4	0.5	6501.2	11.1
2017	4363.6	13.5	7573.4	7.0	7556.5	45.6	6851.4	5.4
2018	4782.5	9.6	8398.9	10.9	8191.2	8.4	7337.8	7.1
2019	5385.1	12.6	8634.1	2.8	8281.3	1.1	7998.3	9.0
2020	5600.5	4	8944.9	3.6	9341.3	12.8	8374.7	4.7
2021	6244.6	11.5	8390.3	-6.2	8257.7	-11.6	8667.8	3.5

数据来源：根据各市统计公报整理计算

（三）经济圈内区域一体化进程比较缓慢

一是区域布局不平衡，市场体系过多地集中于济南，周边城市的市场发育明显滞后。二是没有形成多层次的资本市场，企业融资单一，多是通过银行间接融资，有限的金融资源也没有很好地为区域经济发展和产业投入服务，存在向长三角、京津冀外流的现象。金融创新水平不高，国际化程度较低。三是与区域优势产业相关的市场体系发育不够充分，产业优势不能很好地转化为市场优势，服务业优势没有显现出来。四是市场主体实力和活力不足，商贸流通中传统业态仍然占据主导地位，智慧物流公共信息服务平台建设较慢，圈内城市之间尚未形成全方位链接。

（四）经济高质量发展与环境保护矛盾突出

环境风险压力依然较大，且新老环境问题交织，使得环境问题解决难度不断加大。环境保护长效治理机制需要强化建设，实现“一岗双责”“网格监管”，环境损害问责、排污许可、绿色信贷等机制需要逐步建立健全。完成节能降耗任务的难度大、压力大，部分企业计划项目难以落地。当前济南的能源消费结构改善还需努力，煤炭占能源消费比重仍然较高。国际国内经济形势愈加复杂，经济下行压力持续加大，市场需求总体放缓，土地、能源、水、环境容量等生产要素进一步紧张。

（五）黄河文化资源挖掘和开发利用不足

目前，济南文化元素在城市经济竞争中分量不足，人文环境吸引力、文化产业竞争力和文化要素集聚力相对不足。2021 年，济南旅游业总收入为 983.9 亿元，低于成都、武汉、西安、长沙、合肥等中西部省会城市。其中，武汉、西安旅游业总收入已超过 3000 亿元，长沙、合肥旅游业总收入已超过 2000 亿元。成都旅游业总收入达到 3085 亿元，已是济南的 3.1 倍。在国际旅游市场上，济南旅游业缺乏竞争力，外向度偏低，泉水文化的国际影响力不够。济南文化产业市场化开发和推广相对滞后，在国内外市场缺乏竞争力强的知名文化品牌，通达上下游的文化产业链没有形成，丰富的文化资源没有得到有效保护、开发和利用。

三、济南在黄河国家战略中发挥示范作用的路径

在落实黄河国家战略中彰显济南责任担当，要以先进的发展理念、前瞻的战略思维、开阔的国际视野引领实践、推动工作。

（一）发挥优势深化协作，建立区域经济协同发展机制

在空间、交通和产业方面加强协同合作，推动要素在区域内自由流动，优化配置构建一体化发展机制，持续提升济南集聚力、辐射力、向心力。

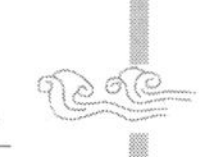

1. 构建区域协同发展新机制。建立战略决策、沟通协调和合作运行机制，推动区域城市加强沟通交流、强化对话。一是积极探索省会经济圈内城市合作模式，包括“飞地经济”模式、高等级国际合作园区建设、交通规划与产业布局建设等，协同推进规划项目申报审批，加强长期规划和项目储备。二是加快推进区域社会事业融合发展，推动区域医疗保障共建共享，加快区域教育、文化、旅游、体育事业融合发展。三是建立有效的利益共享机制和成本分担机制，采用建设运营成本分担、税收分成等方式，通过有效的制度安排来激发合作双方的积极性、主动性和创造性，实现互利共赢。

2. 建立人力资源市场一体化机制。一是建立省会经济圈人才和劳动力信息统一平台。整合省会经济圈内人才资源市场，建立统一的信息发布平台。发挥济南人力资本市场优势，构建国家级的高级人才市场。二是建立省会经济圈人力资源、就业岗位资源、培训资源互通互用的共享机制。三是推动建立一批服务省会经济圈产业发展的劳动力资源和就业培训基地，提高圈内周边城市向济南劳务输出组织化程度和技能水平。依托各类职业学校和技工学校，通过统一规划，集中建立一批具有全国竞争优势的农村实用人才培训基地，围绕特色产业建设职业农民科技培训基地。

3. 构建技术交易市场一体化机制。一是构建全省统一联网产权交易平台，与京津冀、长三角、粤港澳大湾区等地区产权交易市场签订战略合作协议，实现经济圈产权交易与国内发达地区产权市场的对接，形成跨地区产权交易市场化运作机制。二是借鉴深圳高交会模式，建立省会经济圈高新技术成果交易会。着力构建重大设备、科技信息、软件开发服务三大平台，实现技术交易市场的一体化，共享公共技术服务资源，实现技术服务的市场化、产业化，推动经济的集约发展。

（二）坚持生态保护优先，建立黄河生态治理提升体系

实施黄河国家战略，重在保护，要在治理。要从制度创新入手，着力实施好环境治理、生态修复、沿黄绿化重大工程。

1. 高标准推进黄河环境治理重大工程。一是从制度设计上探索构建资源

环境价格机制。明确产权主体并逐步构建市场主导的产权交易制度，促进资源配置效率提升和环境污染成本内部化。二是从技术路径上注重发挥大数据对环境保护和环境治理的赋能作用。加快建立沿黄流域生态环境空天地一体化大数据平台，实现环境质量预报预警以及污染防治实施效果的监测与评价，构建起覆盖“分类—识别—诊治—评价—纠错”全过程的精准治污机制。三是健全和完善农村生活污水处理设施运行监管，组织做好农村生活污水治理验收工作，加强对农村生活污水治理工作的调度、通报、考核。

2. 突破性谋划黄河生态修复重大工程。扎实推进水环境治理改善、水生态修复保护、水资源合理利用“三水并重”。一是加强重点区域生态环境保护。保护黄河、小清河、鹊山龙湖、济西湿地等水生态资源，加强风景名胜区、自然保护区、生态涵养区等重点区域的生态环境保护。二是提高生态修复的产业协同。在原生态保护红线、永久基本农田和城镇开发边界“三线”基础上，增加环境质量底线和资源消耗上限，确定环境准入负面清单，确保黄河流域主次干道污水“零排放”。三是强化生态空间管理。全面推进水源涵养区、水土保持区、生物多样性密集区等重点生态功能区的生态保护与修复。

3. 全方位实施沿黄绿化提升重大工程。一是加快还绿增绿进程。推进黄河生态环境保护水岸线、绿化线、禁建线“三线”划定工作，从优确立水岸线、绿化线绿化率提升目标，打造堤内绿网、堤外绿廊、城市绿芯的区域生态格局。二是积极推进国土绿化提速提质。基于城水共融理念，统筹“山水林田湖草”规模及布局，重点推进黄河沿岸、民航航线覆盖范围内、工业园区、城区重点道路等区域绿化靓化提升，构建蓝绿交织的生态网络。

（三）促进产业绿色升级，建立智能化现代产业支撑体系

济南要在全面绿色转型方面发挥示范作用，建设绿色低碳、生态宜居的现代化强省会，就必须着眼于绿色发展构建起智能化现代产业体系，聚力提升传统产业的绿色能级，加快发展绿色智造产业，推动形成绿色发展方式。

1. 加快提升传统产业的绿色能级。一是推进传统产业的绿色化改造。不断加强行业准入管理，推动建材、机械加工、食品饮料等传统工业行业淘汰

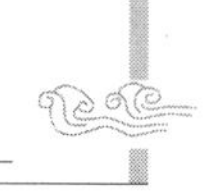

落后产能和进行绿色化改造，加快传统产业向绿色、低碳和循环型经济的产业园区搬迁改造，推动传统优势产业向绿色高效产业转型升级。二是加快工业企业节能改造。推广低碳技术，普及热、电、水循环技术，提高行业废物回收利用能力。三是推动能源产业绿色转型升级。加快传统能源产业向清洁化、低碳化和循环利用的方向发展，大力发展光伏发电、风电、地热能及煤基清洁能源等产业。

2. 加快发展绿色智造产业。一是加快壮大新智造。以推进大数据、人工智能、信息化和绿色化技术与制造业深度融合为主线，加快培育发展智能制造产业，着力完善智能制造产业链和创新链。二是全面启动绿色园区建设。加快制定和实施《济南市绿色工业园区认定办法》，对当前沿黄六大工业园区的绿色发展形成政策指导，并在此基础上全面开展绿色园区及厂区建设，加快园区低碳、清洁化和循环化改造。

3. 推动形成绿色发展方式。一是提升绿色金融要素供给。建立充分反映资源稀缺程度、市场供需情况和生态价值的资源环境要素市场，加快济南绿色资源市场化、资本化转换步伐。二是完善绿色金融基础设施。鼓励支持设立专业性绿色信贷银行、产业投资基金、保险机构等，推动绿色低碳产业发展运用排污权交易、环境税、资源产品定价以及碳排放标志认证等市场化政策工具，引导市场主体在生产和消费过程中实现绿色化转换。三是在着力发展“生态＋”产业的基础上，充分放大黄河文化和齐鲁文化等名片效应，大力发展健康、旅游、教育、养老、休闲、娱乐、体育、创意、动漫、新媒体等现代服务产业。

（四）聚焦盘活创新资源，建立省会开放型经济新体制

创新引领开放，在开放中推进创新。伴随着黄河国家战略的实施，越来越多的创新资源将向区域性开放型平台集聚。济南要充分发挥科创优势，在更大范围内构建开放创新平台体系和创新支持政策体系。

1. 发挥优势盘活科技创新资源。一是盘活省会经济圈科创资源。学习借鉴上海、广东开放式创新体系构建经验，瞄准重点产业定位，进一步提升科

研体系的开放性和针对性。二是继续打造特色专业产业园区。借鉴上海经验做法，建立中外开放创新对话交流机制；借鉴广东经验做法，支持中外共建合作园区，引导现代化开放创新平台积极融入全球产业链、价值链。充分运用和配置好全球资源，不断吸取和转化技术、人才、资金等显性资源。同时，在平台不断自我升级中，着力引进适合自身发展特点的管理制度等隐性资源。

2. 构建开放创新平台体系。一是充分发挥省会经济圈内各城市优势，构建跨区域、跨组织的开放创新交流合作平台，并及时提供与开放发展相适应的制度机制和保障配套政策。二是构建区域内外协调、协同开放、创新发展的功能平台体系。以深化服务贸易创新发展试点为契机，以货物贸易与服务贸易创新发展为主线，以大数据、云计算、物联网为基础，构建以各区域产业特色化发展为抓手的功能平台。三是以园区为载体承接自贸区发展改革经验，积极推动济南自由贸易试验区改革试点经验在省会经济圈内城市的复制推广，降低创新资源和成果在转移过程中的交易成本，实现园区优化营商环境的规范化、一致性。

3. 构建创新支持政策体系。一是优化技术创新环境。借鉴新加坡经验，实现产业与科研融合；借鉴香港经验，做好精准引人和服务配套，面向国际市场，在产学研用上下功夫，在为高端人才提供服务上下功夫，在重点区域创新载体建设上、研发金融环境优化上集中发力。二是顺应国际经贸规则改革建设新趋势，积极主动对标世界高水平规则，提升政策合规性、规范性。三是强化开放政策创新。加强与“一带一路”共建国家政策合作，借鉴新加坡在总部经济和人才等方面经验，聚集国际化、高端化和个性化要素，制定符合要素生存和发展所需的政策环境，通过政策环境与体系的完善来实现要素的引进、留住、用好。

（五）立足保护传承弘扬，建立黄河文化资源开发体系

发挥济南在黄河文化方面的示范作用，就要立足于保护、传承和弘扬，不断加强对黄河文化资源的系统挖掘和保护，深入传承黄河文化基因，弘扬黄河文化的时代价值，建立起具有泉城特色的黄河文化资源开发体系。

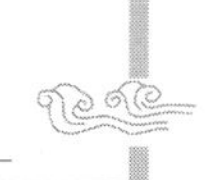

1. 构建黄河文化保护提升体系。一是做好济南黄河文化的整合提升。对济南文化要有新的认知、新的凝练和新的提升，把原来碎片化的、散点化的文化遗存、文化景观整合起来。根据文化内涵塑造和拓展文化载体，建成一批重点文化项目，集中打造文旅产业链条。二是要做好黄河文化遗产保护。实施济南黄河文化遗产普查工程，对黄河文化遗产进行全面系统普查，完善黄河文化遗产分级分类名录和档案，建设黄河文化遗产数据库，实现黄河文化遗产普查、登记和查询的信息化。实施一批古遗址、古墓葬、古建筑和典型线性文化遗产、工业遗产、革命遗址的保护维修工程，开展文物“拯救保护行动”。

2. 建立黄河文化传承展示体系。一是建立和完善黄河非物质文化传承制度。采取命名、授予称号、表彰、资助、扶持等方式，在实践中实现黄河文化薪火相传，让黄河文化生生不息，成为造福人民群众的精神力量。二是创新传承方式。举办具有济南元素的祭舜大典或者恩义文化典礼，通过纪念大舜、闵子骞以及济南的文化精英，通过提炼泉水奔涌的精神内核，传承济南文化。三是打造中华文明重要地标，高标准建设黄河文化标识体系、黄河文化公园、黄河体育公园、全国黄河文化教育示范基地，整合省内黄河沿线博物馆资源、重要革命文物旧址，打造黄河文化重要惠民工程、传承阵地和交流平台。

3. 建立黄河文化弘扬宣传体系。一是创新黄河文化传播途径。建立黄河文化数字博物馆网络平台，构建以文化遗产标识为导向的黄河文化遗产价值传播体系，让黄河文化深入人心。二是创新文化传播方式。借助虚拟现实、动漫游戏、沉浸式演示等群众喜闻乐见的艺术形式以及高科技方法，推动黄河文化积极融入文化创意产业。谋划举办黄河文明国际论坛，按照市场化运作模式提升现有黄河类文化节会层次，引进一批国家级节会赛事，多角度、多层次提升黄河文化影响力。三是推动文化旅游深度融合。加强与泰安、济宁文化旅游产业协同合作，统筹“山水圣人”世界级文化遗产，共建世界级中华文化枢轴。

参考文献：

［1］安树伟、李瑞鹏：《黄河流域高质量发展的内涵与推进方略》，《改革》2020年第1期。

［2］林永然：《以中心城市建设推进黄河流域高质量发展》，《学习时报》2020年6月1日第5版。

［3］任保平：《黄河流域高质量发展的特殊性及其模式选择》，《人文杂志》2020年第1期。

［4］董战峰等：《黄河流域生态补偿机制建设的思路与重点》，《生态经济》2020年第2期。

［5］马海涛：《黄河流域城市群高质量发展评估与空间格局分异》，《经济地理》2020年第4期。

［6］吴正海：《以新发展理念和高质量发展推动西安做强西部经济中心》，《陕西社会主义学院学报》2019年第1期。

［7］张贡生：《黄河流域生态保护和高质量发展：内涵与路径》，《哈尔滨工业大学学报（社会科学版）》2020年第5期。

［8］喻新安：《发挥郑州龙头带动作用谋划更高水平更高质量发展》，《河南日报》2020年2月5日第6版。

［9］原春芬：《黄河流域环境保护中郑州经济高质量发展探析》，《合作经济与科技》2020年第9期。

（作者系济南工程职业技术学院院长、教授）

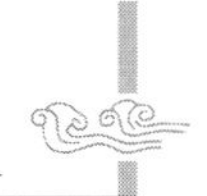

张养浩《三事忠告》的流传

谭景玉

元代张养浩所著《三事忠告》，又称《为政忠告》，包括《牧民忠告》二卷、《风宪忠告》一卷、《庙堂忠告》一卷，是中国古代官箴书中比较著名的一部。今人选编历代官箴书一般都会将其收录①；20世纪40年代，“华北政务委员会总务厅情报局”之类伪政权机构编的“时局丛书”中亦收录之②，认为其对官吏而言“不啻纯好药石”，以之培训公务人员；近代以来日本亦多次刻印、译注该书③，曾是江户时代幕府政要的必读经典④。这足见该书具有超越

① 相关图书很多，除若干单行本外，选编本如：徐梓编注：《官箴：做官的门道》，中央民族大学出版社，1996；王为国主编：《新资治通鉴》第4卷，光明日报出版社，1997；张希清等主编：《官典：中国历代从政名著全译》第1卷，吉林人民出版社，1998；杨志等主编：《新厚黑学全书》第六篇《历代厚黑学经典著述大全·厚黑官训经典》，青海人民出版社，1998；郭成伟主编：《官箴书点评与官箴文化研究》，中国法制出版社，2000；徐寒主编：《中华私家藏书》第6册《历代官学藏书集成》，中国工人出版社，2001；天人主编：《中国传世奇书》第2集上册《治国从政篇》，内蒙古人民出版社，2003；胡学亮编译：《从政心得》，中国文史出版社，2004；章言等注译：《历代人生哲理集成·官箴》，三秦出版社，2006；李湘主编：《国学经典文库·从政经典》，远方出版社，2006；中国地方志指导小组办公室编：《中国古代为官箴言》，方志出版社，2015；北京大学《儒藏》编纂与研究中心编：《儒藏精华编》第173册《史部·职官类、史部·目录类》，北京大学出版社，2018。以上所列有不少都是单纯追求市场效益的图书，虽质量良莠不齐，但恰可以反映《三事忠告》的影响力和流行程度。

② 北京图书馆参考部编：《民国时期总书目·政治》，书目文献出版社，1996，第953页。

③ 日本天保五年（1835）和嘉永四年（1851）刻本。倉田信靖编：《中国古典新書続編》第10册（日本明德出版社1988年版）收录该书。译注解说本较多，如：安岡正篤訳註：《為政三部書》，日本明德出版社，1957、1980年版；守屋洋：《〈為政三部書〉講義：中国古典〈三事忠告〉の行動指針》，日本PHP研究所1981、1989年版；守屋洋訳、解説：《為政三部書：各界リーダー座右の書》，ビジネス社1998年版；安冈正泰：《〈為政三部書〉に学ぶ：出处进退の人间学》，日本致知出版社2003年版。

④ 日本江户时代初期著名学者林鹅峰（1618—1680）于1679年撰《牧民忠告谚解跋》一文，称应麾下执事之请，“以国谚而解牧民之书，演忠告之词”（《鹅峰先生林学士文集》卷一〇四《牧民忠告谚解跋》，载王焱编《日本汉文学百家集》第51册，北京燕山出版社，2019，第245页），为日本人学习《牧民忠告》中的安养百姓之道提供方便。宽文年间（1661—1673），德川幕府“尝刊元张氏《牧民忠告》，颁之群司”（《书牧民心鉴译解后》，平塚茂喬译解《牧民心鉴解》卷尾，日本嘉永六年（1853）刻本，第27页），供各级官员学习之用。

时空和政治立场的价值和影响。

今天提到张养浩，多强调其文学家的身份，推崇其《云庄乐府》和《归田类稿》等著作。实际上，在元代，张养浩更重要的身份应该是政治家。在传统社会中，《三事忠告》的影响力要远超过张养浩的其他著作。那么如何来证明《三事忠告》具有广泛的影响力呢？我们认为，从著作的流传入手是一个可行的路径。如果一部著作被不同的人在不同时间、不同地点反复刻印，或被后人屡加评论、节录、转引或模仿，当可视为其具有广泛的影响力的重要标志。目前学界对《三事忠告》的流传尚缺乏深入、详细的探讨，本文拟从刻印、评论、节录、转引和模仿等方面对《三事忠告》一书在元、明、清各朝的流传情况做一初步讨论，借以展现该书在中国官箴史上的影响和张养浩在中国政治文化史上的地位。

一、清代以前对《三事忠告》的刻印

从元代至清代，《三事忠告》一书曾多次刻印，或《牧民忠告》《风宪忠告》和《庙堂忠告》三者合刻，或各自独立成书，或被纳入丛书与其他官箴类的书合刻。现将今所知其刻印情况列成表1。

表1 元至清刻印《三事忠告》一览表①

书名	版本	备注
牧民忠告二卷、庙堂忠告一卷、经进风宪忠告一卷	元至正间（1341—1368）刻本	《四部丛刊三编》影印本、《中华再造善本》影印本
牧民忠告一卷	明洪武元年（1368）高丽晋阳府刻本	文聚《〈牧民忠告〉跋》

① 本表数据如在备注中未加特别说明，主要来自两个数据库：一是“中国古籍保护计划”建成的“中华古籍书目数据库”，截至2020年11月已收录264家单位的古籍普查数据825362条；二是中国国家图书馆和北京大学联合研制的“中国历代典籍总目”大型古籍文献目录知识服务系统，以史志、官修和馆藏目录为基础，以知见、私藏和国家珍贵古籍名录为补充，整理收录了240余万条书目信息。

（续表）

书名	版本	备注
三事忠告四卷	明洪武二十七年（1394）广西按察司佥事黄毅刻本	《原国立北平图书馆甲库善本丛书》作“二卷”
牧民忠告一卷	明洪武三十一年（1398）朝鲜密阳府刻本	文褧《〈牧民忠告〉跋》
三事忠告四卷	明宣德六年（1431）河南知府李骥刻本	《藏园订补郘亭知见传本书目》
风宪忠告一卷	明弘治四年（1491）山东巡抚陈瑞卿刻本	与佚名《宪纲事实》、张养浩《御史箴》合刻，统名“宪纲事类”，参见《藏园订补郘亭知见传本书目》
三事忠告四卷	明郑瑛刻本	《藏园订补郘亭知见传本书目》
重刊三事忠告四卷	明正德间（1506—1521）顾清刻本	
风宪忠告一卷	明嘉靖三十一年（1552）曾佩刻本	与明王廷相的《宪纲事类》《申明宪纲》、薛瑄的《御史箴集解》等合刻
三事忠告四卷	明隆庆元年（1567）贡安国刻本	
庙堂忠告一卷、风宪忠告一卷	明万历间（1573—1620）胡氏文会堂刻《格致丛书》本	
新刻牧民忠告一卷	明崇祯金陵书坊唐锦池等刻本	与宋吕本中《官箴》等合刻，共22种，题为“官常政要”
新刻牧民忠告一卷、新刻庙堂忠告一卷、新刻风宪忠告一卷	明崇祯金陵书坊唐锦池等刻增修本	与宋吕本中《官箴》、宋慈《洗冤录》等合刻，共29种，题为“重刻合并官常政要全书”
牧民忠告一卷	清初魏裔介刻本	魏裔介《〈牧民忠告〉序》
三事忠告三种四卷	清康熙二十四年（1685）刻本	

（续表）

书名	版本	备注
三事忠告四卷	清乾隆五十四年（1789）李文藻刻《贷园丛书初集》本	
三事忠告四卷	清嘉庆二十四年（1819）费丙章刻本	
为政忠告四卷	清道光十一年（1831）尹济源碧鲜斋影元刻本	
三事忠告四卷	清道光十三年（1833）卢氏芸叶轩刻本	
三事忠告四卷	日本天保五年（1834）刻本	
风宪忠告不分卷	清道光二十八年（1848）徐泽醇刻本	
元张文忠公忠告全书三种	清道光三十年（1850）刻本	附《元史》列传一卷
三事忠告四卷	日本嘉永四年（1851）刻本	
为政忠告四卷	清同治三年（1864）钱塘陈坤粤东刻《如不及斋丛书》本	
牧民忠告二卷	清同治七年（1868）姑苏书局刻《牧令全书》本	与《牧令书辑要》《保甲书辑要》《刘帘舫先生吏治三书》《钦颁州县事宜》等合刻，题为“牧令全书”
元张文忠公为政忠告三种	清同治十年（1871）黔阳官署刻本	

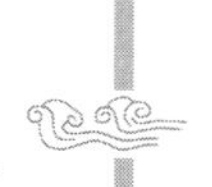

（续表）

书名	版本	备注
牧民忠告二卷	清同治十二年（1873）羊城书局刻《牧令全书》本	与《牧令书辑要》《保甲书辑要》《刘帘舫先生吏治三书》《钦颁州县事宜》等合刻，题为“牧令全书”
为政忠告三种	清光绪十四年（1888）刻本	
牧民忠告二卷	清光绪二十二年（1896）上海图书集成印书局石印本	
为政忠告四卷	清光绪三十二年（1906）帆山顾思远石印本	
牧民忠告一卷、风宪忠告一卷、庙堂忠告一卷	清光绪年间（1875—1904）味菜庐木活字印《味菜庐丛刻》本	

通过上表，大致可看出清代以前《三事忠告》的刻印情况，有以下几点值得关注。

第一，元代以后，尤其是明清时期，该书不断被刻印，有时两次刻印间隔很短，只有几年的时间。清道光以后刻印尤为频繁。这固然与印刷技术的进步密不可分，与清后期政治日渐腐败、地方社会日益动荡恐怕也不无关系，《牧民忠告》在清后期被单独挑出来刻印或可说明这一点。

第二，刻印地点遍及南北，包括广西、河南、山东、徽州、浙江、苏州、南京、贵州、广东、上海及日本、朝鲜等地，反映了该书流传地域广。《（道光）济南府志》著录该书后加按语称：

国朝柏乡魏文毅公曾刻其一种，益都李南涧司马得明时合刻本重刊于桂林，仁和费新桥方伯复刊于粤东，以故世多有其书。曲阜孔燕庄大令藏元时刻本三种，各自为编，卷首有绛云楼藏书印，钱氏故物也。道光辛卯九月，莆田郭兰石尚先按试之暇，影写全帙，贻历城尹竹农济源，因以付梓，并录《元史》本传于后，题曰“为政忠告”。[①]

由上可知，仅在清道光以前，清初河北柏乡籍名臣魏裔介曾刻印《牧民忠告》[②]，乾隆年间山东益都籍著名学者李文藻刻印于广西桂林，嘉道时期浙江仁和籍官员费丙章刻印于粤东，道光时历城尹济源影刻元本于济南，故该书流传地域甚广。

第三，主持刻印者不少都是地方官，且有一些是政绩突出的名臣，其目的无非是用以指导官员学习为政之道，正如明洪武二十二年（1389）陈琏在《〈三事忠告〉序》中所言：

> 为政之道，载在六经子史，昭如日星，然浩瀚无涯，莫识其要。识其要者固鲜，此《忠告》之书所由作也……宪佥黄公士弘惧览者弗一，遂取先生所著三书合为一卷，总九十四条，名曰《为政忠告》……不私诸己，命工锓梓，以广其传，用心亦厚矣。间属余序其端，余谓序者，所以序其作之之意。观是书为说备矣，余尚奚言？虽然是书之编，厥目则繁，大要有三，曰忠，曰敬，曰仁而已。诚能忠以事上，敬以持己，仁以恤民，则伊傅功名、韩范风采卓然史册者，岂得专美于前哉？将见皇风清明，黎民富庶，雍熙之治实见于今日也。[③]

有的地方官甚至直接将其作为官员学习的教材。明景泰年间，襄阳府同知侯荩到任后，“以属吏不知为政，取前元张文忠公《三事忠告》刻木传之”[④]。

第四，《三事忠告》固多为三书合刻，但《风宪忠告》曾与《宪纲事实》、张养浩《御史箴》等合刻，统名“宪纲事类”，读者目标为御史等监察官；《牧民忠告》在崇祯时曾与宋吕本中《官箴》、宋慈《洗冤录》等合刻，

---

①［清］王赠芳等修，成瓘等纂：《（道光）济南府志》卷六四《经籍》，清道光二十年（1840）刻本，页12/b。

②［清］魏裔介：《昆林小品集》卷上《〈牧民忠告〉序》，载《四库全书存目丛书补编》第78册，齐鲁书社，2002，第343页。

③［明］陈琏：《〈三事忠告〉序》，《三事忠告》卷首，载《影印文渊阁四库全书》第602册，台湾商务印书馆，1986，第730页。

④［明］吴宽：《家藏集》卷七六《朝请大夫赞治少尹河东陕西都转运盐使司同知侯君墓碣铭》，载《影印文渊阁四库全书》第1255册，台湾商务印书馆，1986，第772页。

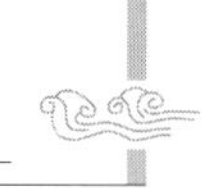

题为“重刻合并官常政要全书”，在同治年间与《牧令书辑要》《保甲书辑要》《刘帘舫先生吏治三书》《钦颁州县事宜》等合刻，统名“牧令全书”，读者目标为地方州县长吏。这种指向性鲜明、主题明确的刻印出版有利于该书更广泛的流传。

二、元代以后序跋提要等对《三事忠告》的评论

由于《三事忠告》一书多次刻印，相关序跋、提要等很多，不少都对该书的特点有精到评论，其中论述较多者有以下几点。

一是该书的针对性。《牧民忠告》《风宪忠告》《庙堂忠告》系张养浩分别针对地方亲民官、御史及地方大员、中枢辅政者等不同对象而撰，“皆言居官之要，《牧民》为守令言也，《风宪》为方面大吏言也，《庙堂》为卿相言也”①，由此在内容上具有很强的针对性。明李濂的《书〈三事忠告〉后》即云：

> 《三事忠告》，济南张养浩笔也。养浩为县令时，著《牧民忠告》；为御史时，著《风宪忠告》；而《庙堂忠告》，则其参议中书、中丞西台时著也。余读《牧民忠告》，深有取于“诚生爱，爱生智”之言，而又切切以立石颂德、建生祠以图不朽为戒，可谓切要之论。《风宪忠告》中谓“荐举之体，宜先小官；纠弹之体，宜先贵官。如诚小人也，虽有所长，亦不必举。何则？其平日不善者多也。如诚君子也，虽有小过，亦不必言。何则？其平日善者多也”。诚居风宪者所当知。《庙堂忠告》谓“身为宰相，何善不可行，何功不可立，顾乃为区区之利蛊惑而妄行”，切中时弊，可谓有宰相之志者。②

二是该书的实用性。《三事忠告》是张养浩自己仕宦生涯经验的总结，其内容有很强的实用性，可直接指导官员的为政实践。明洪武年间，李文宪称该书为“后仕者之楷式”③，朝鲜密阳教授文聚称之“于修己治民之道，纤悉

---

①［清］沈初等：《浙江采集遗书总录·已集》，杜泽逊等点校，上海古籍出版社，2010，第356页。

②［明］李濂：《嵩渚文集》卷七二《书〈三事忠告〉后》，载《四库全书存目丛书·集部》第71册，齐鲁书社，1997，第207页。

③［明］李文宪：《〈三事忠告〉后序一》，《三事忠告》卷尾，中国国家图书馆藏明洪武间刻本，页1/b。

备具，诚牧民者之规范”①。明张纶《林泉随笔》言：

张文忠公《三事忠告》，诚有位者之良规。观其在守令则有守令之式，居台宪则有台宪之箴，为宰相则有宰相之谟，醇深明粹，真有德者之言也。盖尝谓读其书，考其为人，能竭忠徇国，正大光明，无一行不践其言。②

清初魏裔介称《牧民忠告》一书被“有司奉为指南，即人人循卓可也”③。清四库馆臣在所撰《三事忠告》提要中引用了张纶之言，并对该书的实用性特点做了进一步说明。

养浩为县令时，著《牧民忠告》二卷，凡十纲，七十二子目。为御史时，著《风宪忠告》一卷，凡十篇。入中书时，著《庙堂忠告》一卷，亦十篇。其言皆切实近理，而不涉于迂阔。盖养浩留心实政，举所阅历者著之，非讲学家务为高论，可坐言而不可起行者也。④

三是该书文字简明易读，主张简单易行。元人林泉生在《〈风宪忠告〉序》中称《牧民忠告》“采比古人嘉言善行，自正心修身以至事上惠下，擿奸决疑，恤隐治赋，凡可为郡县楷式者，无不曲尽其宜，且简而易行，约而易守”⑤。清人方宗诚对此有明确评论：

元济南张希孟《牧民忠告》、明吕新吾先生《实政录》、我朝陈文恭公《从政遗规》《居官法戒录》、汪龙庄《学治臆说》《佐治药言》、刘廉舫《庸吏庸言》、徐笑陆《牧令书》等书，皆浅近易行，切要易读。⑥

对《三事忠告》在为政实践中的作用，元代以降不断有官员现身说法，称自己治绩的取得与学习该书密不可分。后至元四年（1338），高丽彭炳在《〈牧民忠告〉序》中称：

---

①［朝鲜］文聚：《〈牧民忠告〉跋》，《牧民忠告》卷尾，日本内阁文库藏江户初年林罗山写本，页1。

②［明］张纶：《林泉随笔》，载《丛书集成初编》第2902册，商务印书馆，1936，第64页。

③［清］魏裔介：《昆林小品集》卷上《〈牧民忠告〉序》，载《四库全书存目丛书补编》第78册，齐鲁书社，2002，第343页。

④［清］永瑢等：《四库全书总目》卷七九《史部·职官类》，中华书局，1965，第687页。

⑤［元］林泉生：《〈风宪忠告〉序》，《为政忠告·风宪忠告》卷首，《四部丛刊》三编本，页1/a—1/b。

⑥［清］方宗诚：《柏堂集续编》卷二二《鄂吏约》，载严云绶等主编《桐城派名家文集》第9册《方宗诚集》，安徽教育出版社，2014，第468页。

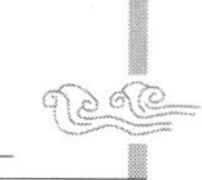

> 《牧民忠告》一十篇，故西台中丞张希孟之所作，以告司牧者牧民之道也。高唐邹从吉为崇安令，得其书推行之，崇邑大治。自垂白之老皆言生未尝见此贤令也。深山穷谷之民皆设主生祠令，以祝其眉寿。《忠告》之明效有是哉！[①]

至正十五年（1355），林泉生在《〈风宪忠告〉序》中称：

> 曩闻崇安令邹从吉甫能以忠信使民，民亦乐其治。予过崇安，会从吉，问所治何先，即出书一卷，曰："某不敏，粗效一官者，此书之力也。"予阅其书，则相国张文忠公为县令时所著……名之曰"牧民忠告"。[②]

还有人称自己读了《风宪忠告》后，迫切希望能做御史一试，也可见该书的实用性。明人席书（1461—1527）甚至称自己"入仕时甚爱张济南《风宪忠告》，恨不得一试此官，卒无所用"[③]。

正是基于以上几个方面的原因，至晚从明中期开始，《三事忠告》尤其是其中的《牧民忠告》已被视为州县官必读之书。顾清（1460—1528）于弘治年间入仕，便寻找该书，虽"四方新刻书聚京师者多矣，而求是编，卒无有。尝闻成化间吴兴有刻本，而亦未之见也。辛巳南归，得正统时故本于箧中"[④]。崔铣（1478—1541）主张地方官要博览《求政录》《居官格言》《牧民心鉴》《吏学指南》等书，并强调《三事忠告》乃"牧民尤其切要者也"[⑤]。嘉靖年间，仁和教谕汪天锡称：

> 凡居官为政者，公事之余，常须看读《唐律》《刑统赋》，以知立法之意；将颁降《大明律》熟读玩味，务要讲明通晓律意，遇有公事，依律施行；吏典亦合熟读，不特案引条款，更须看《牧民忠告》《吏学指

---

①［高丽］彭炳：《〈牧民忠告〉序》，载《牧民忠告》卷首，日本内阁文库藏江户初年林罗山写本，页1。

②［元］林泉生：《〈风宪忠告〉序》，载《为政忠告·风宪忠告》卷首，《四部丛刊》三编本，页1/a。

③［明］席书：《元山文选》卷五《与王仲修书》，载《明别集丛刊》第1辑第76册，黄山书社，2013，第508页。

④［明］顾清：《东江家藏集》卷三七《重刊〈三事忠告〉序》，载《影印文渊阁四库全书》第1261册，台湾商务印书馆，1986，第805页。

⑤［明］李开先：《李中麓闲居集》卷六《送杞令王中宇之任序》，载卜键笺校《李开先全集》，文化艺术出版社，2004，第523页。

南》《为政模范》《疑狱说》《宪纲》《洗冤录》等书，求其意，则见识必明矣。[①]

清梁章钜（1775—1849）在其《退庵随笔》中称：

州县官必应读之书，如宋吕舍人本中之《官箴》，元张师孟养浩之《牧民忠告》，明吕新吾之《实政录》、又《呻吟语》《治道篇》、又《刑戒》，颜光衷茂猷之《官鉴》，高忠宪攀龙之《责成州县约》，袁了凡黄之《当官功过格》，白一清如珍之《刑名一得》。[②]

三、明代以后对《三事忠告》的节录、转引和模仿

清代学者冯桂芬在谈到官箴书时，刻意强调了张养浩《牧民忠告》等的典范意义。他称：

至以生平政绩勒为专书，唐以前不可见，宋元以来著录渐广。今所传真西山《政经》、张养浩《牧民忠告》、吕叔简《实政录》，类能存心利物，自抒其阅历之所得，卓然为世楷式。[③]

由此，后世有不少著作尤其是官箴书或对其加以节录、转引乃至效仿，也都推动了《三事忠告》一书的流播，扩大并证明了该书的影响力。

首先是节录。节录书中的格言佳句，可推动其更广泛地流传。清代历城人王贤仪（1798—1855）长于刑名幕友之学，著有《家言随记》一书，是记其日常经验备查并用以教导子孙的一部书，“凡治民佐治，与夫笃亲戚、重交游，所言皆其所能行。理不外乎日用寻常，而道则终身由之不能尽，急书其要言于座右，如晤先生于昔日，而睹人物、湖山于故乡也，是有用书，不可不梓行焉”[④]。该书卷一中有《〈张文忠公为政忠告〉节钞》，王贤仪在序言中称：

---

①［明］汪天锡：《官箴集要》卷下《公规篇·讲读律令》，载《官箴书集成》第1册，黄山书社，1997，第301页。

②［清］梁章钜：《退庵随笔》卷五《官常二》，载《续修四库全书》第1197册，上海古籍出版社，2002，第225页。

③［清］冯桂芬：《显志堂稿》卷一《〈滇南事实〉序》，清光绪二年（1876）冯氏校邠庐刻本，页22/a。

④［清］王贤仪：《家言随记》卷一《毛鸿宾叙》，载《四库未收书辑刊》第5辑第9册，北京出版社，2000，第466－467页。

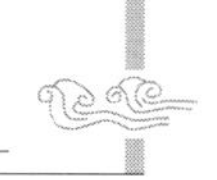

> 《忠告》三卷，有官守言责者循而行之，为民造福匪浅。凡读书人固当家宝之也，世多刊本。尹竹农表舅父抚楚日，属郭兰石先生书刻者为尤善，前乞得一帙，时时玩味，摘其要者记出，并附己言，用示后人。异日得与汪焕曾先生《学治》《佐治》二卷并刻焉，则幸甚！[①]

有人甚至在书中剽窃张养浩的《三事忠告》。明弘治年间，徽州府儒学训导周成进《治安备览》一书，朝廷诏程敏政予以审查。程敏政指出其中多剽窃宋赵善璙的《自警编》和元张养浩的《牧民忠告》，“或袭用其标目，或全剽其语言”[②]。

清代南昌人还搞出了一出争夺《三事忠告》“著作权”的闹剧。乾隆《南昌县志》卷二三《文苑传》据旧志记：

> 张国瑞，号静吾。好读书，究心理学，多所发明。时翰林吴草庐，名儒也，特器重之，荐于御史张养浩，聘为金华学正。穷年著书，皆官箴要言，分《庙堂忠告》《风宪忠告》《牧民忠告》三卷，上养浩。养浩叹服，荐于朝，以其书付秘阁。及文宗时，欲大用之，寻卒。学者称为南国儒宗。

道光二十九年（1849），南昌人姜曾在《司牧宝鉴序》中称：“《为政忠告》虽名归张希孟，而据志传，实出吾乡张国瑞之手。静吾亦布衣也，所言官箴、政体、事势、民情，能体希孟之心，如出希孟之口。”以上记载颇多可疑之处，同治《南昌县志》的编纂者在张国瑞传后已表示“此传以为国瑞代作，未详孰是”，今人仍有随之起舞者。[③] 笔者拟专门撰文辩驳之，此不赘述。

其次是转引。后人转引《三事忠告》中的部分论述用于自己的官箴著作，或可表明《三事忠告》中对为官道德阐述之精辟和行政经验总结之详确。明正德、嘉靖间的杨昱历任多处地方官，著有官箴书《牧鉴》十卷，采辑经史百家之嘉言懿迹，专论为政做官之道，谓为“牧人者之鉴”，内容分治本、治

---

① ［清］王贤仪：《家言随记》卷一《〈张文忠公为政忠告〉节钞》，载《四库未收书辑刊》第5辑第9册，北京出版社，2000，第478页。

② ［明］过庭训：《本朝分省人物考》卷三六《南直隶徽州府一·程敏政》，载《续修四库全书》第533册，上海古籍出版社，2002，第724页。

③ 王同策：《关于〈为政忠告〉的作者》，载周国林主编《历史文献研究》总第24辑，华中师范大学出版社，2005，第279－287页。

体、应事、接人四部分，即为政之根本、为政之法则、处理政事之原则、处理上下之人事关系，分设35个子目，每目按上、中、下三级排列，上引“四书五经”之嘉言，中记古人之懿迹，下述宋明儒者之议论。该书中多次引用“齐东张氏”之言，即《牧民忠告》之言。明吴讷《祥刑要览》辑录有关治狱祥刑的案例，供司法官吏参考，其中也引用了《牧民忠告》“慎刑”部分的论述。清代理学家李颙著有《司牧宝鉴》，其“先贤要言”部分亦引用张希孟之言。[①]

再次是模仿。后世受《三事忠告》影响出现的模仿之作不少。这种模仿既有形式和内容上的，也有精神实质上的。明初浙江崇德人朱逢吉曾任宁津知县，有德政，后任湖广按察司佥事、大理寺左丞、右副都御史、佥都御史等。他著有《牧民心鉴》一书，“本于元张养浩《牧民忠告》，而更丁宁之”[②]，内容上与《牧民忠告》类似，只是根据时代变化有所增删，部分论述变成了苦口婆心的叮咛，情感色彩增强，或更容易为人接受。今天虽然可考证出明人陈高吾“心直追张文忠公”[③]，有《风宪忠告存额》一书，但该书似乎不是官箴书，而只是一部受张养浩《风宪忠告》一书影响载录明代知名风宪名臣事迹的著作，类似朱熹的《宋名臣言行录》一书。前述李颙著《司牧宝鉴》，原作“牧民须知”，透过其引张养浩《牧民忠告》数条，大致可推断其如清人姜曾在《司牧宝鉴序》中所说“殆仿张氏之意”。此处所言“模仿”不仅指外在形式上的简单模仿，而应当是“内在”精神上的深层次模仿。

有学者认为北宋时期较早的官箴书侧重的是政事或为政之法，此后由宋至元的一系列官箴书出现了一个明显的从注重行政实务到强调官员道德修养的趋势，并在《三事忠告》中达到了顶峰，到明清时期注重为政之法或行政实务的官箴书成为主流。[④] 我们不完全同意上述观点，而是主张尽管注重为政之法的官箴书数量在明清时期增加，但是否已成为主流仍需要讨论。明清时

①［清］李颙：《二曲集》卷二八《司牧宝鉴》，陈俊民点校，中华书局，1996，第384页。

②［日］斋藤正谦：《拙堂文集》卷三《牧民心鉴解序》，日本明治十四年（1881）斋藤次郎刻本，页16。

③［明］方豪：《棠陵文集》卷二《〈风宪忠告存额〉序》，载《四库全书存目丛书·集部》第64册，齐鲁书社，1997，第359页。

④［日］佐竹靖彦：《〈作邑自箴〉研究》，载《佐竹靖彦史学论集》，中华书局，2006，第238－240页。

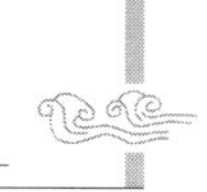

期仍存在不少强调官员道德的官箴书，这应该视为对《三事忠告》一种更深层次的模仿。只有这种深层次的模仿，或者说是深入继承张养浩《三事忠告》中体现出来的为政之道或精神，才能使某一官箴书具有跨越时代和政治立场的价值或意义。

四、余论

由于《三事忠告》侧重记述作者的为官之道和从政心得，尤其是张养浩“以身作则为百姓谋利益，比其他人的心得更有说服力、更容易为人接受”①，使得该书在很大程度上具有了跨越时空和突破政治立场局限的价值，受到后人的高度重视。清代以前的情况已如前述。20世纪30年代，日本人还曾在北平市场上大力搜求张养浩《三事忠告》、陈宏谋《五种遗规》、徐栋《幕令书辑要》等官箴书，以求了解前代统治汉人之术，为制定对华政策服务。② 即使到了今天，书中体现出来的为政思想对干部队伍建设和廉政建设仍具现实意义。③

通过以上对《三事忠告》一书流传的论述可知，该书确实是中国传统官箴书中流传较广、影响较大的一种，其影响至少表现在两个方面：一是该书对官员为政实践的影响，一些官员通过该书学到了理政安民之道，取得了很好的治绩；二是该书对后世官箴书编撰的影响，节录、转引和模仿之作都有不少。今天，我们不能仅把张养浩看作在散曲史上有重要地位的杰出文学家，还要认识到其也是政绩突出的卓越政治家，在政治思想领域有重要地位，《三事忠告》的广泛流传和较大影响就是明证。

（作者系山东大学历史文化学院历史系主任、副教授）

①［日］内藤湖南：《中国史通论·中国近世史》，钱婉约译，社会科学文献出版社，2004，第479页。

②《某方收买作官术汉藉研究对华政策平市旧书铺营业大盛》，《大公报（天津版）》1935年3月25日第4版。

③ 2022年，中共济南市纪律检查委员会、济南市监察委员会组织编写了《三事忠告》的文白对照版，由济南出版社出版，供纪检监察干部阅读学习，力求使这部古代官箴书在新时代干部教育中发挥镜鉴作用。

印度诗人泰戈尔1924年访问济南纪实

周长风

印度诗人泰戈尔曾于1924年访问济南，虽然在当时来说，这是济南文化教育界的一件大事，但因泰戈尔并未留下关于济南的只言片语，世事沧桑，人们也就淡忘了。近一二十年，济南又有人时不时提起此事，开始不是因为泰戈尔，而是因为徐志摩。

1931年，徐志摩因乘坐的济南号飞机撞上济南西面长清县的北大山而殒命。长清今为济南的一个区，济南大学城就坐落在北大山下，山上建了徐志摩纪念公园。济南的文人们常说起徐志摩，说起他与济南的因缘，这就不能不提他陪同修髯伟貌的印度诗哲泰戈尔来过济南，并且此行还有与徐志摩扯不断情丝的绝代才女加美女的林徽因。

史实在记忆、叙述和流传中，往往会扭曲变形，歧出错杂，甚至以假乱真，无中生有。本文依据当时北京《晨报》、上海《申报》、天津《大公报》、济南齐鲁大学主办的《齐大心声》（季刊）的新闻报道与现场记录，以及当事人可靠的、没有反证的回忆，陈述真正发生过的事实。

一、泰戈尔及随行者的“济南一日”

1924年4月12日，印度诗人泰戈尔乘船抵达上海。泰戈尔1913年获诺贝尔文学奖，是获该奖项的第一位亚洲人。泰戈尔此行是应梁启超在北京发起创办的讲学社的邀请来华讲学。在访问上海、杭州、南京之后，按事先商定，应济南各校教职员联合会邀请前来山东，本拟先游曲阜、泰山，因火车经停两处均为夜间，恐时年已63岁的泰戈尔不便，于是取消。

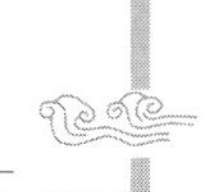

泰戈尔由南京乘津浦铁路普通快车附挂花专车，于22日晨5时45分左右抵达济南。随行者共七人，五位是陪泰戈尔来华者：印度加尔各答大学历史学家迦里达斯·诺格（Kalidas Nag）教授，印度国际大学艺术学院院长、画家南达拉尔·鲍斯（Nandalal Bose），印度国际大学宗教学家科斯提莫汉·沈（Kshitimohan Sen）教授，印度国际大学乡村建设指导、泰戈尔秘书、英国人恩厚之（Elmhirst），美国社会工作者葛玲（Green）小姐。另两位是诗人徐志摩和作家王统照，讲学社委托的在华陪同者。

赴济南火车站欢迎者有山东省教育厅第一科科长张涛（字伯秋，后以字行，1955年任山东省政协副主席）、济南各校教职员联合会会长鞠思敏、省立第一师范学校校长王祝晨（1950年任济南市第一届各界人民代表会议协商委员会副主席，1956年任山东省政协副主席）、省立女子中学校长邹宝庚、省立女子职业学校校长秦福堂、济南竞进女子小学校长张步月等20余人。泰戈尔下车后，欢迎者皆鼓掌，泰戈尔一一与之握手，即乘马车赴位于纬一路北首路西的津浦铁路宾馆下榻。

各校教职员联合会原定于上午9时在商埠公园（后改名为中山公园）开欢迎会，下午请泰戈尔游大明湖，因泰戈尔连日车马劳顿，且当天风势过大，尘土飞扬，不适合露天演讲，于是临时改为下午3时在位于大明湖南岸的省议会大厦开欢迎会。上午泰戈尔在宾馆休息。

下午1时，各界赴省议会者已经摩肩接踵，至2时，会场楼上楼下拥挤不堪，场中有童子军维持秩序。这天省议会已定于午后2时开茶话会，议长宋传典和各议员亦纷纷前来。

3时，齐鲁大学校长、英国人巴慕德带数名外籍教授到议长办公室等候。

少顷，泰戈尔头戴绛红呢帽，身着蓝花丝制外氅，偕随行七人，由宾馆乘马车而至。先入客厅小坐，巴慕德请泰戈尔会后到校演讲，泰戈尔以齐鲁大学为山东最高学府慨然应诺。

泰戈尔看了议会院子，以会场内人多地狭，空气不佳，请在院子里露天演讲。于是接待人员赶紧另在议会东院布置讲台。大会主席张涛到会场请大家移步户外，原先在前面占有座位的听众，这时倒落于后面了。时为济南山东省立第一中学初一学生、后为著名作家的李长之，为站在最后面看不到演讲而着急，他的一位同学竟搬来一张大方桌，把他举到了上面。

3时40分，摇铃开会。其时听众约有三四千人，以各校学生为最多。其中有时为济南正谊中学初一学生、后为著名印度学学者的季羡林，时为山东省立第一师范学校一年级学生、后为著名诗人的臧克家。

首先由大会主席张涛报告开会宗旨，说泰戈尔为著名诗圣，且为传播和平之神，今日来济讲演灵学，吾辈得聆高论，幸福不浅。时风沙忽起，听众秩序稍乱。

接着由王统照讲话。王统照，山东诸城人，1913年至1918年在山东省立第一中学读书，时为北京中国大学教授。他说，在浙江在南京，欢迎泰戈尔者，均不如山东人数之多而热烈。泰戈尔为一诗人，与政治家、教育家、演说家按部就班的演说不同，其演说譬如一种美丽之歌唱，又如一种悠扬之音乐，务望大家静听。

4时，泰戈尔欣然登台，徐志摩和王统照在一旁陪着他。泰戈尔用英语演讲，声音洪亮清越，听众掌声雷动。演讲25分钟左右，讲完稍停5分钟，然后由徐志摩翻译。翻译完，摄影以作纪念。泰戈尔到议长办公室少坐，即偕一行人同往齐鲁大学参观。

5时，在医科讲堂（今山东大学齐鲁医院办公二楼）做非正式演讲。其时齐鲁大学教师多外国人，许多课程用英语讲授，师生大都通英语，因之现场并无翻译。

6时，济南各校教职员联合会在津浦铁路宾馆设宴款待。出席者除了济南教育界各校长外，省政务厅厅长田步蟾、省教育厅厅长于元芳、省议会议长宋传典均到场，齐鲁大学校长巴慕德和部分教员亦临时加入。泰戈尔席间致辞。宾主酬酢，至9时始尽欢而散。

第二天早晨5时半，泰戈尔仍乘普通快车赴北京。王统照因照看行李未同行，随后赶去。

22日上午，泰戈尔在宾馆休息时，恩厚之、徐志摩、王统照等，应各校教职员联合会之约，10时前往游大明湖、省图书馆（遐园）诸名胜。

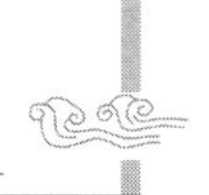

而迦里达斯·诺格、南达拉尔·鲍斯、科斯提莫汉·沈三位教授的主要兴趣，则在考察印度文化对汉族文化的影响，特别是在宗教方面。于是济南各校教职员联合会委派的导游兼翻译、齐鲁大学即将毕业的学生于道泉，便带领他们到了西关冉家巷的佛经流通处，那里的负责人是于道泉父亲于明信的同学。后来又去了大明湖西南、西护城河第三虹桥附近的民间佛教团体——济南女子莲社，听了讲佛经，看了佛经经卷。

这时，教授们发现于道泉认识梵文，其中的两位非常兴奋，嘱咐于道泉到北京后要去找他们，说他们到中国以后还没有遇到一位对印度文化感兴趣的人。又问于道泉：愿意去印度学习吗？于道泉当时非常想去梵文的故乡深造。迦里达斯·诺格教授说：没关系，泰戈尔和梁启超先生很熟悉，可以通过他们给你办官费。

于道泉跟随其后去了北京，因经费难以解决，赴印度留学未成，迦里达斯·诺格教授推荐他到北京大学，担任梵文教授、俄罗斯男爵钢和泰的课堂翻译。于道泉后为我国著名语言学家、藏学家、中央民族学院教授，其父于明信与前面提到的鞠思敏、王祝晨，以及范明枢，被誉为民国初年山东“四大教育家”。

二、泰戈尔三次演讲与致辞的内容

泰戈尔在山东省议会向文化教育界发表演讲时并没有向听众报告题目，该讲稿国内从未全文翻译、正式发表，印度出版的《泰戈尔中国演讲集》中也没有收录。泰戈尔在齐鲁大学医科讲堂所做的非正式演讲、在济南各校教职员联合会于津浦铁路宾馆举办的欢迎宴会的席间致辞，也从没有完整、正式的文本。

笔者根据所查到的上述当时的四种报刊登载的新闻报道和现场记录，对泰戈尔在济演讲与致辞的内容，做了较之以往更为深入、全面、准确的发掘、整理和呈现，是非常珍贵的文化史料。

本文的引述皆抄自原件，文字不做任何改动，以保持文献原貌，利于世人研究。

（一）泰戈尔在省议会演讲内容

泰戈尔在山东省议会的演讲内容，当时四种报刊皆有所记述。其中《申报》《大公报》的报道，近10多年来虽有图书收录，但是抄录多有错漏。《晨报》的报道，孙宜学主编的《泰戈尔在中国（第二辑）》（上海三联书店2016年出版）一书收录，但是将有关演讲内容的文字全部删去。《齐大心声》（季刊）的记载，则为笔者近日新的发现，之前未见有研究者提及，殊为难得。现抄录、分述如下。

《申报》4月24日报道《济南教育界欢迎太戈尔》："徐氏（担任泰戈尔演讲现场翻译的徐志摩，笔者注）略谓：今日诸君得听最可爱最可敬之老人恳切沉痛之演说，谅必十分安慰。鄙人亦即大胆为之翻译。老人开口谓：我们可亲爱的兄弟们，余今日得与诸君相见，心中甚觉欢喜，不过最痛心者，既不能用印度话演说，又不能用中国话演说。昔日中国与印度，关系最深，其媒介为佛学。自印度佛学输入中国后，遂在释家文化史上，大放光明。中国自汉代而后，各种哲学，无不受佛学之影响。佛学入人之深，亦非他种学说所能及。现在虽已有不适用者，有须修改者，然融会贯通，贵在吾人，不能因噎废食。余之主张，为敬与爱。但余在上海讲演后，有出传单登报反对吾之学说者，其措辞为余系主张无为，反对物质主义者，实为最堪痛心之事，譬如混沌未开地球未产出时，原为一团恶浊大气，日月光明，不能侵入。今日吾等处物质主义武力主义之下，犹之在恶浊大气中，不见天日，备受摧残。但余相信，物质主义武力主义，决不能永远存在，吾辈之敬爱主义，终有昌明之一日。余立志与物质主义武力主义奋斗，诸君如肯相信，余最感激。再则余在杭州时，有人赠吾石印一，上刻太戈尔三字，余心中大觉感动。余并非宝重区区方寸之石，所喜者为此后太戈尔三字，将留印于一部分中国人脑筋中云云。"

《晨报》1924年4月26日报道《泰戈尔过鲁之盛况》："其讲演词由徐志摩氏翻译大意谓：亲爱的朋友们啊，我爱你们的热烈欢迎，心中非常的感激，非常的喜悦。大家之所以欢迎我，大概是因为我可以代表印度人，中印之间，

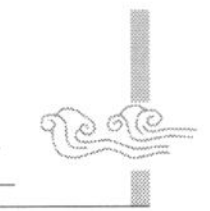

文化上有一种很深的关系，佛教之传入中国，即为印度文明传入中国之一大关键。印度与欧洲各国不同，没有强暴之武力，没有侵掠的政策，只有爱与文化。自从印度的文明传入中国，两大民族之间，譬如兄弟一般，已发生一种不自觉的精神上的关系，就眼前说，今天我演说所用的语言，既非印语，又非中语，用的乃是英语，这语言上的隔阂，乃是一件最痛心的事。而诸君犹不避风沙很热心的听敝人演说，由此即可证明我们有一种不自觉的了解，譬如天上的月亮，他照在水上，地上，树上，虽默无一语，而水也，地也，树也，与月亮有相互的自然了解与同情。我在杭州的时候，有位朋友，送给我一颗图章，上刻着泰戈尔三字，我对此事很有感动，可以使我了解人的名字与社会里的关系。印度小孩降生之后，有两种事要紧，第一要与他起个名字，第二要给他少许的饭吃，然后这小孩子便与社会上发生了不可磨灭的关系，我这图章上刻着中文名字，头一个字便是泰山的泰字，我觉得此后仿佛就有权利可以到中国人的心里，去了解他的生命，因为我（泰氏自谓）的生命，是非与中国人的生命，拼作一起不可。我在上海时，也曾有人撒传单反对我，说是方今正在以物质文明相竞争时代，忽有人专讲神灵讲精神，未免过于迂腐，他不知道，物质文明，已发生了极悲惨的结果，唯有这人道主义，与普遍的爱，可以降与人间幸福。现在之怀疑神灵之说者，殊无充足之理由。方世界未成立之前，空中纯是大气弥漫，那时谁信有日月星辰，而太阳光终能发现，朗耀世界，现在神灵尚未昌明，譬如宇宙之在混沌时代，将来精神世界，定可打破黑暗而光照全世。我之所说，他人信从，我固欢迎，他人不信，或反对，我亦不为动摇，当坚持不磨作永久之宣传云云。”

《大公报》4 月 25 日的报道《泰戈尔过济盛况补志》所记演讲词，与《晨报》所记几乎完全相同，只比《晨报》略少几个字。虽然《大公报》早一天，但《晨报》应非转抄《大公报》，而是两报用的是同一篇速记稿。《晨报》多的几字皆无关紧要，不会是《晨报》添加，应是《大公报》删去。限于篇幅，《大公报》所记不再抄录。此速记稿出自何人何处，尚不得而知，有可能出自王统照之手。王统照是受讲学社邀请，与徐志摩一起陪同泰戈尔在华活动的，其主要工作是负责泰戈尔演讲的记录与编辑。

《齐大心声》（季刊）1924年第2期，登载时为该校历史系学生孙天锡《泰戈尔过济及在齐大演讲记略》一文，所记泰戈尔在省议会演讲词："今日蒙诸君热烈欢迎，衷心欢娱，莫可言表。诸君所以竭诚见爱，谅因余能代表印度民族。中印文化，关系极深。佛教东来，即两国文明接触之一大关键。盖两大民族，早已有相互了解之友爱精神矣。此次用英语讲演，甚以语言隔阂为苦，而诸君犹踊跃前来，至足证明吾辈间之了解，恰似山水明月间之了解，悉出于至情至性而不自知也。前在杭州，某友以泰戈尔三字中文图章见赐，适与印人生小儿后之命名习惯吻合，余得以泰山之泰字为名姓，固已知有了解华人心灵之权利。且余之生命，有与华人生命拼合为一之必要矣。故虽前在上海，有人以余谈精神神灵为迂腐，起而反对，余决不动摇，当继续作宣传工夫。诚以此等反对派，不知痛苦为物质文明之产物，故不能接受幸福本源之精神主义。正如太初混濛，不能预料光明之普照全世也。"

该文在演讲词前写道："惟氏在省议会讲演时，听众极多，秩序极乱，塞身人丛中，讲词殊难领会。即偶有所闻，亦断片拉杂，不能贯彻。以下所录，系就当日所得，与各日报披露之笔记，参校而成。辞意遗漏，在所难免。"

《泰戈尔过济及在齐大演讲记略》文后标明写作时间、地点为"1924年4月25日、济南"。按此时间及当时的邮政条件，济南应看不到25日的外地报纸，文中所言"各日报"当为济南本地报纸。济南本地报纸对泰戈尔访济的报道，至今未见有研究者述及，尚待发掘。

泰戈尔演讲中所讲的"神灵"，不是传统宗教观念中的神，而是其泛神论宗教哲学中的宇宙主宰者，或称宇宙的最高本质和最高实在，即"梵"。"梵"也可理解为宇宙万物的根源和宇宙间的"真善美"，人只有时时处处领悟到"神灵"，进入与"神灵"完美合一的境界，才能真正地快乐与幸福。对泰戈尔的哲学观念和社会主张，当时我国思想文化界有赞同者，亦有反对者，抨击之声中不乏误解和过分之处。

（二）泰戈尔在齐鲁大学演讲内容

《齐大心声》之《泰戈尔过济及在齐大演讲记略》，所记泰戈尔在齐鲁大

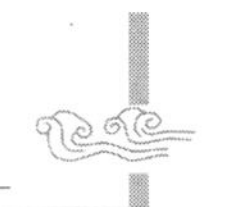

学演讲词如下：

“泰氏之理想的教育，迥异于其身受之严格训练与纪律教育，氏以为教育之与学生，应若母之与子，顺应其求知天性，达到教育目的。不容有丝毫矫揉造作，杂乎其间。近代教育之不幸，实因成年教师，昧于儿童心理，惯用机械方法，损伤学生兴趣。殊不知所谓分析之学习法者，固非儿童之天然学习法也。学习事物，宜为活泼有生气之动作，不宜带有纪律色彩。故教育之精神方面，较一切尤形重要。教育之精神方面者——学者与人生之美及娱乐的接触——亦即其与无限之自然界的接触也。

“据泰氏云：方其初创山地尼坦学校时，学生仅五人。无强迫之纪律，无冷酷之训练。大部分时间悉为室外生活，以与自然风光相切近，故学生研究事物，均以个人兴趣为之动机。至泰氏之于学生，绝无师长尊严，爱若慈父，亲若伴侣。每当清风明月，为学生述前代轶事，诵印度经文。更自编为歌曲，与相唱和。他如演剧社也，音乐团也，无不身列其间，为之赞助，务使朝夕受益，如坐春风。此学生之所以倾心慕之，竭诚爱之也。

“泰氏学校，固非仅致力于艺术、音乐、哲学数端。本国及世界历史，梵语与印度文学，以及社会问题，无不悉心探讨，务求极其精微。且课余之暇，常偕诸生漫游附近村落，研求乡村状况，而为之辅翼指导，以期促成尽善尽美之平民生活。

“泰氏校址环境，壮丽幽邃，为宇宙之美的中心。学者日陶性怡情于此乐园环境，对自然界之大势力，若地，若天，若四时之循环，均生最厚兴趣。故春秋之往来，立节以纪念之。甘霖之沛降，集会以欣赏之。吸取自然空气，发展精神生活，抛却尘嚣，锻炼品性，实泰氏事功之主要原素也。

“泰氏自述其教育之最大优点，在使学生接触无限之自然界，以训练其心志之态度。此种态度，每为寻常教育之机械的程序所蒙蔽，不复有再生之机。故当即其天性之趋向，以训练之，栽培之，俾得发荣滋长，怒放高尚的心志之花，登峰于至善之灵性，广阔之眼光，与伟大之服务。”

以上为孙天锡根据美国人、齐鲁大学教育系教授葛思德（Bettis Alston Garside）英文速记稿翻译。孙天锡拟题“泰戈尔之教育观”，并在所译演讲词前写道："泰戈尔博士在本校作非正式讲演，举其对教育之理想，为最深切之讨论，极动听闻。其在山地尼坦 Shanti – Niketan 著名学校，试验此种理想之成绩，亦有所叙述。"

泰戈尔于 1901 年在故乡加尔各答以北的小镇圣蒂尼克坦（即孙天锡笔下之"山地尼坦"），创办了一所从事儿童教育实验的学校，1921 年 12 月改为维斯瓦·巴拉蒂大学，亦译作国际大学，致力于印度和东方文化的研究与传播，以及东西方文化的交流与融合，现为印度重要的高等学府。

（三）泰戈尔在教育界晚宴致辞内容

泰戈尔在济南各校教职员联合会举行的晚宴上的致辞，《晨报》之《泰戈尔过鲁之盛况》记录如下："此次来华，蒙各处接待，非常感激，深愧不能有所贡献，且将欲领教于诸大君子。同行者某为美术家，某为宗教家，或欲研究印度学说传入中国后之情形，或欲考证中国与印度二大古国文化之关系。余现有一大学，拟集各国学者一堂，以为国际联合之表现。诸先生倘能惠然前往，当竭诚款待。盖文化无分国际，教育原为大同。现在各国，每以门户之见，酿成战争，发生惨剧，至为可恨，余将以同情之光，为人类之保障，即此大学为国际统一之试验场，甚望诸先生襄助一切。"

《晨报》未言现场由谁翻译，应亦为徐志摩。徐志摩是讲学社邀请的泰戈尔在华期间的翻译。

（作者系济南日报报业集团高级编辑）

柳堂与柳园藏书楼

侯　林

柳堂（1844—1929），字寿余，号纯斋、勖庵。河南扶沟人。清同治十三年（1874）举人。光绪十六年（1890）始成进士。以知县分发山东，官定陶、东平、德平、乐陵知县，光绪三十三年（1907）升济宁直隶州知州，官惠民七载，种柳成林。撰有《笔谏堂全集》《史外韵语书后八卷》等多种，辑有《耄学问答一卷》。

2015 年，“柳堂著述整理与研究”列入该年度全国高等院校古籍整理研究工作委员会直接资助项目，2020 年由社会科学文献出版社出版的柳堂《笔谏堂文集》便是这一项目的成果。柳堂著述何以会有如此之高的价值与殊荣？

作为诗人、学者，我们知道，柳堂有《笔谏堂全集》存世，该集上函为诗集（六种附二种），下函为杂著（八种）。而《笔谏堂文集》点校整理为杂著八种，均存于下函，分别为《周甲录》《宰惠纪略》《牧东纪略》《宰德小记》《蒙难追笔》《灾赈日记》《东平教案记》《书札记事》。

难得的是，柳堂的一生，与晚清的诸多重大历史事件均有密切关系，而他又博闻善记。年轻时他遭到捻军掳掠，任知县时又亲身经历义和团运动，处理过东平教案，也参与了清末新政的实际运作。他不是一般的晚清地方官员，其慧眼独具，多所博通，其丰富著述成为研究清末民初中国社会的重要珍稀史料。

柳堂所官之处，御下严整，风清弊绝，政绩斐然。柳堂“长于折狱，疑难之案三数语即了决。刚直无委曲，好面折人过，亦喜人规己过。与人交，中藏豁然。每论及郡国利病、生民疾苦，侃侃然旁若无人”。柳堂有“齐鲁循吏”之名。时任山东巡抚袁世凯盛赞其“朴诚练达”，且曰：“柳令傲吏抗上，然其强项皆为民，无为己者，终是循吏也。”①

一、柳堂在济南的“仙寰”人生

清亡后，柳堂开始遗老生涯，在济南优游林下。家住济南风景胜地东流水街，称柳园。柳园与济南知府徐世光之第二徐园对过，徐园在路东的西护城河上，柳园则在路西。（柳堂好友许正邦《第二徐园题咏》称：“一水划界，西傍柳恽之居；万金买邻，北接杜陵之宅。”柳恽，柳堂之雅称；杜陵，山东道员杜秉寅之雅称也。）

在济南的山水景致与人文环境里，柳堂得到了最大的精神满足。且看柳堂《第二徐园题咏》（十六首）之八：

梅花万树柳千堤，流水前溪接后溪。

风雨寻诗何处是？楼台东畔小桥西。

诗作描绘东流水第二徐园其实也是柳堂之柳园的景致，此处是水乡，且有沿河楼台人家，其潇洒风韵自不待言。诗人正是抓住了这一特征予以表现，“梅花万树柳千堤，流水前溪接后溪”，正是东流水花繁树茂、流泉琤瑽的典型面貌。

柳堂写下众多咏歌济南山川风物与人文古迹的诗文作品。散文如《饮曾家花园记》《冒雨游徐园记》，诗作如《第一徐园题咏》（十二首）、《第二徐园题咏》（十六首）等。我们且看他的《偶然作七律二首》之一：

衙鼓咚咚不列班，出门信步竟闲闲。

鸭子湾头坐观水，鹊华桥上饱看山。

天留胜景无今古，地本通衢任往还。

人不热中随处好，济南况复是仙寰。②

鸭子湾，济南泉池珍池之俗称。珍池，因珍珠泉水经玉带河流入池内而

---

①［清］许鼎臣：《柳堂墓志》，见《笔谏堂文集》附录一《柳堂墓志铭两则》，社会科学文献出版社，2020。

②《柳堂诗选注》，载政协扶沟县文史资料委员会编《扶沟县文史资料特辑》，2003年5月。

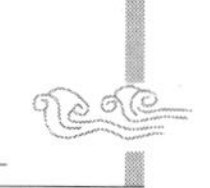

得名。本诗是十分罕见的写鸭子湾即珍池的古诗，“坐观水”，可以想见清末光绪年间此泉水况甚佳。

“衙鼓咚咚不列班，出门信步竟闲闲”，表达了诗人脱却官事，在济南信步清闲的快乐心情，鸭子湾、鹊华桥，这些风景名胜，都成为他“饱看”与“坐观”济南山水之妙的绝佳去处。最后，诗人无限感慨地说：只要人们不热衷于官位、利禄，那就随处皆好，随处都是好风景（“人不热中随处好”）。他将济南好有一比：“仙寰”（“济南况复是仙寰”），济南是仙人居住的仙界、仙境呀！

光绪二十九年（1903），在省城济南，中州会馆悬匾，额曰“作汴州观”。柳堂作楹联曰：

> 我生于郑子产、颍考叔同里居，杖策东来，遍游齐鲁，又得闻姬姜事业，孔孟文章，出处皆圣贤是师，当兹冠裳辐辏，济济一堂，后进敢乖桑梓谊。
>
> 此地有汇波寺、古历亭相辉映，倚楼北望，便见湖山，最堪羡荷柳敷腴，荻芦萧瑟，春秋极文酒之乐，虽则松菊田园，迢迢千里，异乡浑忘别离情。

在济南，不再思念老家的“松菊田园”，何以故？盖济南山水人文之美艳令其“异乡浑忘别离情”也！

另据晚清中州大儒许鼎臣《柳勖庵先生生藏志》：

> 先生告时，年六十六，侨寓山东不归。曰：“吾将老死圣人之乡。”日与诸遗老徜徉，山水诗酒。

“吾将老死圣人之乡”，好一个以齐鲁为人生归宿的表白！

1912 年初，袁世凯就任中华民国临时大总统后，曾经派人到济南，对柳堂委以重任，柳堂以不事二主、体弱多病等原因予以婉言拒绝。然而，还有一个原因，是柳堂舍不得离开济南，还有他的柳园藏书楼的风雅、闲适之美好生涯吧！

二、季景祺与柳堂的交往

要谈季景祺与柳堂的交往，须先从季氏家族谈起，特别是季景祺的祖父季俸常。

季俸常（1770—1839），字禄门。清代济南府历城县人，诸生。民国《续修历城县志》中因其道德高尚，“其行著于家而德及于乡人”，将他列入“一行”传中。传记称其“事亲能尽色养”，“家不中赀，慷慨好施，见义勇为，乡邻有斗者，必为之排难解纷，使归于和而后已。值岁大饥，出积粟以周贫急，全活无算。乡里有仁人之目”。季俸常晚年，家境渐落，又因乡试屡荐不售，于是，淡于仕进，诗酒自娱，年七十而卒。著有《嵛麓草堂吟草》一卷。

而《嵛麓草堂吟草》则是为《山东通志·艺文》所采录的诗集，《通志》称其《终军请长缨歌》“转韵七古，颇有唐人矩矱”。咏《开元寺》诗句“千年日月双丸掷，万古江山一目收”，《白雪楼怀古》句“世界豪华原过客，古今寥落此荒丘”，亦莽苍有气势（转见《嵛麓草堂吟草》）。

而在诗歌创作上，季景祺正是其祖父当之无愧的继承人。

季景祺（1861—1928），字祉田。其所著《古藤轩吟草》，诗凡二百余首，多感怀、即景、往来酬唱之作，有平阴诗人张裕淦序。张裕淦，字兰汀，著有《忆雨堂诗存一卷》。其序云：如季氏这般祖孙工诗者，向来罕见，“至于祖孙皆称工诗，惟杜工部孙武克传家学”。而季景祺的济南老乡、岁贡生、候选训导李福銮则在《序》中称季景祺：“赋性和平，所为诗一如其为人，是不失温柔敦厚之旨，所谓能存其书生本色者，亦足传矣。”此季景祺诗风之论说也。而光绪二十三年（1897）举人、诸城名士王同海（字筱洲）则在《序》中称道季诗：“旨趣和易而近人，音节纾徐而弗抗。”并由此引申出一些地方性诗人的可贵特点曰：“十步之内，必有芳草；大野之薮，宁无遗材？其足不履朝肆，名不出阙里，椟璞玉而终身，篚一经而皓首……托之于诗，是其音愈稀，其味愈永，其词弥甘，其遇亦弥苦……”

读至此，令人肃然而生敬意！

季景祺《古藤轩吟草》自序中，有这样一段文字：

> 至甲子年（1924），余六十四岁，馆于东流水前进士柳莼斋先生家。先生偶阅稿本，见余家居《送春》诗有“尤挂藤萝一树花”句，问余曰：“大著不可无名，君家有此古藤适当轩外，可名之曰《古藤轩吟草》。”得

名先生赐也。越明年，岁乙丑，时与先生接谈，两年之久。故所作较多，非自鸣得意也。或遇水流花放聊写情怀，或当雨冷风凄藉书愁绪。盖沧桑浩劫已□年于兹矣。

一切真相大白。原来是1924年，季景祺在东流水柳堂家“坐馆”，即充当柳堂儿孙的家庭教师（应是孙辈），受到主人的多方关照。而且，季景祺诗集的名称亦来自柳堂。在季景祺的稿本上，有他的《送春》一诗，诗曰：

开罢荼蘼一刹那，送春一去付天涯。

算来还是家门好，犹挂藤萝一树花。

柳堂见到此诗，大为赞赏，特别是见到结句“犹挂藤萝一树花”后，称季景祺家有如此美丽的藤萝在院内轩斋之旁，正可作为诗集之名称。于是，将季之诗集赐名《古藤轩吟草》。

柳堂不仅为季景祺诗集命名，而且充任诗集的评点，其精妙见解令人开眼界。如他评季景祺《感旧》一诗：“诗以道性情，先生以一介儒生，有此慷慨悲歌之作，学问人品亦可概见，诗足以传矣。”又如评其《祝刘福航夫妇七十双寿》道：“切本人实事，不泛加祝词，杰作也！至起势雄伟，结句圆到，尤擅一篇之胜。”

这些话语，不知对于季景祺会有多大指导，使其收到惊喜与鼓励呀！

二人还有不少唱和之作，如《春柳》《白桃花》等。

自1924至1926年（“岁次丙寅”），季景祺在自序中称：“时与先生接谈，两年之久。故所作较多，非自鸣得意也。或遇水流花放聊写情怀，或当雨冷风凄藉书愁绪。盖沧桑浩劫已□年于兹矣……”充满对于往事的怀念与惜别的深情。

季景祺有《花园纪游》：

门对清流乍一开，群芳竞艳此徘徊。

主人底事嗔唐突，我为看花特地来。

看来，季景祺在离开柳堂之后，依然会不自觉地来到东流水或柳园，为看花，其实是为看花的主人吧。

三、柳园藏书楼概况

据光绪间济南知府徐世光《第二徐园记》，徐世光与柳堂早有“结邻之约”。因此，自柳堂安家在西郭东流水巷之后，徐世光便买下柳堂家对面的院落或地基，并以此为基础打造第二徐园。徐世光的《第二徐园记》作于“光绪三十有二年丙午春三月”，而它的落成则在春二月（见陈嘉楷《第二徐园题咏四首》，其中注文有“丙午二月第二徐园落成”）。

由此我们可以知道，徐园在光绪三十二年（1906）初建成，而柳园建成，当在光绪三十年（1904）前。

由文献得知，柳园内有笔谏堂、桐阴轩、寄庐等，而其中最为恢宏之建筑，为藏书楼。

笔谏，指借用书法运笔的道理讽喻、劝谏（帝王）。典出《旧唐书卷一百六十五·柳公权传》：“穆宗政僻，尝问公权笔何尽善，对曰：‘用笔在心，心正则笔正。’上改容，知其笔谏也。”

提到柳公权（778—865），人们多知其为书法大师，其实，柳公权更是一位名臣。

清许鼎臣《柳堂墓志》称柳堂：“其先世籍河东，徙陕西朝邑。”因此，柳堂以为自己正是河东柳氏，亦即柳宗元、柳公权之后人，所以，他要继承“笔谏”的文化精神，以忠直之臣自许。柳堂六十岁大寿时，东平州学正姚子云为之庆寿有诗：“笔谏遗风启正臣，历经宦海阅艰辛。筹添南极增双寿，纂摄东原庆六旬。”正咏歌柳堂之志也。

因此，笔谏，乃是柳堂的价值理想，它是柳堂研究中一个至关重要的概念。柳堂的诗文集名《笔谏堂全集》，笔谏堂还是柳堂的书斋名，又称“笔谏草堂”。

桐阴轩亦为柳堂斋名。季景祺有诗《桐阴轩柳宅斋名月下偶立》：

犹记桐阴亚短墙，经秋雨过转凄凉。

忽惊叶落空阶满，月到中庭夜有霜。

柳园有寄庐，季景祺有《题柳莼斋先生寄庐即以持赠》：

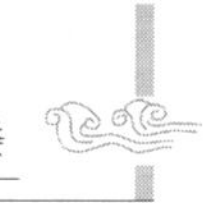

先生卜筑远尘埃，五柳门前手自栽。
园放林花招蝶至，池通湖水引鱼来。
开轩把酒情犹壮，闭户著书志未灰。
胜国衣冠犹在眼，燕云北望几徘徊？

由诗意看，寄庐或是柳园的又一名称，或为柳园的园中园，其中有五柳门，有盛开的花，有通向大明湖的鱼池。柳堂在此园中，开轩把酒，闭户著书，满怀豪情，其乐悠然。结句“胜国衣冠犹在眼，燕云北望几徘徊？”可以看到柳堂一脉悠长而失落的遗老情怀，他还保留着清朝的衣冠（想是他的官服），然而，这样的时光是一去不复返了！

最后，是全文的重点所在，由季景祺的诗作，我们发现了济南清末东流水街上，除去藉书园之外的又一处藏书楼。按理说，柳堂有如此之多的藏书，他太需要有一座藏书楼了，所以这一发现其实并不奇怪。我们且看季氏的《题柳莼斋藏书楼》（二首）：

门对东流赋隐居，宦情已淡十年余。
筑楼别有深心在，不贮黄金但贮书。

老年权作少年游，清酒一壶茶一瓯。
但使主人能醉客，赏春再起看山楼。

第一首，写柳园的景致与柳堂不同寻常的文化视野与人生境界，门对东流，东流水街上名泉众多，琤琮东流入西护城河，此街自古为风景胜处。而在此隐居的柳莼斋先生，早已不将功名利禄放在心上（“宦情已淡十年余”），而是倾情于筑楼贮书、传播文化的宏大事业，此种“不贮黄金但贮书”的精神境界，实在令人钦羡不已！

第二首，则颂扬主人寄情山水、煮酒斗茶的文人风雅与名士风度。此诗由藏书楼又转移到看山楼上，不知柳堂是否有了再建一个看山楼的想法。其实，这些也许都不重要，重要的是，作为老年人，柳堂依然拥有难得的青春激情与赏春情怀，这样一种与物为春、蓬勃向上的生存理念与生命态度，才是至为珍贵的。

只是，这藏书楼的规模、楼层等，我们还无从知晓，还要期待日后的发现。

有时也有点儿小怀疑，这柳园藏书楼该不会就是周永年周氏家族的藉书园吧，后经一番考究，又极为彻底地否定了这一想法，理由主要有二：

一是，季景祺称柳堂“筑楼别有深心在，不贮黄金但贮书”，由此可知，柳园藏书楼为新筑之楼，筑楼人，柳堂是也。

二是，位置。周永年藉书园在贤清泉侧（今五龙潭公园内），而柳园则在其北。徐世光之第二徐园与柳堂柳园，为东流水街上东、西相对的邻居，而临河的徐园，徐世光称其位置在“济南东流水虹桥北”（徐世光《第二徐园记》），此为第一虹桥，它“位于顺河街与铜元局前街跨西护城河处”（《天桥区志·桥涵》，山东人民出版社 1993 年版），铜元局旧址为山东造纸东厂。由此可知，柳园与第二徐园所在处，在虹桥以北，铜元局以南，相当于今周公祠以北、山东造纸东厂以南之区域，距离藉书园所在的贤清园尚有数百米的距离。由此亦可断言，两个藏书楼不容混同为一也。

四、柳堂捐献藏书

作为文人与学者，柳堂尤好吟咏，诗学白傅。且一生酷爱善本古籍及金石碑版，平时自奉俭约，所得廉俸，除救济戚友，尽以购金石图籍，许鼎臣称其“好书成癖，多所博通，室中卷轴多至数十万卷，暇辄手一编，朱墨淋漓”（清许鼎臣《柳堂墓志》），遂列山左乃至华北藏书名家、金石名家。

尤为感人者，是 1928 年，济南五三惨案爆发，柳堂因惧怕其文物遭劫，惴惴不安，嘱其长孙柳式古将所藏书计六十八箱、一千零七十八种，一万四千五百三十一册，其中明刻本六十八种，全部捐赠山东省图书馆。另有字画书籍二十二箱，因柳氏经商亏折，欠许筱航、魏符村二人债款，遂以许、魏二人名义捐献省图，二人得津贴七百五十元。当时教育部特发“一等奖状”，奖励柳堂之孙柳式古。

时任山东省图书馆馆长、著名文献学家王献唐与济南地方法院协调，亲身参与此案。据王献唐呈称：“河南柳式古君，奉祖父莼斋先生遗嘱，捐助书

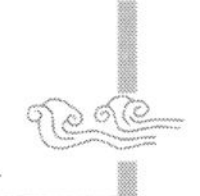

籍六十八箱。估计月值二万余元有奇。为本馆创办以来最巨额之捐赠。”①

据1923年6月27日《申报》之《鲁图书馆点收柳堂藏书一千余种、一万余册》一文报道，此万余册书籍，“集书居多。最佳者有《天目先生全集》（明万历刻本十六册）、《王枞山先生文集》（明万历唐振吾刻本十册）、《龙汉集》（明尚论斋刻本八册）、《张太岳集》（明万历刻本十册）、《王文成公全集》（明嘉靖刻本二十四册）、《陈白沙全集》（明万历刻本十册）、《韩文考异》（明万历翻宋本五册）、《文信国公全集》（道光重刻本十六册）、《南庚疏钞》（明崇祯刻本二册）、《韵会小补》（明四知馆刻本十册）、《洪武正韵》（明刻本五册）、《罗鄂州先生集》（明文献词覆宋本）、《诗宿》（明万历刻本二十册）等”。

（作者系济南文化学者、散文家）

① 1933年2月7日《申报》第13版，见《笔谏堂文集》附录四《〈申报〉记载柳堂长孙柳式古捐书报道四则》，社会科学文献出版社，2020。

孟洛川的经营之道

蒋秀丽

孟洛川（1851—1939），名继笙，字鸿升，号雒川，又作洛川，山东章丘县（今章丘区）旧军镇人，是孟子的第69代孙。章丘孟氏商业家族是中国北方近现代史上名扬海右、声震齐鲁的豪门望族，也是富甲一方、货通中外的富商巨贾，所经营的“祥”字号也是名闻天下，素有“华北八大祥”之美誉。孟洛川是这个家族鼎盛时期的代表，其所经营的瑞蚨祥被称为孟氏“双雄”之一（另一个为孟养轩的谦祥益），经过数十年的苦心经营，旗下形成了40余家连锁企业，分布于周村、济南、天津、北京、汉口、青岛、烟台等城市，成就了中国近现代史上一代传奇[①]。瑞蚨祥的规模之所以不断扩大，其发展速度之所以蒸蒸日上，关键在于孟洛川经营有方，管理有道，其经营理念对现代企业尤其是服务业具有很好的借鉴和参考意义。

一、抑制共有　扶持己有

孟家经营商业始于明代，从经营土布起家，至少有300年的历史。从乾隆时期到中华人民共和国成立，孟家所开办的“祥”字号商业企业共96家，分布于京、津、济、沪等十几个大中城市[②]。清末民初是“祥”字号商业的最盛时期。济南开埠以前，绸布行中除鸿祥永以外，均为孟家所开办。1862年，

① 庄维民：《近代鲁商名人传》，齐鲁书社，2016，第96－109页。
② 济南市政协文史资料委员会：《济南文史精华》，济南出版社，1997，第274－277页。

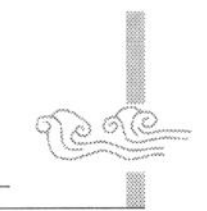

孟洛川的父亲孟传珊在济南西关（今泉城路）开设绸缎店，名之曰“瑞蚨祥”[1]，而且以陈设新颖、备货充足、营业状况颇佳很快赶超了当时孟家的瑞生祥、庆祥等老店，果真像金钱的“瑞蚨”一样，刚一诞生，便像插翅的招财使者，立即飞往中国北方的各大商埠，如北京、天津、青岛、烟台等地，在这些城市建起了一个个分号，有了一个良好的开端。

1869年，18岁的孟洛川以资东身份进商号，经理庆祥、瑞生祥、瑞蚨祥等店铺的业务，掌管三恕堂、其恕堂、容恕堂和矜恕堂所有商业大权，开启了其经商的传奇生涯。执掌孟氏企业大权以后，孟洛川专心经营。由于瑞蚨祥是其父创办，孟洛川打理起来更是格外精心，并开始施行抑制孟氏家族共有企业、扶持自己原来经营企业的方针，经常从瑞生祥、庆祥等抽调资金投入瑞蚨祥，助其发展和壮大，于是在庆祥、瑞生祥逐渐衰弱的同时，瑞蚨祥得以迅速发展壮大，财富也迅速膨胀，孟家有说“瘦了绵羊肥了羔”，原因就在于此。

经过孟洛川几十年的精心谋划和辛苦经营，瑞蚨祥日渐壮大，由济南辐射到山东及京津沪等大中城市，1893年北京设立了瑞蚨祥总店，1904年青岛设立了瑞蚨祥缎店，1905年烟台设立了济南瑞蚨祥布店分店，1905年天津设立了瑞蚨祥鸿记缎店，1924年济南又增设了瑞蚨祥鸿记分店，并在上海设有“坐庄”，专门负责采购，不作销售，各地分店售出的货款大都汇储上海，形成瑞蚨祥各号业务的经济枢纽，经常汇集之款达二三百万元。1934年，孟氏家族共有企业分家，孟洛川的瑞蚨祥号已达10个，分店遍布，联号成网，形成了庞大的连锁商业帝国，资产雄厚，仅上海一地流动资金就有1000多万元。[2] 加上泉祥茶号、当铺、药铺等其他企业的资产，孟洛川的财富更是庞大，故有“山西康百万，山东袁子兰，两个财神爷加起来，赶不上一个孟洛川”[3] 之说。

---

① 干宝：《搜神记》卷一三：“南方有虫，名青……生子必依草叶，大如蚕子。取其子，母即飞来，不以远近。虽潜取其子，母必知处。以母血涂钱八十一文，以子血涂钱八十一文，每市物，或先用母钱，或先用子钱，皆复飞归，轮转无已。”孟传珊将店名定为“瑞蚨祥”，自然意在象征生意兴隆、财源滚滚。孟传珊经营的店铺何时、何地改称“瑞蚨祥”，有不同说法。

② 杨文辉、蒋秀丽：《孟洛川的经营理念》，《理论学习》2003年第6期。

③ 孟昭俊等口述：《章丘旧军孟史料》，载中国人民政治协商会议山东省章丘县委员会文史资料组编《章丘文史资料》第一辑，1989年内部印行，第1页。

二、聘用代理　权之我操

孟洛川一生经营40余家企业，光是矜恕堂就有20余家，雇员多达1000余人[①]，面对众多的企业和雇员，不论是人员管理、财务管理、店铺管理，在孟洛川看来，实际上都是人员管理。孟洛川采用控制权与经营权分离的管理体制，在组织机构上以人为中心，没有具体的机构，没有明文规定的职权划分，主要是通过资方代理人对企业实行层级管理。资方代理人大体可分为全局总理、地区总理、各店经理以及一般雇员等几个层次，但不论代理人有多少个层级，在这几个层次之上的事实上的总经理都是孟洛川[②]。

按照传统的商业习惯，东家一般不能担任企业职务，但孟洛川却以东家身份独揽企业大权长达70年之久，他既是资方的总代表，又是事实上的总经理，集所有权与经营权于一身，虽将企业委托给代理人（当时称领东掌柜）经营，但有关人员的录用、升迁、调动，年终结算，企业利润的分配，新商店的创办，甚至店员工资的增减，以及其他重大事项，无不最终由他决断。即使到了晚年，孟洛川扬言不问柜事，另设一总经理代他管理各店业务，但实际大权仍握在他自己手里。为了掌握各店经营情况，他规定总经理每月5日、15日上报营业数字报表，年终到他家中决算大账。另外，他虽然把企业委托给代理人经营，却从不与代理人订立契约，这样，他可以根据代理人的工作表现和工作实绩，随时解除或继续雇佣代理人却不受任何条件的约束。作为直接经营企业的代理人，除非他不想从瑞蚨祥领工资，否则，他只能老老实实、竭尽全力地为瑞蚨祥卖命[③]。

三、人事进阶　层级分明

瑞蚨祥在管理上具有很强的封建性，从人事上来说，孟洛川将整个企业的人员分为7个阶层：东家、经理、吃股人员、内伙计、外伙计、学徒、后

① 济南市工商联合会中国民主建国会济南市委员会：《济南工商史料》第四辑，内部印行1992年版，第175页。

② 庄维民：《近代鲁商名人传》，齐鲁书社，2016，第96－109页。

③ 王志民主编：《山东重要历史人物》第5卷，山东人民出版社，2009，第8－14页。

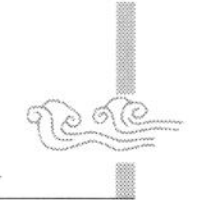

司。各个阶层的地位、职权、待遇都有明显差别。东家的身份等同于封建家庭的主人，权大无边，而经理、吃股人员则犹如奴仆，更不用说一般伙计①。因为没有契约的约束，可以任意解雇经理和吃股人员。内伙计、外伙计、学徒、后司等是具体的劳动者，但也有区别，内、外伙计之间界限也很分明。外伙计是纯粹拿工资的劳动者，既可以从当地劳务市场随时雇佣，也可随时解雇而且不需任何理由，工资自由议价。内伙计和企业也是雇佣劳动关系，但他们都是在瑞蚨祥学徒期满出师者，又称“本屋徒”，是企业的主要劳动力，而且与资方关系密切，一则因为学徒差不多都是从章丘本地挑选的，且由殷实人家举荐和担保，特别是能够顺利学满出师留在企业的，和东家、经理不是沾亲就是带故。瑞蚨祥的经理和吃股人员都是从内伙计中提升的。而实际上，内伙计之中能被提升为掌柜的寥寥无几，充其量不过十之一二，而且大都是小掌柜，管不了什么人也主不了什么事，分红收入也不比工资高多少。对绝大多数内伙计来说，提升为掌柜只不过是“鱼化龙”的美丽幻想。但地位提高与分红对内伙计来说，却有着极大的诱惑力。因此，为了这个美丽的幻想，内伙计们毫不吝惜地预支自己现实的心智和体力，推动着瑞蚨祥的生意日益兴隆、财源滚滚。孟洛川的高明之处也在于此。

四、制度严格　恩威并施

孟洛川在管理上非常严格。首先，在录用职工时严格把关，要经过保荐、验看、谢情、分派、入店等五个关口。其次，为了规范职工行为，瑞蚨祥有严格而详细的规章制度，并在打蜡朱红格的宣纸上，用毛笔正楷书写，镶入镜框，挂在饭厅正面墙上，使店员在端起饭碗时就能看见，时时提醒自己不要违反。再次，录用后要严格遵守店规，如规定职工一律在店内住宿；不准携带家眷住店；不得长支短欠，不得顶名跨借；不得挪用柜上银钱货物；不得以柜章为他人作保；非有要事不准请假外出；亲友来访限在前柜或柜房接待，接待时间不准超过一小时；营业时间必须注意仪表，要穿长衫，酷暑伏

① 文史资料研究委员会、中国人民政治协商会议全国委员会：《工商史料》（1），文史资料出版社，1980，第177－191页。

天也得扎裤腿、穿布袜；不准吃生葱、生蒜；等等。如有违反店规，立即解雇且马上离开，所有联号均不得再予录用。被解雇的职员自己经营做买卖或走街、做经纪人，也不准孟家的商号与之交往①。

孟洛川还非常关心职工利益，如给在本店买布的雇员以 7 折优惠，每年给 50 天探亲假并发给往返路费，对表现好的职工，除定期加薪外，还采取年终馈赠和允许入股的方法予以鼓励等，可谓是恩威并用、赏罚分明，使职工老老实实、兢兢业业地为他的企业卖力。

五、自力更生　不赊不借

在经营上，孟洛川从来不租房、不赁房，也从不向银行、钱号拆借款，一向全靠自己雄厚的资金力量②。这样做的好处是，一方面可以免遭房东的挟持，另一方面还可免受因银行、银号催款而不得不削价抛售存货用以归还银行、银号债款的影响。而且，与同业往来一律实行现款交易，概不赊账，这样既可以保证货源充足，又可免受追讨债务之累，使所有店员能一心一意、全力以赴搞经营，而且，当时付款，内局批发和工厂贪图现款交易，有好的花色都先送给瑞蚨祥挑选，甚至少卖价钱也愿意。

六、货真价实　明码标价

质量是企业赖以生存的保障。孟洛川虽然读书不多，但作为亚圣的后代，受儒家思想浸润，深知“诚信为本，货真价实”才能赢得顾客信任。

孟家以贩卖白布起家，后逐渐将白布染成青、蓝色布出售。为保顾客满意，孟洛川在济南东流水第三道胡同自办“瑞蛛祥鸿记染坊”，聘名师染布，用上等布料，派专人监督，确保祥字号染出的色布久洗不褪色，美观耐用，为别家所不及。

鼎盛时期的瑞蚨祥主营绣货绸缎，主要业务对象是官僚、资产阶级，因此对绒货等高档商品，力求精全，而布匹尤以推销洋货为主。瑞蚨祥与英商

① 庄维民：《近代鲁商名人传》，齐鲁书社，2016，第 96－109 页。

② 王志民主编：《山东重要历史人物》第 5 卷，山东人民出版社，2009，第 8－14 页。

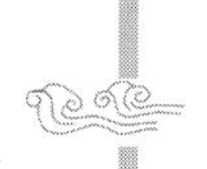

怡和、泰和、安利、普丰，荷商丰，德商禅臣，日商东棉、日信、伊、武斋、增幸等洋行均有业务往来。为保证货色质量，瑞蚨祥派专人直接从洋行向外地工厂进货，而且不论成本高低，订货到期，再派专人下厂验收。因此，瑞蚨祥的绣货绸缎因货真价实、质量上乘，成为社会各界名流的不二选择。[①]

旧时做生意，要谎还价之风颇为盛行，但瑞蚨祥却是明码实价，言不二价、童叟无欺，因此深得顾客信任。

七、服务热情　顾客至上

企业之间的竞争一是靠产品质量，二是靠服务水平。服务业只有服务优良、热情周到，才能吸引顾客上门，从而带来丰厚的利润。瑞蚨祥不但门面大，店内宽敞，而且摆设古色古香，颇有文化底蕴，顾客进门便生庄重之感。

为了与同行竞争，使瑞蚨祥立于不败之地，孟洛川非常重视职工的服务态度，要求店员对顾客要热情，视顾客为上帝，要陪顾客浏览，顾客要什么给拿什么，做到百问不厌、百拿不烦。为了让顾客满意，瑞蚨祥各柜台都设有“瞭高”人员。“瞭高”人员对所有来店的顾客都要笑脸相迎，热情张罗，并根据顾客的不同情况分别礼让到各柜台选购商品，不但如此，对二柜和楼上的顾客还要烟茶伺候，殷勤备至。顾客临走，经手的营业人员要拿着货包跟随送至门外。前柜柜台也设有长凳、茶水，夏天预备凉开水，供顾客休息饮用。可谓全心全意为顾客。

如此热情周到的服务态度和方式，顾客感到满意，便乐于再来。瑞蚨祥也因此日日顾客盈门、年年生意兴隆，在同行业竞争中的优势和成绩自然就非同一般。

八、顺时而为　顺势而行

企业要发展，必须有一个良好的环境保驾护航。在旧中国，民族资本要

① 戎文华：《孟洛川的生意经》，《国企管理》2018 年第 19 期。

想站稳脚跟，寻求发展，必须依靠官僚政客，甚至于干脆捐官自保。识时务者为俊杰，为了瑞蚨祥的发展，作为掌门人的孟洛川，无法做到洁身自好、超凡脱俗。为了寻求保护伞，他不得不以各种方式和手段攀附权贵、结交官府，甚至醉心宦途，在清朝曾捐过江苏候补道。

袁世凯任山东巡抚时，孟洛川与之深相结纳，并和王埣（清法部侍郎）、何春江（察哈尔都统）、徐世光（徐世昌之弟）等人结为儿女亲家。为了借重于官府，他还培养他的族侄孟觐侯与北洋军阀吴佩孚、靳云鹏、王占元、孟恩远、王怀庆等人深相结纳。1925 年，奉系军阀张宗昌督鲁时，对孟洛川不与他往还深为不满，借题向孟索要军费二十万元。孟洛川无奈携眷逃到天津英租界躲避。但济南、青岛、烟台、周村、章丘等地商号财产都在山东，遂让孟觐侯转托张宗昌的亲信部僚、济南道尹白荣卿从中说项，拿出两万元送礼了事。之后孟、白两家结为儿女亲家。为了避免再被张宗昌讹索，孟洛川又指使孟觐侯攀交张作霖，成为换帖盟兄弟，从而被张委任为直鲁联军总司令部顾问。从此，张宗昌对孟家的威胁被排除了。[①] 所有这些都是为了企业的发展。

商业的发展向来受社会形势和环境的影响非常大，社会稳定会给商业带来无限生机，反之，社会动荡不安，商业也必定举步维艰。1937 年，卢沟桥事变发生后济南沦陷，由于日本侵略者对棉布实行统制，只许布店销售人造丝织品和少量布头，瑞蚨祥的生意一落千丈。1938 年，日军又以漏报零货为名，从瑞蚨祥拉走约 1 万元的棉布呢绒。孟洛川托人疏通，补纳 7 千多元的税款，日军才将货物发还。此时的孟洛川年事已高，对企业的控制力已经削弱，其子侄们也乘机自设企业。瑞蚨祥的资金逐渐分散，从此走向急剧衰落时期。

1939 年，孟洛川因病去世。到 1949 年新中国成立前夕，瑞蚨祥的全部流动资金仅合白布 300 余匹，为抗战前的 0.3%。新中国成立后，瑞蚨祥改为公私合营，获得了新生。

（作者系山东大学图书馆副研究馆员）

---

① 文史资料研究委员会、中国人民政治协商会议全国委员会：《工商史料》（1），文史资料出版社，1980，第 177－191 页。

坐化真人燕阳秀

王守学

大峰山坐落于济南市长清区孝里街道，属泰山余脉，在历史上是鲁西地区著名的道教名山，查相关资料可证，道教全真教北宗在金朝中叶已进驻该山。浓厚的文化氛围、优美的山居环境，大峰山千百年来不知倾倒了多少游人，也因此衍生出许多美丽的传说，这也给大山罩上了一层神秘的面纱。除旧志书上所记载大峰山拥有簸箕掌、璇玑洞、天麻峪、三教堂四大景观以外，最让人感兴趣的就是有关坐化真人燕阳秀的神话故事传说了。

燕阳秀，大峰山峰云观道士。在清朝光绪十七年（1891）编修的《肥城县志·余闻》中载："明道士燕阳秀，邑人，修道于大峰山八十余年，寿逾百岁，尸解而去。其徒即以其坐化之肉身供奉焉。见《大峰山碑记》。"

大峰山灵境自开辟以来，修道者不在少数，历数有建树者，开山始祖范真峰当榜上有名，其次要数明末对峰云观进行重大建修的住持苏守智了，可是他们的名字也只限于在观中的残碑断碣上出现，自始至终能够被官方录入史志的却是一位既不是当家住持，也不是卓有成就的羽士，而是一名再普通不过的后勤部长——管理道士日常生活起居的打杂道士燕阳秀。

燕阳秀，现在孝里街道黄河岸边燕庄村人士，据传幼年父母早亡，与姐姐相依为命，因家贫无以为继，十来岁就被送到大峰山出家当了道士。入道峰云观后潜心修行，一心向善，成为峰云观自开辟以来德行最高的羽士，以致坐化之后，不腐真身被供奉五十余年，在大峰山一带成为千古奇闻，在道教界被奉为百世师表。直到今天，在大峰山地区及周围附近村庄还流传着许多与燕阳秀有关的传说故事。诸如：观中道士众多，凡是打坏了器皿用具，众人欺他出身贫穷，少不更事，一律都怨到他头上，他却从不分辩，全部应承，自甘受罚，表现出高度的包容隐忍精神。雨天烧柴淋湿无法升炊，值班道士推诿责任，非要燕阳秀去做饭。燕阳秀也不推脱，径直走进厨房淘米下锅，把腿伸进灶膛，拉起风箱，一会儿就端上了香喷喷的饭菜，令师兄弟们称奇不已。他已经成为得道高人了，受别人戏耍依然能够泰然处之，用实事说话，去警醒别人，表现出虚怀若谷的情操。庙田庄稼屡遭偷盗，师兄弟轮流值班看守依然不能改观。住持派燕阳秀一人前往，燕阳秀使出分身术把庙田四方把守严密，使盗徒无处下手，从此稻田庄稼再未出现被盗割的现象。其中也有个例外，如遇到确实贫困无米下锅的人来盗割麦子，燕阳秀就会悄悄藏匿起来或视而不见，甚至有盗割庄稼的人因年纪大背不动麦个子的，他会帮人家送回家去，也因此受到住持的责罚，所以燕阳秀在民间还享有“活菩萨”的美名。“善则让人，过则归已”，这是《大峰山碑记》中对燕阳秀一生的评价，也应该是他的真实写照，否则，为什么大峰山那么多人，唯有他一人能享单独供奉的殊荣，而且禅室屡被修葺，这不得不说他是个传奇人物。

燕阳秀作为大峰山的一位传奇人物，如果单从民间传说故事中去认识他，关于他的生平、所处时代社会背景就无须去深究，而如果要研究大峰山的历史文化，开展文旅讲解，就还是有必要了解一下他的生活背景。

燕阳秀所处的年代，根据《肥城县志》的记录为明朝，这一点似无可争议，其实应该引起怀疑的是县志中“余闻”一部分的真实性。所谓“余闻”就是某条款因资料不足或是道听途说的传闻未被列入志书的正规条目中，而是被附录在考证翔实的正规条文后边，其内容大多是传闻或神话一类，其真实性有待进一步考证。而《肥城县志》中的余闻部分正是如此，鉴于此，志书中关于燕阳秀是明朝人的记录就有待商榷。

首先，县志中记载的内容是引自燕阳秀神室右侧嵌入墙壁之中乾隆五十八年（1793）《大峰山碑记》中的碑文。碑文中有云：“其自始至终修炼八十余年，未有歧途，无有二心，是以告终之时而坐化如神像焉。”文中没有“寿逾百岁，尸解而去”的文字，这显然是志书编撰者据传闻加上去的。古代医疗水平与生活水平低下，一个人的寿命达到七十岁已号称“古稀”，如果能够

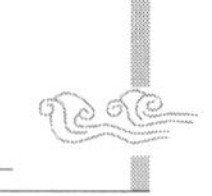

活到八十多岁则实属少见。现在先放下县志中所说的百余岁不说，就碑文中所说燕阳秀修炼八十余年，此外加上十多岁入峰云观出家，也就九十余岁，这个年龄别说是过去，就是生活医疗水平发达的今天也不多见。现在权且以县志所记为依据，燕阳秀一百岁坐化，那么他是什么时间羽化的，只有掌握了他确切的死亡时间，才能通过志书上估计的年龄断定他是什么时代的人。

值得庆幸的是，在燕阳秀神室门楣的左上侧镶有一方乾隆八年（1743）的《坐化先师燕阳秀神室》碑，这方碑碣镌刻的文字对了解燕阳秀的生平有至关紧要的作用。上书“乾隆八年正月初四日告终”，因为风雨侵蚀，碑文漫漶，很多人把“告终”理解为神室重修竣工。又因为石碑左侧有“承重孙胥复禄曾孙胡本成”字样，除“重”字勉强看清楚外，其他字均已模糊，识读者就越加重了臆想，判定乾隆八年是神室重修竣工的日子无疑。现在再回过头来看《大峰山碑记》中“是以告终之时而坐化如神像焉”。从文中的“告终”再去识读《坐化先师燕阳秀神室》碑中的“乾隆八年正月初四日告终”，就很好理解，这个所谓的“告终”是燕阳秀归天的日子，而不是神室重修竣工的日子。

其中还有一个有力的证据，在峰云观院里，关帝庙前有一方刻立于雍正十二年（1734）的《关帝庙重修碑记》，文末住持道人一栏里以住持张阳琏为首的九位师兄弟名字列坐其次，燕阳秀大名赫然在目，由此足以证明，雍正十二年燕阳秀尚健在。只不过碑文中九位“阳”字辈师兄弟坐次与峰云观祠堂中光绪二十二年（1896）所续刻的历代道士谱系坐次稍有不同，但大体一致。

既然考证确定乾隆八年（1743）是燕阳秀归天之年，由此向前推一百年，即明朝崇祯十六年（1643），依据县志保守的说法“寿逾百岁”，燕阳秀从呱呱坠地在明朝待了不到两年的时间，说他是明朝人实在是有点儿牵强。

研究燕阳秀的困难首先是资料的困乏，再就是在少得可怜的碑碣中，因历年久远，碑文难以识读，或时间所限，研究者来去匆匆，没有将模糊的文字和其他碑文进行仔细对照，难免产生一些失误。还有一个导致众多研究燕阳秀的学者走入误区的重要线索就是“坐化神室”门楣上的重修年代落款。

这次重修应是继燕阳秀坐化五十年后王和贵重修神室之后的最后一次重修，时间为“同治七年孟春重修”。“同治”是清朝倒数第三位皇帝爱新觉罗·载淳的年号，因为门楣下常年水渍，“同”字看不很清楚，加上县志文字的误导，很多人就把“同治”误为清朝进关后的第一位皇帝爱新觉罗·福临的年号“顺治”了，依此推断，顺治七年（1650）重修坐化神室，燕阳秀岂能不是明朝人？

在确定燕阳秀大致生活在清朝初期以后，还有一点可以肯定，他确实是一位德高望重的道教修士，这在新中国成立前的两次神室重修中可见一斑。尤其应着重指出的是，神室最初由他的嫡传弟子许来建创修，而五十年以后重修并把他的真身转葬神室地下的倡建者则是他的侄徒、魏来松的徒弟、胥复禄的再传世孙、璇玑洞第四代住持王和贵。王和贵在大峰山璇玑洞也是很有建树的一位住持，他还曾在乾隆五十六年（1791）主持重修过璇玑洞玄天上帝殿和圣父圣母殿。同治七年（1868）主持重修神室的是田教圣和刘教存，他们也不是燕阳秀的嫡传徒孙，由此也可感受到燕阳秀在历代道徒子孙中的地位和受尊崇的程度。

（作者系长清县民间学者）

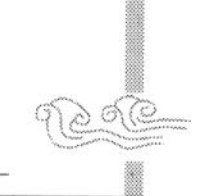

王浩在济南读书的日子

李耀曦

“王浩的相貌颇‘土’，脑袋很大，剪了一个光头——联大同学剪光头的很少，说话带山东口音。他现在成了洋人——美籍华人，国际知名的学者，我实在想象不出他现在是什么样子。”

——汪曾祺《金岳霖先生》

王浩——西南联大金岳霖得意弟子，从山东济南府走出的世界级著名学者、哲学家、数学家、科学家、第二代计算机理论奠基人。今日济南人对这个名字恐怕已经是相当陌生了。

1993 年 10 月 15 日，济南一中举行九十周年校庆。王浩应校友总会秘书长庞德治老师之函请，为 中校友回忆录《悠悠母校情》撰写了一篇回忆文章《杂忆》。文章末尾言道：“听说今年是一中九十周年校庆。算起来从我进一中到现在已经六十年多点了，也算是比较老的校友了。猜想一定还有不少更早进一中的老学长健在，可以告诉大家一些‘上古史’的材料。”

说起来，可谓三生有幸，笔者也曾就读于济南一中，与王浩及其弟王恒皆可称为一中校友。记得大约是在 2000 年前后，笔者曾多次去济南青年东路 1 号省文教委宿舍大院拜访王恒先生，聆听老学长畅谈民国山东教育界往事。屈指算来，本人告别一中校园也已经五十多年矣。现将从王恒先生处听来的故事略述于下，也算是向年轻校友们及今日济南人提供点“上古史”的材料吧。

一、“王大牛”的牛女和牛子

王浩1921年5月20日生于济南，为山东著名教育家王祝晨之三子。王祝晨（1882—1967），名士栋，字祝晨，山东齐河县安头乡王举人庄人，清末山东优级师范学堂毕业，清廷授师范科举人，七品京官。从事中小学教育凡四十余年，与鞠思敏、于明信、丛禾生并称为民初“山东四大教育家”。在山东近现代教育史上，王祝晨曾有一系列开先河的壮举，譬如首开白话文教学，首聘女教师登讲台，首倡省议会增加女留学生名额等，加之其本人身高体胖性格倔强，因而荣获一个“王大牛”的美称（张默生著有《王大牛传》）。这是一头雄才胆识可敌万夫的拓荒牛。新中国成立后，年近七十岁的“王大牛”重新出山，被委任为山东省济南第一中学首任校长。

有父如斯，子女们也个个“牛气烘烘”。王浩姐弟兄长五人无一平庸之辈，皆为卓有成就的学界精英。

大姐王非曼（1897—1977），山东官费留美女生第一人。王非曼原名王淑静，出生于山东齐河老家。1918年，21岁的小脚村姑王淑静来到济南，插班进入一师附小六年级读书。1920年考入济南省立女中三年级。用三年时间实现了从高小到高中的三级跳。1923年以全优成绩考取山东全官费赴美留学生。赴美留学前，王淑静去齐鲁医院做了脚趾矫正手术并更名为王非曼，意为“谁说女子注定不如男？”由此，放开大脚的王非曼凤凰腾飞过大洋。王非曼留学八年后归国，任天津国立女子师范学院家政系教授，为中国高校设立家政学系的开拓者。

大哥王弘（1899—1992），生于老家齐河，14岁来济南，考入省立一中。1922年从南京高师毕业后考上半公费赴美留学生，入芝加哥大学修习绘画与舞台美术设计。其后跻身洛杉矶好莱坞电影界，任演员及导演，后因拒绝出任电影剧本《大地》的导演兼主角王龙被辞退。曾因长期失业一度生计艰难，但他个性刚强，百折不挠，后凭借做房地产开发生意翻身致富。

二哥王谔（1915—1993），生于济南，先后就读于济南省立一中和济南省立高中。中学时代爱好文学，但因自幼体弱多病，高中毕业后选择了工科，

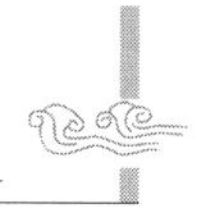

考入南京中央大学机械工程系，毕业后一直在机械行业从事技术性工作。曾任第一机械部通用机械研究所副所长，中国机械工程学会流体工程学会理事。1985 年由机械部退休。

四弟王恒（1929—2018），生于济南。中学时代先后就读于济南师范、齐鲁中学和济南中学（济南一中前身）。1961 年毕业于中央戏剧学院导演系。毕业后在广东省话剧团任导演。1964 年任山东省歌舞剧团导演。“文革”后调入山东省戏剧研究室。1985 年担任山东艺术研究所艺术室主任直至退休。

由上述观之，王浩的读书生活和心路历程，不可能不深受家庭、亲人的影响。除父亲王祝晨之外，对王浩影响最大的，大概就是大姐王非曼和大哥王弘了。

二、《雨天的书》中留下童年片影

小时候的王浩，究竟是个什么样子？由于没有影照存留下来，如今我们已经很难想象。然而出乎意料的是，周作人曾在他的文章中有所记述。虽然只是寥寥几笔，倒也颇为传神。一个性格十分开朗活泼好动的早慧儿童跃然纸上。这一片影见于周作人自选文集《雨天的书》中。

《雨天的书》收录《济南道中》三篇。周氏在《济南道中》之二中，有如下一段描述：“这一天的湖逛得很快意，船中还有王君的一个三岁的小孩同去，更令我们喜悦。他从宋君手里要葡萄干吃，每拿几颗例须唱一出歌加以跳舞，他便手舞足蹈唱‘一二三四’给我们听，交换五六个葡萄干，可是后来他觉得麻烦，便提出要求，说‘不唱也给我吧’。他是个很活泼可爱的小人儿，而且一口的济南话，我在他口中初次听到‘俺’这一个字活用在言语里，虽然这种调子我们从北大徐君的话里早已听惯了。”

文中所说“王君”即王祝晨，时为山东省立第一师范学校校长。那个“三岁的小孩”“很活泼可爱的小人儿”便是王浩。文中“宋君”为宋还吾（名锡珠，字还吾），山东成武县人，1922 年北大国文系毕业，时为省立一师国文教员，后来宋成为济南省立高中校长。周氏所说“北大徐君”，当为徐彦之，山东郓城县人，北大五四运动风云人物，曾与顾颉刚、傅斯年等人创办

《新潮》杂志。

周作人到济南是应王祝晨之请前来讲学的。王祝晨1922年被任命为省立一师校长后，进行了大刀阔斧的教学改革，解聘了一些滥竽充数的南郭先生，引进了一批有真才实学的青年才俊，其中就包括刚从北大毕业不久的宋还吾和孙东生。与此同时，王祝晨还遍请海内外名家前来济南讲学。例如当时美国现代教育之父杜威以及印度大诗人泰戈尔等海外名人前来济南访问。国内著名学者应邀前来讲学者，除周作人之外，还有梁漱溟、郭绍虞、沈尹默、杨晦、王森然、王星拱、朱谦之、潘家洵以及陶行知、黄炎培等人。

周作人是1924年5月31日由北京到济南的，6月5日离去。在省立一师待了四天半时间，举行了八次文学概论专题讲座。据周氏自述，演讲题目均由自己定，最后一次演讲的题目为《神话的趣味》。

6月1日下午，校长王祝晨等三人陪同周作人乘船游览大明湖。周氏游湖游得十分快意，宾主尽欢，于是便有了这神来之笔，为王君三岁的爱子留下了一张文字小照。只可惜，王浩无忧无虑的欢乐时光十分短暂，他即将上小学时，突遭家庭变故，父亲逃离济南，远走他乡，家庭顿时陷入困顿之中。

原来，1925年5月，张宗昌成为山东军务督办，清末状元王寿彭当上教育厅长后，王祝晨的这些教育革新举措就全部成了罪状。不仅当年被解聘的七名举人教师对王祝晨恨之入骨，而且王状元本人也视这个“王大牛”为眼中钉、肉中刺，1926年3月下令解除其校长之职。11月2日，张宗昌又下达了秘密逮捕令。

王祝晨闻讯后，赶忙连夜化装逃亡，先是南下到了广州，后又到了武汉、南京等地。1928年5月重返山东，先后在泰安党政训练班、曲阜二师、聊城三师任教员，直到1929年秋天才重新回到济南。

在父亲逃亡的日子里，王浩和母亲经济来源断绝，整日靠吃煎饼喝汤充饥。万般无奈，母子回到齐河老家待了两年，1929年秋父亲归来后才返回济南，住在广智院街42号。1931年夏秋之交，全家又搬到东关七家村21号居住（见《王祝晨传》中王浩《忆父母》）。

在此期间，王浩曾先后就读于新东门外莪雅坊小学、齐河老家强恕小学、

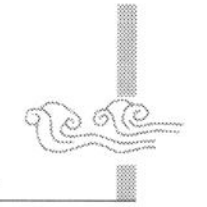

广智院街附近济南市第四实验小学、南门外南城墙根街一师附小，辗转数地才终于算是读完了小学。

三、回眸省立一中忆师友

老学长王浩在《杂忆》那篇回忆录中深情回顾了他当年在省立一中的校园生活，以及始终难以忘怀的几位师长和同学。

> “我于1933年初考入一中。当时我在一师附小，差半年毕业，陪亲戚贾敦芳（云南省纪委副书记，已退休）用同等学力投考。听说我的国文及常识都只考了40分，但算术考了100分就被录取了。升学半年后暑假，跟母亲和姐姐去青岛度夏，不久接到父亲的来信，说我英文只考了60分，令我回济南补习英文。记得上了两个或三个补习学校，又加丁用宾老师每天上黑板作汉译英，每周又考背生字，结果英文的基础打得很好，以后一直得到许多方便。”

王浩所说“一中”时称“济南省立初级中学”，但人们仍习惯称为省立一中。其校园与济南省立高级中学为一墙之隔。

当年济南中学是春秋季两次招生。王浩1933年春初报考一中时，尚未从一师附小毕业，故而整体成绩不是很好，但他算术成绩特别优秀，考了满分，所以在头榜便被录取了。当年省立一中录取考生是分为两榜录取的。头榜为直接录取，二榜为补录，二榜复试，只考国文和算术两门，而后与初试成绩加权，择优录取。因此王浩入学后便被分在十七级一班。省立一中始建于1903年。十七级是从1925年旧四年制学生全部毕业离校算起的。

当年，省立一中在校门外西墙上张贴大红榜公布录取考生名单。这一老传统直到后来笔者报考济南一中时仍在继承实行之，而且依然是张贴在校门外西墙上，只是校址已由杆石桥迁到运署街。

当时省立一中校长为孙东生（名维岳，字东生），山东成武县人，1923年北大国文系毕业，1930年被任命为省立一中校长。时年三十岁，身材高大，隆鼻朗目，器宇轩昂。孙本人中西学问俱佳，出身于成武县书香门第，其父曾任东昌学道，自幼熟读儒家经典，兼及庄老。在北大读书时撰写出版过文字学著作，经历过五四新文化运动的洗礼。当了校长之后，曾被教育厅派往欧洲考察教育，不但游历了西欧各民主国家，还到过苏联列宁格勒和首都莫斯科，因而思想意识驳杂，党派观念并不强，治校还是师法蔡元培“兼容并包”的理念，主张学术自由。他敢于聘请曾是共产党员的马克先来校任史地课教员，还安插过另一曾是共产党员的张撰一在校养病。在其掌校期间，省立一中是全省最好的中学。孙校长手下有两名得力干将，一是教务主任胡干青（卿），二是事务主任丁履观。

王浩文中所说“丁用宾老师”即为丁履观，字用宾，山东日照人，1918年毕业于北大英语系。丁为北大高才生，功底扎实，教学严谨。任何英语单词几乎都问不倒他，因而他有“丁小字典”之称。又因常年穿双破旧皮鞋，在学生中还荣获个“丁大皮鞋”的诨号。

言及至此，笔者不禁想到，“文革”前在济南一中读书时，丁用宾老师仍在一中教书。可惜那时本人学俄语，未能亲聆其教。

“在一中我开始贪玩，功课平常。二年级下学期，忽然决心用功。当时和四位同班同学组成了一个‘五星团’，彼此鼓励。还由姜耀琳写了一个话剧，五个人上台表演了一次。

从二年级下学期我开始用功，想争第一，但是总考不过王明广，老是考第二。记得当时有一位同学，别的功课并不好，但是几何题目总是一作就作出来了。后来听说他学了生物。

我们班里只有一位女同学，和任何男同学没有来往。同学多数住校，我只住了一段时间，大部分时间是骑自行车由新东门外的七家村，到杆石桥外的校址。当时走读的还有陈肖南和孔德植，同班同学多半把我们看作是不老实的济南人。”

王浩刚入学时，由于年幼贪玩，学习成绩还平平常常。但稍一发奋，到了二年级期末，就一跃而名列前茅了，可见其聪明程度，确非一般同学可比。而此时他也注意到了同学之间天资与喜好的不同，比如那位后来学了生物的同学，原本在几何学上是很有天分的。他开始关注留意此类人生哲理问题。

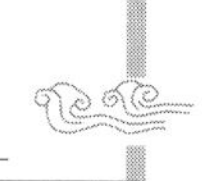

王浩所说“我们班只有一位女同学”，其实当时整个十七级也就只有这么一位女生。这位女同学名叫张培岷，又名张南屏，当时在班里女扮男装。1935 年转入省立女师，抗战中考入陕南西北联大师范学院。后来在北平参加过地下革命工作，50 年代调至中央文化部工作，1976 年由北京图书馆退休。1983 年改为离休干部。1976 年王浩回国访问，抵京后住东长安街国际旅行社。张南屏在报纸上看到消息后曾前去探望，时值王浩外出，未能见到。回家后言及此事，家人都劝她不要再去联系，免得又多一个海外关系受审查（张属于无党派人士但曾长期受到政治审查），遂怅然作罢。

王浩文中所说“同班同学多半把我们看作是不老实的济南人”，这句话是什么意思呢？原来，当时省立一中是全省招生，学生多半来自外地，家在济南的学生人数在班里一般占不到五分之一。故而在外县来的学生眼里，这些经多见广的济南同学都不太老实。

> “暑假常看新小说，包括翻译的西方文学作品。家里杂书不少，也往往东翻西看。记得有一本傅钟荪翻译的罗素的《数理哲学导论》，觉得很新奇，但没有认真读。当时还看过李俨的《中国数学史》，当时觉得其中有些可能是错的。
>
> 教国文的一位孟老师，是北大毕业的，曾做过我们的级任（即现在的班主任），对学生的生活很注意，例如要我们不要赤身睡觉。他还要我们念一本励志哲学之类的书，其中有一篇《大内在》，说绝大多数人未用到他们潜在的能力的百分之一。当时看了很受刺激。教数学的一位王老师，年纪比较大，很和气，课也讲得清楚。可惜没有鼓励有能力的同学多学一点课外较难的材料。因而我在数学方面用得时间很少，比英文少得多。”

王浩所说教国文的班主任“孟老师”，名叫孟浦云，山东蒙阴人，1929 年自北大国文系毕业，1932 年应聘到省立一中。孟文笔不错，曾在一中文学刊物《水星》上发表过诗歌，在《嘉树》上发表过文章，写得朴实、耐读。《嘉树》时为校刊，由李广田主编，以刊登学生文章为主。教师中李广田、孟浦云、曲氏九、卞之琳（高中）等人都在上面发表过诗文及译文。由王浩回忆来看，这位孟老师不但学问好，讲课精心细致，对学生的课余生活也十分关心，并时常给予指导。

王浩所说教数学的“王老师”，名为王荩卿，毕业于清末山东高等学堂，教学认真，经验丰富。当时省立一中有“三卿先生”之说，即数学教师王荩卿、张绶卿和英语教师胡干卿。学校不仅设立了“三卿先生奖学金”，还在校门二道门走道旁建立了一座塔形纪念碑，以表彰王荩卿、胡干卿两位先生辛勤执教二十年的功德。但从王浩的回忆看，此时他已经不满足于课堂所学内容，而是看了许多课外书，既有中外小说翻译文学作品，也有数学史一类书籍，并隐约感到其中可能有错误。他已经开始展露出在数学方面的过人天赋。

> “回想当年在一中的生活，课程是比较轻松的，课外活动的时间很多。下课以后需要作的习题及别的作业都相当少，有颇多自由发展的机会，后来看到中学生课业的负担愈来愈重，总觉得不见得是一件好事。
>
> 到1936年初，因为是寒假毕业，升学不大方便。我本来可以跳半年进高中，但父亲不许跳班（后来高中二年级念完考取大学，他还是要我读完高三重考）。初中毕业时有全省会考，题目容易得出奇，只考三门，我数学及英文都考满分，但党义只考了68分，想不到仍是全省第二名，第一名好像又是王明广。”

王浩在省立一中读书三年，共有十三四门课程。计有国文、英语、数学、物理、化学、历史、地理、生物、公民、音乐、美术、体育、国术、童子军等。其中国文、英语、数学为贯穿始终的主课，每周六课时。其任课教师，除了英语丁用宾，国文孟浦云，数学王荩卿之外，其他为史地马克先、物理刘泽民、化学廉子衡、生物赵平庭、公民李向城、音乐瞿亚先、美术桑子中、体育卢宗文、国术窦来庚、童子军邹绍夷。

当时体育课及课外活动，一中校园内有乒乓球台，篮球、排球、网球、足球场地。王浩最喜欢的运动，是乒乓球和篮球。到西南联大读书时，他还经常约同学一起打篮球。

王浩在文中反复提到同班同学王明广，在历次考试中始终压他一头，毕

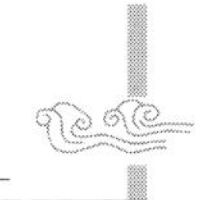

业时全省会考又夺得第一名，令他印象深刻，始终难忘。真可谓一名天才少年！据悉，王明广1940年考入北大工学院土木系，毕业后回山东工作，1957年被打成右派，1988年病逝。离开一中后，“状元”与“榜眼”两位再未见过面。

四、八千里路云和月

王浩1936年初寒假毕业，因距离高中招生还差半年，原想在济南高中借读，但在省立高中任历史教员的父亲不允许。适逢二哥王谔在南京高师读书，于是便报考了南京中央大学附属高中。

1937年南京失守前，中央大学附属高中迁校至安徽屯溪。王浩接到从屯溪发来的入学通知书，遂由山东济南奔赴安徽屯溪。到屯溪上课后不久，战局恶化，中大附属高中再迁至湖南长沙，王浩与家中失去联系。几个月后才听说，父亲王祝晨在湖北，母亲刘氏在西安跟二哥王谔夫妇住，大姐王非曼在陕西城固西北联大教书。1938年暑假期间，王浩由长沙到西安送母亲去城固大姐处。

当时读高二的王浩报考了昆明西南联大经济系，以第一名的优异成绩被录取。结果父亲再次反对，要他必须读完高三打好中学基础。于是，王浩又在城固西北联大附中读完高三。一年后再考西南联大改报了数学系，结果又名列录取考生第一名。因此他尚未报到入学，西南联大的许多师生就已经知道了王浩的大名。

在当年昆明西南联大的同学之中，学者何兆武和作家汪曾祺与王浩乃为好友，也都有专门文章写到这位老同学大才子。何兆武《上学记》中写王浩的标题即名为《大才子》。其中说道：

> “抗战期间中央大学附中搬到长沙，当时我从北京回到老家，也考入这个学校。王浩高我一班，不过那时候已经头角峥嵘了，在校内非常有名气，所以我也认得他。1938年暑假，王浩读高二，以同等学力考大学，数学考试中有个题目非常难，是中学没学过的，只有他一个人做出来了，大家传为美谈。”

汪曾祺在《金岳霖先生》一文中写到王浩。其中说道：

“除了文学院大一学生必修课逻辑，金先生还开了一门‘符号逻辑’，是选修课。这门学问对我来说简直是天书。选这门课的人很少，教室里只有几个人。学生里最突出的是王浩。金先生讲着讲着，有时会停下来，问：‘王浩，你以为如何?’这堂课就成了他们师生二人的对话。”

王浩在西南联大学习时有句名言：“谁都不怕!”这颇有点一览众山小、舍我其谁的气概。1946 年，王浩自清华大学研究院毕业后赴美留学，入美国哈佛大学，师从当代名家奎因，一年零八个月获得哲学博士学位。王浩赴美留学，由于成绩优异，获得美国国务院奖学金（国务卿杜勒斯奖），为华人中首次获得此奖者。

在哈佛读研究生期间成绩优异，当时山东省政府又自动奉送给王浩一份奖学金，王浩没用这笔钱而是给了父母。父亲王祝晨写信给王浩，表示颇为高兴。

五、学长兴风望后来

1972 年中美关系解冻，“美籍中国学者参观团”访华，王浩等 27 学人得以重回阔别已久的故乡。周恩来总理曾专门会见回国访问的王浩。王浩此行会见了一些亲朋好友，在北京拜见了当年西南联大的恩师冯友兰先生。王浩带着女儿回到出生地济南，在其弟王恒的陪同下由济南回了一趟齐河老家。此时，其父母均已去世多年。

原本十五年之前——1957 年，王浩就打算回国，父亲王祝晨曾多次写信要他回来报效祖国。这也是他从 1954 年开始涉足计算机数理领域的原因（由于王浩在计算机领域的杰出贡献，1983 年国际人工智能学会授予他“首届数学定理机械证明里程碑奖”）。只可惜，1958 年父亲王祝晨被打成右派，王浩只好打消回国的念头。

1972 年后，王浩便不断回国，在中国科学院开办了数理逻辑讨论班。1974 年夏天，王恒去北京饭店看望三哥王浩。盛夏之夜在凉台上眼望星空，

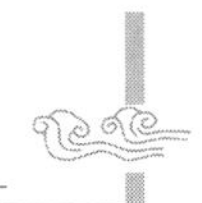

王浩跟其弟王恒回忆起多年前父亲王祝晨与他关于“学问”的一次长谈。

那是1939年王浩考上西南联大的那年暑假，王浩与父亲在四川三台见面。当时王祝晨在三台“山东中小学教职员战时服务团”供职。炎夏屋内闷热，父子二人来到一棵大树下，坐在石头上谈起来。

王祝晨劈头就问：你说“什么是学问”？王浩答道：“学着问，问着学”就是学问。王祝晨说：好啊，那你就给我举个例子来说明怎样是学，怎样是问。王浩一下子卡住了，半晌无语，答不上来。王祝晨看了一眼王浩后道：孔子说“学而不思则罔，思而不学则殆”，这就是“学问”二字的最好解释。接着分析说：“罔”与“殆”都可作“没有”讲，但罔字可作“迷离恍惚”讲，殆字可作“危险”讲。学了要是不去思索、不穷追其理，那就什么也得不到；只穷追道理而不再去学，那就会走歪了路出危险，所学的可以全部殆尽。

王祝晨由此扩展开来，对王浩谈了自己的人生经验和心得体会。最后说：我一生中有一“持”字诀，就是坚持自己不为外界所动。我一生为此受益匪浅。虽说今天看来有时做得太生硬、固执死板，也有所失，失去了一些机遇，但我战胜了自己。

王浩对其弟王恒慨叹说：“这是我一生中咱爹对我最长的一次谈话，当时万没想到也是他老人家对我的最后一次教导。咱爹的话至今记忆犹新，督促我严格要求自己拼搏钻研。同学们说我学习上受过严格训练，不如说我受咱爹与大哥大姐的言行教育更确切些。”

1977年11月3日，邓小平在北京接见王浩并宴请了他。据说邓小平“科技是第一生产力”那句名言，就是在接见王浩交谈时说的。

1978年10月，王浩回济南参加了父亲王祝晨先生的骨灰安放仪式。在其弟王恒陪同下去了当年居住过的七家村，参观了运署街上的母校济南一中。王浩在留言簿上写道：“很高兴有机会参观母校，相信一定会培养出许多优秀的人才来。”

1993年10月15日，济南一中九十周年校庆，在校园内举行了老校长王祝晨先生塑像落成仪式。远在美国的王浩，虽应请写了校友回忆录《杂忆》，却未能亲眼看到父亲的塑像安放在母校校园内。

1996 年 9 月 15 日，济南一中校友会北京分会成立。老校友书法家欧阳中石先生在纪念瓷盘上题写了两行篆书：“黉宫设教承先惠，学长兴风望后来。”

今年是老学长王浩先生诞辰一百周年。“学长兴风望后来”——当是老学长生前之夙愿。后学谨以此文祭奠先生在天之灵。

（作者系国网技术学院教授）

济南战役登城英雄滕元兴

姜　洁

在济南市博物馆里，有一张被作为一级文物珍藏的泛黄的纸片，上面写着：

“连长、指导员：我要完成最艰苦的任务，轻伤不下火线，重伤不哭叫，打下济南，为山东人民报仇，争取立功。战士滕元兴，民国三十七年九月一日。”

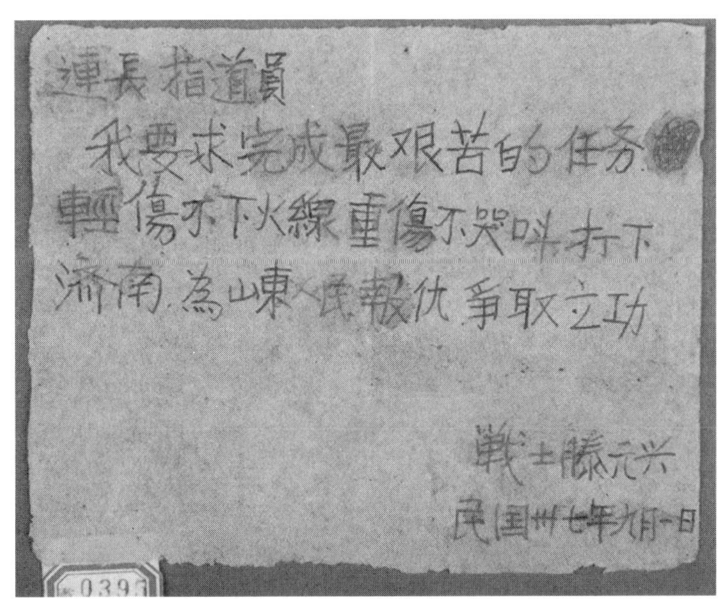

連長 指道員

我要求完成最艰苦的任务

輕傷不下火線 重傷不哭叫 打下

濟南 為山東人民報仇 爭取立功

戰士滕元兴

民国卅七年九月一日

滕元兴在济南战役前写的决心书

这是当时年仅 18 岁的战士滕元兴在济南战役前写下的决心书，短短几行字，写满了一名年轻战士不怕牺牲的革命精神和战斗必胜的坚强信念。这位战士后来怎么样了呢？在解说中我们听到，“滕元兴践行了自己的誓言，成为第三个登上济南城头的战斗英雄。但令人遗憾的是，在后续的巷战中，滕元兴壮烈牺牲，这封决心书成了他留在人世间的最后一份遗书”。70 多年来，滕元兴一直作为烈士被人们宣讲着、怀念着，这封决心书曾感动过无数人。然而，事实真是这样吗？

一、济南战役登城英雄

1930 年 6 月，滕元兴出生在山东掖县（今莱州市）大原镇西大原村一个贫苦的农民家庭。1946 年，滕元兴高小毕业后报名参军，同一年入党。滕元兴随部队转战山东各地，先后参加了粉子山、孟良崮、临朐、南麻等战役，在孟良崮战役中因作战勇敢、坚决完成任务，荣立三等功。

1948 年秋，得知攻打济南的消息，战士们激动万分，纷纷写决心书、请战书，立下首战用我、有我无敌的誓言，申请到攻城的最前线。9 月 1 日，时任 9 纵 25 师 74 团 3 营机枪连正排职文化干事的滕元兴在动员会后写下了本文开头这封 56 字的决心书。

1948 年 9 月 16 日，正是农历中秋节的前一天，午夜 12 时整，早已等候在攻城指挥部里的许世友发出“开始”两个字的命令后，解放军攻城的炮声骤然响起，济南战役正式打响了。各路解放军健儿如下山猛虎，以排山倒海之势从四面八方扑向济南城。解放军以猛打、猛冲、猛追、猛进的战斗作风打乱了守军整个作战部署，以秋风扫落叶之势迅速扫清了济南外围。经过连续 6 昼夜的激战，外城守敌已基本肃清。

23 日上午，为迅速彻底全歼济南守敌，攻城总指挥许世友攻击内城的命令下达到 9 纵 25 师 73 团。为了增强攻击力量，司令部号召各部队的党员、连排长组建 90 多人的“敢死队”加强 3 营 7 连。连长肖锡谦要求：“这次登城只准胜利，不许失败，只要活着就不能回来！”滕元兴以党员身份带头报名参加“敢死队”，怕自己选不上，将 20 天前写好的决心书交给了指导员彭超。这样，9 纵及时整饬部队、调整人员，滕元兴由原来的 74 团调到了 73 团 3 营机枪连。华野九纵 73 团 3 营 7 连担负起了打开济南东线内城突破口的任务。23 日下午 6 时，攻击内城的战斗打响了！

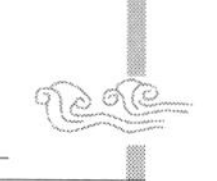

守军凭着高大的城堡和密集交叉的火力网垂死挣扎，他们的火力一会儿被压制下去，一会儿又狂吼起来。战斗此起彼伏，进展缓慢，解放军每前进一步都异常艰难。24 日凌晨 1 时 30 分，“敢死队”成员每人携带 1 支冲锋枪和 10 多枚手榴弹冲向云梯。城上守军疯狂地喊：“打下去了！打下去了！”“小八路，有种的再敢上来！”滕元兴所在的 7 连连长肖锡谦是个惯于打攻坚战的硬汉子，他紧咬牙关，圆睁怒目：“再突！”当滕元兴随着突击队爬上第 5 节云梯时，梯子突然被敌人推倒，他重重地摔了下来，摔到地面已经摞得厚厚的牺牲战友的身体上，耳边不时传来受伤战友的痛苦呻吟声。滕元兴咬着牙、流着泪、憋着劲，时刻准备下一次突击，为战友报仇……

国民党守军作困兽之斗，聚集优势兵力疯狂反击，我军接连发起三次攻击，都因敌方火力过猛没有攻克。连续 3 次突击，7 连已经有几十名战士牺牲，却无功而返，这场决战到了一个关键时刻。攻城总指挥许世友认为，在这个节骨眼上，攻城的决心不可动摇！我们的困难大，敌人的困难比我们更大！敌人的 4 道防线尽失，被我军团团围困在内城之中，慌乱不堪，败局已定。我军不少团、营建制尚较完整，仍具有一定的突击力。现在就看谁的决心硬过谁。我们要跟敌人比毅力，比顽强，比后劲，胜利往往就是在最后 5 分钟取得的！

经过充分准备，7 连开始了第 4 次攻城！二班长李永江听到命令，毫不犹豫地把冲锋枪往脖子上一套，拿着手榴弹，腾地蹿上了云梯。由于战前无数次的苦练，李永江在 10 秒钟之内，就爬到了相当于 3 层楼高的梯顶。但他往上一看，不禁大吃一惊：原来梯子离城头还有半人多高！他知道如果自己稍有犹豫，敌人一旦醒悟过来，城下的同志就会完全暴露在敌人火力下，全部努力便要前功尽弃。他把手榴弹往腰里一插，两手扒住城墙上的砖头缝，不顾一切地向上爬，最后用力一蹬，霍地一下跃上了城头。紧接着，于洪铎上来了！滕元兴也上来了！他们 3 人各守一面，撕开了突破口，使后续部队源源不断地爬上城头。

李永江冲着躲进气象台的敌人高喊：“我们的人都上来了，你们快投降吧！不投降就通通炸死！”接着故意喊道：“7 连、8 连，你们先不要送炸药包，看他们投降不投降！”守军信以为真，李永江声音一落，有些便缴了枪，乖乖地坐在气象台的小院子里。滕元兴冲过来，和李永江二人机警地缴了20多人的枪，占领了气象台。气象台后面的一个夹道里，于洪铎正和一个守军争夺机枪，二人厮打在一起，正在于洪铎精疲力竭之际，忽听咔嚓一声，那家伙松开了手，原来是滕元兴用枪托砸碎了敌人的脑袋……

滕元兴和战友一起向城墙内冲去，并继续用冲锋枪、手榴弹压制敌人，封堵敌人城墙上的枪眼，杀出一条血路。战斗中，敌人在滕元兴身旁扔下两枚手榴弹，他感觉双腿剧痛，两只耳朵都听不到声音了，但他强忍痛苦继续战斗，共打死10余名敌人。滕元兴双腿6处负伤，其中一处重伤，裤管上全是血，战斗结束后他昏倒在地，不省人事。两三天后，我方人员清理战场尸体时，在一个小巷子里发现了一息尚存的滕元兴，就把他抬出来，转送到寿光县羊角沟养伤。

二、抗美援朝立新功

济南战役胜利的当天，率先突破内城的9纵73团被中央军委授予“济南第一团”的光荣称号。滕元兴所在的7连被纵队授予“济南英雄连”的光荣称号，记集体特等功。李永江、于洪铎等被纵队授予“济南英雄”，然而在决心书上写下铮铮誓言的滕元兴却没有和战友们分享这光荣的时刻。他在小巷中昏死过去，几天后被送到了山东寿光，战友们一直找不到他，认为他牺牲了。

刚到寿光时，滕元兴的耳朵已被震聋，手也不能活动，神志不清。经过当地百姓精心照顾，半年后，他身体逐渐好转，听力也奇迹般恢复。经历了残酷的战斗，滕元兴完全可以回到家乡继续养病，而他坚决要回部队，不想“开小差”，没有一丝犹豫地起身寻找组织。听说部队快要过江了，基本痊愈的滕元兴步行两个多月终于在蚌埠追上部队，但他找到的是老部队74团。当时许多战友问他：“你不是牺牲了吗?”滕元兴说：没有，战斗还没有打完呢!找到老部队，滕元兴高兴得直掉眼泪。当时，74团原团长王景昆已调离，身边战友多是新兵，归队后他也没有主动汇报自己的事迹，因此后来的立功受奖名单上没有留下滕元兴的名字。

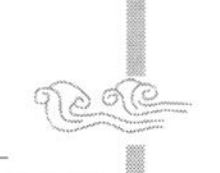

1949年6月，滕元兴被推荐参加飞行员选拔，最终成为新中国空军飞行员。1949年10月，滕元兴被选入中国人民解放军空军第四航空学校学习，成为新中国第一批飞行员中的一员。从浩浩荡荡的百万解放军中被挑选出来，滕元兴没有辜负党组织的厚望，1950年10月，滕元兴参加抗美援朝作战，他驾驶的战机在抗美援朝空战中发挥了威力，击落、击伤敌机各一架。后来，因苏联飞行教员撤回，滕元兴从抗美援朝战场上被抽调回国担任飞行教员，后来继续在空军部队从事飞行工作，任飞行大队长时，因避免飞行事故荣立了三等功。滕元兴从基层干部逐渐成长为师级单位军事主官、政治主官，1983年被提升为副军职领导干部，1986年8月到空军沈阳干休所离职休养。由于空军组建时间不长，部队建设、飞行事业处于摸索发展阶段，滕元兴作为新中国第一批飞行员，感到有责任有义务把飞行工作做好，不辜负党的信任与培养，于是一心扑在飞行事业上，与老部队、老战友的联系就减少了。对于济南战役中的表现及经历，他更是只字不提。

滕元兴的儿媳妇孙红卫曾在接受采访时说："结婚到家已经30多年了，从来没有听过他讲这段经历，感觉他非常伟大，在我们子女当中也是非常值得骄傲的。我儿子也说，爷爷这么大的英雄，我们都不知道。"当问及为什么不向组织说明当年的登城情况时，滕元兴坚定地表示："带进骨灰盒我也不会说，包括我家属。我不愿让子女躺在我的功劳簿上，不愿让他们因为我享受什么样的待遇。"

然而滕元兴不知道的是，在他战斗过的泉城济南，几十年来人们一直把他当作烈士宣讲着、怀念着……

三、"牺牲"之谜终解开

2021年3月的一天，济南市委党史研究院突然接到一个电话，这是沈阳第十四离职干部休养所一位李姓干事打来的，对方说想借助党史部门澄清一个史实：济南战役中第三个登上城头的战士滕元兴并没有牺牲，而是即将迎来91岁的生日。

2020年8月，干休所在收集整理参加抗美援朝的老首长相关资料时，发现副军职离休老首长滕元兴的个人档案没有完整资料，其履历的准确性难以考证。他们在互联网上偶然发现济南战役中也有滕元兴这个名字，多处均表述其在登城后的巷战中壮烈牺牲，且留下一封决心书等，和干休所掌握的滕元兴老首长的情况非常相似，初步认为网络上的滕元兴与干休所的滕元兴为同一人。在发现对滕元兴同志的宣传有误后，干休所曾通过在网站上发帖子、给相关部门打电话等方式，力求恢复历史真相，但结果均不尽如人意。在辗转得到济南市委党史研究院的电话后，他们决定向党史部门寻求帮助。党史研究院认为澄清历史事实、对英雄人物进行正确宣传是党史部门义不容辞的责任，于是立即开始做进一步的考证核实工作。通过与济南战役研究人员交流沟通并查阅大量资料，保证事实确凿后，党史研究院向市委宣传部做了报告，并向有关媒体说明了情况。4 月，济南战役纪念馆、济南电视台先后派人去滕元兴所在的干休所进行采访。5 月 4 日，济南电视台《今晚不关机》栏目对此事做了详细报道。6 月 12 日，在济南新闻综合广播大型党史学习教育融媒节目“信仰的力量”中，济南市委党史研究院相关人员和滕老现场连线……真相终于得到澄清：“牺牲”73 年的英雄仍然健在！

英雄仍然健在，这多么让人欣慰！滕元兴老首长深情地说：如果有可能，一定会去当年自己参与解放的城市济南看一看。并谆谆告诫我们：老作风老传统不能忘，对党忠诚不能忘！相信我们一定能走好新时代的长征路，创造更大的奇迹！

（作者系济南市委党史研究院宣传教育处处长，此文得到沈阳第十四离职干部休养所李伦祥干事大力帮助）

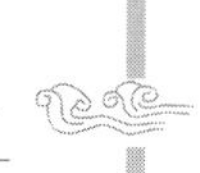

歌乐山烈士济南学生“二华”籍贯考[①]

薛凯洲

小说《红岩》是一部描写重庆解放前夕严酷的地下斗争和狱中生活的长篇小说。小说自1961年12月问世以来，至今已印刷了170多次，发行量达1000多万册，深深地影响了几代人。无数的读者通过小说记住了书中塑造的江姐、许云峰、华子良等英勇不屈的共产党员的光辉形象。这些英雄人物表现出大无畏的牺牲精神和坚如磐石的理想信念，甚至在生命的最后时刻，他们都毫不畏惧、视死如归。同时，读者也通过小说了解了在光明到来之前，国民党反动派对狱中人员采取了令人发指、惨绝人寰的屠杀暴行，深感震惊与痛恶！

1949年11月，在重庆解放前夕，国民党反动派进行了疯狂的屠杀报复，被关押在国民党重庆白公馆、渣滓洞等地的300多位革命志士惨遭集体杀害，这就是震惊中外的“11·27”惨案。1949年11月27日至28日，有180人被害于渣滓洞看守所；11月28日，有27人殉难于白公馆看守所。[②] 这些牺牲的革命志士被称为“红岩英烈”，207位红岩英烈的籍贯大多是四川、重庆两地。济南的两名学生，即当时被同学们称为“二华”[③] 的山东省立济南高级中学的王振华和山东省立济南初级中学的张现华（即张献华）分别在白公馆和渣滓洞牺牲，位于歌乐山牺牲烈士名单之列。山东与重庆山水相隔，路途遥远，

① 本文系2021—2022年度济南市哲学社会科学学校党建与思想政治工作专项课题“红色基因融入中职生思想政治教育的实践路径——以‘红色书信’校本课程开发与实施为例”的阶段性成果。

②《红岩春秋》杂志社，1989年增刊《中美合作所集中营烈士殉难40周年纪念特刊》。

③ 刘方：《王振华、张献华二烈士记略》，载济南一中校友总会编《济南一中建校九十周年校友征文选——悠悠母校情》第二集，山东省新闻出版局准印证［1996］2—102号，第199页。

王振华和张现华两位是如何在白公馆、渣滓洞牺牲的？他们的籍贯是哪里呢？

一、南迁流亡的“二华”

1929 年，山东省立第一中学和山东省立高级中学迁入济南杆石桥外路北山东政法学堂。学堂西部为省立高中，东部为省立一中。最初两校同走一个校门，后来省立一中打砌短墙，东边另开一门，成为一院两校。后来，山东省学校奉命进行改制，中学四年制改为六年制（初中 3 年，高中 3 年）。从 1930 年开始，省立一中只招收初中学生，作为过渡，原在校学生仍然按照旧学制学习，到毕业为止。1933 年，省立一中所有旧学制学生全部毕业，省立一中改名为山东省立济南初级中学。山东省立济南初级中学当时属于全省招生，考生来自全省各县。该校招生数量少、录取比例低，成为学生心目中的翘楚。

1937 年 7 月卢沟桥事变后，抗日战争全面爆发，是年冬，胶东半岛次第沦陷，济南告急。山东省教育厅鉴于局势不断恶化，密电省属各县教育科及各中学校长，动员全省所有中学的教员和学生南下河南许昌。此时，鲁东各县学生都来不及南迁，接通知流亡的大部分是济南、泰安、临沂、济宁、菏泽等地的学生。宋还吾、杨鹏飞、孙维岳等代表山东省教育厅担任全省各中学师生南下行动的负责人。省立济南初级中学和山东省立高级中学接到通知后，立即召开紧急会议，动员师生报名南下。孙维岳告诫学生：大家必须读书，我们应当把你们培养成国家的人才，要弦歌不辍。读书也是抗战，也是爱国，也是救国。济南要是不能待，我带你们走，不做亡国奴！①

教育界为了保留民族生存的一线生机，大批平津爱国进步学生纷纷南下。1937 年 10 月 16 日，山东省立济南初级中学校长孙维岳率先带领学校数百名师生，朝着泰安开始了南迁第一站。1937 年 12 月，日军进占济南前夕，狂轰乱炸泰安，师生被迫继续南下。校长孙维岳率领师生在敌机的轰炸中采取步行和乘火车的方式向河南许昌流亡。师生们于 1938 年春节前后到达了许昌，

---

① 刘可牧：《七千里流亡》，山东画报出版社，2015，第 4 页。

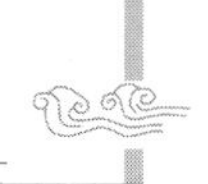

泰安、临沂、济宁、聊城、菏泽等地的学生也陆续到达，学校名称则改成了山东联合中学。济南初级中学的师生住在许昌中学校舍内，地上铺着谷草，墙上挂着黑板，以被褥当坐凳，以膝盖当桌子，继续上课，还经常外出进行抗日救国宣传活动。许昌是山东流亡学生的临时落脚点，3 月初，孙维岳校长带领师生离开许昌到达南阳赊旗，住了两三个月，等待选好校址进驻山东联合中学。

赊旗镇是南阳县一个规模比较大的集镇，建筑宏伟，商业繁荣，过往商人多。学生们生活在当地一处规模可观的陕西会馆的大厅中。学生们在地上打通铺，白天看书，晚上睡觉，各种学习活动都在地铺上。“初到这里还让我们自己做饭吃，各自用自己的搪瓷缸在院子靠墙处支砖为灶，煮米饭吃，十分艰苦。因是自力更生，也另有一番乐趣，也是独立生活的一种磨炼。”① 学校除了开设正常的学习科目之外，还开设内容实用的劳作课。为了流亡生活的需要，老师教学生做短裤。每人准备土布和针线，老师教同学们裁剪和缝制的方法，为流亡生活和后来能独立生活提供了方便。学校还普及学习当时比较流行的一种霍乱病的简易验方，充分体现了对这些流亡孩子的爱心。学生们一边读书，一边开展抗日救亡运动，组织读书会、办抗战壁报。不久，成立了抗敌救亡工作团，工作团起名为“狂飙救亡工作团”。工作团下分宣传、演讲、壁报、歌咏、演剧等若干小组，开展了更大规模的抗日救亡宣传活动。同学们从国破家亡的颓丧心情笼罩下走了出来，渐渐有所醒悟，特别是受到了平津流亡学生的抗日歌曲和街头剧的启发，开始了抗日宣传唱歌演戏活动，唤起群众的觉醒。《放下你的鞭子》《打鬼子去》等剧演出非常成功，台上台下混为一体，群情激愤。② 每逢镇上有集会或集日，会场上、集市上都有同学们的歌声。剧团演出多次，受到群众热烈的欢迎。全校师生从那种闭门“读书救国”中解脱出来，投身到火热的抗日战争洪流中，陶冶、锻炼，

① 马林才：《学习与追求——中学生活回忆》，载济南一中校友总会编《济南一中建校九十周年校友征文选——悠悠母校情》第五集（上），山东省内部性出版物准印证［2003］068 号，第 78 页。

② 赵铿：《从颓丧到奋起》，载济南一中校友总会编《济南一中建校九十周年校友征文选——悠悠母校情》第五集（上），山东省内部性出版物准印证［2003］068 号，第 61 页。

在伟大的时代中转变、成长。①

1938 年 4 月，山东省教育厅通知山东所有流亡中学师生都前往湖北郧阳、均县集中，成立“国立湖北中学”。1938 年 5 月底，山东省立济南初级中学学生抵达郧阳，终于找到了一个偏僻安静的地方，“读书救国”，学校不久就开学、上课了。② 学生们排除各种干扰，在生活如此艰难的情况之下，进一步掀起了抗日救亡活动的高潮。各种壁报纷纷出版，《狂飙》《紫塞》《诗与画》《启群》等布满墙头，各种抗日漫画也如数配合展出。学生们在狂飙抗敌救亡工作团演剧组的基础上，建立起了狂飙剧团。剧团到郧阳不久就到民众教育馆演出，教民众学唱流亡歌曲，打破了山城的死寂，增添了抗日的气氛。

山东省立济南初级中学在郧阳只待了半年多，1938 年 9 月，学校被分属于湖北中学第四分校。③ 1938 年 10 月，武汉、广州相继失守，郧阳所在的湖北西北部受日军飞机的骚扰日益增多。孙维岳校长率领四分校师生 200 余人自 12 月 1 日从郧阳出发向四川迁校，走悬崖、渡江河，长途跋涉，于 1939 年 1 月 26 日到达四川罗江县城。不久，学校改为国立第六中学第四分校。

到达罗江后，学生上课有了教室和桌椅，睡觉有了木板床，学校开始了比较正规的教育教学工作。尤其重要的是，学校有一个相对自由的学习环境，这为历经动荡迁徙的师生提供了一个极为宝贵、极其难得的学习机会。老师和同学们争相传阅进步的政治和文学书籍，学生们在老师的帮助下编写了许多抨击弊政的文章。各具特色的壁报和板报、读书心得与文艺作品竞相出现在校园的不同角落里。

在流亡环境中，学校处处充满了民主进步气氛。师生兴起了读进步书刊的热潮，纷纷组织各种读书会，积极思索、探求抗日救国和人生的道路。现实的教育、生活的磨炼，使他们在思想上和政治上已经早熟，而精神上的追求也已超出几本正统的初中教科书的范围。学校老师及时地察觉了这一点，到罗江不久后，他们便去成都，从生活书店、新知书店、《新华日报》等营业

---

① 刘可牧：《七千里流亡》，山东画报出版社，2015，第 63 页。

② 刘可牧：《七千里流亡》，山东画报出版社，2015，第 81 页。

③ 中共德阳市市中区区委党史研究室编：《中共德阳地方组织的摇篮——国立六中 2、4 分校》，四川大学出版社，1990，第 28 页。

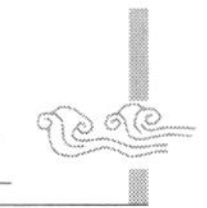

处，采购了一批进步书报杂志，建立了一个规模不大但内容丰富新鲜的图书馆，学生自己也把极其微薄的生活费凑集起来，多方搜求进步书刊。每个班级都订有几份《新华日报》《群众》《文艺阵地》《七月》等进步报刊，都有几个自己组织起来的以阅读进步书刊为主要活动内容的社团，形成了一股强烈的追求进步、向往共产主义的风气。①

1939 年 2 月，国立第六中学第四分校同学在罗江县掀起抗日救亡运动新高潮，在一级一班同学张献华倡议下，尹纯德（刘方）、史庆梓、马麟彩（马林才）、孙跃东、盛玉珊等人率先创办大型墙报《老百姓》②，贴在罗江县城十字街头。《白火》《通俗》和《简明新闻》等墙报，大大增添了罗江县城的抗战气氛，寂静的罗江开始活跃起来。张献华、尹纯德、马林才等 7 人响应学校在校内创办文艺刊物的号召，创办了校内第一份文艺壁报，李广田老师命名为“拓荒社”，作为一个读书会小社团。壁报名为“突击队”，成员相互间不断传阅各种进步书籍、报刊。③ 狂飙、鲁声剧团到罗江后，在罗江剧场公演《古城的怒吼》，连演三日，场场满座。他们还上街演剧、唱歌、演讲，促进了当地民众抗日救亡活动的开展。学校在校长孙维岳的支持下，利用节余的一部分伙食费出版校刊《锻冶厂》。此刊由学校教师李广田取名，广义上把抗战这伟大的时代比作锻冶厂，狭义上被当地群众认为是“红色学校”的四分校便是一所锻冶厂。《锻冶厂》所载作品紧密结合实际，反映现实。理论、小说、散文、诗歌、木刻、歌曲等是每期的必备栏目；投稿作者涵盖学校老师，高中、初中、低年级学生，其他分校的作者也积极投稿。④

1937 年 10 月，山东省立济南初级中学在南迁流亡中，不仅是初中学生跟着老师南迁，部分省立高级中学的学生也加入了南迁行列之中。“在赊旗镇，

---

① 杨竹剑：《罗江杂忆——记李广田老师》，载中共德阳市市中区区委党史研究室编《中共德阳地方组织的摇篮——国立六中 2、4 分校》，四川大学出版社，1990，第 69 页。

② 马林才：《学习与追求——中学生活回忆》，载济南一中校友总会编《济南一中建校九十周年校友征文选——悠悠母校情》第五集（上），山东省内部性出版物准印证［2003］068 号，第 85 页。

③ 马林才：《怀念张现华烈士》，载济南一中校友总会编《济南一中建校九十周年校友征文选——悠悠母校情》第五集（上），山东省内部性出版物准印证［2003］068 号，第 99 页。

④ 孙跃冬：《李广田老师先后主编的两份校刊》，载济南一中校友总会编《济南一中建校九十周年校友征文选——悠悠母校情》，山东省新闻出版局准印证［1993］2—255 号，第 124 页。

曹州一带的省立学校甚至是县立学校，大批师生向河南迁移了。济南高中的流亡学生原集合在兖州，后被解散，现在有几个学生与我们混住在西偏殿里，到处可以见到山东流亡学生的身影。”① “山东省立济南高中流亡出来的三四个学生，同我们初中的同学混住在西偏殿里，一个粗浑浑穿长袍的叫曲铭勋；一个戴近视眼镜、穿皮鞋的小圆脸矮胖子叫侯金镜。”② 山东省立济南高中南迁的几位学生王振华、曲铭勋、侯金镜、王裕华等人与初中同学一道参加各种读书会、社团，张贴各种壁报，进行抗日救亡宣传活动。

1938 年 7 月，学校在郧阳时，学生中出现了一个社会科学团体——星火社，并且刊出了社会科学壁报——《星火》。星火社的成员多数是高中学生，有号称大华、二华的王振华、王裕华兄弟。他们是山东省图书馆馆长王献唐的儿子，未继承家学的“考古”，却干起“政治”行当。③ 成员中还有曲铭勋、侯金镜等，初中学生有杨承章、孙鸿智、尹纯德、刘振瀛、侯鸿勋等。他们中有的参加过中华民族先锋队，他们聘请导师，举办报告会，请导师谈国际、国内时事，讲辩证法等。《星火》大胆介绍马、恩学说，大字抄录其格言、警句，拥护中共统一战线团结抗日的主张。星火社、《星火》壁报在校内非常出众，每周出一大张壁报，内容多是有关抗日的评论或文艺作品等，壁报贴得校园花花绿绿，引来众多同学驻足观望。当时学生出的壁报不少，《星火》最受注目，因为思想最激进。④ 这是学校南迁流亡过程中关于《星火》宣传内容、参加成员、壁报影响等珍贵资料的记录，记录者是刘可牧。刘可牧（1920—2007），曾用名刘保全。祖籍山东兰陵县，生于南京，随父母迁居济南。全面抗战前就读于山东省立济南初级中学，后随校流亡至四川，就读于国立第六中学。流亡途中热情参与抗日救亡宣传，因遭政治迫害，离校前往甘肃谋生。少年时便爱好写作，小学、初中时即在《华北新闻》、林语堂主编的《宇宙风》上发表多篇作品，流亡中也时有作品发表，晚年写下抗战流亡

① 刘可牧：《七千里流亡》，山东画报出版社，2015，第 51 页。

② 刘可牧：《七千里流亡》，山东画报出版社，2015，第 57 页。

③ 刘可牧：《七千里流亡》，山东画报出版社，2015，第 92 页。

④ 刘方：《王振华、张献华二烈士记略》，载济南一中校友总会编《济南一中建校九十周年校友征文选——悠悠母校情》第二集，山东省新闻出版局准印证［1996］2—102 号，第 199 页。

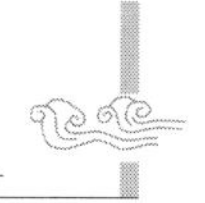

回忆录《流亡七千里》。时隔几十年之后，刘可牧将自己见证的内容，回忆后写成文字，记录下星火社及《星火》壁报这段难忘而鲜活的成长历史。这种“私人历史”记录，是关于王振华随校南迁流亡中最有力的见证，映现出那段已经远逝的流亡岁月，是颇为珍贵的历史资料。

二、同学心目中的“二华”

山东省立济南初级中学、山东省立济南高级中学在从山东流亡到四川的过程中，许多同学虽历尽艰辛，但矢志不渝，经受了各种艰难困苦的考验，同时将这段难忘的经历编写成珍贵的回忆记录，形成了宝贵的文字资料。如文中的尹纯德，生于1921年12月，曾在山东省立济南初级中学读书，后改名为刘方。1936—1937年在省立一中22级（初中）就读[①]，1944年考入西南联大历史系，抗战胜利后参加“反饥饿、反内战”学生运动，1948年从北京大学历史系毕业，进入华北解放区，改名为刘方。1948年秋回济南任《大众日报》记者，后调至人民出版社任编辑。1958年后，被发配到青海劳动改造20年，1980年平反，离休回济南定居。[②] 刘方、马林才等同学写了许多回忆山东省立济南初级中学南迁流亡的文章，详细地记录了学生学习生活中一些鲜为人知的史料，还单独著文回忆王振华和张现华两位烈士同学。

张现华（1921—1949），原名张献华，曾用名张宪民，山东齐东县（注：1958年，齐东县撤销，部分并入邹平县，现为邹平市）人，山东省立济南初级中学22级1班学生。1937年全面抗战后随校流亡到四川，先后在国立六中四分校一年级一班、国立六中高中部学习。[③] 省立济南初级中学到达郧阳后，办学条件虽然艰苦，但学校充满了民主办学的思想，处处荡漾着民主进步的气氛。在流亡的环境之中，许多学生一心想当科学家、发明家，痴迷于科学救国。同学们喜欢自然科学，办科普壁报，关心天文学。在这段时间内，张

① 刘方：《迎骨絮语——怀念李广田老师》，载济南一中校友总会编《济南一中建校九十周年校友征文选——悠悠母校情》第五集（上），山东省内部性出版物准印证［2003］068号，第119页。

② 刘可牧：《七千里流亡》，山东画报出版社，2015，第111页。

③ 马林才：《怀念张现华烈士》，载济南一中校友总会编《济南一中建校九十周年校友征文选——悠悠母校情》第五集（上），山东省内部性出版物准印证［2003］068号，第98页。

现华特别喜欢机械学，想发明创造一种“永动机”，他不断地设计图纸，走路吃饭时都在比画或自言自语，达到了入迷的程度①，“永动发动机”几乎成了张现华的外号，后来他考上了西康技艺专科学校机械科，这与他“永动发动机”的设想有很大的关系。② 1944 年，张现华和尹纯德在重庆偶遇，两人一起规划着未来，探讨着考入哪所理想的大学。“有钱一起吃饭，无钱一起挨饿”，两人度过了一段流浪的共产生活。③ 1944 年，张现华考入重庆大学，尹纯德考入西南联合大学，去了昆明，从此分手便成了诀别。

张现华考入重庆大学后，受重庆大学地下党的影响，政治思想觉悟提高很快，他约集一些同学组织办油印周刊《铁流》，参与发起成立校壁报联合会。这些刊物和壁报，言论激烈，切中时弊，抨击国民党反动派。抗日战争胜利后，张现华积极投身于反内战、反迫害的学生运动。

1946 年秋，张现华当选为班代表大会副主席，成为学生运动的重要领导人之一。1947 年，国民党“六一”大逮捕后，他不怕白色恐怖，夜以继日，积极工作，使班代表机构得以继续发挥作用。反动派视其为“要犯”，派特务四处搜查，张现华于 1947 年 7 月 2 日在沙坪坝覃家岗中正中学被捕，囚禁于“中美合作所”渣滓洞监狱。④ 张现华在狱中积极探索学习方法，用草纸编写数学读物，为难友提供学习资料，并就唯物辩证法、方法论做专题讲述，得到难友们的好评。他对数学、物理有独特见解，写过《相对论》《线性运算》等多篇文章（因被捕，未及发表而失传）。

在被囚禁的两年零四个月里，面对敌人的严刑拷打，张现华毫无惧色，表现出革命的大无畏精神。1949 年 11 月 27 日，张现华在渣滓洞监狱被国民党特务杀害，年仅 27 岁。1984 年，马林才去昆明参加一个学术会议，有意经过重庆，专程去渣滓洞了解张现华烈士的事迹。在男监二层第一狱室门外悬

---

① 马林才：《怀念张现华烈士》，载济南一中校友总会编《济南一中建校九十周年校友征文选——悠悠母校情》第五集（上），山东省内部性出版物准印证［2003］068 号，第 99 页。

② 刘方：《王振华、张献华二烈士记略》，载济南一中校友总会编《济南一中建校九十周年校友征文选——悠悠母校情》第二集，山东省新闻出版局准印证［1996］2—102 号，第 202 页。

③ 摘自刘方回忆稿，未出版。

④ 沙坪坝区地方志办公室编：《沙坪坝区志资料汇编》第六辑（人物专辑），重庆地区内部图书资料准印证第（93）016245 号，重庆大学杨开群撰稿，第 29 页。

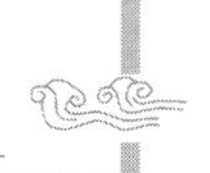

挂着一张黑白放大照片，马林才一眼就看出是当年的同学张现华，一双锐利的眼睛炯炯有神，眼神中依然闪耀着一种不服输的韧劲。1992 年，刘方去渣滓洞参观致敬烈士，陵园工作人员特从资料库调出张现华的生前照片让刘方辨认，他一眼就认出张现华那橄榄形的脸廓，脸颊上的黑痣宛然在目。[①]

袁兆彬（1918—2007），济南人。少年时期在济南工业职业学校学习，1946 年考入山东省立师范专科学校语文系。后结识栾调甫，拜门入室，执弟子礼，随栾调甫治学十余年，主攻文字、声韵、古籍校勘。1979 年离休，被聘为齐鲁书社特约编辑。在此期间，精心校点编审古籍二十余种。2023 年 2 月 16 日，袁兆彬之子袁栻先生接待友人，在谈及父亲向栾调甫求学问道的过程时，偶然间提到父亲在青岛上学时与王振华是同学。随后在袁兆彬的记录本上看到了这样的记录，全文如下：“我自幼爱好文学。从十几岁就读《五七言千家诗》，后读《唐诗三百首》和《古诗源》。十二三岁就习作旧诗。十六七岁，转读胡适《白话文学史》《中国哲学史》《胡适文存》，《章太炎文钞》。进入朴学考据门户，也读郭沫若《中国古代社会》、鲁迅《中国小说史略》。在哲学方面，先读李石岑《人生哲学》和《哲学大纲》，又读屠孝实《名学纲要》，也学章太炎诵读过佛经，如《金刚经》《心经》《法华经》。最后进入马列主义，读艾思奇《大众哲学》及评本《新哲学大纲》，河上肇《辩证唯物论教程》。”

“这时有几个最要好的朋友，一个是桂育莱，他是桂未谷的后代，在 1935 年死去；一个是王振华，王献唐的儿子。七七事变后，曾在日照组织起义，在大后方因为反对蒋介石，被特务暗害。桂育莱曾在青岛时报办《海啸文艺周刊》。王振华也在青岛时报办《烽火周刊》，因五一节社论，被青岛当局勒令停刊。我受他的影响很大，在他办的《烽火》上投稿，看进步书籍，他介绍我看茅盾编的《中国的一日》，我在青岛荒岛书店花一元六毛买了来，昼夜精读，他又介绍给我高尔基的《母亲》，我也是如饥似渴地读了两三遍。日本帝国主义侵入中国，韩复榘不抵抗，我们曾谋划刺杀韩复榘。我也曾在青岛

① 刘方：《王振华、张献华二烈士记略》，载济南一中校友总会编《济南一中建校九十周年校友征文选——悠悠母校情》第二集，山东省新闻出版局准印证［1996］2—102 号，第 203 页。

兰山路大礼堂，青岛各界抗议会上大声疾呼，团结起来，抗击日寇。以后他去老家日照，我回济南。”这是目前发现的王振华在青岛求学期间为人处世的唯一记录，从中可以了解王振华进步思想早在十六七岁就逐步形成。其创办的《烽火周刊》与南下流亡四川时创办的《星火》壁报，如出一辙，主题明确，特色鲜明，受到同学的广泛支持和欢迎。随后，王振华去老家日照组织起义，抗击日军侵略，开展民族救亡活动。袁兆彬这份弥足珍贵的笔记材料，向我们展示出了一位思想进步、爱国强烈、乐于助人、关心时政的王振华形象，填补了王振华在青岛求学和回老家日照起义的研究空白，提供了极其重要的线索。

刘方曾在文章中回忆写道：王振华，山东日照人，原是山东省图书馆馆长、著名考古学家和版本目录学家王献唐的大儿子，与其二弟王裕华本都是青岛礼贤中学的学生，后二人转学到济南高中，抗战开始后，随校南迁入川。山东各校入川途中在河南赊旗镇和湖北郧阳集中。这时，王氏兄弟与侯金镜、尹纯德、李鸿勋等成立星火读书会，出版大型壁报《星火》。[①] 王振华、侯金镜都写过有关文章，是《星火》的主力。王振华每期都撰写社论，署名“慎君”，受到反动派特务的监视。[②] 刘可牧、刘方从不同的空间和时间共同回忆了王振华在星火读书会和创办《星火》壁报的经历，他们是王振华积极宣传进步思想的共同见证者，佐证和补充了王振华的南迁流亡资料。

山东省立济南初级中学南迁流亡的学生，毕竟是以初中学生为主，他们的心智、行为、观念、理想等与队伍中的高中学生相比，存在一定的差异，这种差异影响着对问题的看法，影响着对未来生活和世界观的考虑与设计。1939 年学校到达绵阳之后，抗战进入了极其困难的时期，而校园内到处弥漫着“意识形态”的气氛。国共两党，一明一暗，在学生中的较量日趋白热化。[③] 国民党、三青团在校园内编制组织体系，加紧了对学校师生的控制，使学校的环境更加黑暗。在如此恶劣的生存环境中，马列、延安、共产党就成

---

① 刘方：《王振华、张献华二烈士记略》，载济南一中校友总会编《济南一中建校九十周年校友征文选——悠悠母校情》第二集，山东省新闻出版局准印证［1996］2—102 号，第 199 页。

② 摘自刘方回忆稿，未出版。

③ 刘庚子：《不屈的一群》（代后记），载刘可牧《七千里流亡》，山东画报出版社，2015，305 页。

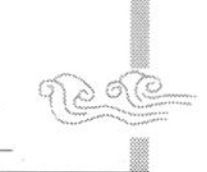

为学生心目中的理想和追求。去延安，参加中共地下党组织，为个人和国家寻找美好的未来，就成为学生们心照不宣的小秘密。同学之间谈论抗日军政大学、陕北公学、鲁迅艺术学院，不再留恋流亡学校，一心期盼寻找这些红星闪耀之处。星火社成员高中学生曲铭勋、侯金镜，初中学生刘振瀛于1938年秋去了陕甘宁边区。学校学生尹纯德和其他同学相约去了重庆。学校到达四川绵阳不久，王振华就离校到了重庆。

王振华到重庆活动达数年之久，曾做过卫生员和国立第十五中学教师，丁基实脱党后来到重庆谋生（注：即丁君羊，1928年中共山东省委组织负责人，曾出席中共六大，系丁惟汾的过继儿子），也给他介绍过一些临时的工作，他曾几次筹划赴延安未果。[①] 王献唐曾让他到张君劢主考的民族学院去工作，王振华也不愿去西南而罢。1946年前后，王振华在重庆被捕。[②] 这两份鲜为人知、弥足珍贵的资料，对于研究王振华的工作生活、最后去向具有重要的参考价值。王振华从此离开了南下流亡师生们的视线和共同生活的舞台，去外面的世界闯荡，寻求更高层次的精神世界。

三、文献资料中的王振华

王振华父亲王献唐所写的日记、书信中，记录了不少父子之间的丝丝亲情与殷殷嘱咐，或只言片语，或一字千金，对儿子的关爱与惦念跃然纸上，令人动容。王献唐研究资料及好友的文献著述中也记录了一些王献唐父子之间的生活点滴，呈现出鲜活的历史画面，为我们提供了王振华生活、工作的另一种精彩。

王献唐（1896—1960），山东日照人，著名学者。他博学多才，著述宏富，被誉为“一代传人”“一代宗师”。在长达三十余年（1929—1960）的时间里，王献唐先后担任山东省图书馆馆长、山东金石保存所负责人、山东省古代文物管理委员会副主任等职，为山东乃至全国图书及文博事业做出了不

① 刘方：《王振华、张献华二烈士记略》，载济南一中校友总会编《济南一中建校九十周年校友征文选——悠悠母校情》第二集，山东省新闻出版局准印证［1996］2—102号，第200页。

② 摘自刘方所写回忆稿，未出版。

可磨灭的贡献。在20世纪30年代担任山东省图书馆馆长期间，锐意搜罗乡邦文献，兼收钟鼎彝器、封泥、砖瓦、石刻、书画等文物，建“奎虚书藏”以储书籍文物，复传拓所藏石经、封泥等以广流传。而于图书之分类、刊物之出版、阅览之服务、文物之陈列，尤夜以继日，苦心擘画。不数年，山东馆遂成“北方图书文物之重镇”。[①] 1937年抗战全面爆发后，王献唐拣选山东文物文献精华，辗转万里，历尽艰辛，守护保存于曲阜、四川乐山、南京等，使山东文物古籍得以有效保护，传播后人。他是山东省近几百年来罕见的学者，是中国近现代图书馆与文博事业的开拓者和奠基人，是中华民族文化遗产的传承人与守望人。[②]

王献唐一生共育有四子，分别是长子王振华，次子王裕华，三子王国华，四子王文华。根据张书学、李勇慧撰写的《王献唐年谱长编》，现将王献唐日记中记录的王振华、王裕华从出生、上学、南迁流亡到牺牲病逝等有关内容进行整理，大致梳理出两人的生活轨迹。

（1）长子振华，生于民国六年（1917）丁巳，青岛礼贤书院工程科肄业。[③]（2）1938年2月19日，致大儿振华、二儿裕华函，告谕要多听四叔王崇五教诲：“接尔四叔航函，知尔等投考，以眼近视被黜，此亦不足置念。天下事安能事事如意，尽人力为之，得失一听自然可也。最近闻他处尚招考训练班，尔四叔认为可往投考，即往报名。若尔四叔认为不可则万不能往。以尔等不明政治社会内容，恐误入歧途也。万一各处均无训练班，可来万县，由我设法，在国立正式学校借读，不必急躁，亦不必灰心也。家中变乱，尔伯祖闻被匪架去，尔祖母、母亲流落何处，消息不知，念之忧心如焚。万一能穿身南下，当迎尔祖母来万，共此流亡生活。此后我对家庭之责任，至艰且巨，尔等年逾二十，当立志自立，即在此求学。关于个人细务，万不得屡扰尔四叔。至经济方面，亦须极力克苦（乱杂书不必买，更不必看。此刻有实用之书，尚无力读，安有闲钱及此，记之）。必需时，当由我接济，更不得

① 王绍曾：《日照王献唐先生事略》，《山东图书馆季刊》1994年第1期。
② 张书学、李勇慧：《王献唐年谱长编》（上），华东师范大学出版社，2017，第2页。
③ 张学书、李勇慧：《王献唐年谱长编》（上），华东师范大学出版社，2017，第19页。

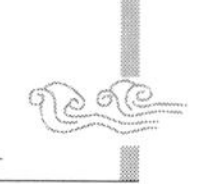

向尔四叔借贷，只求尔四叔指示立身求学之途径，遵受（守）无违足矣。天下事愈到危难艰苦时，愈须平心静气，方能有作法，方有出路。若激于意气情感，任意而行，一入歧途，将万途不复。外间政治社会学术复杂万分，尔等初入社会，中尢所主，易受利用，易受传染。好在尔四叔对政治学问，皆系过来人。彼之见解，乃由经验阅历出。彼之学术，亦由艰苦体验而得。只要在尔四叔指导之下，循其指示途径迈进，余心安矣。余前所寄尔等手谕，开示各条，务牢牢记稳。家国至此，人各有责，报国须意志统一方有力量，我国积弱受侮，无他故也。下者不足论，上者亦各执一见，自是而非人，分崩离析，致力量不能集中，敌遂乘隙而入，今而后，可以悟矣。尔等外出后，始终未得一信，不识何故也。二月十九日谕。”① 这封600多字的家信，王献唐倾注了对父母、儿子的无尽思念与牵挂，表露出对国家命运的担忧，寄托着对儿子成长的关爱，传递出知书达理、良好家风的熏陶与引导，可谓言之灼灼，情之切切。这封信和刘可牧的记录一前一后，一内一外，是王振华、王裕华的学习和社团活动的有力补充与延伸，是王振华随校南迁流亡学习生活的重要佐证材料。（3）“1938年10月6日……又家信一封，又振华儿两禀，欲俟在湖中卒业，再入训练班，甚合余意。”② 1937年12月，南京陷落，济南战事吃紧，王献唐决定将山东省立图书馆的书籍文物南迁。此时，王献唐将第一次运至曲阜的10箱书籍文物精选其半，运至四川万县后，拟将这些书物转运至乐山，在四川万县民生公司探询轮船的消息，自身前往重庆办理西迁乐山的经费和手续。王振华时在国立湖北中学四分校读书。此间，校方已拖欠教职工薪金达3个月，食堂也有断炊的危险。教职员工情绪比较激动，影响着学校的办学秩序。到11月，校长恳辞挽留教职员工，并退回他们的辞职书，教师方安心于教学工作。（4）“1940年5月16日，余外接家信，并祥五兄信、履延信、裕华禀等等。”③（5）“1940年7月7日……接屈万里函，又寄儿振华谕帖，饬急速赴白沙，钟孝先为谋之事已早成，月60元。”④（6）“8

① 王献唐1938年2月19日致王振华、王裕华函，载《栗峰老人书札》第1册。

② 张学书、李勇慧：《王献唐年谱长编》（下），华东师范大学出版社，2017，第761页。

③ 张学书、李勇慧：《王献唐年谱长编》（下），华东师范大学出版社，2017，第798页。

④ 张学书、李勇慧：《王献唐年谱长编》（下），华东师范大学出版社，2017，第803页。

月 1 日，接长子振华函，已抵绵阳，日内即赴白沙；8 月 4 日，接冯复光、张紫雏并裕华禀。”① 1940 年 7、8 月间，王献唐在乐山为国民政府国史馆工作，保管山东省立图书馆存在乐山的古籍文物。在丁惟汾的多次催促之下，10 月离开乐山到达重庆。1940 年 5 月，国立六中四分校因为教育部门调走校长孙维岳，压制学生言论和对出版自由十分不满，学生借机掀起了一次学潮。开始时学生自发进行，后党小组因势利导，向学校提出以争民主、争温饱等为主要内容的五项条件。时值国民党反共高潮，孙维岳为学生安全计，打电报要同学们复课。校方请有威望的教师出面，召开学生代表座谈会平息了局面，但许多老师因此也离开了四分校，学校日渐式微。念子心切的王献唐写信催促王振华，尽快来白沙工作。王振华听从了父亲的安排，离开国立六中四分校，先到绵阳，再赴白沙。王振华离开了省立济南高级中学的校园生活，从此步入了社会，去寻找适合自己的未来生活之路。（7）“1941 年 3 月 10 日……长子振华由白沙来，谕以治学方法。1941 年 3 月 17 日……振华由白沙回，俟后即此居住读书；3 月 18 日，暂使振华在会中宿舍居住包饭，为定课程表，并为写定丁惟汾《十七部古韵符号表》，使每日午后抄写《毛诗韵律》……3 月 22 日……晚饭后，至职员宿舍，为振华讲解古史问题。”② 1941 年 2 月，王献唐被任命为国史馆筹备委员会副总干事，并兼任第一组主任。根据《国史筹备委员会组织大纲》，筹委会设主任，之下设总干事、副干事及两个小组。筹委会组织结构简单，人员精简，而尤以第一小组任务繁重。王献唐在此工作期间，除审核《中华民国史史料长编》《清史稿》之外，还撰写或发表多篇文章，如《楚辞天问补注》《甲饰》等③，还以文会友，往返论学，同时还要照顾好长子的生活，毕竟父子长达 4 年之久的四处奔波，辗转离散，需要给离散太久的亲情补充一些营养，增加一丝温馨，于是父亲发挥余热，亲自给儿子当一回家庭教师，留下一帧美好的子承父业生活片段。（8）“1943 年 8 月 8 日，接裕华、国华各一禀；11 月 29 日，接国华来禀，言青眷定七八

① 张学书、李勇慧：《王献唐年谱长编》（下），华东师范大学出版社，2017，第 806 页。
② 张学书、李勇慧：《王献唐年谱长编》（下），华东师范大学出版社，2017，第 819 页，820 页，821 页。
③ 李勇慧：《一代传人王献唐》，山东教育出版社，2012，第 62 页。

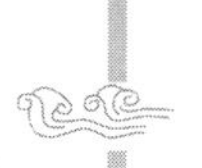

月回家，实难支持，其言甚凄惨，为之黯然，又奈之何哉！接振华寄回《政治思想史》一册……”① （9）“1944年2月15日，又接裕华禀，已毕业矣；2月27日，复致裕华一函，汇去三百元；2月29日，知二子裕华病亡消息。及晚又接尹莘农电，裕华又死矣！电言肺炎，医治无效，已万元葬之。余生四子，此子最为钟爱。今年在医专卒业，不意夭亡。3月1日，致莘农快函道谢，又通知振华。……3月4日，接裕华来禀，乃其友人代书者，又其同学亦附一笺，言其忽然咯血，济香疑为肺结核，以莘农电求之后，始知为肺炎。此子身体向来弱，又日伏案操作，起居饮食不良，际此流离之际，日郁郁然以损生。哀哉哀哉！又接振华禀，已知其弟之丧，甚痛苦。3月11日，接振华禀，言裕华病情，此子笃于手足，可哀也。”② 1944年3月25日，复王崇武函中写道：“昨日接弟报告姑母弃世之电报，通宵未能成寐。……上月接裕华忽然急性肺炎，莘农来电通知，即知已危，至二十二日彼已死矣。此子以第一名在医专毕业，兄及家中上下皆甚爱之，不意结果如此。……正月姑母去世，二月裕华又夭亡，如此景况，兄何以堪耶?”③ “1944年7月4日，接振华禀，言裕华之墓需加修用款，估价九千余元。”④ 1943年3月，王献唐应史语所所长傅斯年之邀，来到史语所所在地四川南溪李庄客居。在李庄，王献唐继续为国史馆撰写《国史金石志稿》，为中英庚款会撰《中国古代货币通考》，这一时期还发表了多篇论文，是研究成果最丰的一个时期。⑤ “1944年7月6日，将自藏‘饕餮脸’甲饰卖给卫聚贤，为儿裕华修墓。裕华殁后，即葬万县山上，坟系土筑，雨水逐渐冲毁，势须以石重修，估工九千余元，一时无财力，拟以旧收古代甲饰全部售于卫聚贤，得万元寄万修墓。昨致聚贤、莘农、裕（振）华各一函，即为此事。……父子一场，以此了之，可哀也已。……接振华寄来《中国古代的传说时代》。”⑥

① 张学书、李勇慧：《王献唐年谱长编》（下），华东师范大学出版社，2017，第845、865、857页。

② 张学书、李勇慧：《王献唐年谱长编》（下），华东师范大学出版社，2017，第867、868页。

③ 张学书、李勇慧：《王献唐年谱长编》（下），华东师范大学出版社，2017，第870页。原载《栗峰老人书札》，现藏王崇五台湾后人处。

④ 张学书、李勇慧：《王献唐年谱长编》（下），华东师范大学出版社，2017，第877页。

⑤ 李勇慧：《一代传人王献唐》，山东教育出版社，2012，第63页。

⑥ 张学书、李勇慧：《王献唐年谱长编》（下），华东师范大学出版社，2017，第877页。

王裕华在医专毕业后，立即在医院中实习兼红十字会工作人员，工作中独当一面，独立承担任务。终究是世事难料，在父子颠沛流离的艰难岁月里，王献唐仍克服重重困难，正当事业顺风顺水、硕果累累之际，却痛失自己的爱子，无疑是展翅翱翔的关键时刻折断了一只翅膀，令人痛惜哀婉。王裕华病逝后葬在了四川万县山上，年仅 26 岁。王振华痛失朝夕相处、时时梦余的亲兄弟，在远离故土的他乡更加孤单，前行的路上只留下一个人的背影。后来成为王献唐同事的赵俪生回忆，有一次王献唐对他说，二儿子是他“最心爱的，华西医科大学优秀毕业生，已预先订妥公费资送留学。可是谁会想到，突然感染脑膜炎，一两天功夫就没了”。献唐非常悲痛，不惜将自己珍藏的“饕餮脸”（又叫“金盖脸”）卖给卫聚贤，始为儿子营了葬。[①]（10）“1945 年 7 月 29 日，英首相丘吉尔下台，中美英向敌劝使无条件投降，接少华函及振华禀。”[②]“1945 年 8 月 26 日，屈万里、杨志玖来谈。接王裕玮、振华各一禀。复一谕。”[③] 这是抗战结束后，王献唐日记中与长子之间的唯一一条记录，也是与王振华之间工作生活的最后一条音信记录。1945 年 11 月 1 日至 1947 年 1 月 9 日，王献唐因病及手术未记日记。1948 年 2 月 5 日，恢复因病中断一年多的日记。在 1945 年 11 月至 1948 年 2 月这两年四个月的时间中，一定有与王振华在有关方面的交流，但因为王献唐因病未写日记，父子之间的交流因此而成为空白，实为遗憾。

1948 年 2 月 5 日王献唐恢复写日记之后，至 9 月 24 日济南解放前，也未记录儿子王振华的有关内容，或许这段时间王振华在被捕之后写信的机会就渺茫无几了。1948 年 9 月 24 日，济南解放，军管会进入山东省立图书馆，王献唐去职，军管会曾派代表去安置其工作和生活，他执意不肯接受。王献唐在身体、生活、工作等方面均陷入了困境之中，甚至有人说王献唐被视为“特务”之列。

2008 年 3 月 10 日，山东省图书馆李勇慧采访王献唐三儿媳妇安可荇女

---

①《赵俪生文集·篱槿堂自叙》，第 210 页。

② 张学书、李勇慧：《王献唐年谱长编》（下），华东师范大学出版社，2017，第 908 页。

③ 张学书、李勇慧：《王献唐年谱长编》（下），华东师范大学出版社，2017，第 913 页。

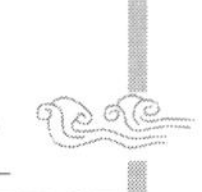

士，说济南解放后，王献唐未再记笔记，也就无法查到王振华在重庆遇害时王献唐当时的记录资料。我们可以间接地从王献唐的好友、家人及其他文献中查询到相关的资料。赵俪生抗战前在其族伯赵孝陆家见过王献唐。1949 年，赵俪生在济南工作，常登门向王献唐学习目录版本知识，对王献唐生活、工作上的困境，也与他人向中共中央山东分局、山东省军区政委、山东省人民政府反映，希望能借此改善其状况。王振华牺牲在白公馆，王献唐也知道此事，五十年代初赵俪生教授同他谈过王振华的事情。[①] 赵俪生在《篱槿堂自叙》写道：“（王献唐）大儿子据说是地下共产党员，重庆的特务本已把他列入抓捕名单，但碍于他是丁鼎臣（注：丁鼎臣，即丁惟汾，国民党元老）的外甥、王站长（注：济南市军统站站长王崇五，曾担任国民党济南市市长）的侄儿，一时未捕。但后来还是捕了，关在磕（渣）滓洞。”[②]

王献唐长孙王福来在《记忆里的祖父王献唐》中说：“长子王振华、长媳黎洁霜一家四口于 1949 年 11 月 27 日死于重庆白公馆的大屠杀。”[③] 至此，我们可以清晰地厘清王振华生活、学习、工作的活动轨迹，其轨迹溯源清晰，有据可查，指向性明确，特别是王献唐的日记记载，更具权威性和可靠性。王振华自 1937 年随山东省立济南初级中学流亡南迁之后，与部分高中学生随学校从山东进入河南，经湖北入四川到达绵阳，于 1939 年 1 月到达四川罗江县城。1941 年 3 月从绵阳离开国立六中四分校赴白沙。在重庆流动活动达数年之久，做过卫生员、教师，从事过激进思想的宣传活动，多次筹划赴延安无果。1946 年前后在重庆被捕，1947 年 11 月 27 日在重庆白公馆被害，壮烈牺牲。

四、山东日照：王振华的真实籍贯

查阅《红岩春秋》杂志社编辑出版的 1989 年《红岩春秋》增刊《中美合作所集中营烈士殉难 40 周年纪念特刊》，该刊收录了牺牲在重庆白公馆、渣滓洞等地的 276 名烈士名单，其中张现华和王振华一家四口的姓名均列入

---

① 刘方：《王振华、张献华二烈士记略》，载济南一中校友总会编《济南一中建校九十周年校友征文选——悠悠母校情》第二集，山东省新闻出版局准印证［1996］2—102 号，第 200 页。

②《赵俪生文集·篱槿堂自叙》，第 210 页。

③ 王福来：《记忆里的祖父王献唐》，《山东图书馆学刊》2009 年第 3 期。

《烈士英名录》中。张现华条目内容是这样写的：张现华（1921—1949），山东邹平人，重庆大学学生，学运领导人之一，1947 年 7 月被捕，1949 年 11 月 27 日殉难于渣滓洞。而王振华条目是这样写的："王振华（1909—1949），黑龙江哈尔滨人，因参加托派活动被捕两次，狱中接受我党主张，积极斗争，于 1949 年 11 月 27 日殉难于白公馆。"再查阅沙坪坝区地方志办公室编辑出版的《沙坪坝区志资料汇编》第六辑（人物专辑），重庆大学杨开群撰稿的张现华条目，其籍贯写为山东邹平景人。"景"按照常理，应为县以下的乡镇名称，或者是该条目在编辑时的笔误，但非常明确张现华是山东邹平人。而王振华条目是这样写的："王振华，男，1909 年生，籍贯黑龙江哈尔滨，原参加托派被捕，在狱中表现好。"张现华的籍贯在这两份材料中的记录与张现华的同学马林才、刘方两人的回忆记录是一样的，即"山东省邹平"。王振华的籍贯在这两份材料中的记载也是一样的，即"黑龙江省哈尔滨"。那么，王振华的籍贯怎么就记载成了"黑龙江省哈尔滨"呢？王振华的出生时间真如这两份材料中记录的是 1909 年吗？难道真有一个牺牲在重庆白公馆并且与山东日照籍王振华重名的哈尔滨籍烈士王振华吗？

要查阅了解一个真实的历史人物，可采取查阅正史、参考方志、搜寻族谱、寻找口述历史，或者查阅图书文献、友朋信件等，从不同的方面寻找有价值的旁证线索，力求全面、准确、详细反映一个人物的全貌。重庆歌乐山烈士名录中把王振华的籍贯写作"黑龙江哈尔滨"，那就需要查阅黑龙江省或者哈尔滨市的有关历史文献资料中是如何记载王振华烈士的。根据目前的资料，黑龙江省或哈尔滨市最早出现关于王振华烈士的信息资料是哈报集团 2009 年 2 月 25 日、2 月 27 日发行的《新晚报》中的两篇报道：《312 位红岩烈士中哈尔滨籍仅一人》和《为哈籍红岩烈士寻亲反响强烈》。

歌乐山烈士陵园等有关部门于 2009 年 2 月，举办了一次"为烈士寻亲""为 312 位红岩英烈中 171 位身世不明的先烈寻亲"红岩联线启动活动，以"纪念烈士殉难六十周年"。经《重庆商报》刊登后，纪念活动工作全面展开，文物保管部咨询电话不断、人员到访络绎不绝。《重庆商报》记者在了解到王振华籍贯是黑龙江哈尔滨之后，便与哈尔滨《新晚报》记者连线。《新晚报》

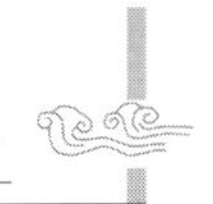

记者编发了两则通讯，介绍了王振华烈士的事迹，并在全省掀起为烈士寻亲的行动。报道中写道：“王振华不仅是目前身世不明的171位烈士中唯一一位哈尔滨人，且在全部312位红岩烈士中，是哈尔滨籍乃至黑龙江籍的也只有王振华一人。”“本报昨天刊发的《为哈籍红岩英烈寻亲》的报道在社会上引起反响，虽然截至目前还没有王振华烈士亲属的相关信息，但很多读者都给本报打来电话，对本报为英烈寻亲的行动表示积极支持。”“记者昨天与省革命博物馆取得联系，有关负责人表示，因为哈尔滨早期革命活动主要是抗联烈士资料较多，尚未发现王振华的资料，他们会继续查找。市委党史研究室的同志也表示，以前还没有发现红岩烈士中有哈尔滨人。市民政局优抚处也给记者打来电话，对本报的活动表示支持，并表示他们已要求烈士陵园等单位，尽最大努力查找王振华烈士的相关信息。”

王振华烈士已经牺牲了60周年（1949—2009）的“旧闻”，在当地成了“新闻”，在读者中引起强烈的反响，反映出黑龙江人民对王振华烈士的崇高敬意，对家乡“红岩烈士”心存满满的自豪。黑龙江有关的博物馆、党史研究部门以事实为依据，谨慎对待历史，做到论从史出，从而避免了人云亦云、生搬硬套问题的出现，这是对历史的负责，更是对烈士的尊重。王振华1917年出生，籍贯是山东日照，为什么《红岩春秋》收录的《烈士英名录》中出现的籍贯、年龄信息，写成“黑龙江哈尔滨”“1909年”出生？

20世纪三四十年代，中国共产党成立后，为了实现民族的独立与复兴，完成反帝反封建的革命任务，党团员发动组织群众，开展了一系列的革命活动。在党的创建初期，一些党团员为了便于开展工作，保护自己，保护家人，每到一地，便使用不同的化名，开展党的地下活动。化名的使用不仅要保证自己的安全，还关系到其他单线联系的党团员同志的性命安危。如今，党团员化名的使用时间和空间，已经成为珍贵的史料，在历史上留下了光辉的一页，这对于我们今天的研究具有重要的价值。王振华自1939年1月随校到达四川，1941年3月从绵阳到白沙，在重庆流动活动达数年之久，做过卫生员、教师，从事过激进思想的宣传活动，多次筹划赴延安无果，一直到1946年前后在重庆被捕。这期间，王振华去重庆后，其“左”的名声相当大，活动也相当多，迟迟未被捕的原因，是国民党特务也多少顾及国民党元老派丁惟汾的面子，王献唐称丁惟汾“七哥”，而两家又是亲戚关系。[①] 这个时期，王振华的名声、活动已经引起了国民党特务的注意，他随时都有可能被捕。碍于国民党元老派丁惟汾和济南市军统站站长王崇五的社会地位，国民党特务顾及这层人情世故的关系，迟迟没有对王振华进行抓捕。当国民党特务一旦精准对王振华进行抓捕时，被捕之后他就已经不具备使用化名的条件了。所以《红岩春秋》收录的《烈士英名录》中出现的王振华是实名而不是化名，其籍贯是“黑龙江哈尔滨”，就不攻自破，难以自证其说了。

王振华牺牲于1949年11月27日的重庆白公馆，一同在此牺牲的有27名烈士，其中包括王振华与黎洁霜烈士之子，3岁的王小华、1岁的王幼华。[②] 王献唐之孙王福来在《记忆里的祖父王献唐》一文中写道：我是祖父在世时他的唯一孙子，起码祖父、祖母是这样认为的。其实，祖父在我出生的时候还有两个孙子，他们是我的堂兄，我大爷的儿子，长子王小华，次子王幼华。在我出世的五个月后，他们就随同我的大爷、大娘一起离开了人间，时间是1949年11月27日，地点是重庆白公馆。祖父一生有四个儿子，长子王振华、长媳黎洁霜一家四口于1949年11月27日死于重庆白公馆的大屠杀。[③] 这两条信息的记录，给我们提供了王振华一家四口的姓名、牺牲时间、牺牲地点。王小华、王幼华是1949年11月27日在重庆白公馆被害的5名儿童中的两位。[④] 如果真有一位牺牲在白公馆的哈尔滨籍烈士王振华，岂能再出现王振华的两个幼儿是“王小华、王幼华”这样高度与山东日照籍王振华的两个幼儿重名的概率？

赵俪生曾在20世纪50年代与王献唐谈到王振华牺牲一事，回忆道：“献唐老泪纵横地告诉我，挖出来两口子的尸体，老大女朋友肚子里还怀着我的孙子呢！国民党对我有什么好？”[⑤] 袁兆彬之子袁栻在父亲的笔记本上，看到父亲写过这样一句话：“王振华在抗日战争胜利后，在大后方因反对蒋介石被

① 刘方：《王振华、张献华二烈士记略》，载济南一中校友总会编《济南一中建校九十周年校友征文选——悠悠母校情》第二集，山东省新闻出版局准印证［1996］2—102号，第200页。

②《红岩春秋》：1989年增刊《中美合作所集中营烈士殉难40周年纪念特刊》，第80页。

③ 王福来：《记忆里的祖父王献唐》，《山东图书馆学刊》2009年第3期，第21页。

④ 中共重庆市委党史研究室歌乐山烈士陵园管理处、《红岩春秋》编辑部合编：《红岩魂》，第148页。

⑤《赵俪生文集·篱槿堂自叙》，第210页。

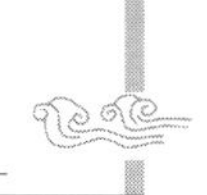

害。”同样，袁兆彬所指王振华实乃自己的同学，而非他人。

1992年，作为王振华生前同学的刘方曾专程去重庆歌乐山烈士陵园，在谈到王振华问题时，陵园方调出王振华的遗物一方砚台请刘方鉴定。刘方鉴定此物很像王家旧物，因王献唐是饮誉一方的书法家和美术家，家藏砚石很多，但因单物孤证，不能肯定与否。陵园管理方答应继续调查王振华问题，但至今尚无下落。《红岩春秋》杂志社编辑出版《烈士英名录》中将王振华籍贯写成“黑龙江”，而山东日照的王振华却不见其名，是失载了还是弄混了呢？二者必居其一。[①] 刘方关于王振华“失载和弄混”之问，是基于尊重历史、敬仰烈士向世人发出的肺腑之问。2000年之前，由于历史的原因，除图书、文博专业人士及热心爱好者，知晓王献唐的人较少。随着2012年李勇慧撰写的《一代传人王献唐》，2017年张学书、李勇慧撰写的《王献唐年谱长编》的出版，《山东图书馆学刊》等期刊发表有关王献唐研究文章数量的增加，王献唐研究的空白被大大填补了。国内拍卖公司有关王献唐所藏古籍、书法、绘画、金石等艺术品拍卖价位持续升高，其学术地位被高度关注，而与王振华有关的资料也不断地呈现出来。我们依据文献和事实，可以明确地回答刘方先生之问：王振华是被“弄混”了，真正的籍贯是“山东日照”，其证据链清晰，指向明确，经得住推敲和考验，是毋庸置疑、证据确凿的论断。根据有关资料，作为王振华的见证人又是同学的刘可牧出生于1920年，袁兆彬出生于1918年，刘方出生于1921年，《王献唐年谱长编》记载王振华的出生时间是1917年。作为见过王振华的同学，这三个人与王振华之间年龄相差三四岁是正常的。而《红岩春秋》杂志社编辑出版的《烈士英名录》以及沙坪坝区地方志办公室编辑出版的《沙坪坝区志资料汇编》中王振华的出生时间为1909年，与其他三位同学相差八九岁，明显不合常理，是错误的。

由于历史的原因，一些人的事迹被淹没，被遗忘在某个角落，甚至信息混淆，等待后人去拨云见日。歌乐山烈士陵园对王振华的事迹是失载了，还是弄混了？只要我们正确地对待历史问题，积极地去面对问题，问题就会迎

① 刘方：《王振华、张献华二烈士记略》，载济南一中校友总会编《济南一中建校九十周年校友征文选——悠悠母校情》第二集，山东省新闻出版局准印证［1996］2—102号，第200页。

刃而解。我们需要做的是去伪存真，吹拂掉覆盖在历史上的层层灰尘，及时澄清事实，还历史的真实面目，给王振华烈士一个正确的籍贯结论，以告慰烈士！虽然王振华一家四口于1949年11月27日被杀害于白公馆，但至今未见山东日照这位烈士的详尽事迹。这不仅是对烈士研究的缺憾，对王献唐研究来说也应是值得重视的内容，因为从中可见出其对长子教育及对时代感受的转化。①

山东省立济南初级中学、山东省立济南高级中学师生从山东辗转流亡到四川，行程七千里。他们“读书救国”，弦歌不辍，至今已经85年了。广大师生在地下党组织的领导下，学习和传播革命思想，开展抗日救亡运动，为争取民主和进步进行了前赴后继的长期斗争。他们冲破重重阻挠奔赴延安和其他解放区，大多数师生就地投身革命，成为革命的后备军，为人民“锻冶”了一大批志士仁人。牺牲于敌后抗日根据地的张继乾烈士和英勇就义于重庆白公馆、渣滓洞的王振华烈士、张现华烈士就是其中的几个代表。② 王振华、张现华两位烈士的事迹已经收录进了中共四川省德阳市委党史文献中，这并非空穴来风，捕风捉影，而是基于历史、基于事实佐证后的呈现，既尊重了历史，也真实地还原出烈士应该享有的历史地位，使歌乐山烈士济南学生“二华”的事迹及籍贯可读、可证、可信。

2023年适逢山东省济南第一中学建校120周年，谨向在重庆白公馆、渣滓洞牺牲的毕业于国立六中的王振华、张现华、石作圣、冯鸿珊、陈河镇、李仲达③等先烈致以崇高的敬意！

（作者系济南理工学校高级讲师）

① 姚恩河：《〈王献唐年谱长编〉读后》，《青岛日报》2017年11月22日。

② 中共德阳市市中区区委党史研究室编：《中共德阳地方组织的摇篮——国立六中2、4分校》，四川大学出版社，1990，第22页。

③ 沙坪坝区地方志办公室编：《沙坪坝区志资料汇编》第六辑（人物专辑），重庆地区内部图书资料准印证第（93）016245号，第109页。

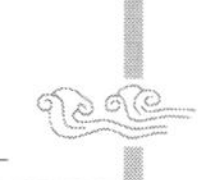

◎文化济南研究

进一步加强济南红色文化研究　创建传承红色基因新高地

刘大可

在中华文明历史研究持续倡导、不断深入的当下，济南社会科学院组织设立“济南历史文化研究中心”恰逢其时，可喜可贺！济南社科院是区域历史文化研究的重镇，多年来取得了丰硕的研究成果，为推进和提升济南历史文化研究，传承和弘扬优秀传统文化发挥了突出作用。

历史文化研究已进入全时段广领域的时期，面临着新的机遇和挑战，区域历史文化研究的担当和作为更为显著。作为中国历史文化名城的济南，不仅有赓续悠久、灿烂辉煌的古代文明，而且近代以来区域中心城市的崛起更嬗变出丰富厚重的红色文化。济南是最早成立中共党组织的城市之一，为中国共产党的创建做出了重要贡献。新文化运动、马克思主义传播、学生运动、工人运动、市民运动为社会转型聚集了力量。作为省级党组织领导机构所在地，其历史地位和作用更为凸显。新旧势力大博弈的城市攻坚与接管，其示范意义重大。这些中国共产党领导的中国革命史上的区域特色，在新中国史、改革开放史、社会主义发展史上不断发扬光大，成为中华民族百年来所积累的宝贵财富中的重要内容，其演进形态和时代内涵需要历史文化工作者持续不断地梳理、研究和总结。

红色文化的演进形态包含物质文化和非物质文化，构成物质资源、制度文化、行为文化、观念文化的综合体系。对其进行历史研究，应当在此前研究的基础上全方位持续性深入推进。以此观之，济南红色文化研究、红色基因传承可着手做以下工作。

济南作为创建中国共产党的国内六城市之一，留有大量早期共产党人的活动足迹，遗址、遗迹、遗存的挖掘、查证和利用工作在不断实施，但遗憾的是未能像其他五城市一样留有一处或几处中共创建时期的国家级文保单位，在革命文物立项比重增加的情况下应有所准备，寻求突破。

济南共产党早期组织创建史的研究已有几十年的进程，形成了数量可观的研究成果，但口述及回忆录史料的记述差异，档案文献资料的匮乏，为实证性研究带来了困扰，在诸如创建时间、早期党员人数、相关人员群体以及创建过程等问题上存在不同认识。这需要梳理并汇编已有成果，从史料辨别、史料引述等多方面进行探求，同时扩展原始资料来源，力争搜集到更多的如“共产国际档案资料”等各类史料，突破薄弱环节，丰富并不断完善其研究。

深入研究红色文化，解读、传承红色基因，需要拓展研究视域，以深化中共党史、新中国史、改革开放史、社会主义发展史研究为重点，目的在于总结革命、建设和改革的历史经验和基本规律，深化对马克思主义中国化的理论认识和实践运用。区域历史文化研究需要关注其结构性、内生性特征，通过梳理区域社会历史脉络、历史进程，加深对整体史的认识，理解历史延续的多样性、丰富性。

红色文化的利用是传承红色基因的重要环节，济南市进行了多方面探索实践，取得了良好的效果。在整体性、综合性保护利用规划下，为了进一步廓清概貌，对历史事件、历史人物做连贯串通式展示，提高社会大众的认知度，增强系统性直观性认识，提升宣传和利用的效果，我们仍需不断探索，步步深入。相信随着“济南历史文化研究中心”的成立和研究工作的深入，济南红色文化研究一定会取得更为辉煌的成绩。

（作者系山东社科院历史所研究员）

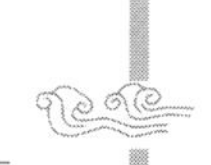

济南城市文化底蕴的再诠释

蒋海升

文化是一个国家、一个民族的灵魂，是一个国家综合国力和国际竞争力的深层支撑。在新时代，我们要推动中华优秀传统文化创造性转化、创新性发展，不忘本来、吸收外来、面向未来，更好构筑中国精神、中国价值、中国力量，为人民提供精神指引。地方文化的创造性转化和创新性发展是中华优秀传统文化创造性转化、创新性发展的重要内容。对济南文化品牌进行新的提炼、更好更广的传播是当代济南人传承济南文化的责任、担当与使命。在国家层面将文化与旅游统筹的大背景下，济南的历史文化发掘、转化与发展，迎来了新的契机。

一、济南不仅仅是“泉城”

济南是响当当的“泉城”。人们感受比较深的是，济南在打造“泉城”的名片上是不遗余力的。泉水当然是济南的“根”、济南的“魂”，重视泉水没有任何问题。在发展泉水文化的同时，还要进一步梳理、凝练、推广济南其他的文化资源。济南绝不仅仅是“泉城”。济南是中国历史文化名城，是一个很有文化底蕴的城市，文化资源极为丰富，但遗憾的是，人们对这一点却感受不够深。济南的历史文化优势还停留在各种文史资料中。放在别的地方，如果有一个历史文化名人或历史文化遗存，肯定都是要大力包装、隆重推出的。有些地方甚至为一个原籍存疑的历史名人争来抢去。济南是不缺历史文化资源的，但大量的历史文化资源没有得到足够的重视和充分发掘。

这可能与济南特殊的地理优势有关系。过去，人们的注意力主要是在泉水上。济南泉水天下闻名，泉水成就了济南的美誉，也在一定程度上遮掩了济南其他文化资源的光辉。济南极为丰富的历史文化资源并没有转化成浓厚的城市文化氛围。我们要进一步发掘济南的文化宝藏，提炼济南文化精神，凝练济南文化品牌，让济南文化精神深入人心。我们至少要在历史、文学、精神等几个方面大力凝练济南文化品牌。

二、中国从“龙山”走来

龙山文化在考古学上赫赫有名，但济南的龙山文化没有得到很好的推广。我个人有一个看法：国家意义上的中国是从以济南龙山命名的龙山文化时代走来的。

龙山文化是先民创造的远古文明，是新石器时代晚期，也就是原始社会末期的一类文化遗存，距今约四五千年。龙山文化因首次发现于山东省济南市历城县龙山镇（今属济南市章丘区）而得名。1928 年的春天，考古学家吴金鼎在山东省济南市历城县龙山镇发现了举世闻名的城子崖遗址。在此之后，考古学家们先后对城子崖遗址进行多次发掘，取得了一批以精美的磨光黑陶为显著特征的文化遗存。根据这些发现，考古学家把这些以黑陶为主要特征的文化遗存命名为“龙山文化”。龙山文化属铜石并用时代文化，出土的陶器以黑陶为主，胎薄质坚的蛋壳陶水平最高，造型优美。华夏族（汉族前身）是在仰韶文化和龙山文化的基础上孕育的。

龙山文化在史前文化序列中举足轻重，是中国史前文化中一种格外重要的考古文化，属于中国史前文化的最辉煌时期，龙山文化的末期与中国第一个王朝夏朝的开端在时空上是压茬的。龙山文化承续了大汶口文化。从地域和时间上来看，龙山文化分布于黄河中下游的河南、山东、山西、陕西等地，年代为公元前2500 年至公元前2000 年（距今4000 年前）。而夏朝恰恰建立于公元前21 世纪，也就是龙山文化的末期，兴起于黄河中下游。由此可以推断，考古学意义上的龙山文化基本上就是中国第一个王朝夏朝的前身，是中国进入王朝时代的前奏、序曲。龙山文化的最显著特征之一便是城址的发现，这

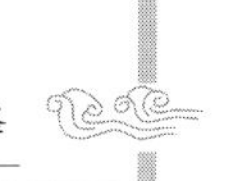

一时期形成了众多小城池、小邦国，是中国的万邦时代，为进入王朝时代奠基了雏形。

所以，我的结论是“中国”从“龙山”走来。龙山文化首先发现于济南龙山、以济南龙山命名，济南地区的龙山文化特征也最有代表性。济南的龙山文化在中国古史中的地位太重要了，济南是中华民族当之无愧的发祥地之一。

现在济南章丘有龙山文化博物馆，但在济南却见不到相应的宣传。现在到济南市民中随便走访一下，有多少人知道龙山文化？我们身在济南，很多济南市民知道龙山小米，却不知道龙山文化，对龙山文化懵懂无知，太可惜了。我们还需要进一步发掘、推广济南的龙山文化，把龙山文化更好地讲给大家。

除了龙山文化，济南在中国古史上有很多重要事迹，都值得在民众中普及。比如，春秋时期，齐晋曾在济南附近决战，《左传》记载了晋军曾在华不注（今华山）包抄齐顷公，顷公“三周华不注”。华山孤独地屹立在黄河岸边和济青高速路边，来往行人都会注意到这座造型类同等边三角形的别致山影，但知道这段历史的人恐怕就比较少了。现在，华山湖与华山相映成趣，已经成为市民的新乐园，我们不仅要市民休闲，也要请市民知道这段历史，知道这个城市的历史与荣光。

三、中国文学史上的“济南文学景观”

文学是文化最典型、最亮丽、最能抵达人心灵深处的呈现与载体。从文学史来看，济南也有很多故事可讲。

在某种意义上，“一部文学史，半部在济南。”为什么这么说？这是因为中国文学史自宋以来的后半截辉煌，很大程度上是济南人引领的。

在中国文学史上，“济南文学景观”堪称一个现象级的存在，而且这道“济南文学景观”完全是一个超级的现象级存在！

为什么这么说呢？我们来回顾一下中国文学史。

中国古代文学史的巅峰是唐诗宋词元曲。唐代李白和杜甫两位大诗人都到过济南，并写了不少咏颂济南的诗篇。其中杜甫的诗句“海右此亭古，济南名士多”将永远使济南人引以为豪。唐宋八大家之曾巩、苏辙都曾在济南任职，郦道元、李白、杜甫、苏轼、元好问、赵孟頫都曾在济南流连忘返，留下众多篇章佳句。元好问写下“羡煞济南山水好”“有心常作济南人”等颂扬之词；著名书画家赵孟頫怀念济南山水之美的名画《鹊华秋色图》更是国宝级作品。

特别要指出的是，自宋以降的各个朝代，文坛上的领军人物始终都有济南人。我们知道，中国的每个历史时期都有各自突出的文学形态：汉赋、唐诗、宋词、元曲。宋代是宋词，宋词有两大流派，一个是婉约派，一个是豪放派。婉约、豪放两大宗派的宗师李清照、辛弃疾都是济南人，这绝对是中国文学史上罕见的奇迹！无论谁来编中学语文教材，都不能不选这两位济南人的诗词。李清照号易安，辛弃疾字幼安，字号中都有“安”字，于是后人将他们合称“二安”。“二安”现象是具有标志性意义的中国文学里程碑。“二安”是中国文学史上瑰丽的“济南文学景观”的代表人物，开启了“一部文学史、半部在济南”的佳话。

宋词是宋代文学的灵魂，元曲是元代文学的辉煌。元代最流行的文学形态是元曲。元曲的代表人物之一张养浩也是济南人，他不仅为官清廉，夙夜在公，成为中国清官的典范，而且留下了“兴，百姓苦；亡，百姓苦”这非常有思想的名句。“兴，百姓苦；亡，百姓苦”一句话反映出他对民间疾苦的关注度，揭示了中国王朝变迁的残酷性，十分深刻。这一千古警句足以奠定张养浩在元曲史和中国文学史上不可撼动的地位。

在明代文学史上，济南人也处于引领位置。“前后七子”，前七子中的边贡和后七子中的李攀龙都是济南历城人。“前后七子”倡言“文必秦汉，诗必盛唐”，倡导文学复古运动，为矫正明代前期统治文坛形式华靡、内容贫乏、文风恶劣的“台阁体”做出了巨大贡献。李攀龙更是“前后七子”中的领袖人物，被尊为“宗工巨匠”。

济南对清代、近现代乃至当代的文学发展也有巨大贡献。清代的王渔洋、蒲松龄，虽然籍贯在当下的行政区划上不属于济南，但当时却是济南府

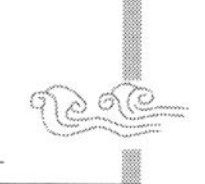

人。他们的文学贡献也是巨大的。近现代的刘鹗、老舍也十分热爱济南。文学家刘鹗在《老残游记》中记述了这里的黑妞、白妞；老舍先生热情洋溢地赞颂济南：“上帝把夏天的艺术赐给瑞士，把春天的赐给西湖，秋和冬的全赐给济南。”刘鹗、老舍选入中小学课本的作品分别是《明湖居听书》《济南的冬天》，都是写济南的。台湾著名作家梁容若在《我看大明湖》中深情地写道：“山东人在厚重里有潇洒，在纯朴里有灵秀，在平凡里有器用，接触的越久，越能发现心灵的美。大明湖正是山东人的象征。我在湖边作客，住过整整三年，我玩味过它的春夏秋冬，我领略过它的晴雨昼夜，理解的越深，越觉到它的可爱可亲。”这篇文章曾让千千万万的台港澳同胞通过文字领略到济南大明湖的美景，同时也为大明湖在台港澳地区赢得了大陆其他自然名胜所无法超越的知名度和美誉度。琼瑶的《还珠格格》风靡一时，故事就是从大明湖畔的夏雨荷与乾隆相遇开始的。琼瑶把还珠格格的故事背景安置在这里，缠绵悱恻的“大明湖边的夏雨荷”传说让人向往。琼瑶笔下的“夏雨荷”意象，也从侧面反映了济南这个城市在港台作家中的重要影响力。

但令人惋惜的是，中国文学史上的“济南文学景观”在当下发掘得还不够，推广得还不够，大多数人物与逸事在济南都还没有得到充分的彰显。济南极为丰富的历史文化资源并没有转化成浓厚的城市文化氛围。

四、温润而刚健的泉水精神塑造了济南品格

济南位居中国国山泰山山麓。济南与泰山关系密切，不能因为地理区划把济南与泰山的文化精神关系分开。泉水源自国山泰山，济南泉水在某种意义上也是有灵性的“国水”。一方水土养一方人，发源于国山，由国山涵养而成，又在地下蓄积力量、喷涌而出的泉水是泰山精神在这块土地上的汩汩流淌，为济南赋能，为济南人赋能，塑造了济南诸多显耀性的文化景观、文化品格、文化气质、文化精神。

第一，温润。泉水是温润的，温润滋生了诗意，济南是一个温润的城市，济南是一个诗意之城。瑰丽的“济南文学景观”的形成，与济南地理位置关

系密切。济南在地域上属于北方，但丰裕的泉水、“四面荷花三面柳”的城市环境又使它具有“济南潇洒似江南”的气质。“南北会通”的地域特征，对这座城市的人物性格的塑造产生了很大的影响，既有北方的刚健品格，又有南方的温润品格。

第二，刚健。泉水润人，也富有“水滴石穿”的刚健、韧性，济南也是一个刚健的城市，是一个英雄之城，英雄豪杰辈出，充溢着浩然正气。隋唐之际，济南涌现了一批英雄好汉。隋末王薄作《无向辽东浪死歌》，在章丘、邹平交界的长白山拉开隋末农民起义的帷幕。章丘人杜伏威领导的农民起义军是隋末最有影响力的三支起义军之一。中国著名传统小说《说唐》曾浓墨重彩描摹秦琼等隋唐英雄好汉在这里约聚。济南人秦琼是隋唐之际的著名将领，与关羽一起作为中国传统社会守卫千家万户的“门神”，是亿万百姓世世代代仰慕的忠义英雄。到近代，五三惨案留下中国近代史上悲壮的一页，警示我们勿忘国耻。蔡公时面对外侮，拍案溅血。特别值得一提的是，在近现代，济南是中国共产党最早播下火种的城市之一，济南是中国共产党早期萌兴的重要城市之一，在“不忘初心、牢记使命”的时代节奏里回望历史，济南可谓中国共产党初心的重要萌发地。莱芜战役、济南战役都在中国革命史上闪烁着耀眼的光芒，是中国革命史上的辉煌篇章。济南是为新中国奠基的三大战役的序幕拉开之地。这些英雄的历史，也需要进一步凸出。

第三，恩义。“滴水之恩，当涌泉相报”，济南的泉水就是恩义文化的象征。温润的泉水蕴含的恩义文化源远流长。在古代，以孝著称的舜、闵子骞被收录到“二十四孝”中。“孝”文化本质就是一种感恩文化，是一种恩义文化。舜为孔子开创的儒家文化的道德楷模。还要特别强调的是济南的伏生，秦始皇焚书坑儒时，他冒着生命危险，把儒家经书收藏于墙壁中，不使灭绝。“汉无伏生，则《尚书》不传；传而无伏生，亦不明其义。”西汉有五经八师之说，这八大儒师中除了两人是外地人外，其余六人全是山东人。如果说曲阜、邹城是儒家学派的发祥地，那么济南则是儒学重要的发展地。

第四，清正。济南乃济水之南，济水是中国“清流”文化的发源地。清

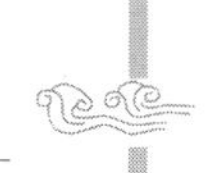

源正本，济水之清、泉水之清使济南也成为一个正气之城。“清流”济南古有浩然正气。古往今来，济南涌现出很多政绩斐然的清官廉吏、为人正直的道德楷模。三国魏武帝曹操曾担任济南相，留下大刀阔斧整治官场、移风易俗的佳话。以忠著称的终军、铁铉是君子的典范，他们的事迹永载史册、口口相传。

第五，开新。“为有源头活水来”，济南是一个勇于“开新”的城市。济南的水是“活水”，济南也是一个勇于革新的城市，清末济南自开商埠、当代济南新旧动能转换，都是济南善于“开新”的典型。这些判断都有丰富的史实作为支撑。

五、深度发掘济南城市文化品格

应当承认，济南过去在自己的历史文化发掘上的确做了不少努力，但客观说来，作为一座文化“富矿”，济南还有太多文章可做。济南的文化内涵十分丰富，传承、传播济南文化首先需要对济南城市文化底蕴进行深度发掘，进行再诠释。要整合济南文化内容，发掘文化内涵，提升文化地位，把原来碎片化、散点化的文化遗存、文化景观在大的历史文化背景下整合起来，从新的高度重新把握济南文化的价值、意义；然后根据文化内涵重新塑造、拓展文化载体，形成文化项目，打造产业链条，从而让济南的文化形象更加丰盈饱满。

一是进一步做好文化发掘整理工作。要以习近平总书记关于文化自信、文化建设、黄河战略的重要论述为根本遵循，以“深挖本土优秀文化资源，塑造济南全新文化形象”为主题，以“赓续济南文化传统，打造济南文化品牌，弘扬新时代济南精神”为主线，在全面调研的基础上进行顶层设计、系统规划，更自觉地寻找新线索、挖掘新史料，使济南本土的文化勘探、发掘、整理更加体现自觉性、系统性、创新性，实现济南文化的创造性转化、创新性发展。

二是进一步发挥好既有文化产品的社会功能。这些文化产品，是塑造济南形象、开展爱国主义教育的珍贵资源，是最鲜活的乡土教材。要进一步把这些资源“用起来”，让这些资源“活起来”，进一步向社会、向民众普及推广。

三是进一步整合力量，汇聚更多专家、更多文史爱好者、更多群众共同繁荣济南文化事业，打造出更多济南文化生长点，塑造济南全新的文化形象。

（作者系山东政法学院党委委员、副校长、教授）

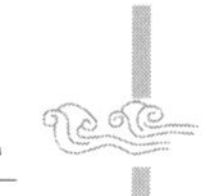

工业强省的历史记忆

——关于建设济南市工业博物馆的建议

姜　波

一、建设济南市工业博物馆的必要性及重要意义

（一）建设济南市工业博物馆是坚定“四个自信”、发展工业文化、建设文化济南的重要载体

工业文化是社会主义先进文化的重要组成部分，工业遗产是工业文明的见证，是工业文化的载体，是人类文化遗产的重要组成部分。自19世纪后半叶洋务运动以来，特别是新中国成立之后的不同历史时期，各地都留下了宝贵的工业遗产。这些工业遗产集中分布在老工业城市，不仅见证了我国近现代工业化不同寻常的发展历程，也蕴藏着丰富的历史文化价值，是社会主义先进文化的典型代表。

文化是城市的灵魂。城市历史文化遗存是前人智慧的积淀，是城市内涵、品质、特色的重要标志。要妥善处理好保护和发展的关系，注重延续城市历史文脉，像对待“老人”一样尊重和善待城市中的老建筑，保留城市历史文化记忆，让人们记得住历史、记得住乡愁，坚定文化自信，增强家国情怀。

在全国老工业城市加快推进高质量发展的新形势下，应不断深化对推动老工业城市工业遗产保护利用重要意义的认识。从当前和长远看，做好老工业城市工业遗产保护利用，有利于更好地积淀前人的文化和智慧，展现中华民族百折不挠的奋斗足迹，弘扬中国优秀工业精神，增强民族凝聚力，坚定文化自信；有利于更好地统筹产业发展与消费升级，培育发展新动能，不断满足人民群众对美好生活的新期待；有利于更好地提升城市功能，丰富城市内涵，彰显城市特色，使城市实现从“工业锈带”到“生活秀带”的转变。

济南作为国家历史文化名城，文脉绵长、底蕴深厚。作为我国重要的近代工业发祥地之一，济南工业历史悠久，在中国近现代工业史上占有重要地位。山东近代工业的肇始在济南，山东机器局是山东第一个具有工业特征的官办工厂，20 世纪 30 年代济南是国内重要的纺织、面粉、火柴等民族工业的中心，同时也是中国东部重要的铁路交通枢纽，胶济铁路、津浦铁路留下了中国近代铁路工业的众多工业遗产。

新中国成立伊始，党和政府高度重视工业建设，从“一五”开始连续 5 个五年计划，将有限的资源重点投入到工业领域，为济南工业和信息化发展奠定了基础，机床、钢铁、汽车、电子、纺织等国家布局的第一批工业企业在济南拔地而起，天桥区建设了全国最早的工人住宅区——工人新村，目前堤口路铁路工人新村也是国内保留最完整的新中国工人新村。20 世纪 60 年代，济南的莱芜、平阴等地建设了著名的小三线工业生产线。到 1978 年改革开放前，济南建立了较为完整的工业经济体系，成为全国著名的“工业城市”，国家的 41 个工业大类，济南全部拥有，产业布局在全国占有举足轻重的地位。

改革开放之后，济南工业抢抓发展机遇、锐意改革进取，聚焦机械、汽车、电子、化工四大主导产业，形成了门类齐全、配套生产能力较强的工业生产体系，进入工业发展的快车道。济南制造享誉全国，70 多年来为新中国的发展做出了巨大贡献。

党的十八大以来，济南深入贯彻“制造强国、网络强国”战略，加快实施新旧动能转换，集中突破发展大数据与新一代信息技术、智能制造与高端装备等十大千亿产业，开启了工业和信息化建设的新篇章。

建设济南市工业博物馆，全面系统地展示百年济南工业发展的历史与成就，打造社会主义的工业文化教育实践平台，具有非常强的时代意义。

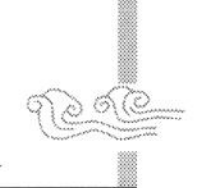

（二）建设济南市工业博物馆是落实《黄河流域生态保护和高质量发展规划纲要》的重要载体

2021 年 10 月，中共中央、国务院印发了《黄河流域生态保护和高质量发展规划纲要》。2021 年 10 月 22 日，在中国共产党成立 100 周年、带领全国人民向着第二个百年奋斗目标迈进的历史节点，习近平总书记亲临山东视察调研，对下一步工作做出重要指示，并主持召开深入推动黄河流域生态保护和高质量发展座谈会，强调咬定目标、脚踏实地、埋头苦干、久久为功，为黄河永远造福中华民族而不懈奋斗。

总书记的重要讲话，为我们推进黄河重大国家战略提供了根本遵循，为济南在区域协调发展重大国家战略中发挥示范引领作用提出了更高期望和要求。

横跨泺口黄河的津浦铁路大桥始建于 1908 年，是近代黄河最重要的建设工程，也是当时亚洲最大的铁路工程之一，它见证了中国百年历史风云，孙中山先生、周恩来总理都曾亲自踏上黄河铁路大桥视察黄河，泺口火车站至今保留完好，是津浦铁路保留最完好的火车站。建设济南市工业博物馆，恰逢其时，是深刻领会把握黄河流域生态保护和高质量发展形势的要求，是深刻领会把握抓落实的具体要求，能够为黄河流域生态保护和高质量发展探索路径、做出文化保护示范。

建设济南市工业博物馆，是落实国家黄河战略的重要载体，是传统工业转型发展、工业强市战略的重要展示，具有非常高的学术价值和现实意义。

（三）建设济南市工业博物馆，以史为鉴，继往开来，对于推进工业强市战略、提升城市软实力具有非常积极的推动作用

近现代工业文明贯穿济南的发展历史，见证了济南的沧桑巨变，工业文化的浸染赋予了济南阳刚豪迈的气质和敢为人先的精神。发展历程中的坎坷与荣耀，众多的全国第一，更是凝聚着济南人民的智慧与汗水。

济南制造创造了诸多世界之最、中国之最、山东最早，如世界上最大的龙门刨床、中国自行设计制造的第一台万能压力机床、中国第一辆国产重型

载货汽车——“黄河”JN150、中国第一辆“轻骑”15 型机动脚踏车、中国第一台自动化装运机、中国第一座球团竖炉、中国第一台可控硅电脉冲床、国内最大的空气回转预热器等一批代表济南制造最高水平的老设备、老产品。

近年来，随着部分老工业区逐步迁出中心城区和城市改造更新，曾红极一时的工厂群落在城市化的进程中，不断变革，产生了一大批工业遗产。它们是社会发展不可或缺的物证，其所承载的关于中国社会发展的信息，曾经影响的人口、经济和社会，甚至比其他历史时期的文化遗产要大得多。因此，统筹建设济南市工业博物馆，是工业遗产保护、工业文化传承、建设文化济南的重要途径。

建设工业博物馆，通过收集整理工业遗存，保护利用工业遗产，讲好工业故事，彰显工业英模人物，展示工业成果，昭明工业前景。同时，建设工业博物馆要注重体验性和趣味性，增强参与度，让人们走进博物馆，就如同翻阅城市工业的发展史和奋斗史，从中汲取力量，增强信心，激发探索和创新精神，更好地凝聚力量、开创未来。这也是市民所盼、大众所期，对于新旧动能转换、产业转型升级和工业强市战略的推进实施具有非常重要的意义。

2021 年 9 月，济南市委、市政府贯彻落实国家、省关于推动老工业城市工业遗产保护利用和推进工业文化发展有关要求，以济政字〔2021〕64 号文件印发了《济南市推动工业遗产保护利用打造“生活秀带”工作方案》的通知，提出了工业遗产保护利用的总体要求、主要任务和保障措施，将建设工业遗产博物馆、展览馆列入日程。

工业博物馆建成后，可形成新的党性教育实践基地、爱国主义教育基地和青少年科普教育新阵地，为“五个济南”建设，特别是文化济南建设做出新的贡献。

（四）有利于在城市快速发展的进程中，实现保护与更新、传承与创新的协同推进

建设济南市工业博物馆，实现工业历史和老工业物件的集中保管，既解决了工业历史的保护与传承问题，又有利于中心城区的更新发展，为城市建

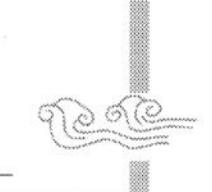

设拓宽了空间，能够起到“解纽扣”的关键作用，是一举多得的好办法。

二、建设济南市工业博物馆的可行性及选址建议

（一）利用现有国家工业遗产的厂房、场地建设济南市工业博物馆，符合国家相关政策，有利于国家工业遗产的保护与活化利用

截至目前，工业和信息化部根据《国家工业遗产暂行管理办法》，组织了五批国家工业遗产的评审认定，济南市共有4家工业遗产入选国家级工业遗产，分别是济南第二机床厂（第2批）、津浦铁路局济南机器厂（第4批）、山东省邮电管理局旧址（第4批）、明水浅井粘土矿（第5批）。济南是全国入选国家工业遗产最多的省会城市之一。

《国家工业遗产暂行管理办法》第二十条规定：支持有条件的地区和企业依托国家工业遗产建设工业博物馆，发掘整理各类遗存，完善工业博物馆的收藏、保护、研究、展示和教育功能。

建设济南市工业博物馆的选址应优先考虑国家级工业遗产，选择结构安全牢固、布局紧凑集中、工业美学厚重的，旧厂房是建设工业博物馆的理想场所。

（二）工业历史物件的收集，有广泛的基础，可发动企业与社会力量同步进行

工业历史和工业物件凝聚着数代人的深厚情感和家国情怀，是极其珍贵的文物和社会教育资源。群众盼望留住历史，各类企业希望展示历史，这为工业博物馆的筹建提供了广泛的群众和社会基础。可以采用政府推动、企业参与、社会征集等多种方式，实现工业历史和工业物件的集成，为工业博物馆建设提供珍贵的资源保障。

三、建设济南市工业博物馆的初步构想

济南市工业博物馆应主要包括济南工业历史馆、行业风采馆、新旧动能

转换馆、科技未来馆等场馆。

工业历史馆主要展示济南的工业发展历史，按 41 个工业大类分别布展，突出济南众多的世界第一、国内第一，让人们了解和记住济南工业发展的艰辛历程和历史贡献，传承工业精神，更好地凝聚力量、开创未来。

行业风采馆主要展示济南的大中型工业企业的发展成就，彰显济南工业的科技实力、制造能力和发展前景，激励广大人民群众自动自发地投入到“工业强市”的洪流中，不懈追求、实干兴邦。

新旧动能转换馆主要展示济南工业落实党和国家的产业政策，以技术创新、绿色发展为引领，控制和淘汰“三高一低”的落后产能，形成以新技术、新产业、新业态、新模式为核心，以知识、技术、信息、数据等新生产要素为支撑的经济发展新动能的阶段性发展成果，促进经济结构转型和实体经济升级。

科技未来馆主要展示济南在大数据、区块链、信息化等方面的发展成就和未来展望，引领广大市民学习新科技、掌握新信息、创造新生活。

四、建设济南市工业博物馆的具体建议

由于建设济南市工业历史博物馆是一项复杂的系统工程和历史人文工程，收录工业历史文物及展品的时间跨度大，涉及企业部门众多，筹建任务比较繁重。为更快更好地推进筹建工作，提出如下建议。

（一）成立筹建工作机构

建议市政府组建由主要领导任组长，发改、工信、规划、文旅、史志研究院、文物局、博物馆等有关部门、企业负责人参加的济南工业历史博物馆建设工作领导小组，专门负责统筹济南工业历史博物馆筹建的组织协调、规划设计、文物及展品征集、实物展陈、资金概算等工作，确保工业历史博物馆筹建工作稳步推进。

（二）加快项目立项手续办理

加快项目规划立项和相关建设手续的办理，可选择 2021 年新入选国家工

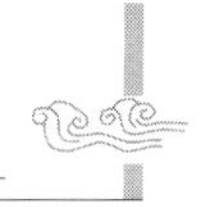

业遗产的章丘明水浅井粘土矿，其工业遗产区域内厂房、场地占地150余亩，具备建设工业博物馆的条件。

（三）做好文物展品征集工作

提前开展工业文物和展品的征集工作，在面向重点企业开展定点、定向征集物件的同时，面向社会开展工业文物及展品征集工作，通过捐赠、复制、代管、租借等方式，广泛征集反映、记录济南工业发展各个不同历史阶段的代表性实物，为优选展品做好准备。

（四）建立科学管理运营模式

学习借鉴国内优秀工业博物馆的建设、运营经验，通过走出去考察、请进来交流等方式，探讨公益化、商业化相结合的运营模式，力争以馆养馆，实现社会效益和经济效益的同步发展。

在国内，中国（沈阳）工业博物馆、柳州工业博物馆、唐山工业博物馆均是利用老工业厂房收集展陈老工业历史物件、展示近现代工业文明，成为当地乃至全国的爱国主义教育基地、科普培训教育基地和4A级景区，可为我们提供有针对性的借鉴。

济南工业博物馆建成后，可以形成以工业博物馆为主体，辅以科普、文创、娱乐等多种元素，富有特色的综合性文旅综合体，集展览、展示、教育、旅游、文创、休闲于一体，全面展示济南工业历史和建设成果，打造成综合性特色工业旅游品牌，成为全国比较有震撼力的爱国主义教育基地、国防教育基地、科普教育基地和文化创意产业基地，从而丰富济南的旅游景观，为济南建成国家黄河流域中心城市和国际大都市贡献力量。

（作者系山东建筑大学齐鲁建筑文化研究中心主任、教授）

慧崇塔维修记

王　晶

灵岩寺慧崇塔的维修，是20世纪80年代初发生的事情，也是我从事文物工作的开始。首尾相望，回想起维修的前前后后、管理要求、出土题记等，都是很有价值的内容，过程历历在目，记忆犹新，成为我一生的快乐幸事。参加维修的省、市、县工程技术人员相继离去，我是维修班子里最年轻的一个，是慧崇塔维修的亲历者之一，其间的点点滴滴别人还真不知道，维修慧崇塔的故事只能由我来写。责任迫使我拿起笔，追昔忆往，虚心静思，将40年前的故事碎片撮辑成文，让那些关注慧崇塔的学人知晓、了解其中的故事。

1977年，高中毕业的我参加了知识青年上山下乡运动，在农村接受教育两年，1979年全国性“拔点回城”，从此下乡运动停止。回城后报名参加工作，经考试被组织分配到刚刚成立的长清县灵岩寺文物管理所，我属于灵岩寺对外开放招收的第一批国家正式工作人员，初始工作是在门口检票。半年后，领导找我谈话说，国家文物局拨款5万元修复慧崇塔，派我跟从单位副所长祝志成老先生参加维修工程，啥也不懂的我于1980年春正式成为维修慧崇塔工程的一员。祝志成老先生是位老革命，江苏苏北人，新四军出身，参加济南战役后转业到山东省博物馆，参加过大汶口文化遗址的发掘，是实实在在的文物老前辈。1961年调至长清县文化馆任副馆长，1979年任刚成立的长清县灵岩寺文物管理所副所长。

回忆整个维修工程，工作程序大致如下。

一、绘图资料的收集

领导与我谈话的第二天上午，祝老先生带我到慧崇塔（图1—6）现场熟悉了解情况，周围茅草疯长，灌木横生，塔体残缺，塔顶乱石成堆，山洪冲刷的泥土漫过台基，半个塔体被埋没于杂草和泥土之中。首先，找民工清理塔顶乱石，清除杂草灌木，铲除塔体周围淤泥，预留出维修塔的活动空间，一座历尽坎坷的佛僧墓塔展现在面前。斑驳的塔体诉说着历史沧桑，残缺的塔檐讲述着历经的劫难，但难掩其形体雄浑，雕刻技艺高超（图7—12）。一系列的清理工作大约持续了一周的时间，维修工程所需的活动空间被清理出来。清理工作完毕后的第二天，我和祝老先生抬着长梯子，手拿卷尺、皮尺、线坠、铅笔、橡皮和米格纸来到现场，开始绘图工作。我们负责测量、绘制慧崇塔的平面、立面、剖面现状图，老先生让我在米格纸上确定坐标和比例，他测量尺寸报数，我按比例换算成图纸尺寸进行标注，画出线条。初学还好，功夫用于笔尖上，效果比较理想，一老一少配合得非常顺畅。测量塔基的平面图还容易些，只是围绕塔基在地面上活动。测量立面时，老先生脚踩立梯，弓腰探出半个身躯，测量叠涩出挑层的高度与伸出，极有踩偏坠落的危险，现在想来实在是可怕。为什么不扎工程架子测量绘图呢？那个时代的安全意识很淡薄，危险时刻就在身边。我从此知道了什么是绘图的基线、廓线和断线，了解了正投影的图纸效果及使用方法，掌握了考古绘图法的知识，具备了从事文物考古研究提取资料的技能。

绘图期间，山东省考古研究所的毕宝奇先生和济南市博物馆的黄国康先生经常来现场进行技术指导，我才知道他们既是省、市文物部门的专家，又是参与维修的专业技术工程人员，他们常来工地指导，对我绘图水平的提高大有帮助。前期绘图，祝老先生手把手地教会了我考古绘图法，完成了基座平面、塔身一层和出檐立面的测量。老先生家住长清县城，不能长期在外，看到我基本掌握了考古绘图法，就大胆放手让我自己测量绘制一层塔檐以上的结构部分。每天爬悬梯至塔顶，边测量边计算边绘图。当时正值夏季，阳光炙热，没有遮挡，我变得黝黑，皮肤几次爆皮，最终将塔上结构部分绘制于米格纸上，完成慧崇塔整体结构的一套现状草图。为便于省、市专家的亲

图1　慧崇塔维修前的正立面

图2　维修前的西南隅照

图3　塔顶西北隅照

图4　塔顶北侧照

图5　1907年日本学者常盘大定、关野贞拍摄的慧崇塔

图6　1936年6月梁思成手绘慧崇塔

图7 1980年春摄，维修前清理后的慧崇塔

图8 清理后正立面照

图9 清理后西南隅照

图10 清理后东北隅照

图11 清理后西门券雕饰

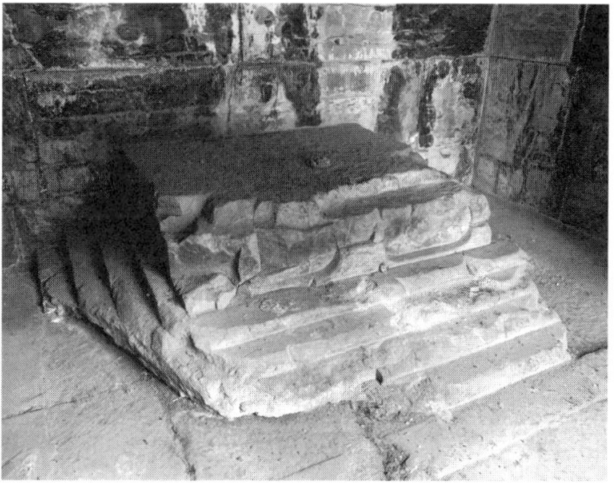
图12 清理后塔室内神台

临指导，领导安排我到山东省博物馆招待所驻扎办公，借助绘图板、大型丁字尺，用鸭嘴笔蘸墨绘于硫酸纸上。经过三个多月的努力，胜利完成了整套的慧崇塔正式现状图，为维修慧崇塔前期的资料采集，做了基础性的工作。同时，我的古建筑测绘水平，提升了一大截。

二、残损现状考察

查阅资料，该塔历史上没有修复的记载，实物中也没有维修的痕迹，该次维修是历史上的首次修复，意义重大。按照工作进程，由毕宝奇、黄国康、祝志成三位专家和我现场考察慧崇塔的残损情况，发现如下问题。

1. 台基部分。构件脱落严重（图 13、图 14）。束腰以下内收叠涩四层残损较轻，遗存约 70% 的原始构件，腰部立石及蜀柱遗留约 60% 左右，腰部以上出挑叠涩三层石块（台面石）全部遗失。在塔周围仔细搜寻，发现塔西北隅山根下有一块不规则形状的出挑叠涩层石块，且三层出挑完整，内里残缺，此为台基叠涩出挑长度和台面制作提供了宝贵的实料。切割规范形制（图 15）镶嵌于基座北侧中间部位，此为出挑台面唯一的原始之作。

2. 第一层塔身部分。由于塔顶负荷的重压导致塔身南、西立面上部外凸约有 10 厘米，时有崩塌的可能，决定归位。南门楣石不堪负重断裂垂下，室内盝顶构造的大型石块走闪移位，缝隙渐趋裂大，不时有碎石土块洒落。鉴于几方面的原因，专家组决定拆卸塔体至室内顶石，归位塔身外凸石块和室顶块石，敷贴大型槽钢于门楣石下代替其承重，归位垂下的门楣石。

3. 第一层出檐。南、西面外圈出檐皆已脱落，北侧遗有大部分。东边保存较好，基本完整（图 16 至图 19）。

4. 第二层塔身。与一层塔身构造相同，由于历经天灾人祸，塔身块石走闪开裂严重。西北、东北隅严重塌陷（图 20），西北角尤为严重。

5. 第二层出檐。南面保存较好。东、北、西三面叠涩出檐全部脱落。

6. 第三层塔身。为一巨型块石加工成形，完整无损，整体向西北方向歪斜。

7. 第三层出檐。四周出挑叠涩三层，完整无损。无内收叠涩层。

图13　清理后台基东南角

图14　清理后台基北侧

图15　台基叠涩出挑原始构件部分

图16　清理后一层塔檐东南角仰视

图17　清理后一层塔檐西南角仰视

图18　清理后一层塔檐西北角仰视

图19 清理后一层塔檐东北角仰视

图20 清理后塔顶北侧照

8. 塔刹。第三层叠涩出挑不内收构造，上面打造成一个方形平面，檐口每边放置三朵芭蕉叶雕饰，中置方形石块，上置一汉白玉雕琢而成的圆形束腰仰莲刹座（图21），束腰部环周雕出六个凸起的穹隆式花卉，每朵有绽放的包皮和花蕾，形象逼真，充满活力。仰莲布局匀称，形体饱满，在上下黑色石质构件的衬托下显得格外耀眼，絮絮释放出典雅而高贵的气息。仰莲之上设置宝珠、刹顶（遗失）结束。刹顶由于长度不能确定，故未予以复制。

第三层出檐是塔体的结构部分，又是塔刹的底座部分，这种塔体与塔刹结构并用的方法是古代塔身向塔刹过渡的使用惯例，如济南平阴翠屏山多佛塔[①]、历城神通寺贵公塔（图22）及遗失的无名唐塔（图23）等，皆是如此。第三层塔身、出檐及塔刹部分在众多的历史灾难中始终抱紧团，共患难，相互之间没有走闪和移位，西北隅的严重塌陷，也是一起整体随势倾斜，没有分开。

① 王晶、常祥、柴懿、刘丽丽：《济南平阴翠屏山多佛塔建筑年代考》，《东方考古》第17集，科学出版社，2020，第287页。

图21　慧崇塔塔刹

图22　神通寺贵公石塔

图23　神通寺毁没无名砖塔

三、构件拆卸

先期资料征集，总结考察残损情况，针对问题制定出维修方案，开始逐步实施。建筑施工方是灵岩山后张夏公社诗庄村的石匠队伍，为清一色的老石匠，年龄都在四十五岁以上，玩石头活没有下来二十年的。一开始围绕慧崇塔扎架子，使用直径约 15 厘米的细长杉木做骨架，将 8 号铁丝双股拧绑于横、竖杉木交接处，用以加固节点。平行的横杆上放置木板，形成工作平台，作为上下运送材料的运输站，这样的运输中间站至顶有四五层的样子。然后，在塔身上将需要拆卸的石头构件进行编号，登记造册。按照塔体结构部位进行分类编号，塔座、身、檐、刹分别使用拼音的第一个字母加阿拉伯数字，同时用照片补位，记录块石的原始位置及结构情况，直至编到一层塔室顶石的上皮为止。

在施工架材料运输站平台上，每站放置一挂三脚架手拉式倒链，从塔刹的宝珠开始，使用粗麻绳捆绑结实后，通过高处的倒链倒置到下站，依次由高到低至地面。地面规划出各个塔体部位构件的放置区域，以免混乱。周围拦上警戒绳，挂上“游客止步”警示牌，禁止游人进入。在拆卸过程中，专家组让我全身靠在塔上，置身于工程的最前沿，任务有三：一是目睹构件的拆卸，一旦出现有损于文物安全的不利因素，马上制止，以防损坏。二是注意是否有隐藏于塔内的文物，当时预测塔身内部极有可能会有类似于四门塔塔身出土舍利函的情况出现。三是督查筛网过滤塔内的填土，注意细小的内容变化，有无文物出现。三层塔身块石巨大，拆卸一目了然。拆至二层塔檐时，中间开始出现乱石和杂土填充现象，块石捡拾落地，杂土在塔上使用筛网过滤，仔细检查后再落地，这样的做法贯穿于工程始终。在清理到一层塔身上部时，发现一块不规则的长形石块，长约35厘米，直径约16厘米，中间略宽，两端较窄，周体毛糙，一面平如刀削，并磨制抛光，刻有“大唐开元三十二年”题记，楷书，字径约2.5厘米，书写规范。此事件记忆犹新，我亲手从塔体中拿出来带到办公室，并放置在当时的临时文物库房里，后因人事变动和库房变迁遗失，甚为可惜！在此作一记录，以传后人。唐开元二十九年（741）后改元天宝年号，刻出开元三十二年不知为何。该石块为塔内填充乱石，题记时间不一定是为建造慧崇塔所刊，由此证明该塔走过了开元（713—741）年间，有力否定了“唐贞观初……故慧崇长老改迁今寺”[①]之说。

整个拆卸过程，仅见“开元题刻”块石，不见其他遗物。

四、加工缺失构件

这个时期，黄国康先生将慧崇塔的复原图画了出来，从此以后，工程的一切修复尺寸和安装都按照图纸进行。加工构件的前期工作是寻找与慧崇塔

①［清］马大相：《灵岩志》，山东友谊出版社，1994，第29页。

石质相同的料石场。我跑遍了周围三十多处采石山场，翻越了大小山头近五十余座，跑坏了三双胶鞋，经过与周围附近石窝的遴选比对，张夏公社诗庄村西山采石场最为理想、匹配，其石质与慧崇塔原始块石的密度、色泽、纹路、硬度近同。确定石料来源后，首先在塔体遗存实物中找出能够继续袭用的原石，再筛选需要加工的缺失块石。结合遗存的使用石块，对应复原图寻找出缺失构件石块，在复原图中精确量出尺寸，再按照比例换算出成品尺寸，列出《空缺石材构件加工尺寸表》。加工同层连接出檐的缺失构件，从图纸中只知道空缺出檐的总长度，不知每块具体长度尺寸，参照现存原始构件的规格大小，找出规格石块的长短范围，在图纸中断定出加工料石成型的长短，均界于原始构件的规格范围以内，防止碎小，并注意安置中的错缝美观，力争缝隙选在隐藏的地方，诸塔檐、基座块石皆是如此。通过比例换算出成品加工构件的尺寸，再将每块需要加工的构件按比例画出图纸大样图，标出数字尺寸，对应图纸进行位置编号，与《空缺石材构件加工尺寸表》统一交付于施工方参考毛料石。施工方依据大样图尺寸计算出加工去掉的部分，在石窝中取料，运至现场加工。当时石匠人数达到46人，加工场地自慧崇塔至十王殿院内，沿途约160米的弯曲道路成为加工石料作坊的长廊，叮当之声犹如交响乐音符，声声悦耳，美丽动听。当时的加工手段还是很原始的，没有电器化加工工具，全部使用手工凿活。基座的束腰及叠涩出挑部位全部是掏凿，塔体显露部位使用细斧剁之，平口凿子找平，再将购买来的红砖来回磨砺，达到抛光的效果。为方便管理，在十王殿院内设置慧崇塔临时维修办公室，为确保加工构件合格，我买了两把卡尺，严格按照图纸上的尺寸验收，达不到尺寸的返工。石匠师傅们开玩笑说“石头活没有这样量法的”，我要求了，师傅们都顺从了，经过半年时间，石材加工完毕。

五、恢复安装

为了掌控慧崇塔每层和整体的高度，我去灵岩部队借了一台水准仪，安置在塔北的山坡上，根据图纸每层标识的数字，每层把控高度，以防将慧崇塔的形制和尺寸安装走样。修复的慧崇塔在塔身尺度、比例、形制及构件细部特征上没有变化，达到“修旧如旧”的效果。安装方法按拆卸逆行而施，按照图纸位置编号寻找对应的原始块石和新加工块石位置，通过架子诸层材料运输站，利用手拉倒链一层一层向上运输，至相应的台面使用人力归位安装。特别是安装出檐，叠涩出挑连边点线呈反曲线状，这是唐代最主要的时代特征，把握好每层出檐的长短，是保持唐风的重要手段，严格的图纸数字加工起到决定性作用，出檐呈现弧起的形象，释放着原有的唐代风范。在整个维修慧崇塔的过程中，塔体遗存构件能用者皆用之，其余新之。

鉴于塔顶负荷的重压导致塔身上部外凸、南门楣石断裂、室内盝顶大型石块走闪等，专家组决定在一层塔身上端内里浇注一道钢筋混凝土圈梁（图24），以增强其牢固性能。在圈梁之上浇注钢筋混凝土平板，平板距离室顶石0.50米，致使室内顶石以上至平板之间真空，减少塔体自重，减轻塔室盝顶块石的直接负荷承载。平板以上继续使用乱石杂土填充，由此混凝土平板全部承接来自塔身以上的重量，改变了塔身上部负荷，室顶的承重目标通过钢筋混凝土圈梁传递给塔身墙壁，载入地下。

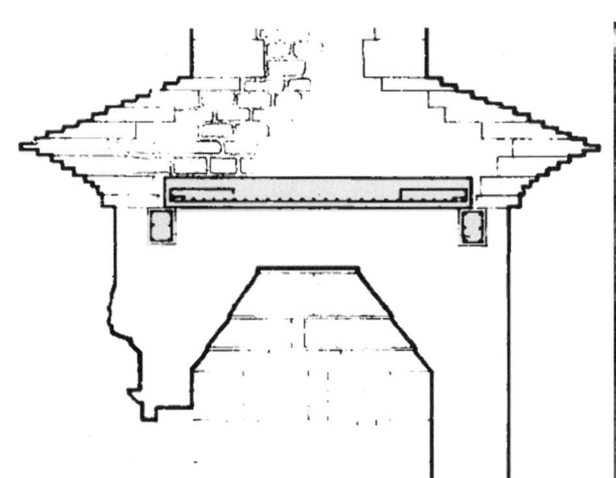

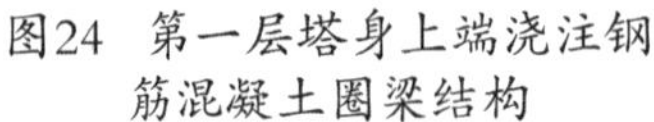

图24　第一层塔身上端浇注钢筋混凝土圈梁结构

图25　维修后的慧崇塔整体照

维修过程中，在二层塔身东侧底部块石上铭刻了这次维修题记。维修后的慧崇塔通高8.52米，形体同前高耸，结构庄重古朴，形象大方凝重，尽显早期艺术之风范（图25）。

六、工程验收

1981 年初夏，国家文物局、山东省文物局、济南市文化局、长清县文化局的各级领导和专家齐聚灵岩寺慧崇塔施工现场，对塔的维修工程进行验收。省、市专家在现场进行了整体解说，从前期勘探、资料采集、绘图设计、构件拆卸、石料加工及恢复安装等方面，详细做出汇报。对工程的料石遴选和构件细部加工等比较具体、偏项的内容，领导和专家们过问得很详细，这些都是由我来补充汇报。对我在施工中借用部队的水准仪标高每层和总高度的做法，领导给予高度评价。最后，上级领导对维修慧崇塔的工程给予充分肯定，表示实地勘察，科学设计，拆卸有序，严密尺度，把控形制，安全归位，修旧如旧，达到预期的维修效果。

我刚刚工作就参与到维修慧崇塔的工程，天天触摸着它那斑驳而丰韵的身躯，我是幸运的。金党怀英《灵岩寺记》曰：“名山胜境，天地所以储灵蓄秀，非福力浅薄者所能栖止也。必待仙佛异人建大功德，以为众生无量福田。”身居灵岩寺，维修慧崇塔，我的“福力”是厚重的。从维修慧崇塔开始，我就喜欢上了中国古代建筑，认定了一生努力学习的方向。我初学于慧崇塔，自信于慧崇塔，争取成就于慧崇塔。

（作者系济南市考古研究院研究员）

关于做好济南地方文献工作提升城市软实力的研究

庞新华　刘　静　吕昌盛

党的十八大以来，以习近平同志为核心的党中央非常重视文化建设。习近平总书记围绕“文化自信”做出了一系列重要论述，指出：“文化自信，是更基础、更广泛、更深厚的自信。”“坚定中国特色社会主义道路自信、理论自信、制度自信，说到底是要坚定文化自信，文化自信是更基本、更深沉、更持久的力量。”习近平总书记还指出：“文化软实力集中体现了一个国家基于文化而具有的凝聚力和生命力，以及由此产生的吸引力和影响力。古往今来，任何一个大国的发展进程，既是经济总量、军事力量等硬实力提高的过程，也是价值观念、思想文化等软实力提高的进程。”“提高国家文化软实力，关系我国在世界文化格局中的定位，关系我国国际地位和国际影响力，关系‘两个一百年’奋斗目标和中华民族伟大复兴的中国梦的实现。”“中国优秀传统文化的丰富哲学思想、人文精神、教化思想、道德理念等，可以为人们认识和改造世界提供有益启迪，可以为治国理政提供有益启示，也可以为道德建设提供有益启发。”总之，文化是一个国家一个民族的灵魂，文化的振兴与经济发展同等重要，甚至更重要。综观历史，高楼大厦终有陈旧圮坏之时，叱咤风云之士终为泥土，唯有文化留存于历史长河，铭刻于人们的心灵。

城市软实力，是建立在城市文化、政府服务、居民素质、形象传播等非物质要素之上的城市社会凝聚力、文化感召力、科教支持力、参与协调力等各种力量的总和，是城市社会经济和谐、健康、跨越式发展的有力支持。影响和制约城市软实力第一位的要素，就是文化。20 世纪 90 年代以来，文化软实力在国际竞争中占据着越来越重要的地位。党的十七大报告中将增强文化

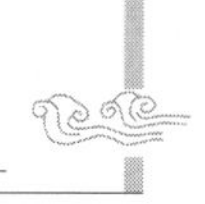

软实力作为发展、繁荣社会主义文化的重要任务之一，把“提高文化软实力”提升到了国家战略的高度，文化建设被摆在空前重要的位置。而地方文献作为传统文化最重要的载体之一，其保护利用对中华民族文化自信的建立和文化软实力的增强具有重要的意义。新一届济南市委、市政府提出提升济南城市软实力，全面推进“十大之城”建设的发展规划，契合国家当下的发展战略，符合泉城发展的实际，回应泉城人民的期盼和需求。地方文献又是文化的主要载体和重要表现形式，对其进行系统挖掘、整理和开发利用，是文化事业发展的内在需求和重要体现。

一、地方文献工作的政策背景

新中国成立以来，随着经济建设和科学文化事业的蓬勃发展，党和政府对地方文献工作给予高度重视。1956 年，周恩来总理视察云南省时，对图书馆工作做出重要指示：“图书馆应当将本地区的地方志尽可能搜集完全，对其他有关本地区历史、地理的文献，也要给予足够的重视，要积极地利用地方文献遗产为社会主义建设服务。”1958 年 8 月 9 日，周恩来总理在北戴河接见著名学者邓衍林时指出：“图书馆为科学研究服务。除编印全国性的总书目外，还要根据科学家的需要，进一步把历史文献中的科学技术等重要资料，用最新最科学方法，有系统地迅速地整理出来，为国民经济建设服务。”

改革开放以来，地方文献工作得到进一步发展。1978 年 11 月，国家文物事业管理局颁布的《省、市、自治区图书馆工作条例（试行草案）》要求省图书馆在书刊补充方面，对“中央一级出版社和本省、市、自治区出版社的出版物及有关地区的地方文献资料应尽全搜集”。1982 年 12 月，文化部颁布《关于省（自治区、市）图书馆工作条例》，规定省图书馆的主要任务之一是“搜集、整理与保存文化典籍和地方文献”，要求“本省（自治区、市）的正式出版物和有关地方文献资料应尽全收集”。《条例》把地方文献收集工作提到突出地位，同时对地方文献的整理和利用做了明确规定。自 1996 年起，上海、深圳、广西、内蒙古等地陆续出台图书馆法规条例，对地方文献工作都做出相关规定。2009 年 6 月 1 日起实施的《山东省公共图书馆管理办法》规定“公共图书馆应当根据本地区经济、社会和文化发展的需要，结合馆藏基础，确定文献信息资源的收藏原则，系统搜集、整理、保护、研究、开发地方文献信息资源和传统文献信息资源”。除此之外，各省、市、自治区、县等对地方文献工作，特别是在地方文献征集方面，也相继发布通知、实施办法等。20 世纪 80 年代以来，伴随着全国各地掀起的编修新地方志的高潮，地方文献资料的挖掘、整理成为保证志书编修质量的一项基础性工作。2005 年 12 月 1 日实施的《山东省地方史志工作条例》规定县级以上人民政府史志工作机构要收集、整理、保存地方史志文献，开展地方史志学术研究。2006 年 5 月 28 日，国务院公布《地方志工作条例》，规定县级以上地方人民政府应当搜集、保存地方志文献和资料，组织整理旧志，推动方志理论研究。

2007 年 1 月 19 日，国务院办公厅下发《关于进一步加强古籍保护工作的意见》，指出“我国古代文献典籍是中华民族在数千年历史发展过程中创造的重要文明成果，蕴含着中华民族特有的精神价值、思维方式和想象力、创造力，是中华文明绵延数千年，一脉相承的历史见证，也是人类文明的瑰宝”。文件明确了加强古籍保护工作的指导思想、基本方针和总体目标，要求突出重点，科学规范地开展古籍保护工作；同时要求加强领导，协同配合，共同做好古籍保护工作。提出“充分发挥古籍在传承中华文化，提高人民群众思想道德素质和科学文化素质，增强民族凝聚力，促进社会主义先进文化中的重要作用”。为了解全国现存古籍保存保护情况，2007 年 8 月 1 日，文化部印发《全国古籍普查工作方案》等文件，在全国范围内开展古籍普查登记工作，以更好地加强对古籍的保护和管理。2007 年 10 月 15 日，山东省人民政府办公厅印发《关于进一步加强古籍保护工作的意见》，要求全省上下“坚持‘保护为主、抢救第一、合理利用、加强管理’的基本方针，坚持依法保护、科学保护的基本原则，正确处理古籍保护与利用的关系”。《意见》提出古籍保护工作的主要任务和基本目标：“‘十一五’期间，大力实施全省古籍整理重点图书出版规划，全面、科学、规范地开展保护工作。对全省公共图书馆、博物馆和教育、宗教、民族、文物等系统的古籍收藏和保护状况进行全面普查，建立全省古籍联合目录和古籍数字资源库；实现古籍分级保护，建立

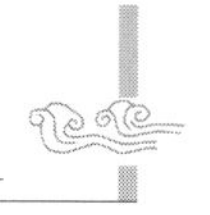

《山东省珍贵古籍名录》，完成《国家珍贵古籍名录》的申报工作；完成一批古籍书库的标准化建设，命名‘山东省古籍重点保护单位’，完成‘全国古籍重点保护单位’的申报工作；加强古籍修复工作，培养一批具有较高水平的古籍保护专业人员。通过努力，逐步形成完善的古籍保护工作体系，使我省古籍得到全面保护。”2008 年 3 月 5 日，山东省文化厅印发《关于在全省开展古籍普查工作的通知》，在全省范围内开展古代文化典籍的普查登记工作。

党的十八大以来，以习近平同志为核心的党中央站在实现中华民族伟大复兴的战略高度，对传承和弘扬中华优秀传统文化、增强国家软实力做出一系列重大决策部署，地方文献事业迎来新的发展机遇。2013 年 12 月 31 日，习近平总书记在中共中央政治局第十二次集体学习时强调：提高国家文化软实力，关系“两个一百年”奋斗目标和中华民族伟大复兴中国梦的实现。党的十八届三中全会明确提出，“建设社会主义文化强国，增强国家文化软实力”。2017 年，中共中央办公厅、国务院办公厅印发《关于实施中华优秀传统文化传承发展工程的意见》，指出要“实施国家古籍保护工程，完善国家珍贵古籍名录和全国古籍重点保护单位评定制度，加强中华文化典籍整理编纂出版工作”。“广泛开展文明家庭创建活动，挖掘和整理家训、家书文化，用优良的家风家教培育青少年。挖掘和保护乡土文化资源，建设新乡贤文化，培育和扶持乡村文化骨干，提升乡土文化内涵，形成良性乡村文化生态，让子孙后代记得住乡愁”。同年，中共中央办公厅、国务院办公厅印发《国家“十三五”时期文化发展改革规划纲要》，提出要“加强中华优秀传统文化研究、挖掘和创新，发展加强中华优秀传统文化典籍整理和出版，推进文化典籍资源数字化”。2018 年 1 月 1 日实施的《中华人民共和国公共图书馆法》第二十四条规定：“政府设立的公共图书馆还应当系统收集地方文献信息，保存和传承地方文化。”第四十一条规定：“政府设立的公共图书馆应当加强馆内古籍的保护，根据自身条件采用数字化、影印或者缩微技术等推进古籍的整理、出版和研究利用，并通过巡回展览、公益性讲座、善本再造、创意产品开发等方式，加强古籍宣传，传承发展中华优秀传统文化。”

“十四五”时期，地方文献工作的发展目标更加明确，任务更加具体。近年来，国家领导人多次强调文化自信的重要性和文化强国的迫切性，“文化兴国运兴，文化强民族强”。2019—2020 年，习近平同志先后指出黄河文化、秦岭保护、长江文化对于树立民族文化自信、实现中国梦的重要作用。2021 年，文化和旅游部印发的《“十四五”文化和旅游发展规划》提出“统筹推进古籍普查登记、保护修复、数字化建设、整理出版和宣传推广等工作。开展《永乐大典》、敦煌文献以及长江、黄河、大运河流域等相关古籍的保护修复和整理出版”。部分省、市结合国家文化战略，挖掘并整理有价值、有特色的地方文化资源和地方文献。2022 年 4 月 11 日，中共中央办公厅、国务院办公厅印发《关于推进新时代古籍工作的意见》，指出：“做好古籍工作，把祖国宝贵的文化遗产保护好、传承好、发展好，对赓续中华文脉、弘扬民族精神、增强国家文化软实力、建设社会主义文化强国具有重要意义。”强调要“加快古籍资源转化利用”，“挖掘古籍的时代价值”，“要深入推进中华优秀传统文化创造性转化、创新性发展，加强古籍抢救保护、整理研究和出版利用，促进古籍事业发展，为实现中华民族伟大复兴提供精神力量”。《意见》明确“将马克思主义基本原理同中国具体实际相结合、同中华优秀传统文化相结合”，中华优秀传统文化的重要地位以及古籍工作的重要意义，被推到了一个前所未有的高度。

二、济南地方文献资源与工作状况

众所周知，济南是一座历史悠久和有着深厚文化积淀的历史文化名城。自古以来，济南不仅是一座湖泉灵秀的名胜之城，而且是一个名家辈出的人文荟萃之地。济南的魅力，从来都不仅仅在于她秀美的自然风光，而更在于她源远流长的人文历史、璀璨夺目的人文光辉，以及深厚的文化底蕴、浓郁的文人气息。而能传承、支撑济南丰厚的人文底蕴的，不仅有那些名人游踪遍布、题咏成百上千的众多名泉、名山和名湖，以及那些分布在名泉边、名湖畔、众山间的古迹石刻，还有数以千计的古代及民国济南籍文人、先贤的著述与大量非济南籍人士所著、跟济南历史文化密切相关的文献。

济南历史文化的繁盛，文献的绵延不绝，其数量之巨、卷帙之繁、内容

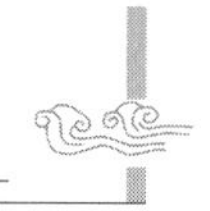

之广、版本之多、价值之大，令人惊叹。据不完全统计，截至1949年中华人民共和国成立，留存下来的不同版本的济南文献数以千计（据济南市史志办公室编《济南历代著述考》，济南出版社2014年12月版，收录历代有关济南文献著述约六千种），民国单篇文献更是数以万计。有清一代，济南文人辈出，著述纷呈，有关济南地方历史文化的著述不断出现，蔚为大观。这些文献和著述从不同的角度和方位，描绘、记录了济南的社会风貌、风土人情、人文胜迹，对于研究济南历史、弘扬济南传统文化，对于济南当前的社会经济建设、文化繁荣，无疑具有极为重要而独特的价值。因此，全面、系统、完整地挖掘、整理、传承、弘扬济南留给全人类的这些不朽作品，可谓功莫大焉。

遗憾的是，由于种种原因，这些文献（尤其是元、明、清代济南文人的众多著述）除《张养浩集》（元朝别集珍本丛刊之一，吉林文史出版社，2008)、《刘敏中集》（元朝别集珍本丛刊之一，吉林文史出版社，2008)、《李攀龙集》（齐鲁书社，1993)、《李攀龙诗笺注》（电子科技大学出版社，1993)、《李开先集》（中华书局，1959)、《李开先全集》（上海古籍出版社，2004，2014修订）等有限的几种外，绝大部分尚未经全面系统整理，还有为数众多的济南地方文献一直散落在全国各地的图书馆、档案馆、博物馆及私人藏书者手中，有许多珍贵典籍、名人手稿不为济南人所知，欲读欲用者欲窥其详而不得，阅读、利用、研究起来极为不便。可以说，济南作为一个有着悠久历史和深厚人文底蕴的省会城市，在这方面远远落后于江浙广闽等南方省份。

以济南市图书馆、市地方史志研究院、济南出版社为例，作为地方文献的主要保存单位和完成整理出版工作的职能部门，截至目前对地方文献的整理、开发利用也十分有限。2007年，国务院办公厅下发《关于进一步加强古籍保护工作的意见》，同时开展了1949年以来第一次全国范围内的古籍普查工作。经过十多年的普查登记整理，至2021年底，济南市图书馆共普查登记古籍和民国线装书11.5万余册。这其中到底有多少济南的地方文献（著者为济南籍或外地人写济南，内容与济南有关的文献），家底还不清楚，其中有多少是具备整理再版价值的也尚待研究。当然可喜的是，市图书馆近年来对馆藏古籍和民国时期的济南地方文献进行再生性保护，这也是市图书馆着力推进的一项重点工作，陆续点校或影印了《济南快览》《济南大观》《趵突泉志》《历乘》和《华泉先生集》等五十余部文献价值较高的济南地方文献。市地方史志研究院也具有对旧志等地方文献进行编研的职能，近年来先后整理出版了《济南金石志》、道光《济南府志》、康熙《济南府志》《历乘》《济南历代著述考》《济南历史文献选萃》《济南笔记游记八种》《小沧浪笔谈》《济南名泉诗全编》等地方文献书籍。此外，各区县也基本完成各自范围内旧志的点校或影印工作，形成一批旧志整理成果，但是史志部门对地方文献的贡献还基本局限在方志范围内。济南出版社作为地方城市出版社，一直以来非常重视地方文献的出版工作，近年来也出版了如《济南元典》等一批大部头文献成果，但往往又受限于经济效益等因素，难以进一步做大做强。

笔者以为，纵观济南地方文献整理工作现状，家底不清、缺少规划、人才短缺，这三个方面的问题最为突出。近年来，济南市图书馆对全市（含市县企事业单位、驻济高校等）的古籍进行过分级分类普查，但至今还没有形成济南地方文献的清单。没有这个清单也就没有工作对象、工作目标，也就无法制定文献整理出版中长期规划。造成这种状况的重要原因之一，是专业人才的匮乏。这一问题在这些职能部门中已是一个共性问题，长期得不到有效解决。没有专业人才的加入，工作往往就无法有效推进，结果是工作质量不高甚至方向不对。

三、做好济南地方文献工作的建议

地方文献工作涉及对地方文献进行广泛收集、科学整理、系统开发、有效利用全过程。做好此项工作是一个系统工程。

（一）做好三项基础性工作

1. 做好济南地方文献的普查登记工作。建议由市委宣传部牵头，成立地方文献普查委员会，以市直相关部门为成员单位，同时邀请和协调驻济高校、

研究机构的图书馆，特别是山东省图书馆作为成员加入。委员会办公室可设在市图书馆，设立专项普查办公室。一方面增配专职人员，同时还可申请专项普查工作经费，用于购买社会服务。由委员会办公室制定普查对象标准和具体实施方案，做好普查人员业务培训，用一到两年的时间，集中完成普查工作。随着普查工作的进行，可逐步建立起济南市的地方文献网络数据库。

2. 制定地方文献整理出版规划。根据普查结果，邀请国内、省市文献专家组成审核领导小组，制定分期分批中长期整理出版规划和整理出版实施方案。要充分利用好省会城市高校、研究机构的专业人才优势，借助社会专业力量，及早形成济南的地方文献工作规划和实施细则。

3. 有计划地做好人才队伍建设，逐步解决专业人才匮乏的短板。专业人员短缺是市图等相关职能部门的共性问题，相关职能部门面临人员年龄老化、多岗兼职、专业人员紧缺等局面，而大学毕业生、研究生、博士生进入体制内渠道不畅，导致人员紧缺，人员断层现象严重。这种人员流失和人员断层，将严重影响地方文献工作的进一步开展。建议济南市在人才引进、事业单位考录、购买社会力量服务等方面，有一定的政策倾斜，兼顾公平性与灵活性。同时，也要进一步解放思想，面向社会购买相关服务，专业力量办专业的事情，政府和职能部门做好制定标准、把关审核的工作。

（二）适时启动大型地方文献丛书的整理出版工作

为了有效保护历代济南珍贵古籍、稿本和稀见的历史文献，更好地延续济南几千年的历史文脉，展示济南历史文化的厚重性、多样性和独特性，促进济南文化的继承、创新与建设，打造济南除“天下泉城”之外的重要城市名片——“人文济南”“文化济南”，以文化软实力来提升济南的城市竞争力，笔者强烈建议将大型地方文献丛书（可暂用《济南文库》之名）的整理出版工作提上议事日程。以下为笔者初步的整理构想。

1. 收录范围和标准

《济南文库》所收，限于古代及民国济南籍文人、先贤著作和虽非济南籍人士所作、但内容与济南密切相关的文献，以及在这些文献基础上进一步研究、整理、撰著出来的和济南历史文化密切相关的著作，即至少需满足济南人写或写济南两个条件之一。以上所说“济南”，第一步先以现在的行政区划为准，即限定于现在济南市所辖10个市辖区（市中区、历下区、天桥区、槐荫区、历城区、长清区、济阳区、章丘区、莱芜区、钢城区）、2个县（平阴县、商河县）地域范围之内。将来倘有机会，再陆续扩展到明清时济南府所辖区域范围内的相关文献。

2. 影印整理，出版《济南文库》（影印本）

依靠省图、市图及各大高校图书馆和山东大学历史文献专业团队，形成整理清单。按照经史子集分类，用五年时间，把基础性文献影印完毕，推出《济南文库》影印成果。前些年整理出版的《山东历史文献集成》对济南地方文献已有较为系统的梳理，《文库》可在版本的精选上下些功夫，同时进一步适当降低收录标准，让更多的地方文献进来。

3. 点校整理，出版《济南文库》（点校本）

点校以集部和史部文献为主。整理本着先底本易收寻，后底本难复制的顺序逐年进行，待项目截止或全部文献整理完后，再汇总出《济南文库整理提要》一本。整理以断句、标点、撰写整理说明或提要（包括相关文献的作者籍贯、履历、生卒以及版本流传情况，介绍书的基本内容、文献价值以及优缺点）为主；如有必要，则进行校勘。

《济南文库》可以简体横排形式出版（重在普及，服务于广大普通读者），或以繁体竖排形式出版，但各辑及各书应保持装帧设计风格的相对统一，包括开本、体例尽可能保持一致。整套文库初步计划根据经费情况，每年点校出版5—10册，用10年时间出版100册左右（后期经验丰富、运作成熟后，可加快整理速度）。

4. 成立《济南文库》编纂整理工作委员会

委员会负责审定《济南文库》的总体规划、实施方案等，并在市委宣传部或相关部门设立编委会办公室，负责具体工作的落实。另外，聘请山大、山师等高校及社会研究机构的专家、教授、学者组成专家顾问小组（建议聘请杜泽逊教授作为专家顾问小组组长）。

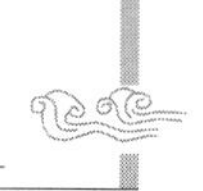

通过《济南文库》的编纂、点校、整理和出版，将分散在全国各地的济南历史文化文献进行一次全面、系统的搜集整理，填补济南在新中国成立后一直没有集大成地方文献丛书的空白和缺憾，使众多普通人难得一见的珍本乡邦文献流通于世，为乡邦文献延一线传承之脉、作一勺续命之汤，为济南历史文化研究提供第一手资料，充分发挥地方文化典籍“存史、资政、释义、育人”的巨大作用。这样一套大型的《济南文库》必将会成为济南市历史文化建设的一大亮点，有利于增强济南市的文化软实力，具有承前启后的意义，甚至可以成为济南历史文化史上具有里程碑意义的一件大事，也将成为济南市除了山、泉、湖、河、城以外又一张亮丽的文化名片。

四、结语

中华优秀传统文化是我们最深厚的文化软实力，而地方文献是传统文化最重要的载体之一，对其科学保护、有序开发利用关乎文化自信的建立和文化软实力的提升。对于泉城济南也是如此，这些地方文献是构建地域文化价值体系的重要组成部分，承载着丰厚的历史和文化，有规划地挖掘整理和再版，对于传承城市文脉、增强城市软实力、建设文化强市具有重要意义。历史文化名城济南拥有丰富的地方文献资源，包括大量珍贵古籍，在新时期，相信这些丰富而厚重的古籍资源，将为济南提升城市软实力释放新活力、提供新动能。

（作者分别系济南市委党史研究院市志工作处处长、副处长、一级主任科员）

新旧动能转换背景下济南文化产业发展浅析

岑　明　李　宁

济南是国家历史文化名城，齐鲁文化的交汇地，泉水文化、黄河文化、名士文化等交相辉映，文化资源丰厚。近年来，济南市不断深化文化体制机制改革，发挥文化资源禀赋优势，推进文化与科技、旅游、创意等深度融合，激发文化消费潜力，有力推动了文化产业高质量发展。黄河流域生态保护和高质量发展、济南新旧动能转换起步区建设、中国（山东）自由贸易试验区等国家战略和强省会战略，为济南市文化产业发展提供了政策机遇。因此，近年来，蓬勃发展的文化产业也成为推动济南经济发展、推动新旧动能转换的重要领域。本文拟就济南市文化产业发展状况进行分析，以期对其进一步发展有所助益。

一、济南文化产业发展概况

（一）文化产业规划、扶持力度不断加大

2020年，济南发布了《关于在新旧动能转换中做大做强文化产业的若干政策措施》，提出“鼓励建设集合文创商店、特色书店等多种业态的消费集聚地。对首次入选国家级、省级、市级夜间文化和旅游消费集聚区的，分别给予一次性补助100万元、50万元、30万元”。此后，济南又发布了《济南市新旧动能转换文化产业专项规划（2020—2022年）》《关于在新旧动能转换中做大做强文化产业若干政策措施实施细则》《济南市“十四五”文化和旅游发展规划》等，以科学规划引领产业发展，有力推动了济南市文化产业健康

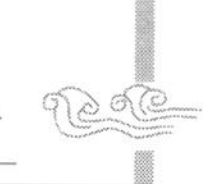

发展。

2023年，济南市继续加强政策引领，初步构建起促进文旅融合高质量发展的“1128+N”政策体系，安排1亿多元财政资金支持产业高质量发展，推动文旅项目提速增效，加快发展文化产业。

（二）文化产业发展不断取得新突破

政策的大力扶持推动了文化产业高质量发展。2022年，济南市规模以上文化企业531家，营业收入1079.9亿元，同比增长率达24.6%。文化企业表现亮眼，东港综合金融服务外包印刷项目、舜网基于5G“大舜云”项目等14个项目获评第六批山东省重点文化产业项目，“济南市数字影音产业集群”入选2022年省“十强”产业“雁阵形”集群。

济南一直致力于把文化产业作为打造现代产业体系的重点和推动经济结构调整、转变经济发展方式的着力点，逐渐形成了“政府主导、企业参与、市场运作”的发展模式。一是积极培育了一大批文化发展平台和文化品牌，文化产业逐步成为济南经济发展中的新兴产业，对全市经济的贡献率逐年上升。二是济南的传统行业、核心行业，近年来通过开展多元化经营等取得了良好的经济社会效益并形成了一定规模。同时，动漫游戏、休闲娱乐、广告会展等新兴文化产业逐渐成为济南文化产业中具有增长潜力的新亮点。三是老城区着力做好泉城特色标志；东部着力打造文体、动漫创意、软件服务业等现代文化产业集聚区；西部着力突出文化艺术、会展、数字创意等文化产业集聚区；滨河新区着力打造休闲娱乐、现代传媒等文化产业集聚区。

为推进文化产业园区和示范基地建设，济南市积极搭建文化产业集聚发展平台，构建内容生产、平台服务、营销传播一体化产业体系。统筹规划老旧工业厂房再利用，引导布局艺术创作、创意设计、影视制作、广告策划、休闲娱乐等多业态产业园区。如安迪·沃霍尔——后工业时代波普艺术展6月在济南拉开帷幕。举办展览的地方——579百工集，原本是济南东部最大的旧货和建材交易市场。在文化创意的指引下，这里成为济南最大的潮流文化聚集地。同时，爱奇艺、一千零一夜、9363军工文化产业园、明湖湾等一批新兴文旅项目签约落地。明水古城、宋风古城、长鹿白云湖旅游休博园等在建项目有序推进。融创文旅城、华侨城欢乐荟、华谊兄弟（济南）电影小镇等运营项目成为泉城文旅新地标，文化产业园区集聚辐射作用日渐明显。

济南市实施重点文化企业培育提升工程，加快推进济南文旅集团、济南出版有限责任公司等国有文化企业发展，促进东港股份有限公司、同圆设计集团等大型文化企业及世纪金榜、山东舜网、山东世纪开元等骨干文化企业不断壮大。

（三）科技信息资源和人才聚集

济南已逐渐成为国内重要的区域性信息产业集聚中心城市，在文化与科技不断融合过程中，催生了各种新兴文化行业、新兴文化业态，为济南文化产业的快速发展注入了新的元素和动力。从人才资源看，济南的高等院校、科研机构众多，完全具备省会城市文化人才资源丰富和相对集中的优势。具体而言，山东大学、山东工艺美术学院、山东艺术学院等多所大学开设了文化产业专业，另外，还有几十家相关的职业院校和社会教育培训机构进行文化产业人才的培训。同时，济南不断推动国际交流合作，开展高层次动漫人才培训，为文化产业发展提供了有力支撑。

二、济南文化产业发展面临的困难和问题

（一）缺乏有效的综合管理

文化产业的发展涉及众多的行政主管部门，需要由一个牵头组织机构来协调各方面的关系，对文化产业的发展实行统一规划引导，对涉及的重大问题进行协调解决。但现实的情况是各部门各自为政，多头管理，制定规划出台政策往往站在自身职能角度考虑，对其他部门的管理职能考虑不周，因而政策相互矛盾冲突的现象时有发生，使企业无所适从。另外，在此基础上，济南文化产业发展各种要素资源集聚共享度不够，整合度不够，如任其各自分散，无序发展，会导致文化产业发展缺乏技术性、融合性、超前性，从而

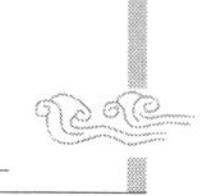

使产业优势、市场优势得不到充分发挥。

（二）文化产业布局分散，集中度不高

济南市就文化产业发展的模式来看，多以企业或者小规模片区为单位，没有像南京、北京、深圳、广州等先进城市一样形成独具特色以文化产业园区、文化产业示范基地为核心的发展模式。同时，济南缺少大型文化产业龙头企业的带动，没有形成完整的产业链，缺少大型的投资发展项目，欠缺知名的文化产品品牌。未能使产业走向集约化、规模化、聚集化的高效发展模式，一定程度上限制了济南市文化产业竞争力的提升空间。

（三）文化产业资金来源过度依赖政府支持

济南市现有的文化产业企业大多处于发展初期，盈利能力较差，对资金要求较多，而现有的融资渠道单一，若想迅速成长，需要各方面的支持。另外，由于文化产业自身的特点，产业化程度较低的部分文化产业无法完全依靠市场，同时文化产业载体建设缓慢，短时间内的投资很难见效，社会上的热钱几乎不会考虑，所以政府的前期引导尤为重要，从而逐步带动民间资本，加快文化产业的进程，形成良性循环，促进市场的积极发展。

（四）文化产品科技含量低

如今的文化产业属于高新技术行业，要想快速发展必须重视网络信息技术、电子技术、光储存技术、计算机技术、移动通信技术、动漫制作技术等高新技术。济南市文化产业同国内外文化产业发展较好的城市相比，其资金、人力、科技含量不高，创新能力不强，大大降低了文化产业自身的影响力，进而削弱了文化产品的市场竞争力。

（五）专业的文化产业技术人才缺乏

虽然近年来济南市文化产业从业人员数量得到快速增长，但文化产业专业的“高精尖”人才匮乏。文化产业迫切需要一支整体水平高、专业素质强、人才结构合理的专业文化产业人才队伍。目前，济南市与发达地区在文化产业人员从业构成和人员知识结构上都存在不小的差距，尤其缺乏一批擅长市场运作，具有文化产业战略思维的实践人才，高层次的经营管理和科技人才更是缺乏，这直接造成文化企业技术水平低、创新能力不强、产品缺乏市场竞争力。

三、加快济南市文化产业发展的思考

（一）增强文化产业管理的效能

推进文化管理体制创新，对文化产业发展实行统一管理。针对政出多门、多头管理、交叉管理、缺乏协调合作机制的现状，应建立促进文化产业发展的统一领导协调机构，健全领导责任制，明确职责和任务要求。同时，建立联席会议制度，充分发挥规划、协调、指导和监督的作用，定期召开会议，研究解决文化产业改革和发展进程中的重大问题。同时，转变政府职能，按照市场经济条件下政府经济调节、市场监管、社会管理、公共服务的职能定位，把对文化企业的具体、微观的管理转到宏观管理上来。将经营权、人事权、管理权、收益分配权等下放给企业，调动企业发展的积极性。政府将重点转移到制定文化产业发展规划，出台各项扶持措施，有效监管上来。积极推进文化产业行业之间的交流与合作，发挥行业协会作为文化企业与政府管理部门之间的桥梁和纽带作用。鼓励行业协会和中介组织在文化产品生产、流通、消费等环节发挥更大的作用，拓展文化流通空间，促进文化资源整合及合理配置。

（二）融合发展，突出特色品牌

文化产业具有开放性、延伸性强的产业特征，因此在发展文化产业时要加强餐饮、商贸、娱乐、科技、旅游、会展等行业的融合力度，使文化产业与相关产业协调发展、融合发展，以文化产业园区的高效发展来提升济南市经济文化的竞争力。

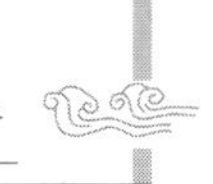

济南各县市区要根据本地区的特点，选择性地建设文化产业园区，也可以采用多种建设形式，避免出现一哄而上的现象。济南市应把新园区建设与老园区改造放到同等地位，既要根据济南市产业发展重点和资源特色，通过依托房地产项目、政府规划，鼓励企业自主创办一批文化产业园区，如银座天成（啤酒厂）文化创意产业园、世纪金榜文化产业园、山大路文化科技创意产业基地、万达广场、和谐广场等；通过对大明湖风景区、英雄山文化市场、齐鲁七贤文化城、百花洲文化园等一批已有园区进行优化提升，真正建立起具有产业链形态的产业聚集区，增加文化产业产品的生产和经营，合理地提升文化产业园区的发展空间。

（三）拓宽文化产业资金来源

建立完善以政府为主导的多元化投融资机制。一是加大财政投入。应继续实施并根据财力，逐步增加扶持资金的额度，形成对文化产业投入稳步增长的机制，研究制定采取多种适合市场主体需求的形式支持产业发展。鼓励企业积极争取国家和省市各类文化发展资金。支持有条件的企业进行上市融资。对符合上市条件的企业，给予财政税收、土地资产处置等相关优惠政策，对中小微文化产业企业加大扶持力度。二是推动社会资本流入。放宽文化市场准入，吸引社会资本进入文化产业，从事文化产品生产经营。在政策许可范围内，探索实行股权多元化，发展混合所有制文化企业。降低社会资本进入门槛，允许参与对外出版、网络出版，允许以控股形式参与文艺院团、电影院线、广播影视改制经营。加强文化产权、版权、人才、技术、信息和产品等市场平台建设，鼓励金融资本、社会资本、文化资源相结合，构建服务文化产业的完整金融链条。三是引导金融机构进一步改善金融服务，探索金融支持文化产业发展的有效渠道和形式，大胆探索证券、保险、信托、基金等新型业务领域，把更多的金融资本投向文化领域。研究文化产权评估、抵押质押具体办法，推出商标权、专利权、著作权质押等多种权利质押贷款方式，逐步扩大收益权质押贷款的适用范围。

（四）加强科技创新及知识产权保护对文化产业的推动

科技创新是文化产业的核心竞争力，没有科技创新就不可能有文化产业的可持续发展。用科技创新手段开发新型文化产业项目，努力提高文化产品的科技含量，为文化产业的创新奠定牢固的技术基础。采用新技术、新方法不断开发文化含量高、科技水平高的新产品、新品种。促进动漫、网络游戏、创意设计等创意产业的发展。

此外，文化产业还要重视对知识产权的保护，建立有利于文化创新的文化产业环境，要加强公民对知识产权的认识程度，大力宣传知识产权的重要性，使公民具有相关法律意识，善于运用法律的武器保护自己。另外，建立健全相关法律法规，完善知识产权方面的法律空白，加大对侵权行为的严惩力度，切实加强对济南市文化企业的知识产权保护。市有关部门应主动协助济南市文化企业开展在济南市外的知识产权维护行动，解决好济南市文化企业发展的后顾之忧。

（五）不断完善文化产业专业人才队伍建设

专业人才队伍是发展文化产业的核心要素。针对济南文化产业专业人才现状，我们还需要在以下几个方面做出努力：

一是强化全日制文化产业专业人才的培养。通过高校建立完善文化产业专业人才的体制和系统，树立为文化产业市场主体提供更多更好人才的观念，靠人才提升文化产业发展层次和水平。针对济南市高校，进一步办好山东大学、山东工艺美院等本地高校的艺术、设计、软件、传媒、表演等相关专业，适当扩大文化产业人才的招生规模，根据文化创意产业的发展需要确定人才培养计划，定期举办文化产业工作人员知识培训、实地调研等活动，为文化产业人才队伍建设提供强大的后备力量。高校在培养文化产业专业人才时应注意采取产学研相结合的方式，大力推进高水平大学和重点学科建设，共建文化产业产学研基地。

二是加大人才引进力度，加强重点项目的人才引进和资助，通过多种渠道吸引高端人才进入，鼓励当地人才走出去，外地人才走进来，实施人才软

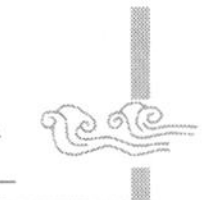

流动，推进高端人才带动整体人才队伍的建设培养。提高整体人才队伍的技能、管理水平，发挥省会城市的地位优势。

三是突出国内外高端人才的引领作用，为文化产业市场提供方便快捷、优质高效的服务。加大文化创意人才培养的国际合作力度，结合“百千万海内外人才引进工程”和“5150引才计划”，引进文化产业所急需的高层次、创新型、复合型人才，通过提供优惠的经济政策、提供落户生活便利等搭建高层次优秀人才引进绿色通道。降低引进高端人才的门槛，适当增加人力资源成本，研究设立高层次人才专项扶持资金。

四是创新人才的管理和培养体制。做到人尽其才，使人力资源得到最佳的配置。加强创新人才供求信息引导，吸引全国高层次创新型人才积极融入济南文化产业。允许部分产业以兼职、顾问、合作等方式柔性引进高层次创新型人才，并纳入相关人才政策的保障范围，拓宽政府柔性引才引智渠道。及时掌握产业对高层次创新型人才的需求，促进文化人才在全市范围内合理流动，优化文化人才结构，突出人才的实际使用价值。同时，完善人才培养机制，改革人才培训内容和方式，将文化人才队伍培养发展纳入全市中长期人才发展规划，强化系统化、系列化文化人才队伍的创新、经营、管理能力培训培养。

参考文献：

1. 《中共中央关于深化文化体制改革　推动社会主义文化大发展大繁荣若干重大问题的决定》，新华网，2011年10月25日。

2. 章欣然：《互联网背景下的文化产业发展与策略》，《文化产业》2022第5期。

3. 贾佳、许立勇、李方丽：《区域文化科技融合创新指标体系研究》，《科技促进发展》2018年第12期。

4. 臧丽娜：《文化创意产业运作与案例：以山东为例》，山东教育出版社，2013年版

5. 陈炜敏：《凸显支柱地位　济南文化产业行稳致远》，《济南日报》2023年8月7日。

（作者皆系济南市知识产权保护中心高级工程师）

编者按：2022 年 7 月 30 日上午，徐北文先生手稿书法著作展、徐行健先生书画艺术巡展暨研讨会在垂杨书院举行。展示徐北文父子的艺术人生，对于解读这个家庭的文化"密码"具有重要意义，对于建设"书香家庭""书香城市""书香社会"也有启示和借鉴意义，进而为提升济南文化软实力助力添彩。现将研讨会上部分嘉宾发言摘录如下。

"天香风骨聚笔端"

宋遂良（山东师范大学文学院教授）

徐北文先生是济南和山东的大学者。他学贯中西、博古通今，是济南这个城市的幸运。他有很多值得研究继承学习的地方，今天，我想着重讲一讲徐行健先生的艺术成就。

作为徐北文先生的长子，徐行健先生的艺术道路，并没有得到父亲过多的关注和指导。据行健先生自己回忆，小时候因为受到父亲不公正待遇的牵连，他没有条件上大学，16 岁初中毕业以后，就到工厂去工作，完全是靠着自学努力成才。但是，这并不能说明他父亲对他没有影响，这个影响就是他的家风，就是家庭里的文化氛围和家里大量的藏书对他产生了深刻的影响。行健先生说，因为父亲下放劳动，他的工作方向、个人爱好，父亲都没有精力过问，完全是自由发展，但是他想干什么父亲都支持他、鼓励他。

他先是在工厂里搞设计、画油画，后来才慢慢地学书法、画国画，中西方的美术创作方式都学习过、实践过，他的艺术成长过程确实不是一条很正常的、正规的道路。

我想主要有这么几点。第一点，就是他功底深厚、博采众长。因为他不

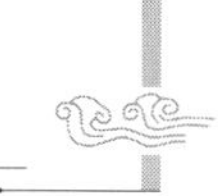

是接受正规学校的教学，所以他是完全凭自己的兴趣爱好特长去读书。他读过大量的著作，像东西方的哲学史、美术史，中国古代、近代、现代、当代的文学作品，还有宗教、心理学等，这些知识都造就了他的学问功底。他非常喜欢读书，我知道他现在的工作室和他的宿舍，有两个书房堆满了书。那一年4月23日世界读书日，报社曾经专门开一个专栏介绍他的书斋和他的读书心得。有一回，我向他借了木心的书，回家看的时候，我就发现书上有很多他的批注圈点。他读书是很认真的，而且他每天都记笔记和写日记，这样常年的积累，造就了他的艺术有着深厚的文化或学术的功底。比如，他画牡丹，因为他个人的兴趣，他就把牡丹富贵艳丽的那一面去掉而画一种焦墨的牡丹，显示牡丹的古雅、高贵。所以我就想，他是把一个红娘变成了一个林黛玉，去六朝而尚魏晋，把牡丹的脂粉气去掉。他的牡丹，有一种高贵的感觉，甚至有一种贵族气和神秘感，这种贵族气和神秘感来自画家内心的审美追求。他精神层面的档次，不是一般画家的技巧和匠心所能达到的。

第二点，就是他有一点偏激，有点极端。我觉得一个艺术家因为敏感，因为需要抵御平庸，所以就会特别强调自己的某些特点，行健先生也有这个特点。比方说，他厌恶红色，特别是大红色；比方说，他说书法，最后是归纳到线条，他认为线条是书法和绘画的基础，线条也是书法和绘画的灵魂，他特别崇尚线条的美。他画画在线条学方面下功夫，学过二王、学过汉隶、学过颜真卿，但是他又特别推崇何绍基，把何绍基的画当作典范，毕生努力去弘扬去追求。我觉得一位有个性、有特点的艺术家，总有一点偏激。像李白、高更、塞尚、毕加索，他们都有一种偏激，有一种夸大，来抵抗庸俗，彰显自己的特点。徐行健先生也有这一点。

第三点，就是他的人品。他是一个爱憎分明的人，他心中无芥蒂，口中没遮拦，谁好谁坏他没有应酬的话。这一点就造就了他有颗艺术家的童心，他容易轻信、容易偏激，但他始终保持正直、善良。他对人很友好，很多人都是他的朋友，我们围绕他成立了一个文化沙龙式的集会。他对于学生，非常尽心尽力，学生和他的关系形同父子；他现在还教一些儿童学书法、学绘画，每周都教，很尽心、很用心，而且和孩子们的关系也非常好。所以他的这个特点，也就使他童心不泯，艺术青春常在，而且使他能够不断地学习，不断地向新的层面追求。他画过宣传画，搞过家纺图案设计，画过西方印象派的油画，然后画国画、练书法。他的兴趣爱好多方面发展，这种综合性的成就造就了他现在艺术的、书法的特色，这是他整个人的文化积淀、艺术追求、生命感悟综合而来的一种艺术，具备这种独特性的只有一个徐行健。

当然，行健还在发展、在探索进步之中，希望他取得更大的成就。今天这个会承蒙垂杨书院和张期鹏先生的热心、慧眼见识，能够使徐家父子的文化艺术发扬光大。

王培元（山东大学教授、山东大学书画院院长）

徐北文先生是我们的师辈。我在上大学的时候，还有工作以后，都不断地跟徐北文先生有所交往，从徐先生那里得到很多的教益，特别是在后来的工作当中，因为我也是研究先秦文化文学的，所以跟徐先生有很多业务上、学术上的交集。尽管我和行健先生不熟识，但是我和徐老先生是很熟的。过去说“海右此亭古，济南名士多”，我想北文先生就是济南现代的名士之一，因为北文先生不仅在学术上有很多的建树、很多的探讨，就是在书法艺术这方面也卓有成就。所以，北文先生是一个有多方面艺术才能的学者，我们可以从今天展览的他的日记、他的书法作品中看出这一点。

今天看到行健先生这些作品，也听到宋遂良先生介绍行健先生，大致了解了他的艺术成长道路。因为行健先生是从设计起步，涉猎过多种艺术形式，看他早期的这些作品，有油画、水粉，还包括设计的一些作品，都有他自己很显著的风格。他退休以后的作品，以水墨牡丹为主。我们可以看出来，行健先生在艺术上有不断追求的精神，而且他还有自己的一些审美观念，一些创作的思考。所以，看他的作品，不管是构图，还是设色，与一般的牡丹画是非常不同的，有他独特的思考。绘画作品创作的对象可以有很多，但是每一个画家所要表现的创作对象完全取决于他个人思想当中的取材。牡丹有它的娇美、有它的富贵，也有它的铮铮铁骨，就看画家选取哪方面去表现。这个取材更多的是体现了画家对于事物的一种理解、思考和认识。所以，行健

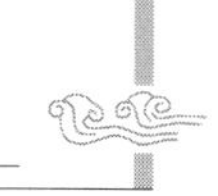

先生的艺术融入了多种艺术形式，同时又深深地在国画的笔墨色彩当中经营了多年，才形成今天的风格。

周长风（济南日报报业集团原党委书记、董事长）

徐北文先生在济南的文化史上是什么地位，我们可以做出很多种评价。我最近写了一篇文章，从一个角度讲了济南历史上的九个人，其中绕不过去的一个人就是北文先生。从这件事情就能看出，北文先生在济南文化史上的巨大的影响力和非常重要的地位。

我和徐行健先生交往中感受最深的有三点。

第一，就是他年轻的心态和充沛的生命力。这里也只能举一个例子，我们两个都属马，他比我大一轮，有时候两人聊天，我不由自主地流露出一种暮年心态，觉得眼看就奔七了，已经老了。他总批评我说：你怎么这种心态啊？我觉得我还很年轻呢，还有干不完的事、学不完的东西呢。这件事情对我触动特别大。一个他，还有一个是宋遂良先生。宋先生比我大二十岁，他常跟我说：只要我在，你就不能说老。两位先生的这种精神确实令我非常受益，对我的生命也好、精神也好，都是一种巨大的鼓舞。

第二，就是行健先生坚持追求自己的艺术理想，不断地攀登艺术高峰的精神。我们都知道，很多书画家到了七八十岁的年龄，就已经吃老本了，甚至随着精力、身体的衰落，在艺术上已经走下坡路了。但是，徐行健先生还在不断地探索、不断地创造、不断地前行。宋遂良老师讲徐行健先生的学术观点有时会让人感觉偏激，我觉得他是用这种偏激来抵抗平庸。这种偏激是对自己艺术理念的一种坚持和弘扬，是对社会上一些谬误的一种反驳，往往也是一种片面的深刻。他有非常高的自我期许，认为自己在艺术上还能不断地进步，还有很大的上升空间。而许多书画家是不愿说、不敢说自己的艺术还没有达到高峰这样的话。行健先生这个年龄还在不懈地、满怀热情地追求自己的艺术理想，创造自己的艺术风格，对我来讲是一个很大的教育和激励。

第三，就是他勤奋学习的精神。他平时每天早晨四点多就起床看书，做读书笔记。他的读书笔记我看过，一本一本的，读过的书上都有大量的标记。读书的事情我们有很多交流，有时候我提到一本书，他若感兴趣，马上就买来看。他也给我推荐很多很多的书。他读书的范围要比我广得多。我因为刚才所说的暮年心态的影响，很多东西现在就不大看了，比如说当代文学，平日里主要看一些古典文学或者是与济南历史文化有关的书籍。他读的书非常多，无论社会的、政治的、文学的、历史的，甚至包括音乐的书，当然书画方面的就更不用说了。我觉得我们的交往还基于他对真理的追求、对知识的渴求。行健先生是我的一个诤友。这五六年来，能够和我对很多问题进行讨论甚至争论的，只有徐行健先生。我们两个经常争论，有时候甚至争论不休。我觉得这种朋友是非常难得的。

韦辛夷（济南市美协原主席）

徐北文先生、徐行健先生是咱济南的文化“双臂”，双峰并峙。当年国务院政府特殊津贴就是他们父子同时获得的，一时传为美谈。我还有幸和徐北文先生一起参加过论证建立趵突泉李清照蜡像馆的活动。那次印象最深的是一睹北文先生风采，一直到现在，印象还是非常深刻。今天，我想重点说说徐行健老师，谈两点：一个是快乐的徐行健老师，再一个是自为的徐行健老师。

先说快乐的徐行健老师。我和徐行健老师认识已经23年多了，而且认识的那天，非常有意思，是1999年的9月9日09：09。那天我们一起在徐老师办公室，正好曾毅先生去了，卡在这个时间点，拍了张照片。这张照片现在还在行健老师家挂着。当时是孙国章老师专门介绍我过去的，所以我和行健老师的认识是有日期的。这次展出的四张水粉画当时就是在专家协会办公室挂着的，23年了，我印象还非常深，因为画画，对画敏感。为什么说行健老师是快乐的？就是因为我从见他那天起到现在，印象里他就是笑眯眯的样子。我记得有个哲人曾经说过，一个人修为好了以后，他老年的面容会变成中性化的，像启功先生、季羡林先生、南怀瑾先生，等等。行健老师的面相也非常平和、安详、慈祥，让人看着如沐春风。到现在为止，行健先生的形象还

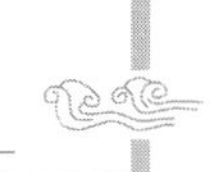

是这样，笑意盈盈，总是给人快乐。哪怕自己有些心烦的事，和他在一起马上就感觉烟消云散了，我这种感受是非常强烈的。我和行健老师有过多次学术交往，在他的工作室一起品茗、聊天，也和他一块出过差，这些活动都增强了我这个印象，就是四个字：如沐春风。之所以快乐，还有一个原因，就是他有事做。有事做，他就是快乐的。他除了自己画画、读书，还经常教学生写字，同时我最感慨的是，还有几个非常好的学生天天和他在一起。这也是徐老师快乐的源泉，像张亮先生、刘文学先生等，都是他的学生，他们师生之间是那种水乳交融的关系，有点父子情深的感觉。

再说一说他的自为。自为必须有几个东西做支撑：自爱、自尊、自立、自强。他是一个在艺术上非常有想法的人，就是说他自爱，爱惜羽毛，他的这些画完全是按自己心里的东西在画，是出自他的心性。他的画是其个性在艺术上的一个反射。刚才，宋老师专门谈到他对色彩的一些偏好，其实我给他写过文章，我是从焦墨角度写的，其中引用了当年武则天那个故事，就是焦墨牡丹体现一种风骨。所以，我总感觉行健先生到了这个年纪，并不是完全按照传统的东西在画，而是靠在心上画，这就是一种自为的能力。这个自为能力，首先是他长期得益于其他艺术形式的滋养，比如他大量广泛的阅读在他的画上都是有直接体现的，你会发现他有意避开一些传统的画法，再加上自己的理解，这些东西都是非常可贵的。所以他这个自为做得是非常有滋有味的，期望今后能看到他更多的好作品。

张世昌（高级设计师、画家）

徐行健先生是我老师，我从不到 20 岁就和他接触，一直到现在。他开始绘画是在 60 多年前，整个绘画过程和道路我都目睹了。我认为徐老师最大的特点，就是他一直在孜孜不倦地学习，一直在追求学问，追求一种更高的境界，到现在他也还总是说达不到。因为他读的书比较多，站得高，眼光很高，他对自己要求也高。

徐老师在搞设计的时候，牡丹花是他创作的主要题材之一。他也从写生开始，年年到菏泽牡丹园去写生。这个牡丹花在他手里就是信手拈来便有神。

他原来搞设计的时候不用起草、不用临摹，拿笔一画便栩栩如生。退休以后，进入一个探索书画艺术的新时期，他看到社会上的牡丹画很多，但感觉都不好，心里不大平静。他说牡丹是国画，应该有更好的表现才对，画这么烂他很难接受。于是，他一反常态，只用墨色线条、不画颜色。实际上他的没骨牡丹画得很好，很有思想性，我总觉得他就是不显富贵不追风，不求富贵求风骨，用枯笔焦墨写沧桑。

从文学艺术的角度说，徐老师是把心灵的东西和大自然融合为一体，这就是神与物化，这也是他对自己的要求，他一直在这方面追求更高的境界。另一方面，他一直在追求国画当中的笔墨精神。他常说笔墨不过关，无法谈国画。其实就这个观点，有很多人说他比较激进。当我和徐老师交流的时候，我问他：你是不是观点有点激进？他说：社会上很多人只重形式不重笔墨，中国传承千年的笔墨不讲太可惜，我讲得过激一点，也算矫枉过正吧。当他说到这里的时候，我就欣然接受了他的观点。笔墨精神是中国画的核心，也是中国画的灵魂。中国画和西画的区别就是对笔墨线条的理解不同：西画的线条是为造型服务的，而中国画的线条是有独立生命的。在他的影响下，我们也深受启发。

我自己现在也在画国画，感觉若想笔墨达到一个更高的境界是很难的。徐老师始终在探索，一直在追求，祝愿他能够达到更高的境界。

马　平（济南中华文化促进会主席）

徐北文先生的文化地位、文化成果，应该说已有公论，他是一代文化大家。徐行健先生今天这个画展，包括研讨会，让人感受也很深，我看了以后想谈这么几点。

第一，就是徐行健先生的绘画有自己的创作理念。他讲绘画是线条的艺术，追求骨法用笔。他的工作室我也去过几次，交谈中他一直强调线条的枯笔渴墨，这是一个很好、很高的美学境界。

第二，就是气韵充沛、浑然天成。徐行健先生有个绘画小视频，把他的作画过程都呈现出来。徐老师在画线条的同时，直接和染、和皴擦结合在一

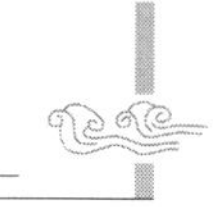

起，所以它的气韵非常生动，应该说是浑然一体。那种气息，给人一种印象就是扑面而来的感觉。

第三，就是亦古亦今的独特主张。中国画是一门传统的艺术，必须有文化的传承、历史的根基，这一点徐先生非常看重，因为他对中国传统的历史研究也很多，经常阅读书论、画论，还有一些东西方哲学方面的书。另外，他对色彩方面的研究也很多。所以，他的画就是亦古亦今，画里有中国传统笔墨线条的内涵和基础，同时画面呈现出来的又是现代人的精神气质。这一点在徐行健老师的画面上体现得很深。

他的画具有很强烈的个人特点，比如说若在一个大型的画展中，徐老师的画放在那个地方，第一非常夺目，第二大家不管看不看落款，一定知道这是徐老师的画，所以他的个性特征、艺术特征都非常独特、非常强烈。这是一位艺术家非常难得的一种秉性。

第四，就是老当益壮、孜孜以求的精神，值得我们学习。徐老师一直在艺术的路上向前、向上努力探索。他每天坚持临帖、读书、绘画，而且还做了一件非常有意义的事情，培养孩子们学习书法、国画，传承中华传统文化。祝愿徐行健老师的艺术再上新台阶，再创新辉煌！

吕麟书（著名书画家）

我和行健老弟相识42年，两个人之间相互的了解和理解都是比较深刻的。行健非常喜欢结交朋友，很热情。我经常跟他开玩笑说：你就像诗句当中讲的“座上客常满，樽中酒不空”，待人热情、对学生真诚、对朋友坦诚。我和他相处，能够非常坦然地交流问题、直言不讳。

还有一点值得我崇敬的是，他始终如一、孜孜不倦，能够不断地重新评价和认识自己。他从设计开始，走入绘画，涉猎绘画的门类也不少，一直都走在一条探索的道路上。人往往到了一定年纪就自我放弃，但行健老弟恰恰不是如此。因为直到现在80岁了，还能够孜孜不倦地要求自己，深刻地研讨和学习很多新的知识。这一点我觉得难能可贵，我经常在微信中、在朋友圈里就能感受到他在学什么、在思考什么，对我解读或者是学习新的内容也是引领，能促使自己不要倚老卖老，要活到老学到老。我觉得行健那种个性就是艺术化的个性，天马行空、毫无羁绊、自成一家，这点精神也是令人敬佩的。

朱建信（济空政治部创作室原主任、著名军旅作家）

我和行健老师相识也有些年头了，每年总要见几次。他有新作，有时也拍成图片发给我。我喜欢行健老师的作品，也为他的作品写过零星文字。我不懂书画，艺术这个东西见仁见智，各有各的理解。我从行健老师的作品中大致看到了三个关键词：生命意识、生命意志、生命意趣。

第一是生命意识。这主要体现在他的“牡丹系列”作品里边。行健老师的焦墨牡丹热烈饱满，是真正意义上的怒放，表现出强烈的生命的自主和张扬。在构图上，有的作品很少留白，作为主体的牡丹几乎充满整幅白宣。观赏者或可感觉到，那些鲜活的牡丹仿佛就要开出园圃的边界。那不是一般意义上的开放和绽开。我猜想这可能是行健老师有意为之，他的牡丹图上，就有过“怒放”的画题。他笔下的牡丹开得恣肆，充盈着饱满的生命热情、激情，无拘无束、无恐无惧，具有一种自由奔放的生命形态。我至少有两次听行健老师说过同一句话：只有创作才是快乐的。“快乐”是一种最好的生命情状，艺术家在这样的情状中进行创作，自然会把自身的精神气象注入作品之中。艺术是艺术家的精神世界在某些时刻或时段的外溢和固化，因而艺术既是感性的，又是理性的，人的精神世界就是感性和理性的统一体。行健老师牡丹系列作品中表现出的强烈的生命意识，本质上是他自身的生命意识借助他创作的审美主体的一种显现。

第二是生命意志。这主要体现在他以梅花、竹子等为题材的作品中。这类作品的意旨，我觉得是画家用自己的精神对世俗世界的抵抗和拒斥。我尤其看重行健老师画的梅花，还为一幅“老梅图”写过一首小诗（铁骨势凌云，沧桑一树春。暗香盈四野，妙笔赋梅魂）。行健老师可能有点喜欢，后来题到了画上。一棵栉风沐雨、历尽沧桑的老梅树，铁枝上开满盈硕的花朵。我以为开花的老梅树寄寓着一代人、几代人，甚至无数中国文化人的生命经历和

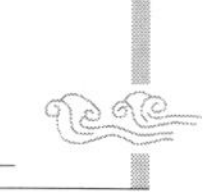

情感经历。这一类型的文化人，面对坎坷的命运坚强不屈，老梅树是一种具有稳定性和持续性的价值观的形象呈现，不屈从、不自弃、不颓废的文人风骨，被艺术家赋予了老梅树这一自然形态。老梅树是一个审美意义很强的喻体，以梅表意，体现出的是一种坚强不屈的生命意志。

第三是生命意趣。意趣有意味、情趣和趣味等含义。行健老师画的葫芦、石榴等类似于小品的一些作品，我觉得饱含着生命意趣。任何一位艺术家都不会总是沉浸在紧张激烈的情态中进行创作，张弛有致，在风格总体趋同的情况下，题材的多样性和技法的丰富性，是艺术家成熟的表现和标志。行健老师的这类作品，讲究法度而不拘于法度，适度的节制与约束和温润愉悦的情感达成平衡与统一，因而呈现出清丽自然的形貌，雅致、闲适、有意、有味、有趣，洋溢着淡淡的君子之风，这是生命意趣的魅力。

大先生徐北文公无论是文学、学术、书法、楹联等诸方面的成就，还是精神品格，都堪称楷模。行健老师很好地传承了深厚渊博的家学和良好的家风，他是一个爱憎分明的人，激情似火、疾恶如仇，又温厚儒雅，艺术追求无止无界。宋老师说他有时稍稍有点偏激，我觉得，就艺术创作而言，“偏激”是一个很大的优点，或许正因为如此，行健老师的很多作品才无拘无束，自成一家。就创作本身来说，偏激是非常好的一种艺术精神。如果不“偏激”，总是中规中矩，亦步亦趋，跟随所谓前人或经典的脚步，就不会找到自己的天堂，能进入的一定是别人的花园。所以，行健先生这种偏激，在艺术观念、艺术创作方面是一个巨大的优势，他的家学家风是另一个巨大的优势。像行健老师这样孜孜不倦学习、思考和探索的并不多，他可以和我们谈文学、思想方面的东西，还可以谈哲学，多数书画家没有这样的资本。

朋　星（济南市政协原副秘书长）

北文老师离开我们已经 17 年了，每当回想起来，对徐老师的感情没有因为时光的流逝而逐渐黯淡，反而与日俱增。今年上半年，我仔细地阅读了徐先生的年谱，又了解了过去我所不了解的许许多多的事情，又想起了当年和徐老师在一起的那种幸福、美好的时光。现在我在读书、写作或者日常生活中常常会碰到一些困难。我有时候就会放下手中的事，闭上眼睛想，如果这时候徐老师还在多好，我打个电话随口就能询问，可是现在我去找谁。有时候就时常陷入孤独当中，在这种孤独中，脑海中就浮现出徐先生的形象……

认识徐行健也有好多年了。今天是我看行健的画最多的一次，我背后这幅画让我震惊。因为这幅画，你靠近了看一会儿，然后再离远看，那种大幅的焦墨牡丹的墨色味道就完全出来了。我想起我曾经写过一首诗："国色何须是红紫。"宋教授说，徐行健特别厌恶大红大绿这种非常俗气的东西，正应了"国色何须是红紫"。"天香风骨聚笔端"，就这笔画出来，运筹墨色分黑白。这里边有多种含义，善与恶、美与丑，用黑白把它分出来了。然后，"飞上枝头天地宽"，形成的画意这么美妙，同时也表现了行健先生的艺术创作走向一个自由辽阔的空间。

今天第一次看到这些画，看到这就是一个介立的人、一个耿直的人、一个从不妥协的人。仔细一看，这些画里边都带着人格、带着性格、带着思想。

刘　溪（文化学者、济南市文联原党组书记）

徐北文先生、徐行健先生、徐行健先生的女儿徐春娜，在济南像这样成就斐然的文化世家，确实不多。关于徐北文先生的成就，过去的一些研讨都谈到过，我今天主要谈一谈徐行健先生的绘画。

不久以前受徐行健先生所托，我写了一篇关于他的评论。说真心话，当时我费了挺大劲，因为我读徐行健先生的画一开始不好给他定位。我觉得他的画，尽管是用中国画的笔墨来画的，但是它呈现出来的效果有油画的感觉。因为我那时候不太了解他整个绘画的发展历程，所以不好判断，后来和徐先生聊过一段时间，然后又看了他之前的一些设计作品，还有他的油画、水粉画，我大概明白了这样一个脉络，最后得出一个结论。他实际上把西方绘画的一种程序、一种模式和中国画的笔墨技法做了一个结合，呈现出像目前这样一个面貌，从徐先生的设计作品上就能感觉出来，他是一直坚持西方古典绘画的焦点透视中心的，在他的国画中也能看出油画的立体感，我想与他这样的一种坚持是一致的。

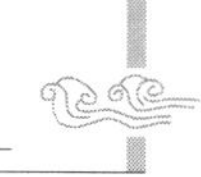

西方现代主义艺术家恰恰相反，他们从中国、从东方借取了很多元素，比如日本的浮世绘，他们的画越来越平面化，和文艺复兴之前包括印象派之前的东西都不一样，越来越平面化。前不久，我看了一篇文章，一个现代画家的画就做景深止于平面。这是现代人的一种绘画追求。但是行健先生呢？他没有这样做，他的绘画和很多设计图表现的都是立体性超级强的，现场的这几幅画立体感也很强，这里面用的显然是一种焦点透视的东西。本来我以为他做设计的，一般都要平面化地表现，比如说像汉砖，但是没想到徐行健先生从设计到后来的绘画，一直坚持的恰恰是一种西方最古典的透视方法。然后，他用的是笔墨，我在给他写的文章中也特别谈到了，他在书法上的一种自觉的追求，就是特别注重线条。哪些中国画如果线条不好，他会当面指出来。当时我看他的画并没有特别理解他的线条怎么来体现，而且画得这么浓重，有的是焦墨。后来我发现，他的画等于是一种线条的堆积，从一个线到一个面，然后到一个体，最后呈现给我们，就是他现在这种更加立体化的样貌。我想，西方现代主义绘画从东方学习了一些平面化的东西，但是徐行健先生使用的是中国的毛笔、中国的笔墨，甚至书法的线条，而他的构图形式、整体画面呈现出来的效果，有西方最古典焦点透视的东西，他恰恰是做了一种中西结合的艺术。和当代的东西不太一样，他把一个最古典的东西和另一个最古典的东西，做了一个结合。

所以，他的牡丹、梅树，包括他的一些其他的画，呈现出来的样貌，完全不一样。这是我对徐行健的绘画的一个初步了解。行健先生爱好非常广泛，他对音乐非常精通，当代那些爵士方面的音乐他都在听，对这个年龄段的人来说，这是非常不容易的，而且他读了很多书，对当代的东西一点都不陌生。

他就是一直保持一种青春的状态，这也是我从他身上感受到的最大的一个特质。他心态不老、精神不老，未来他的绘画创作肯定还会有更加让我们耳目一新的变化。

张华松（济南社科院原副院长）

我与行健先生相识将近40年，相熟却是近十多年的事。恩师北文先生去世后，我们一起为北文先生搞了一些纪念活动，彼此联系和交流逐渐多了起来，对行健先生的人品和艺术事业有比较深入的了解。

行健先生艺术创造力之旺盛，一如当年恩师北文先生80岁高龄，仍然笔耕不辍、佳作迭出，追求卓越、不断创新，真是令人钦佩。我于书画是门外汉，欣赏行健先生的画作，总有种强烈的感受，就是行健先生的画个性鲜明，别具一种精神和风格。他画的牡丹大气、高贵、典雅，有风姿更有风骨，洋溢着勃勃的生机。应该说，行健先生的牡丹画是中国牡丹画的一个巅峰。

行健先生既是一位享有盛誉的画家，也是一位服膺人文主义的学者。他博览群书，于艺术、哲学、史学、宗教、文学等领域也有广泛的涉猎。他关心社会，关怀人生，对社会和人生有深刻的体察和独到的见解，从不人云亦云。文化的厚度和思想的深度，决定了艺术的高度。行健先生在艺术上能取得如此非凡的成就，这应该是一个重要的背景和原因。

北文先生离开我们已经17年了。2024年，在北文先生诞辰一百周年之际，我们应该搞一些纪念活动，现在就应开始筹备。我有两点建议，一是编纂出版《徐北文先生全集》（包括日记、信札），一是举办大型学术研讨会。

宋遂良先生称北文先生为“当代济南首席名士”。随着时间的推移，我们会越来越认识到北文先生在学术上、文化上的巨大贡献和价值。北文先生留给济南的是一笔丰厚的文化遗产，我们要予以继承和弘扬，服务于“文化济南”建设。

任晓清（省人大教科文卫委员会原副巡视员）

本次艺术展规模不算大，可是却呈现出一派正大气象。一是父子双展并举，展品丰富多彩，彰显了父子双雄的优良传承，进一步树立起我们崇敬学习的典范。二是垂杨书院承办本次艺术展，并将进行巡展，设立了徐行健先生书画室，这是尊重知识、尊重人才的最生动、最真切的体现。三是应邀前

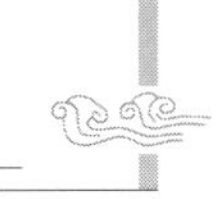

来参加展会的各位文化大家满怀深情，研讨座谈营造了高雅的艺术氛围，也连接起一支艺术精英队伍，文化山东、文化济南发展前程可期。今天的展会值得点赞。

我怀着崇敬的心情跟随徐行健先生学书画已三年之久。从中了解到，先生书画作品的高雅美感体现在笔墨精神上。先生坚守中国传统文化的美学品格，深谙中国书画线条的艺术，显现笔笔中锋，呈现出圆柱形的立体美感。他用线强劲、力透纸背、抑扬顿挫，展现出音乐的旋律感和节奏感。他书法入画，以焦墨渴笔线条塑形，淡墨淡彩湿之，疏密有致，简洁与主体相异，彰显了白璧之美的文人画风格特点。先生在继承的基础上，创新吸收了西画的明暗手法，增加作品的观感。他时时关注着世界色彩的流行趋势，莫兰迪色系给了他启发和借鉴。在道法自然、天人合一等中国古典哲学思想的指引下，先生的书法作品洋溢着大自然的勃勃生机，有一种自强不息的精神，总给观者以精神振奋的力量。为什么有这种效果？这来自他博大博爱的情怀。在抗疫期间，他出于对白衣战士的崇敬，画了这幅大幅牡丹，起名为晨曦，题款为晨曦。用他的话说：我用生命讴歌生命。他以蓬勃开放的牡丹对生命予以礼赞，他将牡丹比作朝阳，预示着伟大的祖国生生不息，蒸蒸日上。三年学徒，不但学了读书、书画，还学了如何看待人生，受益很深，深表感谢。我与尊敬的徐北文老先生的交往是工作服务。他老人家担任全国人大代表时，我在省人大工作，为他履行职权服务。他老人家曾送给我一本书《海岱小品》，并亲笔题写“晓清同志会正直”。他中肯、温馨的话语时常在我耳边响起，激励我不断学习。

耿成义（山东省教育科学研究院传统文化教育中心主任）

行健给我印象的极深刻处，一在他的为人温和宽厚而自立。他待人以厚，又能爱憎两列、明断是非。这是我感触很强烈的。二在他的为艺博采睿识而自足。徐悲鸿有一句话叫“独持己见，一意孤行”。我想行健在艺术观念和艺术创作中，恰恰做到了这一点。

徐老师非常喜欢齐白石。齐白石的艺术力和生命力是长久持续的健旺。

越画越好，越老越好，这是艺术家所期待的一个美好的境界，所以我以此期待并祝福行健。我想他会像白石老人一样，把强健的生命力弥漫在他的艺术创作中，勇猛精进，得大空间、大笔墨、大风骨、大气象。

另外，我要表达对徐氏家族文化的钦敬。一代光华，一族之望，灿然一现已属不易，徐氏一家连绵四代，代代文脉兴盛，卓有所成，这是当世所罕见的。我们可见的徐氏四代人，代代有非凡的成就，有一种非常自觉的文化家族的传承意识，这在当下也非常具有启迪意义。此前看徐春娜编撰的《徐北文年谱》，不禁慨叹万千，油然而生钦敬。于是，我拟了一对联句，以此表达对徐氏家族文化的感佩。

济济多士，秉文之德，传经传史传艺，一家风仪真生涯鲜有；

昭昭其音，唯天是磬，振玉振金振心，满堂声望自宇内盛扬。

徐国卫（山东中国文学艺术博物馆馆长、济南市民间文艺家协会主席）

我有幸和晚年的大先生有交集，特别是我记忆当中，大先生《竹枝词》中有一句是："多少诗人生历下，泉城自古是诗城。"这里写的是济南。纪念徐北文先生的时候，大家专门谈过这两句诗。好多记者都把这首《竹枝词》当成古人说的，其实这是徐北文先生说的。就凭这首词大先生的文范就可以留存千古。很多文人墨客有多少话能够让人引起共鸣，我觉得，纪念徐先生、怀念徐先生是我们随时随刻都应该要干的一件事。这是我对大先生的一点感悟。

我跟徐行健老师一样，也属马，属马的人有一个共性，就是勇往直前、永不服输。我收藏书画 30 多年，古代最早的画收到过，也有元代的画，近代的画就收得更多了，那都得上千。我对徐老师的印象感受就是徐老师对艺术的追求。他给自己设了两座大山：他的第一座大山就是他对颜色美学的追求，第二座就是对加法的追求。他已经达到这个高峰了，可以说他这个高峰就是给自己设了一个西洋画的高峰。我第一次见到徐老师的时候，就看到徐老师的西洋画、油画和水粉画。他跟我说最近准备要画国画。我脱口而出："你不要再画中国画，你的西画都达到这么高的一个水准，你为什么舍弃这个在山

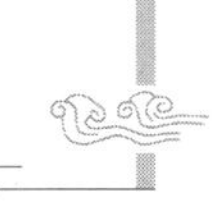

顶上往远处遥望的机会，又去重新再爬一座大山?"徐老师就是那种不服输的人，他对艺术的追求和别人是不一样的。你看别人追求书画，大不了就是一个西洋画，另外就是中国画。其实，西洋画传到中国也就100多年的历史，但是中国画有上千年的历史。所以，徐老师又为自己选择了一座大山继续攀登。徐老师涉猎广泛，对音乐、哲学、文学等等好多领域，他都有涉猎。所以，我觉得中国绘画的这座大山放在徐老师面前，他也会慢慢地攀到顶峰。祝愿徐老师能尽快到达这个新的高峰，我们期待。有一位很知名的书画家就写了两句话，也代表了我的心声："文举贞观能倾城，画有富贵镇海岳。"

任　正（山东省老干部诗词学会会长）

孔孚先生曾写过一副对联："城北徐公美，济南名士多。"今天在垂杨书院参加徐北文先生手稿、书法、著作和徐行健先生书画展，诸多名士相聚，应该感谢垂杨书院给我们相聚的机会。

今年徐北文先生仙逝17周年了。见其作品自然想起，当年常去杆南东街济南教育学院的宿舍楼拜访徐北文先生的情景，常是高朋满座，求学问字者居多。那间不大的房间接待了如今在座的诸多位先生，也培养出来像朋星、华松、万鹏等亲授的学生们，今天都成了研究济南文化历史的学者和名士。看到先生的遗作，心有触动。我在想，先生对济南文史研究的贡献，如周长风兄所说，"找不出第二位超越者，也无法逾越"。

对海岱居来说，今年是重要的一年。在朋星、华松、长风、卫平等诸友的共同努力下，我也参与其中，《徐北文年谱》出版了。这是研究济南文史的一部大书，凡需要研究者，都能从中汲取大量的史迹资料。每当读来，先生对我们这些晚辈挚诚的教诲和关爱历历在目……同时也感谢徐春娜，为爷爷的年谱出版做了大量的工作，可庆可贺。我写小诗追忆先生：

诗章翰墨又翻开，
犹见先生笑语来。
谈古说今皆史话，
屡读屡品屡思怀。

读先生的作品，总有“四时常吼半天雷”的感悟……

再说行健兄，他属马，长我一旬，国卫馆长刚说“属马的就是执着”。是的，在座的多人属马也都够执着，而行健兄更是如此。他的本事就是，见一回，就能抓住你。如存共同语言，交谈甚欢，如取向不同，自然也就离去。说到行健兄的特点，一是精神矍铄，精力旺盛，精致讲究，他的生活可用“精”字来诠释。二是重友情，执率真，珍爱才。这些年和行健兄在一起的时候总是受益。

谈到书画，我是外行，但直觉的感受是，他墨白分明，个性极强，重留白，追线条，研墨韵，字画如其人。他早年从事西方油画、水粉画的研究，打下极深的绘画基础。我女儿任格第一次看到他五六十岁前的水粉作品时，惊呼：“徐伯伯的早期水粉画完全可以和吴冠中、李超士等当年大家们比拟啊！”这些年来，他又融入中国的传统书法绘画技艺，尤其是以专业的家纺设计为主题，形成“三尺不消平地雪”的独到风格。

今天看到北文先生和行健先生的作品，自然想到“海岱居”这面齐鲁文坛的旗帜一直在自然地举着，现在行健兄搬到（东城逸家）新居，但海岱居匾额仍悬挂在他的画室中。诸友们相聚在此，是一种愉悦，一种温馨，是汲取，更是学习，获益多多。我想垂杨书院举办这次活动颇有“东逸天行健，海岱燕归来”的感受。

郭　健（济南美术家协会副主席、油画学会会长）

今天徐老师的画很全面，有徐老师1961年在报纸上发表的作品，还有徐老师创作的草图……这些早期作品很难得，不容易。为什么徐老师今天有这么高的成就？画牡丹，非常难画，就像马平主席说的，徐老师的画在众多牡丹画里是独树一帜的，因为他有个性。独特的艺术就在于创新。

徐老师今年80岁了，在绘画方面吃老本没问题，但是徐老师不满足过去的成就。这真是一个艺术家的追求。徐老师早期的设计工作对今天的画作影响非常大。我也关注了很多画家，如果懂设计，设计在先，他画出来的画就不落俗套，就有新的面貌。为什么呢？因为他不甘于和别人一样。刘溪书记

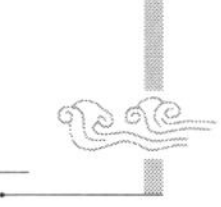

说徐老师有深厚的西画功底，再加上设计思维，他早期画了很多作品，一直到后来转型画国画，达到今天的成就。这绝对不是一般的画家走过的道路，一般人没有经历设计、西画、书法这个过程。此外，徐老师读过的书也很多。丰厚的文化底蕴成就了徐老师今天的面貌。我作为一个画家，得向徐老师学习。听了大家很多的艺术观点、艺术评论，也是值得学习的。

任　格（山东省文化馆专业青年画家）

我对徐北文先生的了解，初是小时候父亲带我在大明湖看徐北文先生为明昌钟亭写的《明昌钟亭记》，还有他的楹联，以及藕神祠的楹联。另外，则是听父亲讲徐北文先生的一些事迹，还有他的文学成就。

认识徐行健伯伯，也是通过父亲引见。我觉得徐行健伯伯是一位非常纯粹的艺术家，是一个灵魂高贵的人，这是我非常敬佩的一位长者。我第一次去徐伯伯的工作室，看到他的几幅水粉画，当时的感受和徐国卫叔叔是一样的，我觉得太震撼了。他的水粉画的艺术成就不亚于任何一位中国现当代美术家。看徐伯伯的水粉画，包括他现在的国画，我的感受是，徐伯伯是一个非常纯粹追求造型艺术而且能高度概括的人。看他的画，“夕照张家界”那张，色彩统一又丰富，在统一的色彩里面有非常细腻、微妙的变化。

我是一个绘画的实践者，我很关注造型的问题。看了徐伯伯的画，对我绘画的启发就是徐伯伯对造型平面性的高度概括和他对正形负形的理解是非常深刻的。除了张家界这个前景的山以外，他把后景的远处的山进行了非常平面化的处理，用一个很概括的形式，又用了非常丰富的青和绿的颜色，在概括中又有了一些细腻的变化。画面里远处的天空，我们可能会叫它负形，他对负形也是极其讲究的。徐伯伯的画中对点线面的高度概括，是非常值得我们学习的，而且他把这种点线面的运用体现在他的国画中。徐伯伯的国画又很讲究中国传统笔法的中锋用笔、以书法入画，这都是徐伯伯艺术面貌的特色。

徐伯伯是一个非常与时俱进的人，是一个非常精致的人，不仅是体现在一个家族传承的文学修养上，还有他在音乐、美学方面的修养。他会跟我聊

《红楼梦》，他会给我推荐许多他读过的好书。徐伯伯的精致还体现在他平时对穿着也非常讲究，虽然 80 岁了，但是他穿的依旧非常年轻，而且他对服装色彩的搭配很讲究。他很喜欢穿年轻人喜欢的帆布鞋，特别时尚。

徐行健（高级美术设计师、研究员、画家、书法家）

我的一生和大多数人一样，是坎坷的，也是幸运的。我的爱好、兴趣和职业结合在了一起，从 17 岁开始就拿起毛笔，在毛巾厂搞图案设计，直到现在没有离开这支毛笔。平生就体会了一件事，就是中国书画能够千古流芳，正是因为有了在世界上独树一帜的毛笔。中国书画之所以在世界上能成为公认的最美的线条艺术，也是因为有了这个毛笔，也可以说毛笔是我们中国的第五大发明吧。我从青少年时代到中年曾经搞过很多纺织品的设计，其中又参加了许多全国、省市级美展，退休以后又从事书法、国画创作。我想人生应该是分阶段的，也是顺应自己的爱好，是很自然的一个过程。这些都是非常令人激动和赏心悦目的。人生每一个阶段，我都有追求的目标，就是努力提高。现在的目标就是书画，我不再改了：追求中国书画毛笔线条的美学品格。因为中国书画就是线条的艺术，这个线条就是毛笔的线条，不是其他什么笔的线条，今天大家看到的这些作品就是我近几年努力的结果。

今天能够听取更多观众的意见，也是这次办展的一个最主要的诉求。我 17 岁的时候读过歌德的一句诗，直到现在对我都是很有鼓励的。歌德是这样说的："辽阔的世界，宏伟的人生，长年累月，真诚勤奋。不断探索、不断创新。……心情舒畅，目标纯正，这样又会前进一程。"我今年已经 80 岁了，从现在开始再开启一个新的进程。

诗书画寄涌泉情

邹卫平

我以为，如果要选出最能代表济南自然人文形象的景区，当非“天下第一泉风景区”莫属，没有之一。如果要把济南比喻成一个人，那么“天下第一泉风景区”就是他的眼睛，就是泉城的“心灵之窗”。我一直有个观点：其实趵突泉景区即使不经过联合国教科文组织的申遗评审，也原本就是名副其实、如假包换的“世界自然和人文双遗产”。应当有这个自信!

作为自然遗产的泉水，受水文气候等影响，有时可能会断流停喷。据历史记载，趵突泉自宋代以来就曾经历过无数次停喷，但作为人文层面的“泉水文化”却永远不会断流停喷，只能是因积累而愈加厚重，因传承而日益宏富。从这个意义上说，这里举办泉水文化主题的文化艺术类活动越多，就越能提升济南的泉水文化软实力，对尽早申办成功“世界自然和人文双遗产”也将会大有裨益。

2023 年是济南解放 75 周年，也是趵突泉复涌 20 周年。如果按中华民族计龄惯例，也是徐北文先生（1924—2005）百年冥诞。我认为，中国的诗书画最能代表中华优秀传统文化的精气神，最能体现中华民族的文化风格和艺术神韵。所以，在这样一个时间节点，在天下第一泉风景区始建于元代的万竹园这样一个充满自然灵气和人文底蕴的地方，举办“海岱传续诗墨趵突”徐北文、徐行健诗书画邀请展，有着特殊的意义。

徐北文先生是当代济南学者中的一位百科全书式人物。他在文学、史学、哲学、经学、教育学、文化艺术等诸多方面卓有建树，曾被山东师范大学宋遂良先生誉为“当代济南首席名士”。他一生不遗余力地弘扬中华文化，阐发齐鲁文化，倡导大舜文化，热心泉水文化，传播名士文化，首倡并开创泰山学。他也是一位诗人和书法家。他的诗集和著述中充满着对海岱之间和泉城济南的挚爱深情，他撰写的诗词楹联和赋文碑记等遍见于齐鲁大地和泉城各名胜之间。天下第一泉风景区就是他留有这类创作遗迹最多的景点之一。他的百首《济南竹枝词》中不少是赞颂这一景区的。诗中充满对泉城山水的真情厚爱，赞美泉群的诗作更是真切质朴、文采斐然。这本身也是对泉水文化中“滴水之恩，涌泉相报”人文内涵的生动诠释。

他生前虽然从不以“书法家”自许，但从他为后世留下的大量珍贵书法作品中可以看出，他的书法出入碑帖，渊源有自，功力深厚，自成一家，笔力遒劲，潇洒端庄。尤其是其隶书，源诸秦汉（这恰与他的学术研究方向相契合），筋骨形体师法何绍基（1799—1873），形成刚劲而飘逸的特色，既属于书卷气浓郁的潇洒文人字、学者字，也不啻源宗碑帖、规矩谨严的法书。若用苏轼（1037—1101）的诗句“退笔成山未足珍，读书万卷始通神”（《柳氏二外甥求笔迹》）来评价徐北文先生的书法似更贴切，毕竟书法的根本是文化修养。

徐北文先生作为一位教育家，“一生立杏坛，四世执教鞭”。诗礼传家，书香门第，他的长子徐行健先生，子承父业，一直从事美术、设计、文化教育工作，是中国家纺协会设计中心的总设计师，同父亲徐北文先生一样都是享受国务院政府特殊津贴的专家，还曾荣膺全国五一劳动奖章。行健先生秉承传续“海岱居”淳厚家风，心系桑梓，热爱泉城，怀着对趵突泉群的深情，在杖朝之年倾心创作了趵突泉题材系列作品。

此次展出作品共计近七十幅。其中，徐北文先生“咏泉诗联”书法作品三十余幅，堪称“出碑入帖，书卷翰墨”。徐行健先生创作的“趵突泉”系列水墨画二十余幅，可谓“化古融今，锐意创新”。另有省市名家书写徐北文先生咏泉诗等十五幅。还有《徐北文诗词联赋咏泉城》《徐行健趵突泉画》两本书画册赠予参加活动的嘉宾。这次展览可谓：规模不大意义大，作品数量不多质量高。我愿意用诗仙李白《上阳台帖》中的十六个字来形容概括：“山高水长，物象千万，非有老笔，清壮何穷。”在第一泉景区过去虽也举办过孙墨佛、孙天牧父子和李苦禅、李杭、李燕父子的书画展，但举办像这次集诗书画于一体，且泉水文化主题集中的父子作品邀请展还是第一次。可庆可贺！

参观这次展览，吸引我反复观赏的是徐行健先生创作的25幅泉水题材作品。我视之为他艺术生涯的一章《八十抒怀》，初步观感如下。

第一，颇具首创开拓意义。直接用中国传统水墨融汇西画技法、工艺设计理念等，集中表现不同视角、季节、时辰、水位、涌势、境氛下的趵突泉头景象，且首次就推出数十幅高质量作品，在我印象中，这是济南画家聚焦泉水批量创作的第一次。

第二，钦敬作者的胆识。虽然早在新石器时代的彩陶上就已出现了水涡纹饰，但毕竟是“流水无形难描绘”，就连“元人冠冕”书画大家，钟情泉水的赵孟頫（1254—1322）也仅有书法和诗作《趵突泉》遗世，而没有用其娴熟的画笔描绘的丹青泺源。直到南宋画家马远（1140—1225）创作的绢本十二册页《水图》（现藏北京故宫博物院）出现，才为中国山水画中“水”形象的描绘开辟了一条新路。它是中国山水画“水”形象的一个转折点，在中国“水”形象表现的历史长河中一直处于中心地位。即便如此，当代泉城画家也极少有人笔涉泉头。徐行健先生可谓艺高人胆大，勇于挑战自我，在杖朝之年竟然选定这样一个难度极大的创作题材和方式，锐意探索，寻求突破，胆识可钦，胆量堪敬！这同他近些年独创的焦墨牡丹画法有着异曲同工之妙。传统的水墨牡丹画法通常都是紧紧抓住牡丹姹紫嫣红、五彩斑斓、雍容华贵的特点发力用劲，行健先生却偏偏反其道而行之，“虽千万人吾往矣”，主要用枯笔墨色和线条呈现他心中牡丹的骨力风神和气韵精神。这令我不由得联想起1998年7月14日，时年74岁的徐北文先生无条件接受市领导委托撰写《大舜传》的任务，用其以学识才华为基础的过人胆魄和担当精神，仅用五个多月时间就完成了 20 万字的跨学科、兼体裁（历史与文学，传记与小说）力作《大舜传》。父子两人这种高标定位、自我加压、迎难而上、追求卓越的精神何其相似，简直如出一辙！

第三，行健先生这一大胆的求索创制。在源于生活的基础上，既远鉴《水图》，又不泥马远；线条笔法遵循中国传统，色块和明暗处理近鉴西画技法；用留白表现雪涛涌动和云雾润蒸，用勾线还原波澜翻滚，进而其艺术又高于生活。他敢于做“第一位吃螃蟹的人”，堪称开当下地方画界之先河，对于倡导泉城画家们都把泉水作为重要创作选题之一，各施优长，尽展才艺，用画笔为泉水立传，实有带动之劳，首倡之功。

行健先生说，他对这批作品还不甚满意，觉得仍有提升改进的空间，且有志于假以时日，遍绘众泉。老骥伏枥，志在千里，他还要继续探索实践、不断改进完善。康熙有云：“人果专心于一艺一技，则心不外驰，于身有益。”齐白石九十多岁写下“不教一日闲过”的座右铭，挂在墙上，用以自勉。行健先生所作所为与先贤“其志一也”（《兰亭集序》）。谨祝徐行健先生在“八零后”的艺术创作实践中，徐行健进，炉火纯青，继创制“徐家牡丹”之后，再肇开“徐氏绘泉”，永葆艺术青春！

（作者系济南市文联原党组书记、主席，第五届、第六届李清照辛弃疾学会副会长）